畿内の豪農経営と地域社会

渡辺尚志 編

思文閣出版

畿内の豪農経営と地域社会　目次

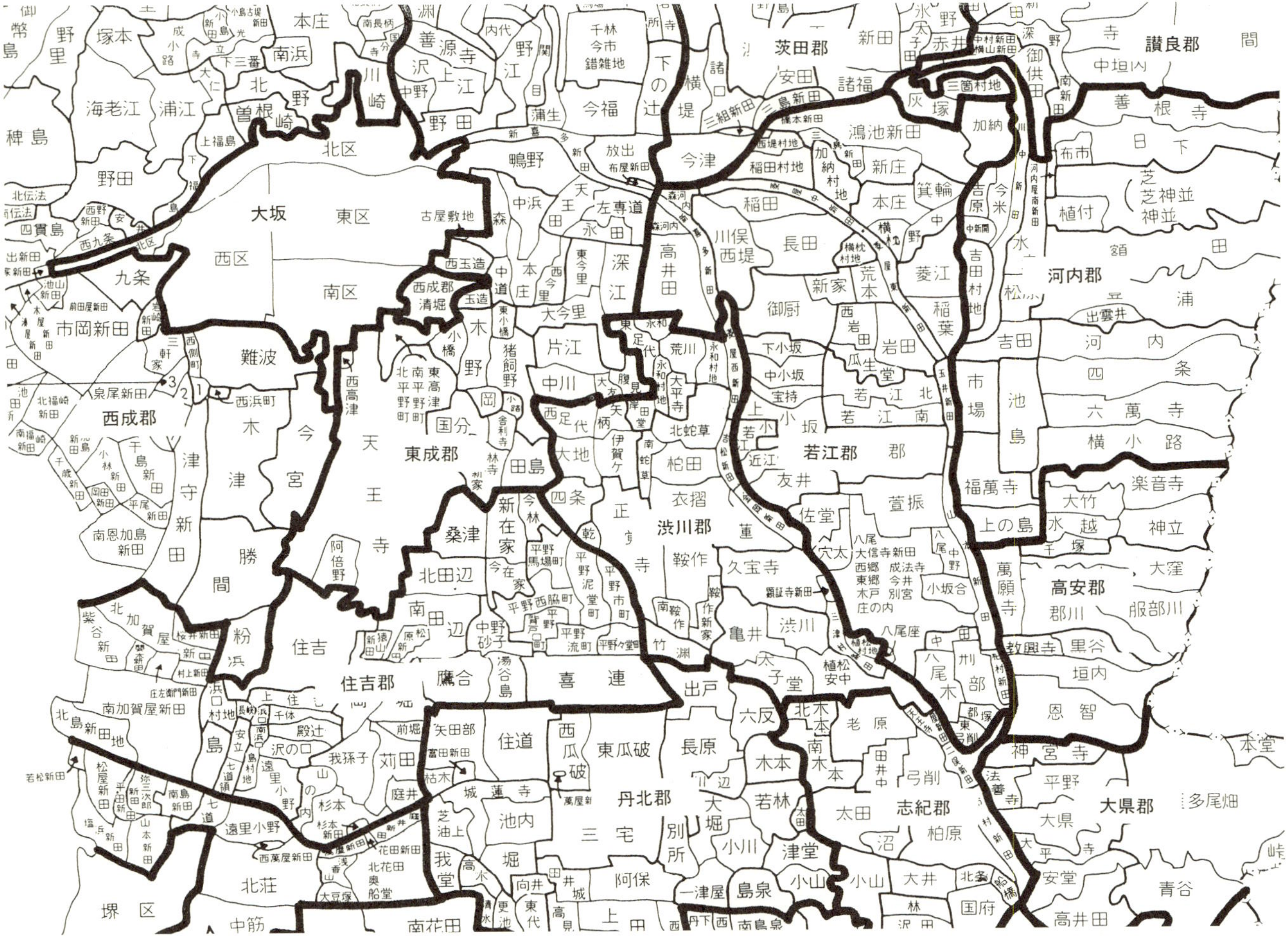

西成郡
東成郡
住吉郡
渋川郡
若江郡
丹北郡
志紀郡
大県郡
高安郡
河内郡
讃良郡
茨田郡
大坂
北区
東区
西区
南区
天王寺
難波
今宮
木津
津守新田
勝間
粉浜
住吉
鷹合
喜連
桑津
北田辺
南田辺
阿倍野
田島
四条
正覚寺
衣摺
鞍作
亀井
渋川
久宝寺
出戸
六反
長原
東瓜破
西瓜破
三宅
別所
大堀
小川
若林
木本
津堂
島泉
小山
太田
沼
柏原
国府
大井
船橋
恩智
垣内
神宮寺
平野
大県
青谷
本堂
多尾畑
安堂
高井田
楽音寺
大竹
水越
神立
萬願寺
郡川
服部川
大窪
里谷
教興寺
福萬寺
上の島
市場
池島
横小路
六萬寺
四条
河内
出雲井
吉田
日下
善根寺
布市
植付
中垣内
加納
灰塚
三箇村地
鴻池新田
新庄
本庄
箕輪
菱江
稲葉
荒本
新家
御厨
長田
稲田
川俣
西堤
今津
放出
鴫野
今福
蒲生
野田
江野
善源寺
沢上江
中野
川崎
南浜
北野
曽根崎
上福島
海老江
浦江
塚本
野里
稗島
御幣島
野田
九条
西九条
四貫島
市岡新田
北伝法
高井田
深江
中浜
森
片江
中川
大今里
猪飼野
木野
国分
小橋
岡
伊賀ケ
大地
柏田
北蛇草
荒川
永和
足代
腹見
大平寺
小坂
宝持
若江
岩田
瓜生堂
友井
近江
萱振
佐堂
八尾
小坂合
刑部
八尾木
老原
南木本
北木本
弓削
田井中
東弓削
法善寺
堺区
北荘
中筋
南花田
遠里小野
七道
島
安立
沢の口
殿辻
我孫子
苅田
庭井
矢田部
住道
城蓮寺
池内
芝油上
我堂
堀
阿保
上田
一津屋
向井
北加賀屋
南加賀屋新田
北島新田地
柴谷新田
南恩加島新田
泉尾新田
西浜町
西高津

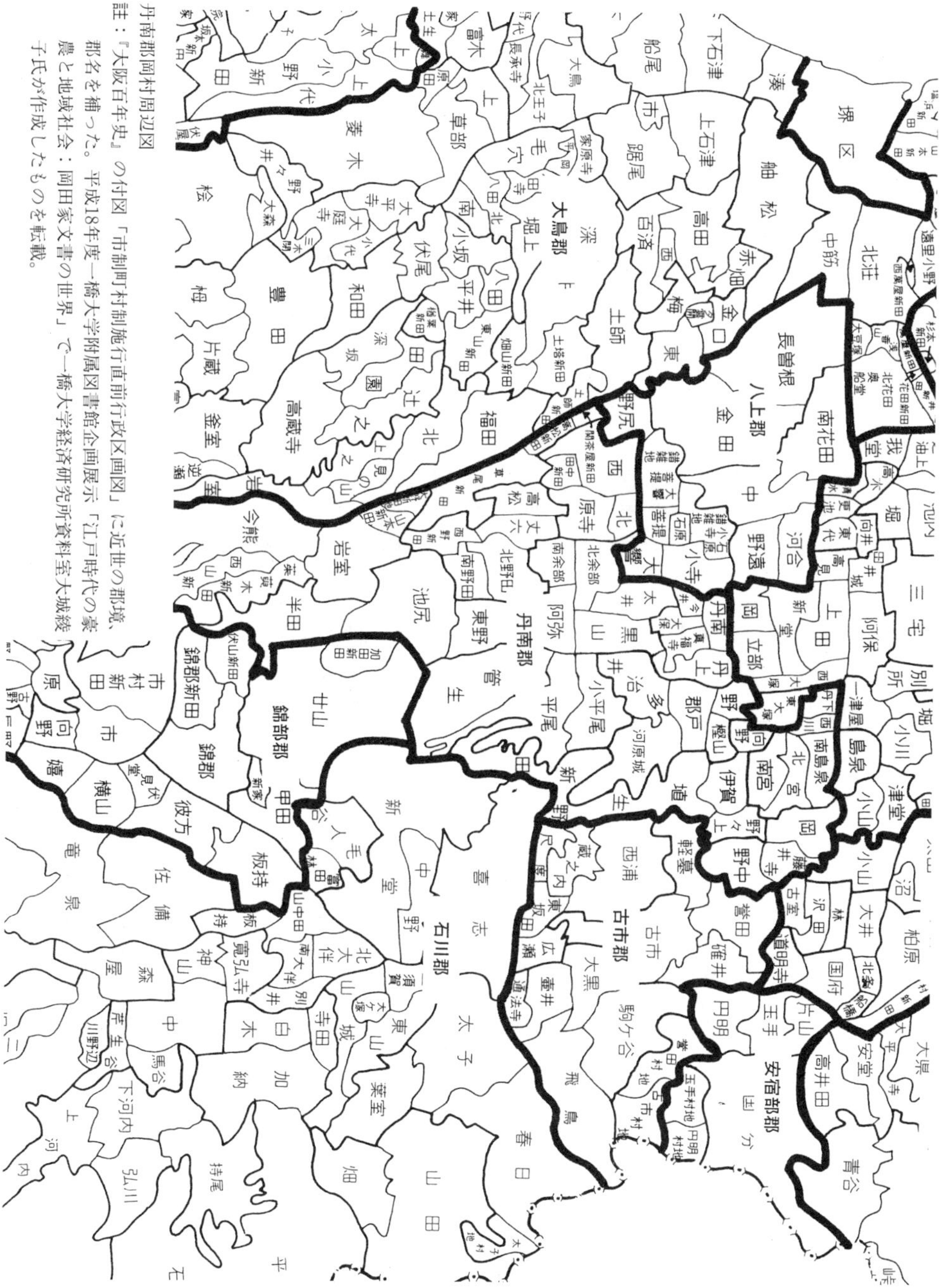

丹南郡岡村周辺図

註：『大阪百年史』の付図「市制町村制施行直前行政区画図」に近世の郡境、郡名を補った。平成18年度一橋大学附属図書館企画展示「江戸時代の豪農と地域社会：岡田家文書の世界」で一橋大学経済研究所資料室大城綾子氏が作成したものを転載。

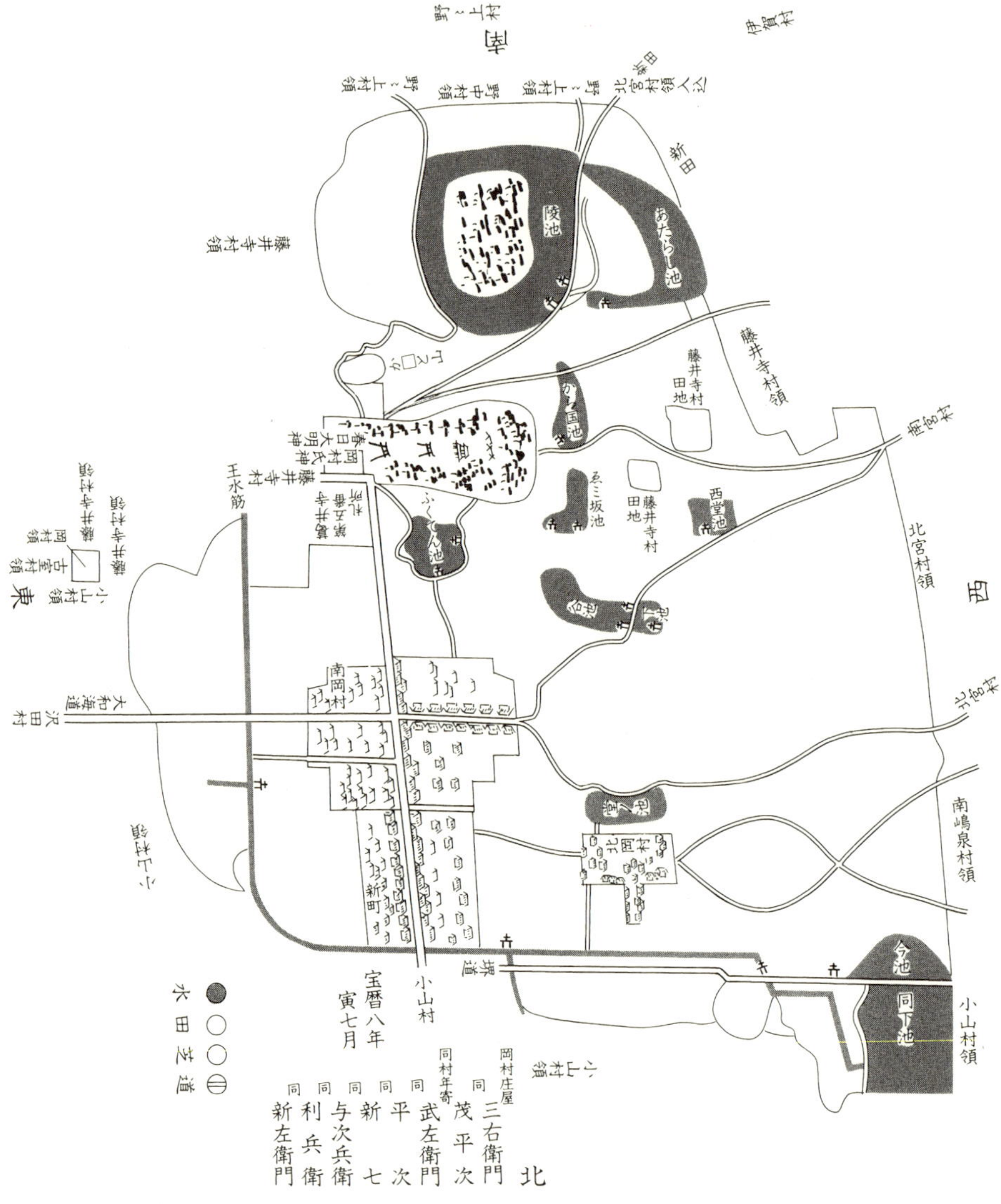

岡村絵図(『藤井寺市史』第10巻史料編８上、164～165頁より転載)

畿内の豪農経営と地域社会

序章

渡辺尚志

はじめに

本書は、河内国丹南郡岡村（現大阪府藤井寺市）の岡田家文書を、共同研究によって多角的・総合的に分析することにより、畿内における村落と豪農の特質を解明することを課題とする。

この問題については、一九五〇～六〇年代を中心に、先進地帯畿内におけるブルジョア的発展と地主制の評価という関心から多くの研究が積み重ねられてきた。しかし、その後はこの方面での研究は停滞傾向を示し、研究者の問題関心は国訴・流通構造・支配の特質論などに移っていった。本書は、今日の研究水準をふまえて、畿内村落と豪農の特質を経済・社会構造の深みから改めて捉え直すことを目指すものである。

序章では、本書の課題に関わる先行研究を整理し、あわせて岡村の概要を述べておきたい。なお、以下の研究史整理はあくまで本書の課題に関わる範囲内でのものであり、各論者の業績を全面的に検討するものではないことをあらかじめおことわりしておきたい。

第一節　近世畿内村落史研究の現状と課題

1　古島敏雄・永原慶二の説

古島敏雄・永原慶二の共著『商品生産と寄生地主制』（東京大学出版会、一九五四年）は、近世畿内地主制研究における先駆的かつ画期的業績である。古島が、「この書で追求し得た主要問題は、大阪を控えた地域が、棉作を主体とする農民的商品生産の顕著な発展を示し、農村地域に広汎に在郷商人を生み、在郷商人層の成長と共に生産者たる農民層の地位を向上させつつも、幕末期にいたって、在郷商人的階層が領主財政と結びつきつつ寄生化していく姿である」（「はしがき」一頁）と述べているとおり、同書は、商品生産の発展と寄生地主制形成との内的因果関係を解明することを最大の課題としている。古島は、商品生産の発展をふまえつつ、それをゆがめて自らが封建地代の搾取者となっていく性格、商品生産の発展を通過し、これを掌握することを通じて、古い権力に取って代わりうるものになっていくという性格、このような性格をもつ地主制をこそ寄生地主制として把握すべきである（一五頁）と述べており、氏にあっては、寄生地主とは単に小作料に依存する地主を意味するにとどまらず、商品生産の発展と、それをめぐる幕府・領主・都市特権商人・農民各階層の動向が交錯するなかから成立してくる存在として把握されていた。したがって、寄生地主制の研究は、近世から近代への変動を解明するうえできわめて重要な位置を与えられていたのである。

河内国若江・渋川両郡を主要フィールドとする同書の概要は、以下のとおりである。同地では、宝永元年（一七〇四）の大和川付け替え工事の完成以降、年季奉公人労働に依存する棉作農業と綿加工業が発展した。高持百姓上層は、自作農業経営をもち、あるいは綿加工業を営んで、かなり多くの雇傭労働を用いるようになった。さらに、中農層の成長に加えて、小作人層のなかにも、高額の小作料を負担しつつも、なお雇傭労働を使い、経済的に発展する者を生みだした。

文政六年（一八二三）の摂津・河内一〇〇七か村農民による国訴は、大坂三所綿問屋の譲歩を引き出し、在郷商人と棉作農民（中・富農層）の繁栄、農民の商品経済の発展をもたらした。そして、天保初年（一八三〇～）においては、地主の寄生化と手作経営の拡充による富農化という二つの方向が対抗しつつも、しだいに前者が優位を占め、村内貧農層との対立と矛盾をいよいよ激化させていく情勢にあった。

こうした商品生産の展開は土地所有の集中をもたらしたが、土地所有の集中はただちに経営拡大には結びつかず、小作地の増大という結果をもたらした。小作人の側からすると、土地の借り入れは、経営の発展的拡大のためというより、最低生活維持のためという性格が強かった。小高持層・水呑層は、零細小作経営を営みつつ、他へ農業労働者を供給する層へと転落を進めた。

地主は、天保期以降、棉作をはじめとする手作経営を縮小する一方で、小作料収入を目的とする土地集中に多大な努力を示し、幕末明治初頭に寄生的性格を確立した。商品生産者としての発展が阻まれるという条件の下で、上層農民は金貸し・商人（酒屋など）・小作料収得主へと性格を転換し、そこからの利益によってますます土地所有を拡大していったのである。この時期には、庄屋あるいはそれ以上の地位をもち、領主層と密接に結びついた家、またはその分家が所持石高を増やすほかは、上・中層を含めたあらゆる階層が土地を喪失していった。

畿内棉作地帯における幕末の棉作農業の衰退と、それに基づく土地の喪失・集中の基本的原因は、繰綿価格の肥料価格に対する相対的かつ傾向的低廉性に求められる。その背景には、幕府の商業・流通政策と、それに応じた大坂三所綿問屋などの特権商人層の存在があった。

また、商品生産が小作人層までも捉えているなかで、領主への年貢をも上回る地主作徳分（地主の取り分）が生じうる高額・高率小作料を実現するために、地主は領主権力と結合し、領主権力を梃として、年貢とともに自己の取り分を確保することに努めた。彼らは、領主の代官として年貢徴収の実務に携わったり、御用金を上納したり、領主に金を貸したりする一方で、領主が借用した公金の一部を自己の営業資金に回したり、領主に高率小作料の収取を認めさせたり、小作料滞納者への強制取立をなさしめたりした。

すなわち、「農民への高利貸附業者たると共に、領主層に対する御用貸の能力を持った一連の人たちが、この地域における地主層の性格であり、……この人達が、地主仲間として小作条件の協定をやりつつ、小作層に高率小作料を強制しているのが、この地の小作関係の基本的な性格をなしているのである」（二七一頁）。

そして、近代に入り地租改正を経ることで、かつて地主取り分を領主権に保証せられた地主層は、領主取り分をわが手に納めるとともに、その取得権を新しい国家権力によって保証されるにいたったのである。

以上のように要約しうる同書の内容は、その後の近世村落史研究に多大な刺激をもたらした。たとえば、天保期以降における上層農民の性格転換の評価は佐々木潤之介と山崎隆三の農民層分解をめぐる論争へと展開し、地主の高率小作料の源泉の一つとしての「縄のび」については竹安繁治の一連の研究（『近世小作料の構造』御茶の水書房、一九六八年など）で発展させられ、文政六年の国訴の主体をめぐっても、その後多様な議論が展開されたのである。[1]私が、現在、同書から受け取るべき課題だと考えているのは、次の二点である。

課題の第一は、地主の経営を、金融・商業などの側面を含め、また幕府・領主との関係をもおさえて、総合的に解明することである。もちろん、古島もこれらの点について指摘しており、さらに一定の分析をも加えているのであるが、「商品生産と寄生地主制」という課題設定の仕方と、調査に十分な時間をとれなかったことにより、前記の点についてはまだ深める余地が残されている。すなわち、寄生地主制の形成過程を追究するという視角からすると、当然のことながら、豪農経営のうち地主経営の側面が重点的に分析され、それと有機的に結びついた金融・商業については相対的に分析が手薄にならざるをえなかったのである。

課題の第二は、地主と村の関係である。古島は、地主の奉公人雇傭に関して、次のようにいう。「棉作・綿業の発展の中における労働雇傭は、小作人が地主に対する隷属的な関係から子弟を年傭として長年期の奉公に出す場合とはやや異った特色を労働関係それ自体の中に生ぜしめている。その特色の中心は、雇傭関係の内容が村内雇主一般に通じるものとなっている点に認めることができる。身分関係が強く掩《おお》っている場合には、下男下女の取扱いは主家の「家風」たる色彩を強く持っているのが常である」（一七五頁）。「従来知られている雇人の労働条件・待遇に関する規定は、通例家法として定められている。譜第下人が年期奉公人となっても、雇傭関係は家の内部関係であるのが通例であった。それが此の地方では村の雇主の共通関心事となり、昼休が太鼓で知らされるという労働時間の客観化が行われ、更に待遇が一般的な規定に従うものとなっているのである。雇傭関係の一般化がここまでの変化を生じていることは、この地方の農業生産の商品生産としての発展の影響であり、日雇労働的色彩を持つものの発生と共に、賃労働としての性格が強固に形成されつつあるあとを示すものといえよう」（一七九〜一八〇頁）。

このように、氏は、奉公人の雇傭条件を雇い主たちが協定し、雇傭関係が「一般化」している点に注目し、さらにそれが村役人名で公示されていることにも言及しており、そうした事実を「賃労働としての性格が強固に形成されつつあるあとを示すもの」と評価している。だが、私は、雇傭条件が村役人名で公示されている、すなわち村によって公定されている点を重視して、そこから地主の奉公人雇傭に対する村の規制力について考えてみたい。雇傭関係の「一般化」も、基本的には村レベルでの一般化ではなかろうか。

また、古島は、地主と小作人との関係においては、奉公人の場合のような地主層の協定の動きは近世の史料ではみられないとしつつ、明治七年の市場村で、小作人層の要求を受けて、村役人立ち会いのうえで地主・小作人が相談して小作料を減免している事例を紹介している。しかし、私は、近世の畿内においても、小作料に関する地主層の協定、地主層と小作人層との集団同士の交渉、村による小作料相場の公定、などといった事態は存在したものと考えている。

総じて、地主と小作人・奉公人との関係を個別の関係とのみ捉えず、その間に入る村の役割をも視野に入れて考察することが求められよう。

同書では、対象地域の村と地主の性格について、「個々の地主がそれぞれ家父長的村落構造の頂点に立ち、そのような村落構造を支えるものとしての稲作灌漑用水の管理、自給肥料・自給薪炭給源としての入会地管理の権限を掌握することによって、協同体的支配の力を持つものではない。そのような契機の最も少い条件の下において、幕末としては最も顕著な高率小作料収得者としての地位を獲得しているのである」(二七〇〜二七一頁)と述べられている。また、①地主が村協同体内部において伝統的な地位を保持している必要はなく、むしろ分家などの新興勢力であることが多いこと、②地主の所有地中における村外所有地の比率の高さは、協同体的強制を直接の契機とする強制の可能性を少なくしていること、③このような地主と結びつく小作人は、当然一地主の土地のみを数代にわたって耕すような密接な関係を結ぶものではないこと、なども指摘されている。これらは、当該地域の特徴として重要なものであるが、にもかかわらず、同地域においても村の固有の意義と役割を軽視することはできないと考える。

さらに、古島は、『資本制生産の発展と地主制』（御茶の水書房、一九六三年）においても重要な指摘をおこなっている。

幕末における経済発展の最高段階を示す棉作・綿業においては、「地主小作関係が高度に展開した下に零細耕作の小農の兼業労働力・耕作を放棄した層の労働力によって綿業・搾油業に単純協業たる資本賃労働関係の展開の端緒をみせるが、工業生産の量的に支配的な形態は問屋制前貸ないし、農業の余業としての家内工業である。農業は小農の商品生産として高度の展開を示すが、土地所持の喪失は賃労働者を大量に創出するよりは、余業収入で補充されつつ、農耕を続ける小作小農を生みだす段階にあったということである」（「はしがき」七頁）、幕末以降の海外貿易の開始により、「農業はその多くの商品生産的作物部分で打撃をうけつつも、直ちに小農生産を放棄する結果を生まないで、余業生産収入に支えられつつ小生産としての在り方を存続しているのが（明治――引用者註）十年代の一般的な様相である」（三二一頁）というのが、同書での古島の主張である。

畿内に関しては和泉国の分析をおこない、和泉国北部では、「綿業におけるマニュファクチュア発展・問屋制家内工業発展の存在を示唆する村民の職業分化の中で、耕作規模別階層の上層から下層まで広汎に小作関係に結ばれて農耕を継続し、綿業自体も零細小作農の存在と密接に結びあって」おり、「農業自体が旧来の小農制を否定する動向を示さ」ないこと（三五一頁）、和泉国の中でも商工業が最高度の発展をみせた宇多大津・下石津両村では、無耕作層の高度の展開、特にそこにおける賃労働的階層の多さが特徴的だが、近隣の村々ではそれとは様相を異にしていること、宇多大津村などにみられる事態は商品生産・流通の発展を示すが、そこからただちに農業が新しい生産力段階に入り、それに照応する新しい賃労働の収奪関係が一般化しつつあるとはいえないこと、などを指摘している。

農業における商品生産の高度の発展と、農産加工業の展開がみられつつも、小百姓は農業生産を放棄せず、小農（小生産者）としてのあり方を維持し続けたとする主張は、それが生産力論に裏打ちされて述べられているだけに説得的かつ重要である。

2　葉山禎作・丹羽邦男の説

古島の主張を、それぞれ異なった方面から継承・展開したのが、葉山禎作と丹羽邦男である。

葉山禎作は、『近世農業発展の生産力分析』（御茶の水書房、一九六九年）において、河内国古市郡誉田《こんだ》村を対象に次のことを明らかにした。

同村では、中位以下の小農民のもとでも、生産物の恒常的な販売を目的として棉作経営がおこなわれていた。棉作は稲棉輪換作の形態でおこなわれ、棉作付地は集団をなして、毎年その場所を移していた。各農民の所持地の一筆ごとが零細でかつ相互に入り組んでいる「零細錯圃制」のもとで、互いに隣接する耕地の耕作者が相違しているにもかかわらず、棉作付地が集団をなして稲作付地と交遷するためには、隣接する耕地の耕作者相互間で、棉作付地を画定するための協議が必要である。そこでは個々の農民による自由な棉作付地の選定は制約されざるをえない。その制約が最も強く現れる場合には、村としてその年の村内棉作地を画定するという村全体の規制となるのである。(2)

しかし、「零細錯圃制」の制約の下で、地主経営は、貸付地と手作地の振り替えによって、常に棉作付地を確保することができた。地主経営の棉作付地選定に際する優位性は、小作経営の自主的な耕地利用を否定することによって支えられていた。地主経営は、従来の耕地条件から生み出される制約の枠内で、小作経営を犠牲にすることによって、耕地条件に自己経営を適合させていたのであり、従来の耕地条件を変革しようとする指向性はなかった。

地主経営がこのようなものであるとき、その対極に存在する小作経営もまた従来の耕地条件の中につなぎ止められるのであり、地主経営・小作経営ともに、「零細錯圃制」に基づく制約を打破して生産力の質的な発展を創出するという方向性をもたなかった。一部の自作経営の中に、この制約を打破する可能性が存したが、それは単なる可能性にとどまっていた。(3)

こうして葉山は、「零細錯圃制」という耕地条件が、地主に一定の棉作手作を保証しつつも、さらなる経営規模拡大による大経営成立に対しては阻止要因となっていたことを明らかにした。商品生産の発展と地主制形成との関連を、農業生産力構造の特質から照射したのである。

葉山はさらに、農民層分解のあり方について、以下のようにいう。

近世後期の誉田村には零細な規模の綿加工業が農村家内副業として広範に存在していた。しかし、それが独自の生産部門として農業から分離しつつある段階まではいたっていなかった。そのため綿加工部門での雇傭の機会はきわめて乏しく(それは農業部門・流通部門でも同様であった)、無耕作層(全戸の二割程度)は出奉公人として村外に放出されるか、あるいは村内の生産活動からは遊離して、街道筋に特有な諸営業に従事せざるをえなかった。しかし、そのような余業のみによる生計の確立は困難であり、零細農業経営と結合することによって家計を維持している場合が多かった。

「幕末期における農民層分化の方向は、家族労働を中心として零細小作経営をおこなう層を広範に創出すると同時に、この層と、経営規模の上位に属する層との間に雇傭関係を保たせている。そこに見出しうる雇傭形態は、従来の年季奉公という形態にとどまるものではなく、日割奉公・日雇などという形態をとって労働力の売買に向っている。日割奉公・日雇という雇傭形態は、零細農民による労働力の売買という形をとって、自己経営と結びついた労働主体を雇傭関係の中に引き出している。そのことは、雇傭関係が従来のものより拡大・発展したということを示しているのであるが、それと同時に、雇傭される労働力が自己経営と結び付くことによって労働力の再生産を果しうる、ということをも示している。家族労働を中心とした零細経営の存在と表裏をなして、日割奉公・日雇などの雇傭関係が存在しているのである」(三二九頁)。

そして葉山は、誉田村での検討を以下のように一般化する。

幕末期摂河泉の棉作・綿業地域においては、きわめて限られた地点では、綿加工業部門でのマニュファクチュアや雇傭労働に依拠した小作経営が成立したが、一般的には、依然として家族労働を中心とする小規模生産が農業の支配的形態を占め、少数者による土地の集積と多数の農民の土地喪失が進むなかで、両者の間に小作関係が広範に展開していった。この段階では、家族労働の限界を越えた生産規模の顕著な拡大の、全般的な進展という事態は醸成されていない。高度の経済発展を示す生産形態が、時代とともに近傍地域に広く拡散・浸透するという方向には進まず、むしろ局所的な発展度の差は、体制的な地主制成立の中に収斂されていった。

葉山が、労働力販売者層の拡大を評価しつつ、この層が一路脱農化するのではなく、小農経営を維持したうえで労働力販売をおこなうケースが一般的であったと指摘している点は重要である。労働力販売者(賃労働者)というのは、小農がもつ多様な顔の一つに過ぎなかった。

次に、丹羽邦男の説をみよう。丹羽は、『形成期の明治地主制』(塙書房、一九六四年)において以下のように述べている。

主に幕府直轄領に属する、畿内とくに河内国など大坂周辺地帯では、天保期以降、土地金融と土地集積が分離しており、前者は貨幣増殖の追求、後者は採算に基づく有利な土地＝小作地取得という、それぞれ独自の活動を展開していた。金融活動と地主的土地集積とは、相互に密接な関係を保ちながら、それぞれ独自なものとして自らの活動を純化していったのである。すなわち、土地取得は永代売り→購入が基本であり、一方土地金融は元利を返済して土地が請戻されることが前提となっていた。ここでの土地金融は、質入とは明確に区別される書入＝非占有担保金融としての性格を、すでに事実上もっていたと思われる。(4)

大坂周辺地域では、地主的土地所有の成長（事実上の私的土地所有の成立）がみられた反面、小作農民は、幕末においても、棉作などの商品生産をおこないながらも、いまだ耕作継続の保証を勝ちとってはおらず、地主の手作地変更が容易になされた。幕末期の地主・小作関係において、明治期に一般的にみられるような、小作農の全《まった》き無権利状態を推定することはできないが、少なくとも永小作的な関係は成立していなかった。また、当地域では、小作人の集団的小作料減免運動が慣習化していたが、このことは地主・小作間の契約的関係の存在を示している。

幕末期にすでに地主・小作関係が確立していた大坂周辺地域では、地租改正における高額地価―地租の押し付けを、小作農層の強い抵抗を受けつつも、小作農層に転嫁せしめえた。その結果、幕末期にはなお経営的発展の可能性を残していた小作農の商品生産は圧迫され、経営の没落が進行していった。

このように、丹羽は、畿内の土地金融・地主小作関係の地域的特質を、領主支配や経済構造との関わりにおいて把握しようと努めた。丹羽の考えは、「畿内での地主的土地所有の高度な発展は、その他の諸地域に一般化することはできず、それはむしろ、ごく限られた地域での特殊的な事実にすぎない」（二八一頁）という言葉によく表れている。私もブルジョア的発展の問題に限定することなく、畿内の地域的特質を多面的に解明することが重要だと考える。

3　今井林太郎・八木哲浩の説

今井林太郎・八木哲浩は、二人の共著『封建社会の農村構造』(有斐閣、一九五五年)において、菜種作地帯である摂津国武庫郡上瓦林村と岡本家を対象に次のように述べている。

菜種作がもつ限界性により、一般中農層の摂津型的展開が期待できない状況下で、旧有力農民たる岡本家は、文政期まで摂津型(特殊西南日本型)的発展(富農的発展)を続けたのち、文政(一八一八~三〇)・天保(一八三〇~四四)期の農民層分解の激化を経て、富農的発展が挫折し寄生地主化していった。挫折の原因は、文政・天保期における農産物価格の下落・肥料価格の騰貴に求められる。ただし、岡本家は、文政以降も完全に手作経営を放棄したわけではなく、村内から放出される年傭・季節雇・日雇によって二町前後の手作を続けたのであり、同家が全く小作料に依存する非生産的寄生地主となったのは明治に入ってからである。文政以降の手作継続に照応して、岡本家の貸付活動も高利貸的利潤追求というよりも、村内の零細農民への融通という性格が強かった。こうした岡本家のあり方は一般化しうるものである。

今井・八木が手作経営と小作地経営の併存を指摘し、ブルジョア的発展か寄生地主化かという二者択一的な問題の立て方をしていない点は重要である。

4　新保博の説

新保博は、『封建的小農民の分解過程』（新生社、一九六七年）において、西摂菜種作地帯に属する摂津国八部郡花熊村の分析をおこなったが、氏の主張は以下の文章に集約されている。

「徳川時代後期以降における階層分化の進展は、富農的経営の発展を結果することなく、地主小作関係拡大化の方向を指向していた。しかし、階層分化の結果あらわれてきた持高三石未満の農民とくに一石未満層・無高層は、すべて小農民経営をいとなむ小作人としてあらわれず、その大部分は飯米稼ぎのための零細な農業経営をおこないつつ労働力の販売や小商売などの農業外の稼ぎに主力をおく農民であった。このように農民の階層分化の結果、労働力を販売する農民があらわれてきているが、これらの労働力は農業経営に雇傭されることなく、村内あるいは村外の農業外営業に吸収されているのである。階層分化の進展が農業における資本主義的発展をもたらすことなく、一方では地主小作関係の拡大を指向しながら、他方において農業外営業の必要とする労働力を生み出している点は、明治以後の農村では広くみとめられるところであった。かくて幕末期の花熊村の農村構造は、近代日本の農村構造と本質的には同じ性格をもつとみなければならない。ここに、われわれは幕末期の農村構造と近代の農村構造の連続性を見出すことができる。

徳川時代後期以降における階層分化の進展が富農的経営の発展を指向しなかったのは、商業的農業が農民経営に余剰の恒常的な成立を可能ならしめなかったためであった。花熊村の場合、農業における商品生産は共同体的関係と矛盾せず、むしろ共同体的関係を前提として成り立っており、また幕府による統制や特権的株仲間による制約も大きかった。在方の絞油屋や商人たちもけっして農民と利害を共通にし、農民の商品生産を伸ばしていくものでなく、むしろ前貸的支配などを通じて農民経営の発展を制約するものとなっていた。このような条件の下においては、商業的農業の展開は富農的発展を可能ならしめることはできないのである」（三七二～三頁）。

このように、新保の説は、近世後期に富農的発展よりも地主化の進展を認める点で、古島敏雄らの説と共通している。さらに、新保の説で重要だと思われるのは、次の二点である。

①徳川後期から幕末期にかけては、小作関係拡大化傾向と労働力販売農民増加傾向が手を携えて進行した。後者は、花熊村が都市近郊農村としての性格を強め、都市化が進行していることを示している。

幕末期の一石未満層・無高層は、その時の条件に応じてかなり自由に、小作人となるか奉公人となるかを選択していた(流動性、相互転換性)。小作関係は必ずしも継続的・固定的ではなく、小作人と奉公人とは相互に移しあっていた。その背景には、一年季奉公人の給銀と小作人所得とがほぼ均衡していたという事情があった。一石未満層・無高層は漸次その比重を増してきていたが、幕末期においても、家族労働力を中心に自立再生産をおこなっている小農民経営が全経営の大半を占めていた。

このように、新保は、一石未満層・無高層を、小作人と労働力販売者の双方を自由に選択しうる存在と捉え、相互の流動性・転換性を重視しており、さらに彼らが次第に増加しつつも、いまだ少数派であったことも指摘している。これらは、いずれも重要な指摘だと考える。

②花熊村では、菜種は個々の農民が油稼人に対して売り渡すのではなく、村役人の手を通じて一括して油稼人に販売されていた。農民たちは、自己の生産した菜種を村役人や有力農民層あるいは商人的性格の強い農民などに預けて肥代銀などに使う銀子の調達を受けており、他方、村役人や有力農民層は他の農民から引き受けた菜種を自己の生産した菜種に加えて販売していた。

ここから、新保は、当時の商品生産が共同体関係を前提として成り立っていたという認識に到達しているが、この点は重要である。ただし氏は、その事実を、富農的発展を阻む要因として否定的に捉えているようだが、そうではなくて、共同体が小農の商品生産の発展を育む役割を果たしていたものとして積極的に評価する必要があるのではなかろうか。

なお、氏自身が、同書の残された課題として、共同体的諸関係や地主・小作関係の具体的態様などの詳細な検討がおこなわれていないことをあげている。

5　高尾一彦・岡光夫・森杉夫の説

高尾一彦は、「大阪周辺における綿作の発展と地主制の形成」（歴史学研究会編『明治維新と地主制』岩波書店、一九五六年）において次のように述べている。

大坂周辺棉作地帯では、明治初年にいたるまで、織物業は一部の村に集中し、一般的には棉作と木綿織が密接に結合しており、農工分離は充分に展開していない。

寄生地主制形成の前提として、明和（一七六四～七二）～寛政（一七八九～一八〇一）期の地主経営の動揺を乗り越えて文化・文政期（一八〇四～三〇）以後の棉作農業の発展が剰余を生むにいたったことがあり、同時に剰余がなお不安定であったことが寄生地主制形成の主因の一つとなった。化政期以後に寄生地主制形成の方向がはっきり打ち出されたが、その過程で寄生地主制の形成を阻止する一要素として農業経営なり農村工業を組織する中農層（在郷商人）が存在していたことに注意する必要がある。ただし、幕末から明治維新期にかけて、農民諸階層とくに中農層以下は剰余の不安定から絶えず浮沈を繰り返しており、安定的な勢力たりえず、また棉の作付面積の点からいえば、棉作は幕末から明治初期にかけて衰退または停滞したため、寄生地主化の進展を押しとどめることはできなかった。(5)

高尾もまた、化政期以降の寄生地主制形成の趨勢を認めている。高尾の説については、棉作と木綿織の結合と、中農層以下の流動性を指摘している点に注目しておきたい。

ついで、岡光夫『近世農業経営の展開』(ミネルヴァ書房、一九六六年)をとりあげよう。岡は、同書で「寄生地主制は、自作農の富農化の可能性が存しないから展開するのでなく、その可能性の上に展開する」(四頁)として、河内国若江郡八尾木村木下家の分析から以下のように主張する。

木下家の手作地二町四反程度の規模が、近世の棉作の技術構造によって、最高の生産力をあげるのに最も適合した規模である。またこれは錯圃形態の下での雇用労働力を合理的に使役し、完全に燃焼しうる規模でもあり、これ以上拡大すると生産力もしくは収益の低下が予想される。雇用労働を労働力の根幹としながらも、労作経営としての限界が三町未満のところにあったのである。棉作を中心とする商業的農業を営み、畿内の富農の典型をなす木下家でも、小農経営=労作経営から脱却することができず、耕地の零細錯圃形態の下で肥培や管理に職人的技巧をみせながらも、小農経営の枠内での富農化にとどまっていた。そのため、余剰の収益は貸金業に投下し、また嘉永年間(一八四八~五四)には質屋を兼業することになった。これらの収益による、土地所有のさらなる拡大は再び地代収益を目的とせざるをえず、小農的富農経営自体に寄生化を生み出す要因を含んでいた。しかしながら、富農の高利貸的・地主的側面と、質地地主のかかる側面とは発生において区別しなければならない。

このように、岡は、地主化の原因を経営内的要因、なかんずく限界経営規模に求めている。[6] また、自作地の反当たり収益が小作に出すよりはるかに多いことから、富農層の経営的上昇の可能性を一貫して認めている。

ただ、村落共同体に関しては、共同利用の「村井戸」の存在は、農民をして共同体からの自立を不可能なものにしているといった興味深い指摘があるものの、[7] 取り立てて追究されているわけではない。この点は、高尾一彦においても同様である。

続いて、森杉夫の説をみよう。森は、「商品生産と農民層の動向」（木村武夫編『近世大坂平野の村落』ミネルヴァ書房、一九七〇年）において、河内棉作農村の地主層は、明治初年まで手作経営を営み、生産から遊離しない家が多いことを指摘し、さらに「幕末期河内綿作地帯の商品生産と農民層分解」（『ヒストリア』三七号、一九六四年）では、河内国若江郡小若江村を対象に、次のように述べる。
①天保から慶応（一八六五～六八）にかけて、地主的土地所有は一段と進展している。そのもとでは、土地所有と経営規模との間には一応の照応関係がみられるが、幕末維新期には土地所有の分解の拡大に経営分解が随伴しなくなってきている。
②米作経営に中心をおくのは地主・富農層であり、中・貧農（とくに貧農小作層）が、農業外余業や賃労働によって棉作の不安定さを補いつつ、畑地における棉作商品生産を担っていた。すなわち、経営規模の小さい層ほど棉作率が高いという特徴が、幕末になるほど明確になっている。[8]
棉作担当層の下降傾向は、棉作が相対的に有利でなくなったことが原因である。したがって、維新期の棉作小作経営の不安定さは地主制発展の障害、不安定要因となっている。[9]

6　中村哲の説

以上みてきた、天保期以降に寄生地主化の進行を認める諸説に対して、幕末にいたるブルジョア的発展を高く評価する諸説が存在する。そのなかで、まず中村哲の説をみてみよう。中村は、『明治維新の基礎構造』（未来社、一九六八年）において、以下のように主張している。

①和泉国北部においては、商品生産の発展は、農民層の富農と貧農への分解をもたらし、初期プロレタリアの形成もみられた。特に、農村工業の発達した地帯では、農業から完全に切り離された賃労働者や専業の営業者、商業資本などの非農業人口をも生み出し、農村工業の中心地や商工業村落も形成された。商業的農業とその加工業の発展が、農業から切り離された商品経済のなかで生活する人口を生み出し、米商人の成立にみられるように、非農業人口の再生産のための社会的分業が形成されてきた。(10) しかし、農業生産力は、先進地帯においても小経営生産様式を変革するまでには発展しておらず、したがって分解の進行は富農の地主への転化を生み出しつつあったが（社会的分業の発展などによる農業雇傭労働の賃金高騰、労働力不足が原因）、地主・富農の手作地縮小、寄生地主への転化はまだ一般的ではなかった（それは開港以後、特に明治初年の本源的蓄積の過程で一般化すると考えられる）。他方、広汎に発生した無高層は、一方で半プロレタリア・プロレタリア化の傾向を示すとともに、他方で小作人化の傾向をも示していた。

②一八世紀後半以降、土地金融は土地取得を目的とする永代売と貸金の利殖を目的とする非担保占有形態の「質入」（＝書入）に分化し、地主・小作関係は質地小作から第二次名田小作（明治の普通小作に相当）に移行していった。しかし、地主経営はまだ不安定であった。

寄生地主制は、一方における上層高持の経営の拡大を上回る土地集積による貸付地の出現、さらに社会的分業、農民層分解の進展による上層高持の手作経営の縮小、貸付地の急激な増大と、他方における零細高持、特に無高層の広汎な形成、その小作人化の両面から形成されてくる。

一九世紀における上層農民の地主化は、自作・自小作・小作の一～二町経営の生産力がむしろ地主・富農のそれを凌ぎはじめたことによる。集約化の方向がさらに進んだために、三～四町規模においてその生産力を十分に発揮することが困難となったのである。

地主制は一定度のブルジョア的発展を前提とするばかりでなく、確立後においても商品経済および資本主義的諸関係と一定の限度内において結合していた。幕末期には、寄生地主制の成立と、資本・賃労働関係の広汎な形成とが密接にからみ合いつつ進行していた。
③幕末期地主制の内部構造を小作経営の側からみると、家族労働力によって耕作可能な中位の耕作規模の小作経営（＝小作中農）が小作面積ではもっとも多くを占めるが、戸数の点では零細小作経営と賃労働の結合によって再生産を維持しなければならない零細小作（＝小作貧農）が多いこと、小作経営のなかから雇傭労働力を使用する自小作・小作上層（＝小作富農）が現れてくること、などが指摘できる。
④近世後期以降、農業からまったく切り離され脱農化した賃労働者層（初期プロレタリア）が広汎に形成されてくる。ただし、天保～明治初年の和泉国赤畑村においては、無作の零細小作化などにより、零細小作（半プロレタリア）が増加し、無作が減少している。その原因は、天保～弘化期以降、一八世紀以来一貫して上昇傾向をたどってきた賃金水準が急速に低落しはじめたことである。明治初年の同村は、地主、自小作・小作上層（富農）、中位の小作（中農）、零細小作・無作（半プロ・プロレタリア）の四階層によって構成されていた。
和泉国では、無作層のうち、綿加工業の資本主義的家内労働者が約四割、農業・綿加工業・絞油業・交通業などの賃労働者が約四割で、残りの二割は小商人・小営業者であり、ごく一部にマニュファクチュア・ブルジョアジーや商業資本家がいた。

一般的には、明治一七～一八年段階での、丹南・丹北・志紀郡の綿織物業は、農家副業として小規模に営まれ、紡糸・織布が結合している場合が多かった。

⑤天保期以降、地主と小作人の力関係は、小作経営の小商品生産者化と生産力の上昇、小作人の闘争によって、次第に小作人に有利に傾きつつあった（小作料の固定化ないし減少、小作権の強化と小作期間の長期化傾向）。幕末開港前において、和泉国の地主制は衰退の危機にあったのである。

しかし、幕末開港により、綿糸生産・棉作は大きな打撃を受け、農民諸階層の窮乏・没落をもたらした。その過程（綿糸生産・棉作の打撃＋零細小作の激増、小作経営の悪化）で、地主と小作人の力関係は小作人に不利に傾いていった。

さらに、地租改正による大幅な増租に対応して、地主層はいっせいに小作料の大幅引き上げを実施した。それとともに、地主権の一方的強化・小作権の否定が実現し、小作経営は急速に悪化していった。

以上みたように、中村の説は、必ずしもブルジョア的発展とプロレタリアの形成を一面的に強調するものではない。ブルジョア的発展と地主制形成との密接なからみ合いや、無高層におけるプロレタリア化傾向と小作人化傾向の併存、さらに小経営生産様式の強固な存続などに、正当に目配りしている。そのうえで、諸研究者のなかでは、相対的にブルジョア的発展や賃労働者層の形成を強調しているということはできよう。

また、近世後期から明治期をストレートに結びつけるのではなく、幕末開港から地租改正にいたる政治的・経済的変化の意義を重視している点も重要である。

ただ、氏にあっては、村の役割が軽視されているという難点がある。たとえば氏は、出入作の展開は封建的諸規制から土地保有が解放されていくことを示すとする。また、農業経営において、自村の者が他村の土地を耕作し、自村の土地は他村の者が耕作するケースが増加することから、「農業経営が近世的村落のわくにほとんど規制されなくなっている」（八一頁）という。そのように評価できないということは、本書の分析のなかで示されることになろう。

7　津田秀夫の説

まず、『幕末社会の研究』(柏書房、一九七七年)における津田の主張をみていこう。津田は、中村哲と同様、幕末期における農村の都市化の進行、非農業者の増加、賃労働の顕著な形成を重視する立場から、以下のように述べている。

①和泉国大鳥郡宇多大津村では、天保期には、紛れもない賃労働者層が階層として成立している。ただし、慶応期において、賃銀の相対的低下と、それにともなう労働者の地位の低下がみられる。

②幕末期にいたっても、特にブルジョア的発展が挫折したということはない。ただし、ブルジョア的発展に対する封建的対応として地主制が展開してくることは事実であり、封建的とブルジョア的という異なった性格をもったものが、同時代に併存していて、しかも両者が相互に規定し合っているのである。

③近世中期以降の第二次名田小作段階では、領主的土地所有は完全に圧倒され、「事実上の農民的土地所有が確定し、この内部から地主的土地所有と、より本来的な農民的土地所有が対抗し、地主制が展開するにいたる」(一八〇頁)。

第二次名田小作のもとで、小作上層や自小作層のなかに、雇傭労働を用いて胚芽的利潤を生み出す階層が出現する。一般に小作人の立場は強化される。

④第二次村方地主(第二次名田小作段階の地主)の形成には、近世的な村落共同体の解体がともなっている。すなわち、「村落共同体の一定程度の解体の進行をみなければ、村落内部で本百姓が完全に土地を放棄することも、

また、集積することも不可能であるからである」。

第二次村方地主の村外での土地集積に関して、「土地の集中が村内のみならず、他村にまで拡大しうる条件というのは、一つには、対象となる他村の内部においても、同じように一定程度の共同体の解体が進行していて、村外地主が直接小作料を徴収しうるようになるとともに、たとえ、居住する村とことなった支配関係の場合でも、村外地主が滞納小作料を督促するのに、その領主の妨害を受けないことが重要な要件であろう」(一八二頁)。

⑤雇傭労働を用いて経営をおこなう自小作層・小作上層が出現するためには、「農民層の分解、したがって、共同体の変質、すなわち、一定程度の共同体の解体が進行していることが前提条件である。すくなくとも、一定の共同体の解体が進展して、その結果、小作人の側に共同体規制に拘束されないままで、存立しうる状況ができてきたのである」(一八七頁)。

しかし、共同体の変質・一定限度の解体という現象も、米作のための水利の共同利用からくる規制をまったく免れることはできないため、自ずから一定の限界をもつ(その具体例として、嘉永七年(一八五四)の岡村の事例があげられている)。

以上のような津田の説は、ブルジョア的発展と地主制の併存と相互規定を説く点で説得的であるが、一方で次の問題点をもつと考える。(i)非農業者・賃労働者を小農とは異質な一つの独自階層として捉えているが、それが誤りであることは前述の新保博や後述の谷本雅之が指摘するところである。(ii)津田は、小作経営の発展のためには共同体の解体が必要であるとの立場に立ち、現実にも一定の限定つきながら共同体の解体が進行したと評価している。しかし、一定の共同体解体の進行は事実としても、それは一般に村外地主が他村の小作人を直接支配できるような段階にはいたっていないし、共同体解体が小作人層一般に利益をもたらすものでもない。近世後期から明治初期にかけての村落共同体については、さらなる実態究明と、その上に立った異なる評価が必要であろう。

次に、津田の著書『近世民衆運動の研究』（三省堂、一九七九年）をみよう。そこでは、次のように述べられている。

①「幕末期の畿内農村では直接生産者である小規模経営農民というのは、たんなる小規模な自作農であるだけでなく、小自作層・自小作層・小作層であるとともに、農工兼業の小商品生産者であり、賃労働者である場合もある点は無視しえない」（四八頁）。

幕末段階の和泉国北部では、農村に滞留せしめられた無産者層のうち、農業およびその他の産業へ賃労働者として吸収されることでしか生活の手段をもたない者がかなり存在しているが、これを半プロレタリア（半プロ）と区別して前期プロと呼ぶ。

②近世後期には、高持百姓が領主と一般農民の間に挟まって不安定な存在であることにより、「高持百姓を基軸にしたはずの村落共同体は、一方では、上からの支配機構としてその強化が加えられながらも、他方では、下からの抵抗の組織として一般農民に利用されるのである。とくに、村方騒動を通じて展開する小作騒動は、このあいだの関係を示すものといえるであろう」（二八八頁）。この段階では共同体の二面性が認められるが、さらに幕末にいたると、村方騒動は小作騒動として純化されていく。

③維新直前の段階になると、小作人が地主に小作料の軽減を求める第三段階の村方騒動が発生してくる。その基礎には、封建的共同体の解体現象がある。「幕末期に封建的共同体の解体の現象がいちじるしく進行している」（二〇四頁）のである。

幕末期の第三段階の村方騒動と打ちこわしは、「いずれも富農・富商層の共同体規制からはみでた側面（商業高利貸的側面と寄生地主的側面——引用者註）にたいする、村落共同体の枠からはみでた貧農層・日雇層の攻撃である」（二〇六頁）。

村方騒動において、「村落共同体を内部から解体させる主要な素因は耕作農民（＝小作人——引用者註）の側にあ」り（二六〇頁）、幕末期には最下層の零細な小作農民でさえ、共同体規制から脱しうるような条件ができていた。

④封建制から資本主義への移行を考える際には、「基本矛盾」や「従属矛盾」の他に、さらにその前提となるべき根本矛盾が存在するが、それが共同体の問題なのである。「根本矛盾として示されるべき村落共同体は、これと同時に「基本矛盾」や「従属矛盾」の集中的に表現される母体であり、それ自身これらの矛盾の場として変質していくものであるはずである。このことから、さらにいいかえれば、共同体の問題というのは、一面では、歴史の発展と変革を生み出すダイナミックな構造の場であり、いま一面では、歴史の発展に、阻止的に働きを示しながら、われわれにいまなお対決を迫る場でもある。かかる両側面を並行して理解することが、日本史では重要であると思われる」（二二三頁）。

以上の津田の主張のうち、④で共同体を、矛盾をはらみ変質していくもの、「歴史の発展と変革を生み出すダイナミックな構造の場」と捉える視座は重要である。また、共同体が歴史の発展に対して阻止的に作用する場合があることも事実であろう。

ただし、実態認識のレベルでは疑問がある。津田は、慶応期の岡村の村方騒動などを、共同体の解体現象を示す事例としてとりあげ（七一〜七二頁）、それを「封建的共同体の解体を促すような村内の政治過程」（二〇九頁）であると評価し、村方騒動と直接の関係なしに、小作人のみによって起こされた農民闘争であり、小作人層の成長を示すものと位置づけている。しかし、岡村の村方騒動においても、小作人は村に依拠して闘っているのであり、それを共同体の解体を促すものとは評価できない（本書「終章」参照）。

また、万延元年（一八六〇）の岡村と藤井寺村との小作料未納をめぐる一件では、双方の村役人が関与して解決が図られていることを津田自身が述べており（二五一～二頁）、ここでも村が地主・小作関係に関与している。すなわち、共同体解体の著しい進行という津田の評価とは異なる事態が現実には展開していたと考えるべきであろう。ここから、共同体の評価が核心的課題として浮上してくる。

8 安良城盛昭・小林茂の説

前述の中村哲・津田秀夫が強調した小作富農の存在に疑問を呈したのが安良城盛昭である。安良城は、『天皇制と地主制 上』（塙書房、一九九〇年）において、明治一六～一七年段階で、大阪府は全国で唯一、小作農が自小作農に優越している府県であることを確認したうえで、次のように述べる。

和泉国大鳥郡下石津村について、津田秀夫は、小作経営にすら萌芽的利潤を生み出す条件が存在したとするが、実態としては、小作経営は、小作経営としてその経営規模を拡大再生産していく方向を示さず、さらに自小作経営・小自作経営も自作地の比重を高めていく。それは、自作地経営の小作地経営に対する圧倒的な有利性に基づいていた。自立的農民経営は自小作層を中心に形成されており、非自立的小作農は農間余業・年季奉公人放出・日雇兼業と零細小作経営とを結合させることによって存立していた。

上層農民地主化の主因は、封建地代の重圧に求めるべきである。凶作期（幕末期は凶作の頻度が激しい）に特徴的に現れる封建地代の重圧は、自己経営においては全て経営者自らの責任において処理しなければならないのに対して、地主・小作関係の下においては、それを小作人に転嫁しうるのである。

安良城が、小作富農が過渡的・例外的性格の経営だとするのは妥当な指摘であり、上層農民地主化の主因を封建地代の重圧に求めるのも独自の見解だといえよう。

次に、小林茂の説をみよう。小林は、『近世農村経済史の研究』（未来社、一九六三年）において、河内国丹南郡小平尾村脇田家などを対象として、次のようにいう。

①村役人層は、一方で封建権力の末端として村政をつかさどりつつ、他方ではその農業経営に商業的要素を十分に組み入れ、在郷商人的性格をもち、また利貸経営もおこなっており、ブルジョア的（小商品生産者的）性格を有していた。

天保期においては、寄生地主制が成立したとはいえないが、「寄生地主への傾斜」はみられた。この時期、一部の中農層は上昇するが、大部分の中農層は転落し、彼らが農民闘争の指導層となった。

②村役人層が村惣代として国訴に打って出たのは、貢租納入の責任者という立場もあるが、自らの農業経営に直接関係してくるがためであった。「彼らは、農民の各階層なりに生じてきた危機を、最も利害関係の深い立場から、必然的にみずからの利益のうちに吸収包含して、「百姓之不為之義」として推進したといえる」（三〇七頁）。しかし、そこには経済闘争としての限界があった。

③幕末期の村方騒動・村方改革においては、転落の危機に脅かされている中農層が、貧農層の革命的な政治闘争をある程度組み入れて、自らの危機を脱出せんと図ったのであり、彼らこそ村役人層を批判し、ときにリコールをも計画したのである。(11)

国訴と村方騒動には質的な差異があり、津田秀夫の国訴と村政民主化闘争とを直線的に結びつける見解には問題がある。

さらに、小林は、『封建社会解体期の研究』（明石書店、一九九二年）において、次のように述べている。摂津国豊嶋郡の場合には、幕末期に、寄生地主になる方向・可能性は多分に認められるが、「寄生地主制」ということからいえば未成熟の段階にあった（三六一頁）。そこで、地主層は、領主権力に頼り、村共同体を利用し、小作人に恩義をかけて、自らの地主経営を維持・拡大しようとした。それに対して、小作人は以下のような対応をした。(i)広範な農間稼、日雇・雑業への従事。(ii)特定の地主に固定せず、短期間のうちに地主を変更した。小作人が地主を選択しており、近代的な賃契約の形態が生まれつつあった。(iii)小作人が連合して地主に対抗した。(iv)その結果、小作人の取り分が地主取り分を上回って比較的有利であり、さらに凶作時には小作料減免もかちとっていた。寄生地主制の成立は明治一〇年代のことである。

小林の説では、幕末期の村方騒動の指導層を半プロや貧農層ではなく中農層に求めている点、小作人層の多様な対応を明らかにした点などが注目できる。

9　安岡重明の説

安岡重明は、「商業的発展と農村構造」（宮本又次編『商業的農業の展開』有斐閣、一九五五年）において、河内国丹北郡若林村池田家の分析から次のように述べている。

①三反以下の零細高持が最も高度に棉作をおこなっており、小作層・水呑層の経営も棉作に比重が置かれていた。木綿織・小商業などの広範な余業が存在することで、集約的零細経営が可能になったのである。

②寄生地主が村役人の地位を占め、それによって地主・小作関係を補強した。そのため、小作人の地主に対す

る減免要求が村役人に対しておこなわれたり、村役人が毎年小作料を決定したり、「肥し手当金融通」が地主・小作間ではなく村役人・小作間の関係として現れたりするなど、私法的関係と公法的関係が錯綜する事態が現れた。

③広汎な水呑層の家内工業・小商業等農業外経済活動への従事は、地主・小作関係の希薄化すなわち地主の小作人に対する規制力の弱化をもたらした。そのため、地主が村役人（あるいは村役人＝地主）と協議して小作料を定めるといった事態も起こった。その結果、地主の小作人に対する態度は恩恵的というよりもむしろ苛烈なものとなり、小作人の反発は強まった。両者の社会関係はより近代化されていた。「それは商品生産の発展・農民の分化・広汎な余業の存在がわが国の農村と切離せない家父長的・共同体的なものを清算し、利害の対立を鮮明ならしめてゆく過程でもあつたのである」（一三七〜八頁）。

安岡の主張のうち、②と③の評価は微妙に食い違っている。②では私法的関係と公法的関係の錯綜という重要な指摘をおこなっておきながら、③では地主・小作関係の近代化を通して共同体的関係が清算されていくとするのである。しかし、③のような事態は近代以降明瞭に現れてくるものであり、②で示されたような地主の姿勢はむしろ小作人の共同体への依拠を生むのである。また、村落共同体を地主の小作人支配の砦とのみ評価している点も疑問である。

また、安岡は、「幕末期畿内に於ける下層農民の性格と農村構造」（宮本又次編『農村構造の史的分析』日本評論新社、一九五五年）において、河内国若江郡荒本村や同国丹北郡若林村などを対象に、(i)文化〜天保期にかけて無高水呑層が七割に達するが、それ以上は増加しないこと、(ii)「水呑の多くは小作人として地主の下に編成されたのであり、前進的な意味をもつ日雇労働者化したものがあつたとしても、その比重は小さいといわねばならない」（四〇九頁）こと、(iii)水呑層は、その内部で激しく交代していたこと、(iv)若林村における白木綿織の展開は、自小作ないし小作層の副業的産物であり、木綿生産量の増加は、農村における産業資本の発展とは逆に、寄生地主制の展開と表裏の関係にあったこと、などを明らかにしている。いずれも重要な指摘といえよう。

さらに、安岡は、「賃労働者層形成期の経済と社会」（宮本又次編『近畿農村の秩序と変貌』有斐閣、一九五七年）において、(i)小作料額の決定に際して、近村間での取り決めがなされる場合があったこと、(ii)化政・天保期以降賃労働者層の形成が進み、幕末から明治前期には村の全戸の三割程度が賃労働者となっていたが、その内実は木綿織などの農村家内工業や日割奉公人などであったこと、(iii)明治初年の若林村では、奉公人たちが口入れ稼業の者を通じて村役人に賃上げを要求していること、(iv)河内ではマニュファクチュアの広汎な出現は明治二〇年ごろとされていること、などを明らかにした。「賃労働者」を固有の層として理解することには疑問があるが（こうした安岡の理解は同氏の前稿ともニュアンスに差がある）、彼らの集団的賃上げ要求の指摘はたいへん興味深い。

そして安岡は、若林村では、地主層の村役人独占による地主・小作の直接的対立から、庄屋・戸長の緩衝者的役割の出現によって、地主・小作の力関係のバランスのうえに村政がおこなわれるにいたり、小作層のある程度の支持なしには村政の円滑な運営は困難になっていたと述べている。重要な指摘だが、安岡にあっては、これが「村内部に生じた対立のため基本的には近世村落は内部から解体」する（二二三頁）という評価につながっている。しかし、こうした事態は村の変容ではあっても解体ではないのであり、氏の共同体に対する評価には賛同できない。

以上の諸研究をふまえて、畿内の農業経営論・農民層分解論の一つの到達点を示しているのが、山崎隆三『地主制成立期の農業構造』(青木書店、一九六一年)である。同書は、摂津国武庫郡西昆陽村氏田家を中心的対象として、農民層分解の形態を「土地所有別構成と経営(耕作)規模別構成との綜合」(一七頁)によって把握せんとしたものであり、以下のような主張がなされている。

一八世紀中葉を起点とする農民層分解の進展の結果、幕末維新期には、二~五町(二〇~五〇石)を所有する富農経営の幅広い展開に代表されるところの小ブルジョア経済制度と、他方少数ながら形成されはじめた一〇町前後所有の寄生地主層に代表されるところの寄生地主制度との二つの経済制度が併存して展開するにいたっており、まだいずれの傾向が決定的であるとも言い得ない段階にあった。富農がその所有地の大部分(三町前後)において雇用労働を用いて棉・米などを自作するのに対して、寄生地主層は所有地の大部分を貸し付け、自己の存立基盤を小作地に置いていた。こうした上層農民の二様の存在形態に対応して、下層農民は、一方では年雇・日雇の放出源泉として存在するとともに、同時に零細小作農としても存在していた。すなわち、ブルジョア的農民層分解と、地主小作関係の展開とが、上層農民においても下層農民においても結合して進展していたのであり、そのもとでは、封建的抑圧の打破が全農民の一致した要求となっていた。

ただし、化政期には労賃・肥料の騰貴により自作経営は不安定となり、さらに幕末に近づくにしたがって、労賃はむしろ相対的に減少したことによって、肥料代高騰が経営難の決定的要因となっていった。そして天保期以降、特に安政以降富農経営の自作規模縮小がはじまり、幕末期に向かって富農層の自作地縮小と小作地依存の傾向が次第に強まっていったのであった。その結果、明治二〇年代にいたると、小ブルジョア制度と地主制度との併存状態が終焉し、前者が崩壊して後者が確立することになった。これに対応して広汎に没落した中・貧農層は、明治三〇年代にいたって初めて一部分は脱農化するとともに、大部分は中農的自小作・小作農として再編成された。

さらに、山崎は、「江戸後期における農村経済の発展と農民層分解」（『岩波講座日本歴史』一二近世四、岩波書店、一九六三年）において、前著で得られた結果を全国的な視野のもとに位置づけ、質地地主制的分解とブルジョア的分解という農民層分解の二つの型を提示している。ブルジョア的分解については前述のとおりであるが、質地地主制的分解については次のように述べている。

関東・東山・北陸・山陰・北九州地方などにみられる質地地主制的分解にあっては、大多数の農民はせいぜい単純再生産をなしうるに過ぎず、富裕化し経営を拡大する可能性はほとんどないばかりでなく、貨幣経済に巻き込まれていることによって絶えず没落の危機に瀕していた。一般農民層はただ窮乏化の一途あるのみであり、諸種の特権・商業高利貸資本機能・農産物加工工程の独占等をもつ一部の豪農のみが、一般農民層の窮乏の上に聳《しよう》立《りつ》することになった。

山崎が、畿内において小ブルジョア経済制度と寄生地主制度が対抗関係にあるとしつつも、両者を全くの分離・対立としては捉えていないことは注意すべきである。ただし、全国的にみて、質地地主の広汎な存在は事実としても、その内実を山崎のように豪農の聳立と一般農民層の窮乏化と捉えることには疑問があるが、この点は畿内村落論と離れるので詳述は避ける。(12)また、山崎は、一年季奉公人・日割奉公人を近代的賃労働であるとするが、それは小経営の一側面に過ぎないこともおさえておく必要があろう。

なお、佐々木潤之介は、山崎の農民層分解論を優れた業績として評価しつつも山崎説は採らず、豪農―半プロ分解という単一の分解の型を提唱した。佐々木の説は著名なものであり、私もすでに私見を述べたことがあるので、⒀ここでは深く立ち入らない。

二　竹安繁治の説

竹安繁治は、近世土地所有史において顕著な業績を残しているが、本書に関わっては以下の点が重要である。まず、『近世小作料の構造』（御茶の水書房、一九六八年）において次のように述べている。

①小作料の決定は、地主・小作人間の相対によって、「村極」として村単位でおこなわれるのが一般的である。凶作時における小作料の減免もほぼ一村全体としておこなわれた。減免交渉は、下作人惣代が地主と直接おこなうこともあれば、村役人や寺などに依頼することもあり、小作料減免の決定が村役人の公式の業務化している場合もあった。

②地主側が年によって手作地を変更することは、手作経営の必要のみに由来するものではなく、それによって耕地の実態把握と宛米の適正化を図ったものである。

地主は、貸付地の維持・管理に強い関心をもっており、保有地の貸付は明らかに経営として意識されていた。それに対して、小作人層の小作料減免闘争も熾烈におこなわれた。

③連年の減免闘争によって小作人取り分は増加し、余業収入も含めると、小作人経営には上昇の可能性が存在した。上昇の可能性は中農層の経営にもみられた。

さらに、『近世畿内農業の構造』（御茶の水書房、一九六九年）においては、地主富農層は、幕末期から明治一〇年代まで、いくらか縮小傾向を示しつつも、富農的手作経営の規模を維持していたこと、一方で、地主・小作関係や利貸経営の進展、寄生地主化の傾向もみられるが、その原因としては、限界経営規模（三町程度）や収益比較を通じてする経営者的考慮に基づくところが大きかったこと、などが指摘されている。

いずれも重要な点であり、竹安の業績は今日の段階で改めて全面的に振り返る価値のあるものといえよう。

12　谷山正道の説

以上の諸研究は、主に一九六〇年代までになされたものであり、その後、研究は停滞傾向にあったが、近年注目すべき研究が現れている。その一つが、谷山正道『近世民衆運動の展開』（高科書店、一九九四年）であり、そこでは以下のような主張がなされている。

①村役人層が、村方小前層との対立を深めながらも幕藩領主権力と対抗する側面を有し、改良主義的・漸進主義的性質を有しつつも、変革主体の一翼を構成していた点を正当に評価すべきである。

②文政期以降の東播五郡惣代庄屋集会においては、集会に集まった惣代庄屋らは、小前層の脱農化を封じ込めて農業労働力を確保しようとする、村役人層＝地主・富農層の階層的利害に基づく動きも見せたが、他方、彼ら自身がなお小商品生産者としての性格を有しており、地域住民の利害を代表して特権的問屋に激しく対抗した。こうした二面性は、彼らの存在形態に規定されたものであった。

③この二面性は、化政期大和の「国訴」においても見いだせる。村役人層に対する安米売要求・救恤要求や小作騒動などの小前層の闘争を下から激しく受けながら、幕末にかけて村役人層は広域的訴願闘争を繰り返し展開したのであり、農民闘争は重層的構造を有していた。こうした構造は明治初年にいたっても変わらず、「御一新」を契機とする小前層の闘争のさらなる高揚を背景に、村役人層主導の広域訴願も活発さを増すにいたった。副次的矛盾の激化が基本的矛盾を深化させていたのである。

私は、以上の谷山の見解に基本的に賛成である。そのうえで、本書では、豪農経営と村落共同体の詳細な分析に基づき、さらに論点を深めることを目指している。

13　谷本雅之の説

近年の研究できわめて重要なのは、谷本雅之の仕事である。谷本は、『日本における在来的経済発展と織物業』(名古屋大学出版会、一九九八年)において、次のように述べている。

織物の生産活動の主たる担い手は、幕末から明治期にかけて、一貫して小農家族であった。幕末期の「先進地」とされる宇多大津村においても、紡糸工程・織布工程ともに、その中心は農家世帯が担っていた。農業と織物業の結びつきを、織物生産者の特色として指摘できる。両者の関係としては、織物業は、農業経営を第一義とし、基本的にそれとの関係において支出される労働力の今一つの就業機会として、農家世帯に組み込まれていたと考えられるのであり(副業的就業構造)、その目指すものは農家世帯そのものの維持であった。織物業などの「家内工業」への就業は、他の「余業」と並んで、より効率的な世帯内労働力の配分と動員をめざす農家世帯自身の再生産「戦略」の一環と捉えられるのである。また、宇多大津村や下石津村の無作・零細経営層においては、農業経営への指向が存在していた。

したがって、和泉農村における綿業について、いわゆる「マニュファクチュア」経営の展開や「賃労働者」の析出を軸として論じるのは不適切である。宇多大津村の場合でも、農家世帯は、余業・賃稼ぎを組み込むことで、農家世帯としての存続・展開を図っていた。和泉農村が「先進的」であるとすれば、それはこのような非農業就業の機会が豊富であったことに求められる。なお、問屋制家内工業形態は幕末においては一般的ではなく、その普及は一八八〇年代のことであった。

さらに谷本は、「「在来的経済発展」とその制度的基盤」(近世史サマーフォーラム二〇〇四実行委員会編『近世史サマーフォーラム二〇〇四の記録』、二〇〇五年)において、和泉国宇多大津村などの事例から次のようにいう。
①「総じていえば、農家は、こうした余業、非農業的な営みにいったん従事しだすと、だんだん余業側に傾斜していくというわけではなくて、むしろ非農業的な営みを内包することによって農家経営そのものを維持していくことが、小農の行動の特徴として読みとれる」(九頁)。
「いわば農工分離という形ではなく、農家内に工業を組み込むという形で、小農は市場経済へ対応していたとみることができると思うわけです。従来の研究では、これを問屋制のもとでの賃労働者(「事実上の賃労働者」論)として捉えてきたわけですが、私はこれを賃労働者ではなく、小農という観点から見ていきたいと思います」(九頁)[14]。
②「「無耕作」層というのは、賃労働者として成立したというよりは、具体的に言えば、寡婦が多い、すなわち成人女性一人の世界であるから、もう農業がやれないという形で無耕作になっていると考えた方がいい」(八頁)。
「「無耕作」層が、これまで言われてきたような賃労働者ではないことは指摘しておきたい、無耕作がすぐに脱農につながるのではなく、そこには小農回帰という道もあり得ることも考えるべき」である(二七頁、これは討論での発言)。
③豪農などの資産家の「投資行動というのは、単なる純粋な経済活動なのではなく、政治的・社会的な活動という要素も含む行動であったと考えられます。したがって、投資行動がうまれる動機というのは、純経済的な問

題だけではなく、「地域社会」自体が動機としてそこにあると考えられる」(一三頁)。

「近世社会固有の達成とは、「小農」経営の形成であり、実態的な基盤をもった「地域社会」の形成であったと考えます」(一三頁)。

以上の谷本の主張には傾聴すべき点が多いが、とりわけ、織物業の発展や「無耕作」層の発生の意義を、賃労働者層の形成という文脈ではなく、小農経営の強靭な生命力と市場経済への柔軟な対応力に着目することによって理解しようとしている点は重要である。本書では、こうした視点に、さらに村落共同体の問題を組み込むことによって、谷本の説を継承・発展させることを目指したい。

第二節　岡村・岡田家に関する先行研究と岡村の概観

1　津田秀夫・菅野則子の研究

津田秀夫は、岡田家文書の中に、「文政六未年　摂州・河州・泉州国訴一件　岡田伊左衛門」と記された史料を発見し、そこから畿内農村の百姓たちによる広域訴願闘争を「国訴」と命名した(津田「封建社会崩壊期における農民闘争の一類型について」『歴史学研究』一六八号、一九五四年、のち同『近世民衆運動の研究』三省堂、一九七九年に再録)。

また、津田は、「幕末・維新期の農村構造」(『日本歴史』二九〇号、一九七二年、のち同『幕末社会の研究』柏書房、一九七七年に再録)において、明治四年の岡村戸籍の詳細な分析から、同村の構成員の存在形態を復元している。

菅野則子は、「封建制解体期畿内農村の構造」(同『村と改革』三省堂、一九九二年)において、岡村の村落構造について基本的な解明をおこなったうえで、次のように述べている。
①天保末年以降の農民層分解は、大規模地主の停滞ないし安定性の動揺↓中小地主による小作関係の再編↓小高持層の減少＝無高借家層の増大というかたちで進行した。
②岡村では、地主層が一貫して比較的大規模な手作経営を営んでおり、天保末年以降は手作経営と地主・小作関係とを併せもつ中小地主が増加した。そのため、奉公人雇傭の機会が拡大したが、雇傭関係は不安定なものであった。
③農民層分解は地主・小作関係を展開させた。そのもとで、下層農民たちは、奉公による給銀によって、その生産諸条件、とりわけ土地の取り戻しを一貫して求めていた。このことは、下層農民の自立的小生産への回帰の要求を示している。
④無高層の過半は小作人としての安定的な位置を与えられていなかった。彼らの多くは、奉公人として労働力を販売したり、諸余業を営みつつ、なお農業経営とは不即不離の状態におかれており、いわゆる半プロレタリアとしての性格をもつものであった。

2 佐々木潤之介の研究

佐々木潤之介は、『幕末社会の展開』（岩波書店、一九九三年）第二章において、岡田家を畿内棉作地帯における豪農の典型的事例で、村役人層、領主や代官などの支配機構と強い結びつきをもつものと位置づけ、以下のように述べている。

兵農分離のもとでは、支配体制確定のためには社会的権力が不可欠であるが、幕藩制的社会権力の典型は村役人・村方地主である。近世後期には、豪農の村落的規模を越えた活動が新たな地域を形成するようになる。地域とは、人々の基本的な再生産に不可欠の経済的関係を基礎においた地縁的区域、あるいは旧来の権力の枠を越えて地域的相互関係が展開していく地縁的結合であり、文化の固有性においても特徴づけられる。

岡田家における地域的相互関係は、商品生産への吸着・作徳小作関係・雇傭労働の三要因で形成されるが、同家の手作経営規模は二町歩程度であり、雇傭労働を通じての地域との関係は大きな拡がりをもつとはいえない。商品生産支配と地主小作関係とは、金融関係という点で共通しており、商品生産への吸着は、村々の豪農たちへの金融による間接的吸着が主であった。

一八世紀半ば以降の金融活動は長期的にみれば順調に展開し、弘化期には堺商人との関係が深められた。安政・慶応期の金融には、高利貸金融の枠では捉えきれない側面、すなわち利子取得を目的としない金融としての年賦銀や多額の貸金棄却・低利子率・商業活動への恒常的金融・銀行類似活動（預金金融）といった特徴がみられ、これらが地域住民の生存条件ともいうべき関係をつくりだしていた。米価の安定が岡田家の経済活動・金融活動にとって必要な条件となっており、同家の金融活動は「高利貸商人の範疇から一歩すすみでているとしかいえない」（二四一頁）。

村外の小作関係においては、小作管理機構の整備や高率の作徳免除がおこなわれた。隣村大井村の小作地には、支配人・小作人惣代がおかれ、地主の小作人支配の要になっていた。「免」は大井村村役人、地主＝支配人、小作人惣代の詮議によって決められ、そこでは地主の高利貸的恣意は大きく制約されていた（二七〇～二七一頁）。そこには、岡田家を中核とした新たな経済的関係の展開と、同家の新たな社会的地域権力としての成長がみられる。

岡田家の手作経営にも新しい論理がみられた。すなわち、安政四年（一八五七）初見の「手作」入米概念は生産活動を利貸の論理でとらえる概念であったが、単なる高利貸的観念とは違って、生産活動を相対化し、経済の論理でとらえきろうとする一種の経営合理主義に基づいていた。そして、明治三年（一八七〇）にいたって、投資とそれに基づく損益の論理で経営全体を把握するという方法が確定したが、これが経営観念における岡田家の寄生地主化の始点であった。

以上のことは、「幕末期、豪農がその生産者的発展と地主的発展との岐路にあり、そのために苦慮したことを示す重要な史実」であり、「高利貸しの枠をこえた豪農的合理主義」の表現である。

幕末期の経営見直しは、経営の危機的状況のあらわれでもあった。金融面では、実質的な金融規模の縮小・個別貸の非円滑さ・領主貸の比重の大きさなどが問題であった。また、半プロ層を主体とする小作関係が、もはや幕藩制的社会権力や豪農的な対処では対応しきれない矛盾、本来的に「非和解的」関係として強まっていた。小作関係では、高率の免除分の容認や、臨時的ではあれ村役人と小作人・地主との折衝によって小作料の水準を決定するという事実など、利貸商人の本質である「恣意」性が大きく制約されつつあった。そこでは、幕藩制的社会権力から成長しつつあった豪農的社会権力としての岡田家が、「幕藩制性」から抜けだし、反幕藩制・反封建制の論理を身につけることができるかということが問題であった。

岡田家は国訴にも参加しており、客観的には、新しい社会体制への希求・熱望やそれにともなう行動が予測された。豪農たちはそのための基礎的条件を相当程度にまでつくりあげていた。しかし、彼らは変革主体たりえなかった。そこには、二つの重要な歴史的条件があった。

第一に、兵農分離制により、社会変動が政治過程に結びつく経路が、少なくとも体制的には断ち切られていた。

第二に、現実の幕藩制国家が、次の二点において、豪農たちにとって決定的な桎梏《しっこく》とはなっていなかったということがある。①まず、宛高制年貢納入方式の特質がある。村外の小作地については郷蔵納付方式がとられ、村内の小作地については、一部の小作人の納入米がすべて岡田家の年貢・諸役に充当されていた。このような年貢納入方式は、小作人に対しては、領主と地主・豪農とが共生・協合関係にあるものとしてたちあらわれ、地主経営においては、年貢負担の重圧を間接的にすることとなった。②次に、幕藩制国家が一八世紀半ば以降、商品生産・商品経済の発展に対し、単純な封建反動的・弾圧的対処を排し、地主小作関係との共生と、殖産・専売への志向とを内容とする新たな対応をしたということがある。

以上二つの歴史的条件により、豪農層にとって、幕末維新期においても、国家＝公は所与の条件であって、主体的に取り組むべき問題ではなかったのである。

岡田家は、現実の政治的社会的変動に対して、積極的な提案や対応はしなかった。しかしそれは、この維新変革の歴史過程のなかで、岡田家が無為に眠っていたことを示すのではなかった。「維新変革期に岡田家の到達した到達点がどのように歴史的な展開をみせ、歴史的意味をもつかは、そしてそれがどのように経済・経営の枠をこえて、政治・社会・国家の問題に展開するかということをさぐることは、わが国の近代の基底を知るうえで、大きな意味をもつであろう」（二八八〜九頁）。

このような佐々木の説は本書の重要な前提となるものであるが、以下のようにいくつかの点で疑問もある。

第一は、幕末期に新たな関係が生まれるという理解についてである。佐々木は、前期的高利貸資本・村方地主から、地域住民の成り立ちに配慮する新しい地域的社会権力へと脱皮しつつある岡田家というイメージを描いている。しかし、村落共同体に依拠して生産・生活を守る小前百姓と、彼らへの配慮を融通などによって示す地主・豪農たちというあり方は豪農の新生面を示すものではなく、それこそが近世社会の本来的なあり方なのではないか。

第二点。佐々木が、経営帳簿から岡田家の経営論理や政治的行動の根拠を抽出しようとする方法は秀逸であるが、そこから「幕末期、豪農がその生産者的発展と地主的発展との岐路にあり、そのために苦慮したことを示す重要な史実」、「高利貸しの枠をこえた豪農的合理主義」といった評価を導き出すことははたして妥当であろうか。本書は、新出経営史料の分析もふまえてこの点の再検討を目指すものである。

第三に、同書ではいくつもの新しい論点が出されているものの、基本的には佐々木説の従来の枠組みが堅持されている（豪農―半プロ間の非和解的対立など）ために、新しい論点が十分生かされていないという難点がある。別言すれば、佐々木のいうところの岡田家の「新しさ」の内容が不明確で、近代への展望が開けないということである。

本書では、こうした点を意識しつつ、分析をおこなっていきたい。

3　本書の課題

以上の研究史整理をふまえて、本書は以下の五点を課題とする。

第一は、岡田家の経営の構造と歴史的変化を、新出史料の分析をふまえて明らかにすることである。津田・菅野・佐々木各氏が分析をおこなって以降、岡田家から大量の新出史料が発見され、従来から知られていた史料とともに、現在は一橋大学附属図書館に所蔵されている。新出史料は、最近整理・目録作成が完了したばかりだが、その中には一八～一九世紀の経営帳簿をはじめ貴重な史料が多く含まれており、本書はそれらを用いた最初の研究となる。

第二は、第一にあげた岡田家の経営分析をふまえて、同家の庄屋・惣代庄屋としての政治的活動のありようを具体的に明らかにすることである。豪農における政治と経済の関係を、岡村の内部と、岡村を取り巻く地域社会の双方を視野に入れつつ解明していきたい。

第三は、大坂を中心とした畿内の経済・流通構造の中に岡田家を位置づけることである。この作業を通じて、畿内における都市―農村関係についての論点も提起したい。

第四は、岡田家をはじめとする岡村の村人たちの行動と志向を、村落共同体との関わりで検討することである。近世において、生産力的に最先進地帯であった畿内における村落共同体の機能と役割を再検討することをめざす。

第五は、岡村に多数存在した無高・小作層の存在形態と意識・行動について、可能な限り明らかにすることである。この層の実態解明はいずれの地域においても困難な課題だが、意識的にこの点を追究したい。

4　岡村の概況

ここでは、以下の本論の前提として、岡村の概況を述べておきたい。

岡村は、河内国丹南郡に属し、宝暦八年（一七五八）の村高六七三石、他に山年貢高一石があり、その後新田開発で耕地が増加したため、「天保郷帳」・「旧高旧領取調帳」では七三九石余であった。村の中央を、大坂・堺や大和方面に通じる大坂道と長尾街道が通っており、道沿いに集落が形成されていた。村の南部には、仲哀天皇陵とされるミサンザイ古墳（「陵山」）がある。支配は、近世初頭は幕府領、元和九年（一六二三）から宝暦八年まで丹南藩高木氏領、同年から幕府領、安永七年（一七七八）から常陸国笠間藩領（大坂城代役知）、寛政二年

（一七九〇）から幕府領となる。寛政一〇年から天保一〇年（一八三九）まで高槻藩預地となり、天保一一年以降幕府領となって幕末にいたる。明治二二年に長野村、同二九年から藤井寺村の大字となった。

村は、南町（株）・北町（株）・新町の三町からなり、元禄三年（一六九〇）の家数は、南町八一、北町二一、新町五〇、計一五二軒で、うち高持一一四軒、無高三八軒であった。明和三年（一七六六）には、本村（南町・北町）の家数一三六軒、人数六〇〇人、新町の家数六一軒、人数二九三人であり、明治九年（一八七六）の人口八一八人、明治二二年には反別八八町余、人口七八八人であった。

同村は畿内棉作地帯に属し、寛政頃には二〇町一反余、田を含めた全耕地の四割近くに棉が作付されていた。菜種も、文政一二年（一八二九）に八七石余、天保三年に一〇三石余作られていた。

灌漑施設としては、石川から取水した王水樋《おうずいひ》（王水井路）という用水路と、ミサンザイ古墳の周濠である「陵池」などの溜池、さらに二八五（元禄三年の数値）におよぶ野井戸があった。

商工業者は、宝暦八年に二五種五〇人、慶応三年（一八六七）に八種五七人いた。綿業の展開を反映して、宝暦八年には紺屋・綿屋・毛綿屋・古手屋などの綿業関係者が八軒、慶応三年には木綿仲買が一〇軒あった。安政四年（一八五七）には、岡村で二人の木綿商人が、河内国丹北郡若林村池田家に合わせて三一疋の綿布を販売している。

また、天保一三年三軒、慶応三年二軒、明治四年三軒の米穀小売商（搗米屋）がおり、街道沿いということもあって、宝暦八年には湯屋・居酒屋（腰掛け茶屋）各二軒、馬持三軒があった。

神社は春日社（現辛国《からくに》神社）、寺院は浄土真宗本願寺派光乗寺などがあった。

岡田家は、岡村に住む豪農・地方名望家で、一八世紀末以降同村の庄屋を世襲しており、農業（自作・小作経営）をはじめ、金融業・商業などを営む、村で一番の有力者であった。また、明治期には、短期間ではあるが、「岡田銀行」という地方銀行を経営している。岡田家文書は、近世・近現代において同家が作成・授受した文書一万数千点からなり、本書で用いる主要史料である。本書で岡田家文書から典拠を示す場合には、一橋大学附属図書館のホームページ上で公開している「岡田家文書目録（稿）」の請求番号で示すこととする。

では、以下、岡田家文書を用いた具体的分析に入っていきたい。

（1）なお、同書「あとがき」には、「私の今の気持には、いささかも畿内の先進性を否定する考はない。摂津型的展開か、寄生地主の展開かというオルタネーティブとしては私は寄生地主を考えない」と記されている。これについて、丹羽邦男は、古島は、商品生産の発展の上に寄生地主の形成を考えていたのであり、商品生産が挫折して寄生地主が出てくるとは考えていなかったこと、寄生地主の急速な形成は畿内の先進性の表示に他ならず、「摂津型」の発展が早期の地主的土地所有の拡大を生んだというかたちで、戸谷敏之の「摂津型」経営論（戸谷敏之『近世農業経営史論』日本評論社、一九四九年）を受け止めようとしていたこと、を指摘している（丹羽「解説」、『古島敏雄著作集』第八巻地主制史研究、東京大学出版会、一九八三年）。

また、古島は、天保期には自作経営が小作地所有より有利な中で、地主が貸銀業へ転化しつつ地主化の度を強めていくと述べており（前掲『古島敏雄著作集』第八巻地主制史研究、第四章）、自作経営の有利性を認めたうえで、地主化の要因を考えているのである。なお、上層農民の利貸経営の側面を追究した研究として、福山昭『近世農村金融の構造』（雄山閣出版、一九七五年）がある。

（2）福島雅蔵『幕藩制の地域支配と在地構造』第二部第五章（柏書房、一九八七年）においても、同様の指摘がなされている。

（3）古島敏雄は、この点に関して次のように述べている。棉作生産の不安定性が前貸資金の借入を必然化し、金融活動の結果地主的土地所有が成長する。土地を集積した地主は、労働体系の変革、新労働組織の発生がないため、自作地を拡大することが困難であり、よって地主小作関係を拡大していく。その基礎には、錯圃制を介して、水利用の制約を受けているために、大経営の有利性を確保し得ないという当時の生産力水準の問題があった。註(1)前掲『古島敏雄著作集』第八巻地主制史研究、第六章参照。

(4)　この点については、塩野芳夫『近世畿内の社会と宗教』(和泉書院、一九九五年)第一〇章にも指摘がある。

(5)　近世以降の畿内棉作の盛衰については諸説ある。

武部善人は、『河内木綿史』(吉川弘文館、一九八一年)において、「近世における摂河泉の綿作は、元禄・宝永ころ、すでに一つの頂点に達し、宝暦・天保とさらに上昇し、以後地域的に消長をみせながら、幕末・明治期と漸次衰退して行くものとみられる」(一六頁)と述べた。しかし、明治初年においても棉作・綿織はなお重要な地位を占めていたことも指摘し、決定的な衰退は明治二〇年代の終わりから三〇年代の前半にかけてであるという。また、近世の河内木綿は、自家産原綿による手紡・手織の農家余業、農家の一貫作業に基づく農家家内工業、手工業であったとも述べられている。

酒井一は、「畿内綿作の諸問題」(『ヒストリア』三一号、一九六一年)において、幕末から明治初年にかけての棉作の推移をみると、畑方棉作に関してはいささかも変化せず、田方棉作については半田農法地帯は畑方と同じ傾向をたどり、輪作農法地帯が脱落していったといえる、と主張して畿内棉作衰退論への疑問を呈し、一見衰退と見えた事態は、実は棉作地帯の集中化現象であったとする。また、棉作の発展を担ったのは上層農民であったという。

今井修平は、「近世後期河内における木綿流通の展開」(脇田修編『近世大坂地域の史的分析』御茶の水書房、一九八〇年)で、①近世後期には、大坂経済が停滞傾向にあるにもかかわらず、河内の在方においては木綿販売量が著しく増大していること、②南河内の木綿商人は近世後期に増加しており、それは南河内農村において、農民の貨幣獲得手段としての綿織物生産が、中河内より遅れて幕末期に発展していたことを示すこと、③「綿作が停滞するといわれる近世後期においては、木綿布の流通が発達し、河内の各地域で若干の差はあるが、全般的に木綿布の販売量が急増していること。それはとりもなおさず農村加工業としての木綿織が広範囲に展開していることを意味し、農民の商品生産はむしろ分業の深化の形で前進している」(二九一頁)こと、などを主張している。

さらに、井奥成彦は、『一九世紀日本の商品生産と流通』第三章(日本経済評論社、二〇〇六年)において、山城国相楽郡西法花野村浅田家を対象に、近世南山城における棉作は、面積的には一七世紀後期から一八世紀前期にかけて縮小するが、その後は横ばいであり、集約農業の発展にともなう反収の増加を考慮すると、生産量的には必ずしも衰退したとはいえないこと、こうした状況は開港後も続き、棉作は明治中期までは少なくとも決定的に衰えることはなかったこと、などを述べている。

(6) この点に関して、安岡重明『日本封建経済政策史論』増補版、第一章第一節（晃洋書房、一九八五年）では、全国各地域が、棉作国あるいは綿輸出国としてのし上がり、畿内と木綿販売市場を争うようになったことが、畿内棉作の衰退ないし停滞の原因であるとする。

(7) 葉山前掲書（本書一〇頁）では、農業用井戸に関して次のように述べる。井戸の新規掘削は井戸周辺の地下水位を低下させ、近傍に存在する既存用水施設の機能を低下させることになるため、新規掘削は村全体の統制下に置かれていた。そのため、井戸数の固定化現象がみられた。また、田方棉作に対する井戸灌漑の役割は補助水の給源という範囲にとどまり、井戸灌漑それ自体が独自の自己完結的な灌漑方法とはなりえない。したがって、棉作付地も従来の共同的な用水利用関係の中に位置づけられる。

(8) 小林茂『近世農村経済史の研究』（本書一八頁）では、河内国丹南郡小平尾村などでは、村民のうち約三〇%の零細農民が棉作をしていなかったが、それよりやや上位の貧農層は小規模ながらもそれ相応に棉作をしていたとされている。

(9) 山崎隆三は、『地主制成立期の農業構造』（本書三二頁）において、文化から幕末にかけて地主取り分は増加しておらず、地主小作関係は不安定であったと述べている（一九四頁）。

(10) 無耕作層の増加に関して、本城正徳『幕藩制社会の展開と米穀市場』（大阪大学出版会、一九九四年）では次のように指摘されている。

近世中後期の畿内農村における飯米需要構造においては、①農業部門における非米作商品生産の展開に基づくところの生産者農民（棉作農民・青物作農民）とその家族による飯米購入と、②農民層分解と社会的分業の進展に基づき全面的あるいは部分的に非農業者化した下層農民とその家族による飯米購入という二類型が存在した。そして、一八世紀末～一九世紀初期ころを画期として、第一類型から第二類型への主要類型の転換がみられた。また、遅くとも一八世紀以降の畿内幕領においては、主に非合法的行為として、しかも非米作商品生産発展を原動力とした農民側の日常的な剰余獲得運動として、他国米買納が展開していた。

(11) 猪飼隆明は、「維新期における農民の闘争」(『日本史研究』一二四号、一九七三年)において、次のように述べている。摂津国高槻藩領村々では、維新期の村方騒動において藩権力・寄生地主層と対立しているのは小商品生産者(小農)であり、小作貧農・半プロレタリア層の要求は小商品生産者の要求のうちに包摂されている(小作貧農層・半プロ層の動きは副次的矛盾を形成するにとどまる)。こうしたあり方は、自由民権期においても共通している。そして、小農層は、小商品生産の自由な発展のために、村の自治の拡大を求めている。

ここでも、村方騒動の中心的勢力は、貧農・半プロ層ではなく、小農だとされているのである。

(12) 大口勇次郎は、『幕末農村構造の展開』(名著刊行会、二〇〇四年)において、畿内農村に多数存在する無高層は、関東農村の一石以下の最下層農民と同様の存在であり、両地域の分解度は近似したものであること、よって、山崎隆三の主張するブルジョア的分解は、質地地主・小作関係との間に質的な差を認められないこと、を主張している。

(13) 拙稿「今、佐々木潤之介氏の幕末維新論とどう向き合うか」(『人民の歴史学』一六四号、二〇〇五年)。

(14) 葉山禎作前掲書では、誉田村における無耕作層のうち、約半数は正常な労働能力をもたぬものであり、残りの約半数は生産活動と直接的な関連のない余業に従事していること、七反以下耕作層は全戸数の約七割を占め、耕地の約三分の二を耕作していること、彼らは零細な農業経営(自小作)を営みつつ、雑多な農外諸営業に従事していること、などが指摘されている。

第一章　近世後期における河内の諸相

常松隆嗣

はじめに

畿内農村では早くから商品作物生産が盛んであり、それを基盤とした富農経営が広範に見られた。研究史においては、富農経営の成立をブルジョアジーの萌芽ととらえたことから、日本の資本主義化を解明するために富農経営の分析が進められた。なかでも戸谷敏之氏によって措定された「摂津型農業経営」は、同氏が分類した農業経営のなかで、商品経済に巻き込まれることで農業経営が困窮していく「西南日本型経営」の特殊形態、つまり「他地方の農業経営と異なりともかく剰余を示す」経営のことであり、これが資本主義生産の原初的形態として注目された。(1)

戸谷氏の指摘をうけて、戦後には摂津型農業経営の実証が図られ、西摂武庫郡上瓦林村の岡本家を分析した八木哲浩氏(2)をはじめ、津田秀夫(3)・竹安繁治(4)・山崎隆三(5)・中村哲(6)の各氏によって畿内の地主制研究は大きく進展した。

また、地主制の成立と密接な関連をもつ農民層分解については、山崎氏が畿内や瀬戸内の一部に見られる「ブルジョア的分解」と後進地帯に見られる「質地地主的分解」という二類型を示したのに対し[7]、佐々木潤之介氏は農民層分解が「全国的にいっせいに諸変化」するという見解を示し、山崎氏が示した富農経営についても豪農経営の一形態と指摘した[8]。

こうしたなかで古島敏雄氏は、畿内農村の特徴と階層分解との関連を述べるなかで、北河内については菜種栽培を中心とする水田地帯ととらえ、そこで見られる農民層分解は京街道沿いの村々で高度となり、さらに淀川沿いの村々は山沿いの村々に比して高度であることから、そうした状況は商品作物の入り込みの程度に原因があると指摘した[9]。

しかし同氏は、畿内農村の階層分解は商品作物生産の進展度と関係すると述べながら、主たる理由が示されないまま北河内農村は該当しないと述べ、商品作物生産が盛んであるはずの淀川沿いに位置する茨田《まった》郡については「水田地帯」であると結論付けるなど[10]、多くの疑問点を残した。

研究蓄積のある畿内農村において、本章でとりあげる河内、とくに中河内は摂津や和泉と同様、木綿を主とする商品作物生産が盛んであることから、経済先進地域ととらえられ、摂津型農業経営の実証的分析とも関わって個別研究は進んだが、一方で河内全体を俯瞰するような意識は希薄で、南北に長い地形的特徴に由来する河内国内の地域差は等閑視されることとなった。

そこで本章では、河内国内の地域差に留意しつつ、河内農村の特徴を明らかにすることを目的とする。分析するにあたっては、河内を地域的に北・中・南の三地域に分け、地域的特徴を形成するにあたって不可欠な①所領の構成、②商品作物生産の状況、③階層分解の進展度、④地主経営の特徴、⑤地主小作関係の実態といった五項目について考察する。時期的には、農村部においてこれら五つの項目の特徴が最も顕著に現れる近世後期から幕

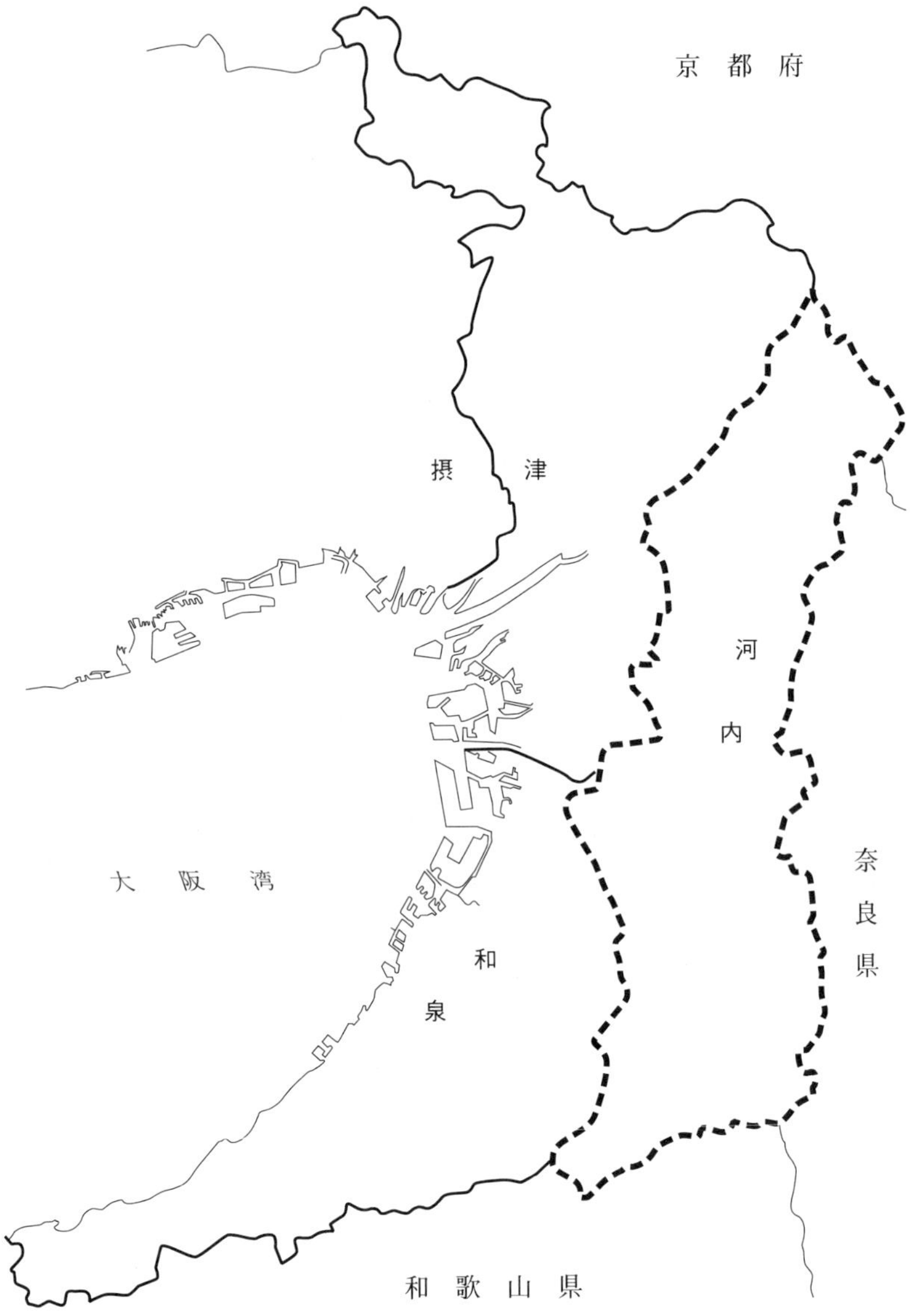

図1　現大阪府域における河内の位置

末維新期を設定した。このような視点から河内の諸相を描き出すことで、畿内農村のあり様を再検討できると考えている。

なお、河内国の位置および河内国内各郡の位置については図1・2に示したが、本章で用いる地域区分については、「北河内」を寝屋川以北の茨田・交野《かたの》・讃良《さきら》の三郡（現在の枚方《ひらかた》・交野・寝屋川・門真・守口・四條畷・大東の各市）、「中河内」を寝屋川と大和川に挟まれた渋川・若江・河内・高安・大県《おおがた》の各郡（現在の東大阪・八尾の両市、大阪市・柏原市の一部）、「南河内」を大和川以南の八上・丹北・丹南・志紀・安宿《あすかべ》・古市・石川・錦部の各郡（現在の堺市美原区、柏原市の一部、松原・藤井寺・羽曳野《はびきの》・大阪狭山・富田林・河内長野の各市、南河内郡各町村）というように区分した。(11)

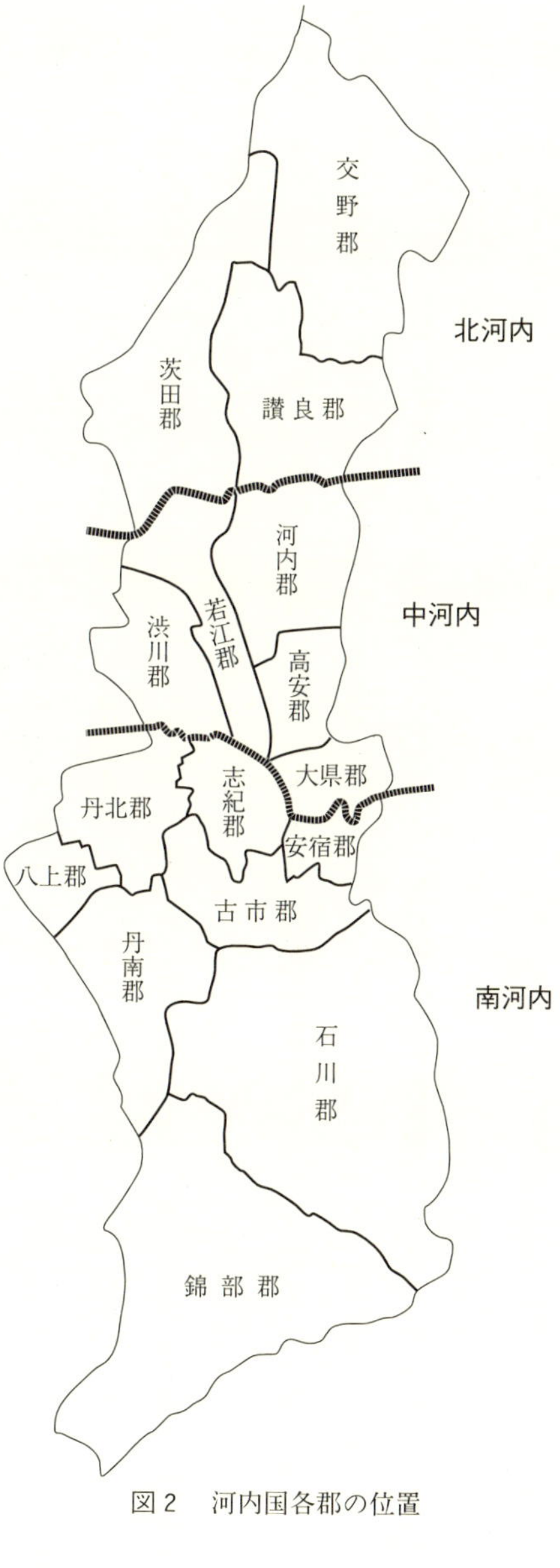

図2　河内国各郡の位置

第一節　所領構成の特徴

畿内近国では「碁石を打交候様」と比喩されるように所領の入り組みが顕著であり、それは河内も例外ではない。では、さきに区分した北・中・南の各地域においては、それぞれどのような特徴があるのだろうか。本節では、「旧高旧領取調帳」をもとに作成した表1～3を用いて、各郡における所領構成のあり方を検討していく。表1は領主別の支配村数を示したものであり、表2は各郡内において幕府領・大名領・旗本領のいずれの割合が高いかを示したものである。また、表3は領主別にどの郡での割合が高いかを示したものである。

表1～3を通して判明することは、いずれの郡においても大名領の割合が高くなっている点である。地域別特徴を見てみると、北河内茨田郡においては幕府領・旗本領の村数および所領の割合ともに高く、とくに幕府領は河内全体の約三割を占めている。中河内においては、村数には多寡があるものの、所領の割合はほぼ均一である。大名領が多いにもかかわらず、各所領の割合が均一であるということは、村高の小さい大名領が多いということになる。南河内においては、八上郡のようにすべてが大名領である地域を含んでいることから大名領が断然多く、河内における大名領の約半分が南河内に存在している。

さらに具体例をあげながら、地域の特徴を見ていこう。北河内茨田郡に幕府領が多いことはさきに指摘したが、表3を見ると中河内・南河内ともさほど大きな開きは見られない。表1から、北河内で幕府領の村数が多いのにもかかわらず、割合的にはさほどの差がないということは、村高の小さい村が幕府領となっていることを示している。

また、北河内では旗本領が河内全体の半数を占めるが、このうち茨田郡の旗本領は近世前期に山城淀藩主であ

表１　各地域の領主別村数　（単位：村）

地域	郡名	幕府	大名	旗本	寺社	相給							合計
						幕/大	幕/旗	大/大	大/旗	大/寺	旗/旗	その他	
北河内	茨田	61	11	12			2				1	1	88
	交野	2	20	11	1			1	3		1		39
	讃良	15	14	3		1			1	1			35
小　計		78	45	26	1	1	2	1	4	1	2	1	162
中河内	渋川	14	16	1	1	1			1				34
	若江	29	28	5	1	1					1		65
	河内	7	15	4			1		1		1	1	30
	高安		10			1		1	1	1			14
	大県	1	6	2			1		1				11
小　計		51	75	12	2	3	2	1	4	1	2	1	154
南河内	八上		11										11
	丹北	10	32	3				1				1	47
	丹南	18	28	4				1					51
	志紀	2	15	1	1		1			1		1	22
	安宿	1	2	1									4
	古市	2	6	1	1				3			1	14
	石川	17	22	7		2							48
	錦部	2	27	5	1	3		5	5	1			49
小　計		52	143	22	3	5	1	7	8	2		3	246
合　計		181	263	60	6	9	5	9	16	4	4	5	562

註：「旧高旧領取調帳」をもとに、『角川日本地名大辞典』などで補足のうえ作成。相給の欄の「幕」は幕府、「大」は大名、「旗」は旗本、「寺」は寺社をそれぞれ示す。「その他」には公家領との相給や二給以上の村を含む。空欄は該当のないことを示す。

表２　各郡における所領の構成比　（単位：％）

地　域	郡名	幕府領	大名領	旗本領	寺社領	公家領	各郡合計
北河内	茨田	74.93	4.35	19.91		0.81	100
	交野	10.66	59.74	28.15	1.45		100
	讃良	30.52	44.99	21.04	3.45		100
中河内	渋川	41.75	54.13	4.03	0.09		100
	若江	40.35	47.46	12.11	0.08		100
	河内	26.75	44.89	28.3	0.06		100
	高安	4.28	92.36	3.36			100
	大県	10.05	63.43	26.52			100
南河内	八上		100				100
	丹北	21.88	71.81	6.31			100
	丹南	32.88	62.96	4.13	0.03		100
	志紀	14.51	68.47	8.75	4.57	3.7	100
	安宿	57.15	30.01	12.74	0.1		100
	古市	31.68	59.08	5.24	4		100
	石川	52.17	38.16	9.67			100
	錦部	6.4	63.55	27.43	2.62		100
河内国内における各領主の割合		33.71	51.18	14.03	0.81	0.27	100

註：「旧高旧領取調帳」をもとに、自治体史や『角川日本地名大辞典』などにより補足・修正のうえ作成。

表3　各領主における郡別割合　　(単位：%)

地　域	郡名	幕府領	大名領	旗本領	寺社領	公家領
北河内	茨田	28.2	1.1	18		37.5
	交野	2.6	9.6	16.5	14.8	
	讃良	4.9	4.8	8.1	23.3	
	小計	35.7	15.5	42.6	38.1	37.5
中河内	渋川	9.7	8.3	2.3	0.9	
	若江	16.3	12.6	11.7	1.4	
	河内	4.4	4.9	11.2	0.4	
	高安	0.3	3.7	0.5		
	大県	0.5	2.0	3		
	小計	31.1	31.5	28.7	2.7	
南河内	八上		8.3			
	丹北	5.4	11.6	3.7		
	丹南	7.4	9.4	2.2	0.3	
	志紀	2	6.2	2.9	26.3	62.5
	安宿	1.5	0.5	0.8	0.1	
	古市	2.3	2.9	0.9	12.4	
	石川	13.3	6.4	5.9		
	錦部	1.2	7.7	12.1	20.2	
	小計	33.0	53.1	28.5	59.3	62.5
合　計		100	100	100	100	100

註：「旧高旧領取調帳」をもとに、自治体史や『角川日本地名大辞典』などにより補足・修正のうえ作成。

った永井氏が分知を繰り返し、知行高の少ない旗本家を多く生み出した結果である。[12] 一方、交野郡における旗本領の多さは、近世前期に大坂東町奉行を務めた久貝正俊が交野郡長尾・藤坂・杉・津田・田口・片鉾・倉治の各村（合計五七〇〇石）を有し、久貝氏の支配がそのまま幕末まで続いたことに起因している。

ついで大名領について見てみると、中河内高安郡や南河内八上郡では郡内における大名領の割合が九〇%を越え、志紀・錦部・大県といった中河内・南河内に位置する郡がそれに続く。とくに中河内各郡において注目すべきは淀藩領の存在であり、全淀藩領のうち中河内の所領（高安・渋川・若江各郡）が一五%を占める。もともと淀藩は永井氏の時代には北河内に多くの所領を持っていたが、初代尚政が所領を分知したため、北河内の所領は旗本永井氏の所領となった。つづく、石川氏・松平（戸田）氏は南河内に所領を与えられることが多かった。

享保八年（一七二三）には淀藩主であった松平乗邑が享保改革の勝手掛老中として抜擢されたのを機に、それまで下総佐倉藩主であった稲葉正知が乗邑と入れ違いに淀に入部することになるが、(13)淀藩稲葉氏の所領構成は山城に二〇、〇〇〇石、近江に三〇、〇〇〇石、摂津嶋下一一、〇〇〇石、河内高安・渋川・若江で一四、〇〇〇石、和泉和泉・南・日根で五〇〇〇石、下総・常陸・上野で二〇、〇〇〇石となった。畿内において彦根藩・大和郡山藩につぐ規模の譜代藩でありながら、城付きの領地が二〇、〇〇〇石の淀藩にとって河内の所領は比較的まとまった領地であり、藩にとって米作や商品作物生産の重要な拠点ととらえられた。

稲葉正知の淀入部にあたって問題となったのが、拝領高の大幅な差である。淀には代々六〜八〇、〇〇〇石クラスの大名が入部していたが、稲葉氏は一〇、二〇〇〇石を有しており、この差を埋めなくてはならず、そこで河内にある幕府領や役知領を淀藩領として付け替えるという措置が採られた。このとき付け替えられたのが、渋川郡の衣摺《きずり》・四条・恩智《おんじ》など中河内の村々である。

こうした中河内の状況に対し、南河内における大名領の割合は丹北郡で一〇％を越えるほかは、平均すると七％足らずと非常に低い。これは村数は多いものの、村高の小さい村を領有していたことを示しており、それがまた、所領の小さい大名や関東に所在する大名の飛び地として存在するという特徴をもつ。前者の例としては丹南・錦部郡に所領を持つ河内狭山藩（北条氏・一一、〇〇〇石）や河内丹南藩（高木氏・一〇、〇〇〇石）、伊勢神《かん》戸《べ》藩（本多氏・一五、〇〇〇石）などであり、後者の例としては石川郡に飛び地を持つ相模小田原藩（大久保氏・一一〇、〇〇〇石）や上野沼田藩（土岐氏・三五、〇〇〇石）、常陸下館藩（石川氏・二〇、〇〇〇石）、八上郡に飛び地を持つ上野館林藩（秋元氏・六〇、〇〇〇石）などである。

なかでも伊勢神戸藩の所領は、延宝七年（一六七九）に近江膳所《ぜぜ》藩の支藩（西代藩）として錦部郡内において立藩したが、享保一七年（一七三二）に移封となったため、領地だけが南河内に残ることとなった。下館藩石川氏の所領に関しても同様で、石川氏が伊勢神戸藩主であった万治三年（一六六〇）に南河内で一〇、〇〇〇石を加増されるが、それが下館移封後も残ることとなった。以上のことから河内における大名領の特徴は、中小の譜代藩が転封を繰り返すことで藩庁所在地から遠隔地化することに加え、小規模な加増や分知がおこなわれた結果、所領が分散化する傾向にあった。

第二節　各地域の生産力と商品作物生産の展開

1　土地の状況

商品作物生産は田畑の質が大きく影響することから、本項ではその様子について考察していく。その前提として、まず村の規模について触れておこう。河内国内の村高の平均は五二一・一四石であり、全国の村の平均とほぼ同じ値であるといってよい。郡別に見ると村高の平均が最も小さいのは錦部郡の三七一石余であり、逆に最も大きいのは八上郡の一一三七石である。両郡のこうした差は、錦部郡が山地に囲まれ、生産力が低い地域であるのに対し、八上郡は河内平野の中心に位置し、生産力の高い地域であるという地理的条件に起因している。

さらに地域別に見てみると、南河内では河内国平均とほぼ同じで五一二石、北河内が四七六石であるのに対し、中河内は極端に小さく一七五石となっており、中河内には小さい村が多かったことがわかる。それは大和川の付け替えによって、大和川支流の河床が耕地となったことで、小規模な新田村が多く生まれたことによる。

ついで地理的状況について見ておこう。北河内は標高一〜三メートル前後で北から南にかけて緩やかに傾斜する低湿地帯であり、中河内は「惣て地形南高ニ御座候ニ付、往古よりも川共大小自然ニ北へ流来申」(14)といわれるように、南北を寝屋川と大和川に囲まれた盆地状の地形を成し、北・中河内境の最も低い部分に深野池・新開池が存在した。しかし、大和川の付け替えや深野池・新開池が干拓されてからは遊水地がなくなったため、地域の排水機能が麻痺し、悪水に悩まされることとなった。

一方、南河内は山がちな地域が多く、用水不足が懸念されたことから溜池灌漑が用いられ、その中核を担ったのが狭山池であった。狭山池から縦横に張り巡らされた用水路によって各地の溜池に水が蓄えられ、悪水は北に位置する大和川へと排出された。

こうした地理的条件を踏まえて、各地域の地味の良否について見ておこう。表4は各地域から数か村を抽出し、地味の傾向を見たものである。特徴的なこととして、中河内・南河内では上々田・上田の割合が全耕地の五〇%以上を占めるのに対し、北河内では中田・下田の割合が高く、とくに茨田郡では下田が四〇%を越えており、河内国内で最も高い数値を示している。茨田郡に下田が多いのは深野池・新開池といった湖沼と淀川とに挟まれた低湿地であるという地理的条件に起因しており、地域の人々はこうした状況を「水場」という言葉をもって表現した。たとえば、元禄一六年（一七〇三）に守口宿定助郷が組み替えられるにあたって、助郷村々から出された願書には、「大分之水場」や「水場百姓」、「河州第一之水場」といった表現が散見される[15]。

同様の言葉は各村の明細帳にも見ることができ、享保六年（一七二一）の門真一番上村の明細帳[16]には「惣ニ而当村ハ水場所里ニ而多困窮仕候」と記され、宝暦一〇年（一七六〇）三ツ嶋村指出明細帳[17]には「田畑水損勝之所、河内国第一之地低水場所ニて御座候」「田方用水掛りハ格別地低故、立毛年々甲乙御座候」、天明八年（一七八八）の嶋頭村差出明細帳[18]には「当村之義ハ河内国第一之水場所ニ而御座候」などと記されることから、当該地域が水損がちで、ひとたび洪水でも起これば、困窮する農民が多かったことをうかがわせる。こうした記述は中河内・南河内に位置する村々の明細帳には記されておらず、北河内とくに茨田郡に特徴的な記述であるといえる。

表4　各郡における田畑の種別構成　（単位：%）

区分＼地域	北河内		中河内		南河内	
	茨田	交野	渋川	河内	丹南	錦部
上々田			33.7	18.0	16.0	
上田	17.6	27.2	21.2	32.8	43.7	47.7
中田	21	28.8	5.6	11.8	11.5	21.3
下田	47.6	19.2	0.1	3.3	3.4	14.2
下々田	0.6	7.7		0.5	0.1	0.3
小計	86.8	82.9	60.5	66.4	74.7	83.5
上々畑			24.6	12.6		
上畑	1.6	4.6	9.2	4.5	8.8	4.8
中畑	3	6.3	2.9	2.6	1.6	2
下畑	1.7	3.6	0.1	1.2	1.9	2.8
下々畑	0.4	1.2	0.4	0.3		0.2
小計	6.7	15.7	37.1	21.1	12.3	9.8
屋敷地など	6.5	1.4	2.3	12.5	13	6.7
合計	100	100	100	100	100	100
集計した村	中振 嶋頭 三ツ嶋 北嶋	招提 甲斐田	太平寺 大蓮 衣摺	四条 吉田 日下 芝 横小路	岡 野中	彼方 錦郡
出典	枚方市史第三巻・門真町史	枚方市史第三巻	東大阪市史資料第六集	東大阪市史資料第六集	藤井寺市史第二巻	富田林市史第二巻

註：網掛けは、各郡において最も数値の高いものを示している。

2　商品作物生産の展開

こうした地味の違いを踏まえて、商品作物生産の様子について考察していこう。河内は近世中期から綿作地帯として認識されていたようで、元禄二年（一六八九）に東高野街道を旅した貝原益軒は『南遊紀行』のなかで、河内の木綿作について「凡河内国は木綿を多くうふ、山の根の辺殊におほし、畠持たる者は余の物を作らす、悉くきわたをうふると云、此辺、もめんをおほく織いだす、山根木綿とて京都の人、是を良とす」と、信貴生駒山麓における木綿作の盛行を記しており、同様に喜田川守貞も『守貞謾稿』のなかで「今世河州を木綿の第一とし、又産すること甚多し」と述べている。

しかし、こうした様子は河内全般を表しているわけではない。そこで、本項では表5をもとに米作と商品作物生産の様子、とくに河内の特産とされる木綿作の様子を地域別に明らかにしていきたい。

まず地域別の様子を概観すると、北河内での木綿作は全耕地の一〇％程度にとどまっているのに対し、中河内では一八世紀半ばまで木綿の作付割合は五〇％を越えている。両地域の具体的な様子は明細帳などに明らかで、北河内茨田郡嶋頭村明細帳[19]には「田方之内綿作少々御座候」とある程度で、他村においても木綿作の広範な展開は見られない。その理由として、天保一四年（一八四三）の交野郡田口村明細帳[20]には、「田畑木綿作之儀者土地不相応ニ御座候」として土地が木綿作に適していないことを示唆している。当然、木綿作の低調さは農閑余業としての木綿織にも影響を与えており、その様子は寛政三年（一七九一）の交野郡津田村届書[21]の「当村ニ而木綿織出シ売用仕候者一切無御座候、尤農業透ニ而者少々織候得共、我等家内着用之外木綿稼商イ等仕候者無御座候」といった表現や、弘化二年（一八四五）の交野郡招提《しょだい》村届書の「木綿機織候儀、当村者銘々家内着用丈ケ相拵、他へ売出し候程之儀者無御座候[22]」といった表現からもうかがえ、招提村では加工業としてわずかに綿繰屋四軒・綿

中河内								南河内			
高安郡大竹村				渋川郡久宝寺村				錦部郡彼方村			
稲(石)	%	綿(石)	%	稲(畝)	%	綿(畝)	%	稲(石)	%	綿(石)	%
				3100	27.0	8400	73.0				
161	47.8	176	52.2	3300	28.7	8200	71.3				
201	62.6	126	37.4					220.735	56.4	137.5	35.2
252	74.8	85	25.2					262.713	67.1	110.353	28.2

打屋五軒が確認できる程度であった。

北河内ではたしかに木綿作は低調であったが、菜種作は盛行で、寛政一一年の中振村では二二四石（全耕作地の三九%）、天保八年の田口村では三三八石（同五五%）、一一年の甲斐田村では一六七石（同六一%）と、非常に高い作付率を誇っていることから、北河内は米作を基調とする菜種作地帯ととらえることができる。

これに対し、中河内・南河内では表5で見たように、全体的に木綿作が優位を示している。これらの地域における木綿織の様子は、宝暦一四年（一七六四）の錦部郡高向村や天保一四年（一八四三）上田村の明細帳に「村方女働之儀、正・二月毛綿働仕候、三月ゟ十月迄田畑ニ而働仕候、十一月・十二月毛綿拵仕候[23]」と記されていることから、女性の農間余業として展開していたことがわかる。

こうした商品作物生産および加工業が彼らの生活には欠かせないものとなっていたようで、安永二年（一七七三）に丹北郡村々が提出した願書[24]には、「綿・毛綿之儀者百姓第一之代物ニ而、御年貢銀方并作立肥代銀等、右両品ゟ仕立候」とあり、また同三年に丹北・渋川・若江三郡の村々が出した願書[25]にも「年々木綿作七八分之場所ニ而、百姓共綿を売代なし御上納仕来り候、売口之儀者其居村之商人ニ不限、諸方ゟ入来候商人ニ而茂直段宜方江売来候ニ付、品ニゟ時之相場ゟも宜敷売払候義ニ在之、御年貢等茂随分無滞上納仕来候」と記され、商品作物生産が農民生活に深く入り込んでいることがわかる。木綿作を含めた商品作物生産をお

表5　各地域における稲・木綿の作付割合

地域／時期	北河内							
	交野郡甲斐田村				茨田郡中振村			
	稲(畝)	%	綿(畝)	%	稲(畝)	%	綿(畝)	%
17C 前半	3150	71	550	12.4				
18C 前半	2335	66.8	671	19.2	6632	74.0	985	11.0
18C 後半					6760	76.1	1230	13.9
19C 前半								
19C 半ば	2822	62.5	1397	31.0				

註：『枚方市史』第三巻、『八尾市史』前近代本文編、『富田林市史』第二巻より作成。空欄は該当する史料がないことを示す。

こなうには、「百姓ハさま〳〵と工面之上、他借仕、器量次第作立(26)」という言葉が示すように、自らの器量と才覚が求められたのであった。

こうした木綿作の優位性は近世後期、とくに一九世紀に入ると低下していくが、その主な要因は木綿作の全国的な広がりによって綿価が下落したことにあった。表5にあげた中河内高安郡大竹村や南河内錦部郡彼方《おちかた》村においてもその傾向は顕著で、化政期（一八〇四〜一八三〇）には綿作率がそれぞれ五二％と三五％であったものが、幕末の安政〜万延期（一八五四〜一八六一）には二〇％台にまで落ち込んでいる。彼方村では慶応元年（一八六五）に三〇％にまで回復するが、翌二年には一八・二％にまで再度落ち込んでいる(27)。

こうした木綿作の凋落傾向に拍車をかけたのが、幕末の米価高騰であった。それが地主に米作への回帰をうながし、地主経営を大きく進展させることにつながった。このような状況は地域差にかかわりなく現れた現象であり、北河内交野郡田口村の地主奥野家では、米価高騰によって利益が前年の二倍となる年もあり、金銀出入帳には「誠以米売ものハ悦ひの時節、御上様ニ御心配恐入奉候、下々者難渋之様相聞」と記され、米価高騰が地主にもたらした恩恵と、小前百姓が困窮する様子との対比が描かれている(28)。

近世中期から後期にかけて展開する商品作物生産は、一方で地主富農の成長をうながしたが、他方で離農する多くの農民を生みだした。このような状況を基底に近世後期の村落社会はどのような変化を遂げたのであろうか。

次節では階層分解の状況、および地主経営の実態について考察していきたい。

第三節　村の変容と地主経営

一　階層分解の状況

まず階層分解の進展度を全体的に把握するために、表6に一九世紀初頭と幕末維新期における各郡村々に占める高持・無高の実数およびその割合を示した。特徴をあげるならば、北河内では年を経るにしたがって高持の割合が上昇する傾向にあるが、中河内・南河内では逆に無高の割合が増加し、約半数が無高となることから、中河内や南河内ではこの時期に階層分解が進んだことを想像させる。

そこで、この推論を詳しく検証するために、表7には各地域から一村ずつを抽出し、階層構成の変化を示した。三村に共通して見られる特徴は、いずれの村とも階層分解が進展しており、持高五石以下層と無高層をあわせた数は七〇％に上っている。

そこで、高持層が増加し、無高が減少する例として門真一番下村を見てみよう。同村では二〇石以上の上層農民には大きな変化が見られないのに対し、五〜二〇石の中層農民の減少が著しい。それにともなって五石以下の下層農民の割合が大きくなっており、これは中層農民が没落した結果といえる。表6で見た無高層の減少は、村全体の戸数にさほどの変化がないことから一石未満層への上昇と考えられるが、それはいずれにしても非常に零細な経営であり、絶えず無高への没落の危険性をはらんでいたといえる。

ついで、南河内丹南郡岡村では上層農民や五〜二〇石の中層農民にほとんど変化がなく、下層農民が八〇％を越えている。五石以下層が割合を減らすかわりに無高層が増加しており、これは五石層が没落した結果である。

表6　各郡における高持と無高の割合

地域名	郡名	村名	19世紀初頭				19世紀半ば(幕末維新期)			
			実数(戸)		比率(%)		実数(戸)		比率(%)	
			高持	無高	高持	無高	高持	無高	高持	無高
北河内	茨田	中振	60	86	41.1	58.9	86	56	60.6	39.4
		門真一番	26	18	59.1	40.9	31	12	72.1	27.9
		北嶋	20	61	24.7	75.3	30	59	33.7	66.3
		三ツ嶋	100	54	64.9	35.1	84	64	56.8	43.2
中河内	渋川	荒川	27	42	39.1	60.9	23	42	35.4	64.6
		大蓮	58	24	70.7	29.3	37	41	47.4	52.6
	若江	小若江	32	51	38.6	61.4	16	61	20.8	79.2
		御厨	38	45	45.8	54.2	24	55	30.4	69.6
南河内	八上	小平尾	69	7	90.8	9.2	57	7	89.1	10.9
	丹北	城連寺	33	16	67.3	32.7	38	27	58.5	41.5
		東代	28	10	73.7	26.3	19	18	51.4	48.6
		立部	56	5	91.8	8.2	44	31	58.7	41.3
	丹南	野中	105	20	84.0	16.0	82	71	53.6	46.4
		岡	114	69	62.3	37.7	76	121	38.6	61.4
	石川	新堂村	74	76	49.3	50.7	32	120	21.1	78.9

註：枚方・門真・四條畷・布施・松原・美原・藤井寺・羽曳野・富田林・河内長野の各自治体史より作成。

一方、中河内小若江村を見てみると、さきの二か村に比べ上層農民と無高層の両極において割合が高くなっており、階層分解の著しい地域ととらえることができる。

時期的変化を見ると、北河内・南河内では中層農民の割合が比較的高く、階層分解が漸進するのに対し、中河内では上層農民と無高の両極において割合が高く、階層分解の進展度は停滞気味である。中河内の事例は近世の早い段階で商品経済に巻き込まれた結果、一九世紀前半にはすでに階層分解が収束し、中層農民が両極に分化した状態であることを物語っている。

こうした階層分解の様子について、古島敏雄氏は北河内農村の特徴について述べるなかで、交野郡のような山間部・山沿いの農村では低く、茨田郡のような京街道沿いの村では高いことを指摘しているが[29]、高持・無高の割合だけでは村の実情を正確には表せない。無高の多寡は農民

表7-3　中河内若江郡小若江村の階層分解

持高＼年	文政4年 (1821)		天保12年 (1841)		明治元年 (1868)	
石	戸	%	戸	%	戸	%
200以上			1		1	
100～200	1					
80～100						
60～80			2			
50～60	1	6.0		7.6	2	(25.0)
40～50	1					
30～40						
20～30	2		3		1	
10～20	5	21.7	3	10.1	3	(43.8)
5～10	13		5		4	
1～5	9	10.8	5	7.6	4	(31.3)
1未満			1		1	
無　高	51	61.5	59	74.7	—	—
合　計	83	100	79	100	16	(100)

註：『布施市史』第二巻より作成。

表7-1　北河内茨田郡三ツ嶋村の階層分解

持高＼年	文化9年 (1812)		天保10年 (1839)		明治2年 (1869)	
石	戸	%	戸	%	戸	%
200以上			1			
100～200	1				1	
80～100						
60～80						
50～60		2.8		3.8		4.1
40～50						
30～40	1				2	
20～30	2		4		3	
10～20	15	33.3	17	24.8	16	20.9
5～10	33		16		15	
1～5	25	20.8	30	31.6	36	31.8
1未満	5		12		11	
無　高	62	43.1	53	39.8	64	43.2
合　計	144	100	133	100	148	100

註：各年の「宗門人別帳」(守口文庫所蔵三ツ嶋村文書)より作成。

層分解のひとつの目安ではあるが、無高が多いからといって必ずしも貧しい村とは限らない。たとえば、錦部郡日野村では村民すべてが高持であるが、これは山がちな地域に位置する村内では再生産が不可能であったため、下層農民はおのずと離村せざるをえなかったことを示している。[30] 中河内や南河内の平野部において、無高が高い割合を占めているのは、村内に彼らが滞留できるだけの小作地や賃金の取得機会に恵まれていることを示しており、村内で十分に生計を維持できることを表していると

表7-2　南河内丹南郡岡村の階層分解

持高＼年	文化12年 (1815)		天保9年 (1838)		明治4年 (1871)	
石	戸	%	戸	%	戸	%
200以上						
100～200			1		1	
80～100	1					
60～80						
50～60		1.6		1.7	2	7.1
40～50						
30～40						
20～30	2		2		10	
10～20	6	14.8	3	14.2	12	16.4
5～10	21		22		18	
1～5	60	45.9	39	26.7	33	24.6
1未満	24		8		12	
無　高	69	37.7	101	57.4	95	51.9
合　計	183	100	176	100	183	100

註：『藤井寺市史』第二巻より作成。

もいえる。

さらに、以下にあげる寛政四年（一七九二）六月の「交野郡三拾八ケ村申合書」[31]は河内農村に生きる農民の姿を端的にとらえていて興味深い。

〔史料1〕

①近頃諸国一統難有御沙汰ニ而銘々　御地頭様方ゟ夫々事を分ケ、難有事共被　仰渡候得共、一郡村々　御地頭も相替り、不一同候儀故致齟意道理ニ而、諸事倹約取究りも村限りニ而ハ自然と不〆り相成候ニ付、一同相②談之上左ニ申合候事

一中古以来惣而人々了簡間違候様被存候ニ付、是迄倹約申合等致候而も不究候訳者、申合候通之内ニ而惣而身分之暮方夫々甲乙有之事故、其内ニハ是ハ身上柄宜敷者之事、是ハ身薄者之事、或者高持・頭分之事、又ハ水呑・無高之事抔と銘々身分ニ取、邪之勝手而已を申相背候故、自然と不究ニ相成、詰ル所者身薄之者江損失相掛候事を不弁、是全所存ニ置所不宜候故之事と被存候、全体百性(姓)之身分ニ而者御田地相続いたす為之百性と可思所ニ、御田地ハ一生界(涯)百性世渡之道具之様ニ存居候、譬者三拾八ケ村此高凡弐万五千石と見、右之田地ニ而凡弐万五千人計之惣人数一生界渡世致相続候儀故、田地持・無高、福者・貧者之盛衰ハ有之候得共、地持・下作共右三拾八ケ村之人何不分テ弐万五千石之地面ゟ出、作溢なくてハ露命繋かたく候、右作溢之多少甲乙ハ有之といへとも、一生一命を暮候所者同然ニて長者・高持迚茂一命二身ハ無之事ニ候得ハ、③唯夫々之経営故、今日（「百石持之」脱――筆者註）百姓明日無高ニ相成、今日無高之百姓翌日百石持ニ可相成とも盛衰難計候得者、禍福ニ抱り依怙贔屓之申合迚ハ無之、一郡御田地幷一郡惣人数双方共相続之申合候得者、身分軽重之無差別事故、聊も違背無之様相守可申事ニ候、是等之儀不弁者も有之候得者、郡中一統村々ニおゐて

惣百姓得（篤）と合点いたし候様、幾篇も委可申聞候事

（中　略）

一奉公人其村方ニ相余り候時者、隣村致不足候村方江相廻し可申候、尤中途たり共他村へ出候者ハ其村方無拠儀ニ而人数不足致候時者引戻可申候、是互ニ無申分差戻し可申候、尤余国・余郡江奉公ニ出候儀決而為致間敷候、万々一、縁家抔ニ而手支無拠義理ニ付出候者有之ハ、村役人ゟ相糺候上可差出候、是迚も其村方ハ不及④申、一郡人数致不足候時者、不足之村方ゟ出居候村方へ引合不足之村方江引戻可申候、其村何れ之村方たりとも無故障、共々ニ致世話兎角一郡三十八ケ村相続行届候様可致候事（後　略）

この「申合書」の内容自体はそれまでの倹約令とさほど大きな違いはないが、注目すべきは傍線部①〜④の記述である。傍線部①においては、交野郡は入り組み支配であるため、領主が別々に倹約令を出しても効果がないと記し、入り組み支配の弊害を説く。傍線部②では、倹約令を出しても「この条文は高持百姓に対して出されたものなので、無高である自分には関係ない」などとして、倹約令を自分勝手に解釈している者たちがいるので徹底されないと述べている。傍線部③では、自らの才覚によって無高であっても百石持の地主にもなれるが、その反対もありうることを指摘し、商品経済に巻き込まれていく百姓の姿を端的に言い当てている。傍線部④では、奉公人の給銀高騰にともなって地主経営が圧迫されるなかで、奉公人を郡内各村で融通し合い、互いに「百姓成《なり》立《たち》」を補完することが郡の成り立ちにもつながると説く。

この「申合書」からは、作成した村役人や地主の苦悩（倹約令を守らない百姓の存在や奉公人給金の高騰など）を知ることができる。その一方で、倹約令を守らず「ものを言う」百姓や商品経済の波にうまく乗って「百石持」になる百姓、言い換えれば政治的にも経済的にも成長した百姓が存在し、階層分解の進展にともなって村が大き

表8　各地域にみられる地主の経営状況　　（単位：匁）

	茨田郡三ツ嶋村樋口家		丹南郡岡村岡田家		茨田郡門真一番下村幣原家		
持高	253石		320石		69石		
	売米	綿	有米(石)	綿(斤)	売米	菜種	綿
天保		235.7	99	800	2479.45	842.3	
弘化			113	1900	2869		1843.5
嘉永			146		2057.5	648	29
安政	3299.1		200	1100	2910	761	(273斤)
文久	4186.063		282		7830	922	
慶応	33350.28		189		12933	2194	1885

註：『門真市史』第四巻、佐々木潤之介『幕末社会の展開』、拙稿「近世後期における北河内の豪農」より作成。空欄は記載のないことを示す。

く変化したことを如実に物語っている。

2　各地域における地主経営

前項では、いずれの地域においても持高二〇石以上の地主富農層が形成されていたことを確認したが、彼らのなかには商品作物生産によって余剰を生み出し、それによって土地集積を図ることで五〇石を越えるような大高持となる者も現れ、金融業・醸造業などを兼業することで二〇〇〜三〇〇石を数えるような豪農へと成長する者もいた。ここでは、各地域の地主経営を紹介し、それぞれの地域特性が各家の経営にどのような影響を与えているのかを明らかにしていく（表8参照）。

北河内樋口家の経営は持高二五〇石を有し、地主部門と金融部門、酒の製造・販売を中心とする商業部門が大きな柱であった。なかでも酒造業は弘化二年（一八四五）に三三貫目の利益を出していたが、文久四年（一八六四）には酒造道具を売り払い、酒造業を中止している。酒造業の中止にかわって米の販売をはじめ、文久四年には四貫目、慶応二年（一八六六）には三三貫目の売上を計上するなど、経営の転換を図っている。商品作物生産は綿作が文化期後半から見られるが三〇〜八〇斤と大変少なく、菜種作による利益はほとんど見られない。金融部門においては、六〜一〇貫目の利益を出すことがあったが全般的に返済が滞っており、貸付金が不良債権化するなど不安定であった。大坂商人とのあいだに貸借関係があったが、幕末になるにしたがって、その割合は減少し、それにかわって村内・近隣村との間での利貸が増加する傾向にあった。これは同家が金融センター的な役割を担っていたことを示している。[32]以上のことから、樋口家の経営は地主・金融部門を中心とする経営であり、商品作物生産をほとんどおこなわず、米作に特化した経営であった。

また、表8には同じ地域に位置する門真一番下村幣原家の経営をあげたが、同家では売上額は少ないものの菜種の販売を確認でき、樋口家・幣原家の経営は米作・菜種作地帯である当該地域の特徴を反映した経営となっている。

中河内綿作地帯については、若江郡小若江村の武村家を見ておこう。同家は天保一三年（一八四二）には持高三五四石を数え、手作地では米・綿・麦が作付された。農業（手作）部門において、米の収穫高は五八・五石であるのに対し、綿作は四四六〇斤を数え、手作地における木綿作の割合は五割程度を推移する。しかし、文久期（一八六一～六四）には減少しはじめ、米価が急騰する慶応二～三年（一八六六～六七）には一七～一八％にまで減少していることから、木綿作を縮小して、相対的に有利となった米作に主力を注いでいることがわかる。[33]金融部門については、その対象を二種類に分別することができる。ひとつは居村と郡内諸村を対象とするもので、年利一二％・一件あたり五〇〇匁という比較的小額の貸付である。もう一方は、居村・郡を越えて大坂市中にまで貸付範囲を広げ、年利九・六％・一件あたり三貫目となっていて、郡内諸村への貸付に比べ多額に上っている。

武村家ではこうした貸付に加え、大名貸の状況が判明し、嘉永五年（一八五二）には上野高崎藩に一二〇〇両、信州上田藩に二〇七五両、遠州浜松藩に一三五〇両など、合計で六〇〇〇両と銀八〇〇貫目を融通しており、大名貸が武村家の全貸付高の八割を占めていることから、これが経営の足かせとなっていた(34)。
つづいて、南河内岡田家の経営についてであるが、同家については佐々木潤之介氏の研究(35)や本書各章で詳細に分析がなされるので、ここでは概略について触れるに留めたい。

一八世紀の岡田家の経営は金融部門、肥料商という商業部門、米・綿作を中心とする農業部門、小作料を収得する地主部門に分かれていたが、一九世紀に入ると米・綿作の農業部門と地主部門、金融部門が大きくなり、幕末期には地主部門が経営の根幹をなすようになる。金融部門に関しては、①大坂の商人や領主を相手にしたもの、②周辺地域の豪農を相手にしたもの、③村内外の百姓を相手にしたものの三つに分類できるが、とくに①が金融部門の根幹をなしていた(36)。

幕末期に農業部門が縮小する岡田家に対し、古市郡古市村森田家では綿作八七七石を見ることができ、同じく誉田《こんだ》村矢野家でも田方における綿作の割合が三五％も残っていることから、米作への転換が地主経営のすべてではなかったことを示している(37)。

以上のことから、河内における地主経営の特徴は、経営規模の大きさや地主部門・金融部門・商業部門などといった各部門へのウエイトの置き方に違いこそあれ、米作と菜種作・木綿作といった商品作物生産を中心とした農業（手作）部門・地主部門と金融部門を主軸とした経営であった。しかし、幕末期には地主部門と金融部門とに特化していく傾向にある。樋口家や岡田家といった豪農がそうした方向を採るなかで、幣原家・森田家・矢野家のような地主富農層においては規模を減少させつつも商品作物生産を堅持しており、各部門における収益を土地の集積に振り向けるのか、それとも利貸のための新たな資本とするのかによって、経営の方向性や成長の度合いに差異を生じる結果となった。

いずれの地域であっても、地主が所持する土地の大部分は小作地として出されており、小作人との関係が地主のみならず、近世後期の村落社会を規定することになる。本項では安定的な地主経営にとって重要な要素であった地主小作関係について見ていこう。

北河内樋口家における小作率は延享三年（一七四六）には七〇・三％であったものが、文化八年（一八一一）には八〇・五％に上昇している。同家の小作人は宛米高一〜三石の者が全小作人の四〇〜五〇％に達しており、宛米高の平均は三石余である。(38) また、門真一番下村の幣原家では二九人の小作を確認できるが、彼らの平均宛米高は一・三石であり、しかも平均持高は二・七石であった。(39) 同地域の門真三番村茨田家でも五一人の小作を数えるが、平均宛米高は二・三石であり、(40) いずれの家とも零細で不安定な小作人によって地主経営が支えられていたのである。

同様に南河内岡田家でも、慶応四年（一八六八）の小作人六六人のうち、半数以上が無高で、しかもそのうち一五人が宛米高二〜三石であったことから、同家の小作人のうち、約二割が無高で宛米高の少ない小作人ということになる。(41)

このように非常に零細な小作人であっても生計を維持できた要因は、複数の地主との間に地主小作関係を取り結んでいることに加え、在村商工業の展開と賃労働など農業以外の就労機会に恵まれていたからであり、地主が村内に滞留する下層農民を小作人として地主経営に取り込んでいくことは困難であったと考えられる。

こうした状況は地主の手作部門においても影響を与え、奉公人の労賃高騰や肥料代の高騰とも相俟って地主経営を圧迫するようになっていく。文久元年（一八六一）の「肥代直下ケノ摂河両国百姓取続度願書」(42)には、その様子が如実に描かれている。

〔史料2〕

乍恐口上

一近年御制事行届、在町共万事取締出来仕、向々諸役等迄茂御宥免被下難有、其上男女共風体倹役(約)之儀者、毎々申合候得共、半々ニ而難行届罷在候故、一統及困窮歎奉存候所、身持風体迄茂相改難有奉存候、然ル所、①近年耕作元入ニ引合不申、村々困窮仕候段、乍恐左ニ奉申上候

一田畑耕作ニ相用候肥類、享保年中者格別下直ニ而、其後延享・宝暦年中迄者、銀拾匁ニ干鰯粉三斗ニ茂相当り申所、追々高直ニ相成、当時ニ而ハ銀拾匁ニ付、干鰯粉壱斗ゟ壱斗五升迄直段上り、其外諸事肥類物、右ニ准シ先年とハ倍増高直ニ相成、勿論大坂三郷町家之下屎之義、先年大坂近在百姓者、野菜之類を以替取、下屎価ニ金銀差出候義者無御座候所、享保年中ゟ大坂近辺ニ御新田数多出来仕、其上諸国浦々不猟(漁)之由ニ而肥魚類無数と申立、次第ニ高直ニ相成、三郷下屎之儀者中古価銀極ニ相成、追々高直ニ糴上、当時ニ而ハ大坂三郷小便之分除之、下屎之分、代銀町々先銀ニ相渡し申候、右之外大坂船通路不出来之村々多分御座候、②都而干鰯・鮭・数ノ子・油取類・焼酎粕、肥ニ相用候得共、右体高直ニ而御年貢方倍増ニ肥代差出、耕作元入ニ引合不申、難義仕候事

一前文之通肥類高直ニ付、百姓一通り之ものハ衰微仕、商ニ携候ものハ取続候ニ付、③小前之者共売買渡世思付、近年村々小商人多出来、自然と農業励薄相成候、勿論農業手当之奉公人甚無数、適々召抱候而も給銀糴上、④先年ゟハ五割増上り、下男壱人分耕作三反宛之積りニ而、壱反ニ付給銀壱石ニ相当り、其上飯料も相掛り、御年貢御上納之外、高掛り入用并肥代銀・給銀・飯料・農道具入用迄数々出銀仕候儀故、耕作元入引合不申、

年々村々潰百姓出来仕、百姓減少仕、御田地手余りニ而高持百姓・新田地主相続致兼候事（後　略）

この願書で注目すべきは傍線部①〜④である。傍線部①には肥料代高騰の様子が時を追って詳細に記され、傍線部②では肥料代高騰の煽《あお》りを受けて、どれだけ精を出して耕作しても収入が割に合わないと歎いている。傍線部③・④では容易に稼ぐことのできる商人になる者が多く、村では手余り地が発生し、地主においては奉公人を雇おうとしても給銀高騰の影響からままならず、自らの経営が危うい状態にあることを訴えている。

傍線部③・④にみられる奉公人の給金高騰はいずれの地域においても大きな問題となったようで、北河内茨田郡北嶋村濱田家に残る同郡横地村村役人からの書状[43]には「当年者格別之年柄ニ而当村奉公人給米六分五厘渡ニ相定、其外諸役人給米是者丸渡ニいたし相片付候得共、奉公人共ゟ諸役人給米丸渡いたし候儀兎哉角と申居候ニ付……尊公様御村ニ者諸役人并奉公人給米渡し方之儀如何御計ヒ被成候哉、且又御隣村之給米渡し方之儀御聞およひ被成候哉、此段極内々御尋申上候間、乍憚内々御聞セ被下度訳而御頼申上候」とあり、奉公人の給金が地主共通の懸案であったことがわかる。

こうした状況を打開するため、地主たちは国訴を通じて木綿や菜種の販売ルートを確保することで収益をあげる一方、肥料代の値下げや労賃の規制を実現することで自家の経営の安定を図ろうとした。地主が直面した数々の問題は、村の変容とともに惹起されたものであり、村の再編と新たな秩序が求められた結果、さきに見た「交野郡申合書」や郡中議定のような取り決めが度々作成され、村のあり方が新たに示されるようになった。

おわりに

以上、近世後期における河内の様子について地域差に留意しつつ、「はじめに」であげた五つの視点から考察してきた。ここでは各節での検討結果をまとめることでむすびにかえたい。

第一節でとりあげた所領構成のあり方については、北河内に幕府領・旗本領が多いこと、南河内に小藩の藩領や関東に本拠を置く大名の飛び地が多いことが特徴としてあげられ、さらにいずれもが村高の小さい村を所領としていたことがわかった。

第二節では各地域における田畑の質の違いを指摘し、商品作物生産に大きな差異を生むことを明らかにした。それを踏まえ、北河内を米作・菜種作地帯、中・南河内を綿作地帯ととらえ、商品作物生産と農村加工業との関連を示したが、幕末期には米価の高騰をうけて、いずれの地域においても米作への回帰が見られた。

第三節では階層分解の状況を示し、中河内での分解が著しいことを指摘した。加えて、各地域に見られる個別地主経営について詳細に検討したが、河内では地主・農業（手作）部門を中心に、金融部門・商業部門を兼ね備えた経営が顕著に見られ、幕末にかけては地主・金融部門に特化する者が現れた。

近世後期の河内では、地主・金融部門に特化する豪農層と商品作物生産を含む手作農業経営を主とする富農層との併存を見ることができたが、いずれの経営においても地主小作関係は不安定であり、奉公人給金や肥料代の高騰と相俟って、地主・農業（手作）部門は後退する場合もあった。さらに小作人からは、小作料の恒常的な免引や飢饉時には手厚い施行が求められ、上層農民たちは自家の経営とも関わって、村内外の政治的・経済的問題に対処しなくてはならなかった。[44]そうした対処こそが、村落共同体の成り立ちを支えていたのである。

本章ではいたって実証的な分析に終始したため、河内に暮らす人々の様子について触れることはしなかったが、婚姻・文化を通じて、また木綿・菜種・肥料など各種の国訴を通じて形成されたネットワークが存在していたことは明らかであるし、それを担う人々についても検討がなされている。[45]こうしたネットワークの形成に関わる地域の政治的主体について、筆者はかつて北河内茨田郡を事例に検討したことがあるが、そこで惣代庄屋として地域の成り立ちに腐心するのは、樋口家のような豪農層ではなく、持高五〇石程度で菜種生産を主とする富農層であった。(46) 彼らのような富農層が地域社会の政治的役割を担っていたとすれば、佐々木氏が岡田家の分析を通じて指摘した「豪農の非政治主体化(47)」については、河内における豪農・富農の併存状況を鑑みて、改めて検討する必要があるだろう。この点については、別稿において検討することとしたい。

(1) 戸谷敏之『徳川時代に於ける農業経営の諸類型』アチック・ミューゼアム・ノート一八号、一九四一年。のち同『近世農業経営史論』(日本評論社、一九四九年)に再録。
(2) 今井林太郎・八木哲浩『封建社会の農村構造』有斐閣、一九五五年。
(3) 津田秀夫『幕末社会の研究』柏書房、一九七七年。
(4) 竹安氏には『近世封建制の土地構造』(御茶の水書房、一九六六年)、『近世小作料の構造』(御茶の水書房、一九六八年)、『近世畿内農業の構造』(御茶の水書房、一九六九年)の三部作がある。
(5) 山崎隆三『地主制成立期の農業構造』青木書店、一九六一年。
(6) 中村哲『明治維新の基礎構造』未来社、一九六八年。
(7) 山崎隆三「江戸後期における農村経済の発展と農民層分解」(『岩波講座日本歴史』一二近世四、岩波書店、一九六三年)。
(8) 佐々木潤之介『幕末社会論』二六六頁(塙書房、一九六九年)。
(9) 古島敏雄『近世日本農業の展開』第二章第四節(東京大学出版会、一九六三年)。
(10) 同右。
(11) 明治三一年(一八九八)の郡制施行において、中河内郡は丹北郡を含んで成立したが、本章では地理的なあり様から大和川以北を中河内とした。

(12) 尚政のあとは尚往が継ぐが、三男尚庸に二〇、〇〇〇石、四男直右に七〇〇〇石、五男尚春に三二〇〇石、六男尚申に三〇〇〇石をそれぞれ分知した。
(13) 幕閣に登用されるさい、江戸に近い所領に所替になるのが通例であったが、近世中期以降は、幕閣の要職についても所替がおこなわれないようになる（横田冬彦「『非領国』における譜代大名」、『地域史研究』八六号、二〇〇〇年）。
(14)『八尾市史』史料編、一九六〇年。
(15) 門真市立歴史資料館所蔵、茨田家文書・入足助郷関係四。
(16) 守口文庫所蔵、門真一番上村文書 三〇〇／二九―六。
(17) 守口文庫所蔵、三ツ嶋村文書 三〇〇／三五―一〇。
(18)『門真市史』第三巻近世資料編、一九九七年。
(19) 同右。
(20)『枚方市史』第七巻史料二、一九七〇年。
(21)「御触書帳并ニ願書写シ」（『枚方市史』第九巻史料四、一九七四年）。
(22)「御取締向御尋書上帳」（枚方市・片岡恭子家文書）。
(23)『河内長野市史』第七巻史料編四、一九八〇年。
(24)「諸事願書写帳」（『松原市史』第五巻史料編三、一九七六年）。
(25)「綿株出来ニ付御領主差上書付写」（『松原市史』第五巻史料編三）。
(26) 同右。
(27)『富田林市史』第二巻本文編二、七一一頁（一九九六年）。
(28)『枚方市史』第三巻、六七五頁（一九七七年）。
(29) 註(9)古島前掲書。
(30)『河内長野市史』第二巻本文編近世、四三八～四四一頁（一九九八年）。
(31) 枚方市・奥野周一家文書。なお、この「申合書」については、福山昭氏が『大阪府史』第六巻近世編二（一九八七年）のなかでとりあげている。

(32) 拙稿「近世後期における北河内の豪農——茨田郡三ツ嶋村樋口家をめぐって——」（『史泉』九五号、二〇〇二年）。

(33) 『布施市史』第二巻、七三六〜七四二頁（一九六七年）。

(34) 同右、九〇四〜九一四頁。

(35) 佐々木潤之介『幕末社会の展開』岩波書店、一九九三年。

(36) 『藤井寺市史』第二巻通史編二近世、四九四〜五〇三頁（二〇〇〇年）。

(37) 『羽曳野市史』第二巻本文編二、一五二〜一五三頁（一九九六年）。

(38) 註(32)前掲拙稿。

(39) 天保一〇年「小作宛米帳」（門真市立歴史資料館所蔵、幣原家文書・宛米帳九五）。

(40) 天保二年正月「下作充高取附勘定帳」（門真市立歴史資料館所蔵、茨田家文書・小作関係四）。なお、茨田家における小作人の特徴について考察したものに、乾宏巳「大塩の乱と農民的基盤」（『ヒストリア』六九号、一九七五年、のち同『近世都市住民の研究』清文堂出版、二〇〇三年に再録）や、拙稿「大塩の乱後にみる家の再興と村落共同体——門真三番村茨田家と高橋家をめぐって——」（大塩事件研究会編『大塩平八郎の総合研究』和泉書院、二〇〇八年三月刊行予定）がある。

(41) 註(36)前掲書。

(42) 『松原市史』第五巻史料編三。

(43) 門真市立歴史資料館所蔵、濱田家文書・近世一紙六八〇。

(44) 註(32)前掲拙稿。

(45) 藪田貫『国訴と百姓一揆の研究』校倉書房、一九九四年。

(46) 註(32)前掲拙稿。

(47) 註(35)佐々木前掲書。

〔付記〕　本稿を成すにあたっては、門真市立歴史資料館・枚方市立中央図書館市史資料室・財団法人守口文庫のみなさまに大変お世話になりました。末筆ながら記してお礼申上げます。

第二章　一八世紀畿内における豪農の成長過程

小酒井大悟

はじめに

本章でとりあげる、河内国岡村の岡田家は、佐々木潤之介氏により詳細な分析がなされ、その結果、「畿内綿作地帯における豪農の典型的事例」、「社会的権力」などと位置付けられた(1)。豪農や社会的権力という範疇は、現段階においても重要な意味をもっているが、岡田家は、これらに具体的なイメージを付与している家、事例ということになる。同家についての分析を深めていくことは、豪農や社会的権力の具体像の明確化、もしくは再検討に直結するという点で、とくに重要な意義を有しているといえる。

さて、佐々木氏は、幕末期の岡田家の経営分析から、同家の経営論理や広範囲にわたる経営諸活動の様相を、詳細に明らかにしている。再検討されるべき点はいくつかあるが、ここでは、とくに大きな問題として、豪農・社会的権力たる岡田家の成長過程が不明である点を指摘しておきたい。氏は、分析の前提として、一八世紀段階の同家の経営概要について次のように述べている。①岡田家の経営は、金融部門、米作・綿作の農業部門、木綿買い集め・肥料商いなどの商業部門、小作料を取得する地主部門からなる。②一八世紀中頃以降、商業部門が縮小、地主・金融部門が比重を増し経営を拡大していくが、寛政年間（一七八九～一八〇一）中頃には停滞期に入る。このような経緯を経て、岡田家は豪農として成長していくという。氏の分析は、岡田家の店卸し記録の分析に基づくものである。おおよその経営動向の評価に異論はないが、次の点が、今後深められるべき問題点として指摘できる。

第一に、当該期の岡田家の成長が、どのような背景をもっているのかが不明な点である。佐々木氏は、同家の成長の背景に、居村岡村の変動を想定している。岡村の村落構造について言及した先行研究は数多いが、いずれも幕末・維新期が分析対象として設定されている。(2)それゆえに、まずは、一八世紀段階の岡村の様相を可能なかぎり明らかにし、佐々木氏のいう変動の中身、ひいては岡田家の成長の背景を見きわめることが必要ではないか。

第二に、当該期の経営の具体的内容が、今ひとつ不明な点である。例えば、岡田家の商業圏、所持地における手作と小作の比率、金融活動における貸付先などである。一八世紀における岡田家の成長の中身を具体的に把握するためには、個々の経営内容を詳細に検証することが必要ではないか。また、このことは、当地域で見出されてきた、一八世紀中頃を起点に商品生産者として経営を拡大し上昇した農民である、「富農」との比較のうえでも重要になってくるはずである。(3)

第三に、一八世紀段階への言及にとどまらないが、経営諸活動を展開する際の岡田家と村（居村・他村）の関係について、さしたる分析がなされていない点である。佐々木氏の従来の主張では、村とは、豪農にとって、自らの経営を支えるべく利用するもの、となる。(4)こうした村の評価は、岡田家の分析においても、共通するとみてよい。しかし、近年の研究では、村は豪農に利用されるばかりのものではなく、幕末・維新期にいたるまで、直接生産者の経営を維持・発展させる積極的役割を果たしており、無制限な地主的土地所持の進展を阻むなど、豪農経営を規制しえたことが明らかにされている。(5) 岡田家の経営諸活動も、こうした村を前提として、展開していったのではなかったか。同家と居村・他村との関係に、目配りする必要がある。

以上のような関心にたって、本章ではまず、一八世紀段階の岡村にいかなる変動があったのかを検証し、岡田家の成長の背景を把握する。そのうえで、同家の経営を、商業経営・所持地経営（手作＋地主経営）・金融活動の三つに腑分けし、それぞれの動向を、居村・他村との関係に注目しながら跡付ける。これらの分析を通じ、一八世紀における岡田家の成長過程に迫りたい。

ここで、あらかじめ岡村の概要に言及しておこう。岡村は、南岡・北岡・新町の三集落から構成される。幕末期の状況で説明すると、三集落のうち、南岡は南株、北岡・新町は北株という単位を構成し、それぞれに庄屋が存在した。村高は、宝暦八年（一七五八）段階で六七三石。上田が耕地の過半を占める高生産力の村であった。支配は、宝暦八年まで丹南藩高木氏→同年より幕府領→安永七年（一七七八）より笠間藩牧野氏→寛政二年（一七九〇）より幕府領、と変遷する。(6) 以上を念頭におき、本論に入りたい。

第一節　岡村の変容と岡田家

岡田家は、一八世紀初頃に成立したと考えられる新興の家であるが、同世紀中に経営を拡大し、寛政九年（一七九七）には居村の庄屋に就任するにいたる。冒頭でも述べたとおり、このような同家の成長の背景には、居村岡村における村落秩序の変容が、予想されるところである。そこで、本節では、岡田家の成長過程を明らかにする前提として、当該期の岡村において、いかなる変動があったのかを検証する。

一　宝暦二年「岡村疇越帳」について

一八世紀段階の岡村全体の様相を知りうる史料は少ない。そうしたなかにあって、宝暦二年（一七五二）の「岡村疇越帳」(7)は、当時の岡村全体の様相について、情報を引き出せる貴重な史料である。本史料には、土地一筆毎の所在、地目、地番（ただし異筆）、反別、分米、名請人（居住集落も）などが記載されている。記載の一部を抜粋して例示しておこう(8)。

〔史料1〕（土地番号の表記は略）

（黒崎）同所西方、庄右衛門南方、西ハ溝、南嶋泉領境、南ハ道
一上田弐畝拾歩　三斗五升　新　伝右衛門　孫

同所、平介東方、伝右衛門南方、東ハ川八尺橋詰、北かわ、南ハ道
一上田九畝廿四歩　壱石四斗七升　南　新右衛門　孫

とくに注目されるのは、名請人名の下部にある「孫」という記載である。このような記載は、他に「茂」「三」があり、全ての土地に付されている。これらの「孫」「茂」「三」は、なにを意味するのか。「岡田家文書」中の証文類（とくに土地売渡証文の奥書）や、寛保二年（一七四二）の「河州丹南郡岡村新町宗旨改帳」(9)における村役人名の記載によると、これらは、当時庄屋を勤めていた者の名前の頭文字を意味するようである。つまり、「孫」＝孫九郎、「茂」＝茂平治、「三」＝三右衛門、となる。そして、これらの三文字が、全ての土地に付されていることは、三名の庄屋の管轄が、土地一筆毎に定められていることを示していると解釈できよう。

ところで、従来、岡村の村政制度は、南北二つの株に一人ずつ庄屋が配置される、二人制と説明されてきた。これまで全く指摘されてこなかったが、以上のような庄屋三人制は、二人制に先行する旧制度といえる。岡田家の地主経営の帳簿や、各種証文・絵図の署名を調べていくと、この庄屋三人制は、宝暦六年頃より新しい制度へ

の移行期に入るようである。すなわち、宝暦六年段階では三名のうち孫九郎が庄屋を辞しており、その後、欠員が補充されないまま（理由は不詳）、宝暦一二年にいたり、当村庄屋は小平尾村庄屋九郎兵衛の兼帯するところとなる（一人となる）。そして、明和初年（一七六四）にいたり、新しい制度が施行される。したがって宝暦二年「岡村疇越帳」は、旧制度最末期の岡村の姿を示しているものといえる。それゆえに、本帳簿を、適宜周辺史料と組み合わせながら検討することで、旧制度下の村のあり方、そして、新制度へ移行しなければならなかった原因を究明することができると考える。この問題の究明は、岡村の変動の様相を把握することにつながるはずである。

2　旧制度から新制度への移行

さて、旧制度では三名の庄屋が存在したが、彼らの選出母体はなんだったか。証文類に彼らが署判した際の肩書きに注意すると、三右衛門は、しばしば「北岡庄屋」と記していることが確認できる。なお、三右衛門は北岡に居住している。孫九郎・茂平治は、とくに「南岡庄屋」などとは明記していないようであるが、両名はともに南岡に居住する百姓である。また、岡村内の今一つの集落である新町は、北岡や南岡から移住してきた者が形成したと考えられる後発の集落で、それゆえか、近世には庄屋を輩出できず、村政上、南岡・北岡と比べて低位に位置付けられていた。これらのことを勘案すると、両名はやはり「南岡庄屋」とみることができよう。彼らは、いずれも、北岡の百姓や南岡の百姓らによって選出されたとみてほぼ間違いないが、南岡・北岡集落を、そのまま庄屋選出母体と評価してよいだろうか。この点について、「南岡庄屋」孫九郎・茂平治を例にとり考えてみたい。彼らは、南岡集落という共通の母体から選出されたのか、それとも、異なる二つの母体から選出されたのか。

この問題を解く手掛かりを与えてくれるのが、次の史料である（傍線は筆者、以下同）。

〔史料2〕[10]

一札之事

一当村庄屋跡役之儀ニ付、先達而此組ゟは熊治郎へ御願申上、其元組ゟは平治へ御願被申、彼是相済不申候ニ付、多治井村新治郎殿・小平村庄屋九郎兵衛殿取扱被仰付下ニ而和談仕候所、熊治郎幼年ニ付、此節平治殿へ御願可申候段、承知仕候、尤熊治郎廿五歳ニも相成候ハヽ、惣百姓連印を以御願可申上段、是承知仕候、然ル処熊治郎行跡宜不（ママ）所存者ニ相成り候は、役儀御願申上候儀、仕間敷候、為後日之一札仍而如件

宝暦十四年　　　　岡村熊治郎方百姓惣代

申六月　　　　茂　八印

年寄　武左衛門印

与治兵衛印

平治方

百姓中

本史料は、新制度が成立する直前の時期のもので、兼帯庄屋小平尾村九郎兵衛の跡役をめぐり、熊治郎を推す百姓らと平治を推す百姓らが対立し、結局、熊治郎が「幼年」であるとの理由から、今回は平治を庄屋跡役とすることをとり決めた、という一札の写である。この直後から、庄屋二人制が施行され、北株の庄屋には貞助、南株の庄屋には平治が就いているので、史料2で争点となっているのは、南株の庄屋を誰にするのか、という点であると解することができる。新制度への移行直前段階において、南株の庄屋選出に関与しようとする百姓らの集

団が二つ存在していたのである。さらに、傍線部によると、二手に分かれた百姓らのうち、本史料の作成者である「熊治郎方百姓惣代」らは、自分達のことを「此組」、相手の「平治方」の百姓らを「其元組」と表記している。ここから、史料2で対立している二つの南岡の百姓の集団は、組と呼称されていたと判断できる。

南株は南岡に相当する。したがって、南株の庄屋候補を互いに擁立し対立しているこれら二つの組は、旧制度下において、二人の「南岡庄屋」（＝孫九郎や茂平治）を選出していた集団と見なすことができよう。ところで、本史料で茂八らが推している熊治郎とは茂平治の息子である。[11] そして、熊治郎を推す年寄の武左衛門と与治兵衛は、茂平治の管轄する土地のみを所持する者たちである（後掲表1）。これらのことをふまえると、茂八ら熊治郎を推す組がかつての茂平治の、一方の平治（年寄を勤めていた）[12]を推す組がかつての孫九郎の、選出母体であったことになる。両組の成員の詳細についてては明らかにしえないが、南岡の百姓が主要な部分を占めていたとみてよいだろう。となると、残りの「北岡庄屋」三右衛門も、やはり、北岡の百姓を主要な成員とする組により擁立されたと考えるべきである。ところで、新町の百姓だけが、どの組にも属していなかったとは考えにくい。先述のとおり、新町は南岡・北岡と比べて、村政上、低位に位置付けられており、庄屋を立てることはできなかった。そのため、新町の百姓は、他集落の成員と格差を付けられつつ、個々にいずれかの組に属していたと考えるのが妥当だろう。[13]

ところで、「岡村疇越帳」によると、土地一筆毎に、三名の庄屋の管轄が定められていた。庄屋の管轄地とは、その選出母体である組の土地ということになる。組は、百姓らの人的組織というのにとどまらず、固有の土地、特定の領域（空間）を有する組織だったのである。それでは、組の土地は、どのように分布しているのか。「岡村疇越帳」には、土地一筆毎に、それぞれ地番が付されている。その地番は、一八世紀中頃に作成されたと考えられる、岡村の村絵図の地番とほぼ対応するため、組の領域をほぼ復元できる。(14)三組の土地の分布の特徴をまとめると、まず、三右衛門組の土地は下今池・上今池側、つまり村の北側から中央部に、とくに分布する傾向にある。中央部では、孫九郎・茂平治両組の土地と入り組んでいる。次に、孫九郎組と茂平治組の土地は、村の中央部から陵山側、南側にかけて分布する傾向にあり、両組の土地は複雑に入り組んでいる。以上のように、三組はいずれも、完結した領域を有しておらず、とくに孫九郎・茂平治組の錯綜状況は著しかった。なお、旧制度下の岡村には蔵が三棟確認できるので、それぞれの組の土地に課される年貢は、各組の蔵に納入されていたと考えられる（詳細は後述）。このことは、組が年貢納入単位としても機能していたことを示していよう。

以上から、組とは独自の成員・土地・蔵を有し、年貢納入単位や庄屋選出母体となる、村政の基本単位であったといえる。旧制度下の岡村では、こうした三組が、領域を入り混じらせながら存在・機能していたのである。

それでは、組を基本単位として成り立っていた庄屋三人制は、なぜ変更されることとなったのか。その背景には、やはり、組の性格の変化があったと考えられる。以下、この点について検討していこう。ところで、右にみてきた組が成り立つには、成員同士が同じ組の土地を所持・耕作し、年貢を負担し、さらには庄屋を選出することを基軸に結合していることが前提となるはずである。となると、各組の成員は自分の属する組の土地だけを、すなわち、岡村の百姓らは一組の土地だけを所持していることが、もっとも自然な姿であることになるが、実際はどうか。

表1は、「岡村疇越帳」の記載を整理して、各集落の百姓（寺院・道場も含めておく）が、どの組の土地をどれだけ所持しているのかを、筆数で示したものである。三集落のうち、南岡では、孫九郎組・茂平治組いずれかの土地だけを所持している者は、同集落の名請人の約半数にあたる三二名である。北岡では、ほぼ全員の二三名が、

表1　岡村百姓の所持地構成

○南岡

通番	名前	孫	茂	三	
1	伊右衛門	5	5	1	
2	伊左衛門	28	37	25	1位
3	角兵衛	1	0	0	
4	亀松	0	1	0	
5	勘右衛門	0	3	0	
6	喜右衛門	3	4	0	
7	喜左衛門	4	2	0	
8	吉左衛門	3	2	0	
9	吉兵衛	10	1	0	
10	喜兵衛	1	0	0	
11	久左衛門	4	2	0	
12	九助	2	1	0	
13	久兵衛	1	4	0	
14	九郎兵衛	6	6	0	
15	小右衛門	0	1	0	
16	光乗寺	2	0	0	
17	小左衛門	5	1	0	
18	五兵衛	0	2	0	
19	五郎兵衛	4	2	0	
20	権吉	0	1	0	
21	作左衛門	7	11	0	
22	三郎兵衛	3	10	0	
23	七左衛門	2	9	3	
24	次兵衛	0	1	0	
25	重右衛門	7	1	0	
26	重兵衛	4	0	0	
27	庄右衛門	1	1	0	
28	新右衛門	13	0	0	
29	庄兵衛	2	4	0	
30	甚右衛門	4	2	0	
31	新左衛門	1	0	0	
32	仁左衛門	0	2	0	
33	新兵衛	1	0	0	
34	甚兵衛	0	4	0	
35	清兵衛	7	4	0	
36	善兵衛	1	1	0	
37	惣兵衛	2	0	0	
38	太右衛門	0	5	0	
39	武左衛門	0	4	0	
40	太郎兵衛	0	3	0	
41	忠右衛門	5	0	0	
42	忠兵衛	3	1	0	
43	長兵衛	4	3	0	
44	道場	1	3	0	
45	藤兵衛	0	1	0	
46	徳左衛門	5	0	0	
47	徳兵衛	0	2	0	
48	八左衛門	0	1	0	
49	半兵衛	0	1	0	
50	平右衛門	1	3	0	
51	平治	17	11	0	5位
52	孫九郎	16	0	0	9位
53	三松	4	0	0	
54	茂右衛門	9	7	0	
55	杢兵衛	3	1	0	
56	茂左衛門	2	7	0	
57	茂平次	7	18	0	3位
58	茂兵衛	0	4	0	
59	弥右衛門	1	0	0	
60	弥次兵衛	0	1	0	
61	安兵衛	1	1	0	
62	弥惣兵衛	11	8	0	
63	弥兵衛	5	1	0	
64	由兵衛	0	2	0	
65	与次兵衛	0	3	0	
66	利右衛門	2	4	0	
67	利兵衛	3	4	0	
68	六兵衛	2	1	0	

8	吉兵衛	0	0	1	
9	源助	5	6	25	4位
10	幸右衛門	2	0	0	
11	五左衛門	0	2	0	
12	五兵衛	8	2	2	
13	三郎右衛門	0	4	0	
14	左兵衛	2	0	4	
15	敷岩	0	1	4	
16	七兵衛	1	2	2	
17	次兵衛	3	2	21	6位
18	重右衛門	8	0	11	10位
19	仁兵衛	7	0	6	
20	すゑ	1	0	0	
21	清兵衛	0	4	1	
22	武兵衛	0	0	1	
23	辰之助	0	0	3	
24	太兵衛	6	5	8	
25	伝右衛門	13	12	13	7位
26	道場	4	0	0	
27	藤兵衛	2	2	5	
28	八兵衛	0	1	0	
29	半兵衛	0	0	1	
30	平助	0	0	3	
31	平兵衛	1	7	2	
32	杢右衛門	19	13	25	2位
33	茂兵衛	4	0	1	
34	由右衛門	1	1	1	
35	利右衛門	0	0	1	
36	六左衛門	1	11	0	

註1：出典は「岡村疇越帳」(市史－1)。
　2：欄外に示した順位は所持高の順位。なお、8位は小山村又右衛門である。
　3：網掛け部分は、3組にわたって土地を所持している者。

○北岡

通番	名前	孫	茂	三
1	嘉左衛門	0	0	4
2	嘉兵衛	0	0	5
3	儀兵衛	0	0	2
4	九兵衛	0	0	2
5	源右衛門	0	1	5
6	作左衛門	0	0	3
7	三郎兵衛	0	0	1
8	三右衛門	0	0	5
9	三左衛門	0	0	1
10	重右衛門	0	0	3
11	庄右衛門	0	0	6
12	仁右衛門	0	0	2
13	新七	0	0	6
14	善徳寺	0	0	1
15	惣兵衛	0	0	1
16	道場	0	0	2
17	藤兵衛	0	0	1
18	八兵衛	0	0	6
19	半兵衛	0	0	2
20	又兵衛	0	0	1
21	松右衛門	0	0	1
22	与次兵衛	0	0	1
23	与兵衛	0	0	1
24	利兵衛	0	0	1

○新町

通番	名前	孫	茂	三
1	伊右衛門	0	4	6
2	市兵衛	0	1	0
3	伊兵衛	3	1	1
4	覚山	2	0	0
5	加兵衛	1	0	5
6	願宗寺	0	1	0
7	吉右衛門	1	4	4

三右衛門組の土地だけを所持している。新町では、複数の組の土地を所持している者が多いが、三組のうち一組の土地だけを所持している者は、同集落の名請人の四割程にあたる一五名である。各集落で、複数の組の土地を所持している者でも、特定の組に筆数の大きな偏りがある者をも勘案すれば、岡村の百姓らは自らの属する組の土地だけを所持する、という原則が、ある程度うかがえる。しかし、宝暦二年が、組を基本単位とする旧制度の最末期であることを想起するならば、むしろ注目されるのは、複数の組の土地を所持する者の多さである。南岡では、孫九郎・茂平治両組の土地を所持する者が三三名、三右衛門組も含む三組全ての土地を所持する者が三名にのぼる。北岡では上述の原則が貫徹しているが、新町では、二組の土地所持者が九名、三組の土地所持者が一二名となる。土地が組の枠組みを越えて移動するようになった結果、複数の組の土地を所持することが常態化していたことがうかがえる。換言すれば、組の土地を成員外の者が所持し、同地にかかる年貢を負担することが常態化していたということになる。このことは、成員間の結合が弛緩し、組の形骸化が進展していることを示しているといえる。

村政制度が変化した原因は、以上のような、庄屋三人制を支えた組の形骸化に求めてよいだろう。こうした、形骸化した組が再編された結果、村政上の新たな基本単位として立ち現れた集団が株である。株については後章で検討されるので、ここでは、概要のみ簡単に言及しておく。岡村の株は南北の二つがあり、南株は南岡の百姓を、北株は北岡・新町の百姓を成員とする、庄屋選出母体である。株はそれぞれ管理する土地（南高・北高という）をもち、ほぼ完結した領域を有している。また、やはり蔵も独自に有し、そこには、自株の土地に課される銀納年貢の全て、および自株の者が納入する米納年貢の全てが納入されており、年貢納入単位として機能していた。組と比べると、新町を含む集落に沿って成員が編成されていること、領域化していること、成員に対する自株の蔵への米納年貢納入強制など、株と成員の関係の強化がみられること、などの点で、整理もしくは機能の強化が認められる。新制度の庄屋二人制は、こうした株に立脚していた。

ところで、組が形骸化する原因となった、組を越えての土地移動は、今一つ、重要な変化を当村に惹起していた。岡村の百姓の所持地構成を示した表1で、所持高上位者を示しておいた。所持高上位者一〇名のうち、ほぼ全員が複数組の土地を所持する者で、五名が三組全ての土地を所持する者である。組を越えた土地移動は、新しい村落上層を生み出していたといえる。そして、彼らのうちの平治は、南株の最初の庄屋に就任し、一八世紀末には岡田家が南株の庄屋に就任し、それ以後世襲していく。一八世紀後半以降、岡村の村政は、新しい上層百姓によって担われていくこととなった。当村の村政は、制度面のみならず担い手にも変化が起こっていたといえる。

以上の検討から、一八世紀中頃以前の岡村では、固有の成員と土地・蔵をもち、年貢納入単位や庄屋選出母体となった組を基本単位とする庄屋三人制が採られていたこと、しかし組を越えた土地移動を原因に組が形骸化すると、三つの組は整理・機能の強化を経て二つの株に再編され、これにともない村政制度も庄屋二人制へ変化したこと、そして村政の担い手も、組を越えて土地集積をおこない成長してきた、新たな村落上層へと変化していったこと、が明らかとなった。従来、想定されてきた、一八世紀における岡村の村落秩序の変容とは、組や株などの村落内集団、村政制度、そして村政の担い手たる村落上層の交替といった、多局面にわたる変化だったといえる。(15) 岡田家は、こうした村落秩序の変容を背景に、経営を拡大し成長を遂げた家だった。それでは、同家の成長過程とは、どのようなものだったのか。以下では、経営分析（商業・所持地経営・金融活動）を軸として、この問題を考えていきたい。

表2　店卸しにおける貸金・有物の比重　(単位：％)

	貸金／総計	木綿／有物	毛綿／有物	糟／有物	米／有物	銀／有物	田地代／有物
寛保3年	51.7	28.6		23.3	11.4	28.6	
延享元年	58.9	11	23.1	25.1	17.7	19.3	
2	53.2	19.5	23.7	10.7	10.9	27.1	5.1
3	53.7		41.1	25.3	7.6	12.3	10.7
4	65.5	22.5	42.5	4	10.9	20.1	
寛延元年	69.5	24.7		6.7	9.6	20.2	27
2	73.9	11	6.6	16.5	11.5	35.2	11
3	78.9	18.8	1.9	8.1	17.5	50	
宝暦元年	84.2	18.7	5.1	14.2	10.2	46.7	34
2	79.4	20.1	0.7	16.6	18.8	28.2	5
3	66	9.2	0.2	6.7	10.4	35.1	18.5
4	76.3	10.2		8.2	19.7	41.7	2
5	83.8					28.5	
6	84					16.5	29.9
7	91.3						
8	87.7	6.1	9.9		20.5	30.3	22.7
9	88.7						14.9

註1：佐々木論文(1993)の表を一部改変して作成。
2：寛保3年の木綿28.6％は、木綿200斤、毛綿700反の銀への換算額から算出した。当年では、両者が一括して銀に換算されているため、それぞれの有物に占める比重を算出できない。ここでは典拠とした表に従い、木綿の欄に記載した。
3：宝暦5～7、9年では、米・綿・糟が一括して銀に換算されるなど、品目毎に、有物総額に占める比重が算出できないため、空欄が多くなっている。

第二節　商業経営

本節では、一八世紀前半段階において、特徴的にみられる岡田家の商業経営の様相を検討する。

まず、当該段階の岡田家の経営全体に占める商業経営の比重の大きさを、改めて確認しておこう。当該段階における岡田家の経営全体の動向については、寛保三年（一七四三）から宝暦九年（一七五九）までの店卸し記録（佐々木氏のいう「勘定断片」）が残されている[16]。この店卸し全体において、商業経営に関わる費目は、どれだけの比重を占めているだろうか。

表2は、店卸総額全体に占める貸金額、そして有物（勘定記録では銀に換算されている）全体に占める、木綿・毛綿・糟・米・銀・田地購入費それぞれの百分比を示した

表3　享保20年における糟の販売

	販売額(匁)	販売人数(人)	平均販売額(匁)
北岡	238	4	59.5
南岡	1528.68	38	40.22
新町	161.73	5	32.34
岡(集落不明)	398.28	7	56.89
藤井寺	991.27	8	123.9
北宮	207.74	6	34.62
南宮	166.82	3	55.6
蔵内	1365.04	11	124
小山(丹北)	334.21	4	83.55
小山(志紀)	141.74	1	141.74
嶋泉(北)	58	2	29
南嶋泉	399.87	2	199.93
丹下	159.6	4	39.9
南丹下	84.15	2	47.07
西浦	188.6	1	188.6
西大塚	471.34	2	235.67
不明	541.97		

註：享保20年「糟売帳」(26-7)。

表4　享保20年における木綿の販売

	販売額(匁)	販売人数(人)	平均販売額(匁)
北岡	4.8	1	4.8
南岡	541.65	28	19.34
新町	837.1	6	139.51
藤井寺	11.68	2	5.84
北宮	119.2	1	119.2
蔵内	506.37	9	56.26
小山(丹北)	365.32	7	53.617
南丹下	21	1	21
西大塚	49.34	1	49.34
大塚	58.2	3	19.4
沢田	15	1	15
清水	222.52	1	222.52
道明寺	206.24	1	206.24
一ツ屋	642.2	1	642.2
不明	762		

註：享保20年「木綿売帳」(25-1)。

ものである。(17)本表で、とくに注目されるのは、木綿・毛綿・糟の比重である。いずれも、同家の商売の対象となるものである。有物全体に占める、これら三品の百分比の合計が、寛保三年から延享四年（一七四七）までの期間では、五〇％余から七〇％弱にまで達していることがわかる。また、毎年増加する店卸し総額のなかで比重を増し続ける貸金のなかには、「麦肥貸」、「毛綿掛」、「毛綿代貸」といった貸金も含まれている年が、少なからずある。これらは、肥料や綿を周辺の百姓らに、掛売りした際の貸金を意味する。(18)以上のように、岡田家の一八世紀前半段階の店卸しにおいては、商業経営に関わる品物、経費の占める比重が大きいことが、改めて確認できる。

それでは、岡田家は肥料や綿を、どの程度の範囲の百姓らに販売していたのか。また、その圏域（商業圏）の特徴はなにか。肥料や綿の販売記録である、「糟売帳」（享保一九年＝一七三四、同二〇年）[19]と「木綿売帳」（享保二〇年）[20]から、享保二〇年分の記録を、抜粋して示したのが表3・4である。両表からまず、肥料は居村を含め一一か村、綿は同じく一二か村に販売していること（両品目で販売先の村は概ね重なる）、居村岡村への販売額が飛びぬけて大きいこと（全体の販売額の約三割）がわかる。そのうえで、注目されるのは、岡村での販売人数の多さである。岡田家は、当村で糟を五四名、木綿を三五名に販売している。この数から、その販売先は、村内のさまざまな階層に広がっていたものとみてよいだろう。一方、他村に目を転じると、販売人数の少ない村が多く、三名に満たない村も目立つ。よって、糟・木綿の他村での販売相手は、居村と比べると、かなり限られていたといえる。また、一人あたりの平均販売額が岡村より高い傾向にあることを勘案すると、他村では、ある程度の経済力を有する者、中層以上が販売相手であることが多かったと推測されよう。なお、糟の販売での藤井寺・北宮・蔵内三か村、木綿での蔵内・小山二か村は、居村・他村の中間的性格とくくることができそうである。

以上から、岡田家の商業経営（糟・木綿販売）は、一一、一二か村にわたる範囲に展開していたが、居村岡村とのあいだには最大規模の、そして幅広い階層の者たちとの取引関係が認められる一方で、他村とのあいだには、ごく限られた一部の、中層以上の者たちとの取引関係が認められるにとどまっていたことが明らかである。商業経営の展開度は、居村内外で大きな差を孕んでいた。

以上が、一八世紀前半段階における商業経営の様相であるが、先行研究でも指摘されているとおり、商業経営は一八世紀後半に向けて、継続・拡大されることはなく、急速に縮小していく。[21]そこで、次に問題となるのが、一八世紀前半から後半にかけて規模を拡大し、岡田家の経営の二本柱となっていく所持地経営（とくに地主経営）

と金融活動の様相である。以下、二節にわたり、両経営の様相に迫っていきたい。

第三節　所持地の経営——手作と地主経営——

本節では、岡田家の所持地の経営について検討する。具体的にはまず、岡田家の所持高の推移を把握し、手作地と小作地の比率を測定する。そのうえで、一八世紀後半以降に成長するとされる地主経営の内容・性格に迫っていきたい。

1　所持高の推移

一八世紀前半段階において、岡田家が、どれほどの所持地を有していたのかを明確に示す史料は残されていない。しかし唯一、同家の所持地の分布・規模を推計できるものとして、享保二〇年「卯御年貢下作帳」が挙げられる。[22]本史料によれば、岡田家の所持地は、居村と藤井寺村、そして小山村（三筆のみ）に存在しており、宛口合計は六〇・七一三石である。仮に、宛口が石高の一・五倍とすると、合計所持高は四〇石程度となる（ただし、村毎の内訳は不明）。なお、本史料に記載された所持地は、全て小作地である。そのため、このほかに手作地が存在すると思われるが、当該段階における岡田家の商人的性格の強さを勘案するならば、その規模は、大きいものとは考えにくい。右の数値は、所持地の大部分の推計値とみてよいだろう。

それでは、一八世紀後半における岡田家の所持高の推移は、どのようなものだったのか。表5・6は、地主帳簿の記載様式が整ってくる宝暦一一年（一七六二）を起点とし、約一〇年毎に、岡田家の所持高を示したものである。表5には岡・藤井寺両村の、また、表6には藤井寺以外の他村での所持高・宛口高を、それぞれ示した。

表5　岡田家の所持高・所持地の変遷(岡・藤井寺)

(単位：石高)

	宝暦11年(1761)	明和7年(1770)	安永8年(1779)	天明8年(1788)	寛政10年(1798)
岡南分(本田)	18.875	23.773	30.216	37.421	41
同(新田)	4.364	3.936	4.56	5.674	5.848
岡北分(本田)	13.028	13.897	20.079	26.428	28.752
同(新田)	-	1.002	1.002	1.425	3.479
藤井寺	33.458	34.64	43.908	57.209	59.288
同(新田)	2.43	2.375	2.375	2.375	2.847
合計	72.155	79.623	102.14	130.532	141.214

註：各年の「御年貢下作宛帳」から作成。

表6　岡田家の所持地・所持高の変遷(両村以外)

宝暦11年		明和7年		安永8年	
新堂領	2	新堂領	2	新堂領	2
立部領	7.87	立部領	2.9	立部領	2
西川領	4.9	嶋泉領	7.03	西川領	10.85（高5.235)
嶋泉領	6.05	道明寺領	1.08	林領	5.3　(高5.849)
道明寺領	1.08			道明寺領	1.08（高0.08)
上田領	3.75			沢田領	5.25（高2.88)
				藤井寺領(名前預分)	8.105(高5.802)

天明8年		寛政10年	
新堂領	2	新堂領	2
立部領	3	立部領	3
西川領	10.85(高5.235)	西川領	8.3(高4.435)
林領	9.5(高5.849)	林領	4(高2.495)
南嶋泉領	支配人名のみ	南嶋泉領	(高2.5745)
道明寺領	1.08(高0.08)	道明寺領	1.0797(高0.08)
藤井寺領(名前預分)	7.2(高5.802)	藤井寺領(名前預分)	7.2(高5.802)
		片山領	6(高3.76)

註1：表中の単位は宛高。ただし、括弧内は石高。
2：安永8年欄の林領でのみ、宛高が石高を下回る。これは、同年の帳面が林領の所持地を全て書き上げていないことによると考えられる。
3：各年の「御年貢下作宛帳」より作成。

表中の括弧外が宛口高、括弧内が石高である。両表をみると、享保二〇年から宝暦一一年のあいだに、岡田家の所持地の分布が拡大し、所持高も急増していたことが、ひとまず確認できる。以下、両表より、一八世紀後半の所持高の推移を、子細に跡付けていこう。

表5からみていくと、明和七年（一七七〇）と安永八年（一七七九）のあいだを一画期とし、さらに、安永末

から天明・寛政年間を経て、岡田家は居村・藤井寺村での所持高を増大させていることがわかる。先の享保二〇年段階の推計値をもふまえると、両村の所持地は、一八世紀を通じて、順調な増加傾向にあるといえる。また、表6に示される他村の所持高と比較すると、岡・藤井寺両村の土地が、一貫して岡田家の所持地の中核を占めていることがわかる。

続いて、表6をみると、安永八年頃には、岡田家の岡・藤井寺村以外での土地所持先と所持高は、固定しつつあったことが確認できる。新堂・立部領については石高が不明なので、仮に、宛口高の半分の値を石高とすると、岡・藤井寺村以外の村々における所持高は安永八年以降、一九石余から二一石余の間を、やや停滞的に推移していたようである。岡・藤井寺村の場合と比べて、対照的な傾向である。岡田家は、藤井寺村以外の他村での所持地獲得に対して、さほど積極的でなかったといえるだろう。なお、藤井寺村にのみ、岡田家の居村外所持地が多く存在する理由は特定できないが、岡村の隣に位置する藤井寺村には、岡村からの出作人が数多くいた点に、一因があると推測される(23)。

以上から、一八世紀における岡田家の所持高は、とくに居村と藤井寺村において順調な増加がみられる一方で、両村以外では停滞的に推移しており、周辺地域への展開は限定的であることが明らかである。

2　手作地と小作地の比率

それでは、岡田家の所持地のうち、手作地と小作地は、どのような比率となっていたのか。享保二〇年段階で、所持地の大部分は、すでに小作に出されていたとみられるが、手作地の規模や、小作地との比率は知りえなかった。その後の時期においても、手作地の規模を知りうる史料は多くないが、天明四年（一七八四）になってようやく、地主経営の基本帳簿である「御年貢下作宛帳」に、手作地の宛口が記載されるようになる。以下では、この記載を手掛かりに、手作地の規模と小作地の比率を算出してみたい。

表7は、「御年貢下作宛帳」の記載をもとに、岡・藤井寺両村の合計宛口、手作地の宛口、そして前者のうちで後者が占める割合を示したものである。本表によると、手作地の宛口は、寛政一〇年（一七九八）の数値がやや目立つが、おおよそ宛口三〇石弱という数値が維持されていることがわかる（表示しない年も同様）。なお、表示しなかったが、手作地の地字は不変でなく、小作地との間に流動性がみられる。小作地であった土地を手作地に組み込む、逆に手作していた土地を小作に出すなどして、手作地―小作地の間で土地を循環させながら、宛口三〇石弱という手作の規模を維持していた。

表7　岡田家の手作経営

年代	岡・藤井寺宛口	手作宛口	
天明4年	282.1571	29.932	10.60%
6	293.7351	27.54	9.37%
寛政2年	290.925	27.76	9.54%
6	293.9092	29.022	9.87%
10	326.4822	38.115	11.67%

註：各年の「御年貢下作宛帳」より作成。

となると、宛口三〇石弱という数値は、実際の石高や反別にして、どれほどの規模となるのか。佐々木氏の試算によれば、元治二年（一八六五）段階で、一反あたり平均石高一・二二、宛口高一・一となるという。(24)この換算率を当てはめると、宛口三〇石弱は石高一九石程となる。そして反別にすると、一町五反弱となる。概算を重ねたきらいがあるが、手作地の規模は、これまでに見出されてきた「富農」に相当するものといえるだろう。以上のような手作地で岡田家は、米（多くは自家消費用の「飯米」に）のほか、綿や菜種といった商品作物を栽培し、周辺の百姓らに販売していた。(25)

しかし、所持地全体に占める手作地の割合は、大きいとはいえない。宛口三〇石弱という数値は、岡・藤井寺両村の所持地の一割弱に相当する。両村以外の所持地を含めるならば、その割合はさらに低下しよう。すなわち、岡田家の所持地の九割以上は、小作地であったことになる。このことは、享保二〇年段階も、ほぼ同様と考えてよいだろう。したがって、一八世紀前半より末葉にいたるまで、岡田家は、宛口三〇石弱、石高一九石程、反別一町五反弱という、富農経営に比肩する手作地の規模を維持しつつも、一貫して、所持地経営の基盤を、地主経営においていたといえる。同家は、一八世紀段階から、地主としての性格を色濃く有していたのである。(26)

3　地主経営の性格

それでは、所持地経営の基盤がおかれていた地主経営の性格は、どのようなものか。ここでは、土地証文類および「御年貢下作宛帳」の記載をもとに、岡田家の土地取得の方式、所持地の継続性、小作人の性格、といった諸点から、当該期の地主経営の基本的性格を把握したい。

まず、岡田家文書に残された、当該期の土地証文類から、岡田家の土地取得の方式を確認する。岡田家文書中の証文類をみていくと、明確な質地の形式をとる証文は多くなく、むしろ、売渡の形式をとる証文が多いことに気付く。多くは、請戻し文言を明記していない譲渡証文、売渡証文である。一八世紀前半段階では、本銀返し売りの証文がやや目立つが、証文上、岡田家の土地取得方法の基本は、年季の無い買得とみられる。しかし証文上、請戻し期間が明記されていなくとも、当事者間で、別途請戻しの条件が設定されている事例も確認できる。この点を勘案すると、実際は、売り手の請戻しの可能性を潜在させながら、岡田家の土地取得は進められたといえる。

とすると、それらの土地はどの程度、実際に請け戻されたのか。このことは、岡田家の所持地（小作地）の流動性・固定性を問うことであり、地主経営の性格を考えるうえでも重要な問題である。そこで次に、地主経営の基盤がおかれた岡村・藤井寺村の小作地を素材として、この問題を検証しよう。具体的には、享保二〇年、宝暦三年（一七五三）、天明二年時点の小作地が、約二〇年のちの段階で、どの程度残存しているのかを調べてみたい。まず、享保二〇年段階の小作地が、一八年後の宝暦三年にどれほど残存しているかを、両年の地主帳簿によって調べてみると、約三四・〇四％（全四七筆中一二筆）という数値が得られる。享保段階の所持地の過半は、岡田家のもとに残らず、請け戻されているとみられる。同様に、宝暦一〇年（一七六〇）時の小作地の、一八年後、つまり安永七年における残存率は、約四三・九％（全一一六筆中五一筆）、また、天明二年（一七八二）の小作地の、一六年後、つまり寛政一〇年における残存率は、約六五・三％（全一七九筆中一一七筆）という数値が得られる。比較期間が区々であることを勘案しても、一八世紀前半以降、残存率が高まってきていることがわかる。

こうした、所持地の残存率とその変化は、岡田家の小作人の性格を理解するうえでの示唆を与えてくれる。すなわち、所持地（小作地）の大半が請け戻される、一八世紀前半段階での、小作人の主要な形態は、自らが売り渡した土地を小作する直小作人となろう。一方、岡田家のもとに土地が固定されるようになる一八世紀後半以降の段階では、自らの土地と無関係な、岡田家の土地を小作する小作人が増加していることになる。それでは、彼らは、どのような階層の者たちであったのか。岡村居住の小作人を素材にみると、まず宝暦二年段階では、所持高が判明するのは二九名である。このうち、所持高三石以上の者が一五名、一石未満は一〇名である。無高の小作人もいたはずであるが、人数は特定できない。いずれにせよ、この段階の小作人には、一定の高所持者が、かなり存在していたといえる。一方、一八世紀末の寛政一〇年段階では、所持高が判明する小作人は二一名である。そのうち、一石未満と無高は一四名、三石以上はわずか四名であり、小作人の中核が、一石未満の零細高所持者と無高に移っていることが判明する。このことは、直小作人から岡田家の土地を小作する小作人へ、という変化、そして、請戻し率の低下（所持地の固定化）という動向と符合しよう。

以上のように、一八世紀前半から後半にかけて、徐々に土地（買得した土地）が岡田家のもとに定着するようになり、それにともない小作人の性格も、一定程度の高所持者を多く含む直小作人から、一石未満の零細高所持者と無高を中核とする、岡田家の土地を小作する小作人へと変化していた。こうした変化は、当然ながら、岡田家の小作地に対する権限の強化を意味する。一八世紀前半から後半にかけては、所持地・小作地の量的拡大のみならず、地主経営の性格面における変化（強化）も存在していた。

4　居村・他村との関係

岡田家は、居村や他村といかなる関係をもちながら、地主経営を展開していったのか。本項では、岡田家の所持地が集中する居村と藤井寺村に素材をとり、この点について考えてみたい。

(1)居村岡村での地主経営

前項で述べたように、一八世紀前半から後半にかけての小作人の性格変化にともない、岡田家の小作地に対する権限は、強化される方向にあった。当然、岡田家は、小作人の耕地編成に対し、次第に影響力を行使していくことができるようになったはずである。となると、小作人の耕地編成に、いかに自らの意向を反映させていくかという点は、当該段階の岡田家の地主経営にとって、とりわけ重要な課題となっていたと考えられる。よって、ここでは、小作人の耕地編成をめぐる、岡田家と居村との関係を検討することにしたい。先述のとおり、岡村では、宝暦～明和初年にかけて、村落内集団の再編（三つの組から二つの株へ）、それにともなう村政制度の変化

（庄屋三人制から二人制へ）が起こっていた。こうした変化は、地主経営に密接に関わる、村の年貢納入システムにも大きな変化を引き起こしていた。そこで具体的には、岡村の新旧の年貢納入システムが、岡田家による小作人の耕地編成にいかなる条件を付与していたのか、という観点から、両者の関係を考えてみたい。

まずは、旧制度下で、岡田家（やその小作人）が自らの所持地に課される年貢をどう負担し、納入していたのかを検討しよう。すでに示したように、岡田家は、孫九郎・茂平治・三右衛門の三組の土地を所持していた。それゆえに、年貢は、三組毎の所持高に基づき、三名の庄屋から、それぞれ賦課されていた。このような状況下で、実際に年貢はどう納入されていたのか。旧制度下にあたる宝暦年間の「御年貢下作宛帳」の末尾には、次のような年貢納入記録が記されている。この記録をもとに、旧制度下の年貢納入のあり様をみていこう。

〔史料3〕(27)

北岡　三右衛門殿入

子年
一高八石四斗七升六合

内　壱石四斗　伝介米入

（九名略、また藤井寺への納入記録分も略）

茂平次殿入

子年
一高拾三石弐斗三升弐合

内　四斗七升　小右衛門

（五名略）

壱石七斗三升　新七兵衛

（三名略）

孫九郎殿入

子年

一高六石九斗七升四合

内　五斗　　新七兵衛

（五名略）

史料3は、宝暦六年（一七五六）の記録を抜粋したものである。本史料では、三右衛門・茂平次・孫九郎それぞれの組での所持高に課された年貢を、誰が、どれだけ納入したのかが記録されている。伝介や七兵衛（新町）が小作人であり、年貢納入者である。なお、帳簿本文の内容と照合すると、ここに記録されているのは、米納年貢分のみである（他の年も同様[28]）。

本史料で注目したいのは、七兵衛の納入記録である（傍線部）。茂平治組と孫九郎組の蔵に米納年貢を納入している新町の七兵衛は、同一人物である。帳簿の記録によると彼は、二筆の小作地を耕作しており、そのいずれからも米納年貢を負担していることが確認できる。このことは、彼の小作地が、茂平次組と孫九郎組の土地から構成されていたことを意味しよう。すなわち、彼は、二組の土地を耕作していたために、米納年貢を二か所（それぞれの蔵）に分けて納入しなければならなかったことになる。なお、銀納年貢については、確かな記録を欠くが、新制度下では、南北の蔵に、各土地片の帰属に基づいて納入されている。よって、旧制度下でも米納年貢と同様に、各土地片の帰属に基づいて納入されていたと考えられる。

先述したように、三組の土地は複雑に入り組み合って存在していた。そのため、各土地片の帰属に基づいて年貢を納入しなければならない、という原則・システムのもとでは、岡村一村の土地を耕作していても、年貢納入先は容易に、二か所、三か所となってしまう。実際に、年貢（米納・銀納）を分けて納入しなければならない小作人や地主にとっては、相当に煩雑な状況であったことになる。こうした状況において、岡田家は、年貢の納入先が、あまり増えないよう、小作人の耕地編成について、配慮が求められたと考えられよう。つまり、小作人の耕地編成に自らの意向を反映させることは、困難な状況にあった。

それでは、株の機能を基礎とする新しい年貢納入システムの施行は、右の状況に対し、いかなる意味をもったのか。新しい年貢納入システムの機能や様相については、一八世紀段階の史料からでは知りえないが、幕末期岡村の年貢納入システムについては、後章で検討されており、その機能が明らかにされている[29]。それによると、南・北両方の株（まとまった領域をもつ）が、それぞれの成員の年貢米の納入先を自株の蔵に限定し、自株の蔵に納入された他株分の年貢米については、それぞれ帳簿上で決済する、というものである。すなわち、南株に所属する者が、南・北株両方の土地を耕作していた場合、その年貢米は二手に分けて納入するのではなく、自らが所属する南株の蔵にのみ、すべての年貢米を納入する、ということである。なお、銀納年貢は土地片の帰属に応じて分納する。綿作の発展にも関わらず米納年貢が多いという矛盾した状況において、それぞれの株は、自株の年貢米の、他株・他村への流出を防ごうとした。かかる企図のもと、この年貢納入システムは成り立っていたという。以上は、幕末期の分析結果であるが、このシステムが成り立つ背景とされる、綿の作付率の多さと米納年貢の多さ（七割ほど）という矛盾状況は、一八世紀中頃・後半にもあてはまる。当該期の年貢割付状をみると、七割ほどが米納年貢である[30]。よって、この年貢納入システムは、組が株に再編され二人庄屋制に移行した、明和初年にまで遡るとみることが可能だろう。

新システムのもとでは、蔵が二棟に整理され、株の領域もまとめられたため、岡田家の小作人の耕地の区分は相当程度整理され、納入先の数も絞り込まれることとなったはずである。また、二つの株の土地を耕作する場合でも、年貢の大半を占める米納年貢であれば、自らが所属する株の蔵にだけ納入すればよいことになる。新しい年貢納入システムは、旧制度下で直面していた小作人や岡田家の煩雑さを大幅に解消し、岡田家が、小作人の年貢納入先を増やさずに、彼らの耕地編成をおこなうことを容易にしたものといえる。すなわち、新システムの導入により、岡田家は、小作人の耕地編成に対し自らの意向を反映させうる前提条件を獲得したことになる。とはいえ、新システムのもとで、岡田家が完全に随意に、小作人の耕地編成をおこないえたわけではない。新システムを支える株は、自株の土地を他株の者に耕作されると、その分の米納年貢を取得できなくなる。そのため、株の立場からすると、自株の土地をなるべく自株に所属する者に耕作させることが必要となってくる。岡田家は、こうした株の事情・意向に配慮し、折り合いを付けながら、小作人の耕地編成をおこなっていたとみるのが妥当だろう。

以上のように、岡田家は居村において、新しい年貢納入システム＝株や村の機能に依拠することで、小作人の耕地編成に自らの意向を反映させる余地を拡大させ、地主経営を強化していくことができたが、株・村からの規制を免れることはできなかったといえる。

⑵他村での地主経営

次に、居村外所持地の地主経営をめぐる、岡田家と地元村の関係を検討する。検討対象とする藤井寺村に限らず、当該期の岡田家の居村外所持地に関わる史料は、ごく限られているが、可能なかぎりで両者の関係に迫りたい。次に掲げる史料は、そうした状況下にあって、村外地主の岡田家と地元村藤井寺村の関係がうかがえる稀有な史料である。

〔史料4〕[31]

名前預り申田地之事

一字谷中田九畝廿七歩　　分米壱石弐斗八升七合

此宛壱石九斗也

一字溝端上田壱反四畝廿四歩　同弐石弐斗壱升

此宛三石壱斗五升也

右之田地当春其元へ御譲り請被成候処、爰元出作数多御座候故、御世話之由ニ而手前へ名前御預ケ被成度御頼ニ付、当年ゟ手前支配致置、年々下作宛米之内ニ而御公儀小役等引、残ル徳米無相違相渡シ可申候、若何時ニ而も不勝手ニ御座候歟宜敷望人御座候ハヽ、帳面其元へ切替相戻シ可申候、為後日一札仍而如件

藤井寺名前預り主

明和五年

子五月日　　利兵衛

岡村　伊左衛門殿

本史料は、藤井寺村の土地二筆を岡田家が取得したが持て余し、その結果、同村の利兵衛という者がこれらの土地の管理（小役などの上納、徳米の支払い）を引き受けた、という内容の一札である。傍線部によると、利兵衛が管理を引き受ける際に「帳面」、つまり村の土地台帳（検地帳と思われる）の名義を岡田家から利兵衛に変更することになっているようであり、もし不都合が生じた場合や、ほかに「望人」（小作を望む者か、利兵衛のような管理を望む者かは不明[32]）があった場合には、再び名義を岡田家に戻すという。こうした、土地の名義変更をとも

なっての土地管理を、受け手（利兵衛）の側から「名前預り」と呼称しているようである。[33]

注目したいのは、右のような「名前預り」が、村の土地台帳の名義変更をともなっている点である。このことは、「名前預り」が、村役人＝村の承認を得ることなくしては成立しえなかったことを示していよう。すなわち、村外地主の岡田家は、藤井寺村の出作地を持て余した際に、独断で利兵衛のような管理人（名前預り主）を立てて、管理してもらうことはできなかったのである。この点において、岡田家の出作地所持（居村外での地主経営）は、地元村である藤井寺村から規制を受けていたといえる。

ただし、地元村側から規制を受ける場面は、本史料に示されているような、いわば緊急時にのみ限定されるわけではないだろう。ごく例外的とはいえ、藤井寺村のような隣村において、小作人もしくは管理人が確保できず、出作地を持て余してしまう事態が起こっているということは、岡田家にとって、居村外で土地所持・地主経営を維持することが、いかに困難であったかを示している。より遠方の村の場合は、なおさらのことである。[34] 同家が居村外で土地を所持し、地主経営をおこなっていくためには、「名前預り」にみられるような、現地の百姓と村の理解・協力を得ることが極めて重要な問題だったといえる。それゆえに、岡田家は村外地主として、常日頃から現地の百姓・村の意向に配慮することが求められることになる。[35] 居村外での地主経営は、その維持の困難さゆえに、居村よりもいっそう、村から規制をうけていたとみることができよう。

第四節　金融活動

本節では、岡田家の金融活動の様相を検討する。一八世紀段階における岡田家の金融活動は、異なる帳簿で把握される、二種類の金融活動から構成されていた。そこで、本節では、これらを腑分けし、それぞれの金融活動の様相に迫っていくこととする。なお、以下でとりあげる二種類の金融活動は、いずれも百姓・村や寺を相手としたものであることを、あらかじめ確認しておきたい。(36)

1 「小質取替帳」にみる金融活動

「小質取替帳」とは、岡田家の質屋業の帳簿である。(37)そこには、岡田家がとった質物（帷子、布団、袴など多岐にわたる）や、貸付額、相手の名前および所属村などが記載されている。表紙に延享二年（一七四五）、寛延三年（一七五〇）と書かれた二冊が現存するが、両帳が記載対象としている期間は、延享元年（一七四四）から明和三年（一七六六）である。本帳簿に示される岡田家の質屋業を通じた金融活動とは、どのようなものだったのか。

表8　質屋業を通じた岡田家の金融活動

	合計額	岡	藤井寺	その他	備考
延享元年	466.65	181.3 (5)	243.35(6)	42	
2	634.43	194 (5)	330.43(7)	110	
3	656.38	170 (5)	422.08(7)	64.3	
4	496.47	92.37(6)	294.1 (6)	110	
寛延元年	677.4	337 (3)	136.4 (5)	204	
2	264	156 (4)	103 (6)	5	
3	1008.2	470 (10)	295.2 (8)	243	他銭300文
宝暦元年	1036.3	290 (5)	184.4 (6)	561.9	他銭200文
2	209.05	71.4 (5)	100.65(3)	37	
3	143	83 (4)	52 (3)	8	
4	89.5	39.5 (4)	40 (2)	10	
5	67.6	28.8 (3)	33.8 (2)	5	
6	303.4	119.4 (6)	114 (3)	70	
9	80	0	0	80	
10	160	0	160 (1)	0	
11	47	6 (1)	0	41	他銭200文
12	10.5	10.5 (1)	0	0	
明和元年	20	20 (1)	0	0	
2	12	12 (1)	0	0	
3	6	6 (1)	0	0	

註1：単位は匁。
　2：括弧内は人数。
　3：延享2年、寛延3年の「小質取替帳」(25-2・3)より作成。

両帳の内容を整理して示したのが、表8である。本表からは、次の諸点が指摘できる。まず、毎年の貸付合計額が少額である点である。最大でも、一貫をわずかに越える程度である。質屋業が、岡田家の金融活動全体のなかで占める比重は、大きいとはいえないようである。この点とも関わるが、第二に、村毎の貸付額と人数の関係から、一件あたりの貸付額がかなり少額であることである。五〇匁を越える貸付は、全期間を通じて二一件に過ぎず、本帳簿にみる金融活動の基本的性格は小口金融といえる。第三に、毎年の貸付額の大半が、岡・藤井寺両村に対する貸付額で占められていることである。この金融の範囲は、岡・藤井寺両村に、ほぼ限定されていた。第四に、貸付合計額が宝暦年間に入り、急激に減少していくことである。明和三年以降の「小質取替帳」は確認できないので、岡田家の質屋業は一八世紀後半段階で、打ち切られたようである。つまり、岡田家の質屋業を通じた金融活動は、一八世紀前半段階に、特徴的なものといえる。それでは、こうした金融活動は、どのような百姓を相手としていたのか。貸付先のうち、とくに岡村の百姓の所持高を調べてみると、判明するかぎり最大で六〜七石程度、多くは三石以下である。したがって、質屋業の主要な相手は、零細・無高層の百姓とみてよいだろう。

以上、「小質取替帳」の検討から、一八世紀前半段階の岡田家は、居村および隣村藤井寺村の零細・無高層を主要な相手として、小口・有担保の金融活動をおこなっていたこと、しかし、この活動は一八世紀後半になると打ち切られたこと、が明らかである。

2　「万覚帳」にみる金融活動

「万覚帳」は、当該期における金融活動の基本帳簿といえるもので、本帳簿には、貸付日、貸付先、貸付額、利率、担保（ある場合のみ）などの情報が記載されている。享保〜寛政期にかけての、ほぼ毎年分の記録が現存する。この「万覚帳」に記載される金融活動が、同家の金融活動の主要な部分を占めていた。それでは、本帳簿にみる金融活動とは、どのようなものだったのか。以下、いくつかの観点から検討してみよう。

(1)利率

まず、利率からみていこう。「万覚帳」によると、利率は基本的に月単位で設定されている。例えば、「月壱弐」などと書かれているが、この場合は、月利壱分弐朱（＝一・二％）、年利（月利×一二）にして一四・四％を意味する。このような、月単位での利率の設定が基本的であるという点は、後の時期でも同様である。それでは、当該期においては具体的に、どれ程の利率が設定されていたのか。一八世紀前半では、月利一・三〜一・四％（年利一五・六〜一六・八％）という事例が多いが、とくに天明年間頃から、月利一％（年利一二％）以下という事例が増えてくる。利率は低下傾向にあったが、幕末期段階では、月利〇・八％（年利九・六％）という事例が多いという指摘を踏まえるならば、[38]一八世紀段階の利率は、後年と比べてやや高めに設定されていたといえる。

(2)担保

次に担保について。本帳簿では、「屋敷」「田地」、あるいは「大工道具」などが担保として記載されることがあるが、多くの場合、担保記載がない。記載の精粗の問題を勘案するとしても、「万覚帳」に記載される金融活動は、無担保での貸付が基本的な形態であったとみてよいだろう。

(3)推移

「万覚帳」の金融は、どのように推移したのか。表9は一八世紀前半および中頃から享保二〇年・寛保二年・宝暦一四年時点の、一八世紀後半から安永九年（一七八〇）、天明九年（一七八九）、寛政一二年（一八〇〇）時点の貸付額・人数をとり出し、示したものである。記載の重複、あるいは金融活動以外の記事が完全に処理できず、厳密な数値とはいえないが、おおよその傾向は十分にうかがえる。本表から、貸付額および貸付先の村数、人数

大　塚	2000	?	?
岡	10122.9	24	421.78
樫　山	500	1	500
蔵　内	1900	2	950
郡　戸	2735	6	455.83
小平尾	500	1	500
小　山	870	3	290
堺	6500	3	2166.66
高　見	200	1	200
丹　南	200	1	200
天　満	1200	1	1200
道明寺	1200	2	600
長　原	200	1	200
西　浦	2250	2	1125
西大塚	270	1	270
西　川	200	1	200
林	1653	2	826.5
藤井寺	1503.3	7	214.75
南嶋泉	991.9	2	495.95
不　明	650	2	
合　計	37446.1	64	

【安永9年】

村名	貸付額(匁)	貸付人数	平均額(匁)
大　井	1000	1	1000
岡	8618.58	23	374.72
樫　山	6008	1	6008
柏　原	1500	1	1500
軽　墓	700	1	700
北余部	1000	1	1000
久宝寺	500	1	500
蔵之内	500	1	500
黒　山	1000	1	1000
国　府	1400	2	700
小　山	1300	2	650
沢　田	2650	2	1325
田井中	4500	2	2250
富田林	400	1	400
長曽根	1000	1	1000

表9　「万覚帳」にみる岡田家の金融活動

【享保20年】

村名	貸付額(匁)	貸付人数	平均額(匁)
大　塚	250	1	250
岡	794.2	11	72.2
北嶋泉	1500	1	1500
北　宮	1842.8	3	614.26
蔵　内	1335	4	333.75
城連寺	506.3	1	506.3
新　堂	300	1	300
丹　下	2191.8	3	730.6
西大塚	1203.8	1	1203.8
野　中	50	1	50
藤井寺	3498.4	6	583.06
南嶋泉	1061.1	1	1061.1
南　宮	100	1	100
不　明	710	3	
合　計	15343.4	38	

【寛保2年】

村名	貸付額(匁)	貸付人数	平均額(匁)
大　塚	902.3	2	451.15
岡	5382.8	21	256.32
蔵　内	1529	4	382.25
小　山	1885	5	377
高　見	230	1	230
丹　下	3459	4	864.75
藤井寺	1810	3	603.33
舟　橋	98.5	1	98.5
南　宮	580	1	580
不　明	500	1	
合　計	16376.6	43	

【宝暦14年】

村名	貸付額(匁)	貸付人数	平均額(匁)
伊　賀	1800	1	1800

合　計	96711.95	114	

【寛政12年】

村名	貸付額(匁)	貸付人数	平均額(匁)
阿　弥	3000	1	3000
安　堂	1000	1	1000
伊　賀	8800	4	2200
碓　井	5000	1	5000
太　田	9000	2	4500
岡	40666	42	968.23
樫　山	110.67	1	110.67
柏　原	1500	1	1500
片　山	3000	2	1500
軽　墓	2600	2	1300
北　宮	10230	10	1023
小　山	5900	7	842.85
誉　田	3000	1	3000
堺	11100	3	3700
沢　田	2000	1	2000
嶋　泉	2680	4	670
多治井	3000	2	1500
津　堂	1000	1	1000
道明寺	6500	1	6500
富田林	2000	1	2000
西大塚	12000	1	1200
野　中	3500	2	1750
野々上	4500	3	1500
林	8980	8	1122.5
一津屋	1440	2	720
広　瀬	2570	5	514
藤井寺	17086	31	551.16
古　市	8400	5	1680
南　宮	650	1	650
弓　削	300	1	300
不　明	17680	13	
合　計	199192.67	160	

註：当該年の「万覚帳」から作成。

長　原	800	1	800
西大塚	1750	2	875
一津屋	2314	3	771.33
広　瀬	3000	2	1500
藤井寺	12730	18	707.22
古　市	2900	4	725
南嶋泉	1000	2	500
六　反	500	1	500
不　明	800	2	
合　計	57870.58	76	

【天明9年】

村名	貸付額(匁)	貸付人数	平均額(匁)
岡	17202	28	614.35
樫　山	3500	1	3500
片　山	2100	3	700
北　宮	2350	5	470
古　室	5100	2	2500
小　山	6616.5	7	945.21
誉　田	80	1	80
沢　田	6800	7	971.42
田井中	3000	1	3000
太平寺	150	1	150
丹　南	1000	1	1000
津　堂	1500	1	1500
道明寺	8000	2	4000
長　原	1200	1	1200
西大塚	4268	3	1422.66
野々上	2000	2	1000
林	4250	3	1416.66
一津屋	1400	2	700
平　野	500	1	500
広　瀬	2290	4	572.5
藤井寺	16025.45	20	801.27
古　市	1100	5	2200
南嶋泉	3550	5	710
南　宮	150	1	150
向　野	1000	1	1000
不　明	1580	6	

表10　貸付額の分布

【寛保２年】

村名	～50匁	～100匁	～500匁	～１貫	～２貫	～３貫	～４貫	４貫以上
岡	11	7	12		1			
小　山		1	6					
高　見			1					
蔵　内			6					
藤井寺	1	1	3	1				
舟　橋		1						
南丹下		1	1					
南　宮				1				
丹　下		1			2			
合　計	12	12	29	2	3	0	0	0

【寛政12年】

村名	～50匁	～100匁	～500匁	～１貫	～２貫	～３貫	～４貫	４貫以上
阿　弥						1		
安　堂				1				
伊　賀					4	1		
碓　井								1
太　田				1			2	
樫　山			1					
柏　原					1			
片　山		2			1			
軽　墓			2	2				
岡		1	33	11	1	1	1	2
北　宮		1	6	1	2		1	
小　山			6		2			
誉　田				1	1			
堺		1				1		1
沢　田					1			
嶋　泉			3	2				
多治井					2			
津　堂				1				
道明寺			1					1
富田林					1			
西大塚			2	1				
野　中			4		1			
野々上			1		1	1		
林			7	4	2			
一津屋			1	1				
広　瀬		3	3	1				
藤井寺		4	27	5	4			
古　市			1		3	1		
弓　削			1					
合　計	0	12	99	32	27	6	4	5

註：当該年の「万覚帳」より作成。

のいずれもが、一八世紀前半から末にかけて、増加傾向にあることが読みとれる。つまり、金融活動の規模は、おおよそ順調に拡大していたといえる。このことは、店卸帳簿の分析に基づく、佐々木氏の当該期の金融活動に対する評価とも符合する。(39) 次に、表10に注目したい。表10は、一八世紀前半から寛保二年、同世紀後半から寛政一二年を選び、両年の一口あたりの貸付額の分布を示したものである。両年を比較すると、まず寛保二年では、一〇〇匁以下、五〇匁以下の貸付が多いことが指摘できる(とくに岡村の百姓を対象とする)。これに対し、寛政一二年では、一〇〇匁以下、五〇匁以下の貸付は減少、もしくは皆無となり、一貫を越えるような、比較的高額の貸付の比重が大きくなっている。このように、一八世紀前半から後半にかけては、小口の貸付の縮小、高額貸付への傾斜、という変化が認められる。

(4)貸付相手

先述したように、「万覚帳」の金融活動は、個々の百姓・村、そして寺を相手としていた。寺や村はおくとしても、この金融活動の相手となる百姓とは、どのような者たちであったのか。史資料の制約上、貸付先の百姓の所持高や肩書きといった情報を一定程度得られるのは、一八世紀中頃だけであるが、おおよその傾向は把握できるものと思われる。

以下、居村と他村に分けて示すと、次のとおり。まず、居村岡村では、新町源介(宝暦二年で一九石余)、同太兵衛(同一二石余)、同六右衛門(同八石弱)、南岡孫九郎(同一四石余、庄屋)、同茂平治(同二九石余、庄屋)、同長兵衛(同六石余)、南岡平右衛門(同二・七四二石)、同弥右衛門(同〇・〇九八石)、同仁兵衛(同〇・七九石)、北岡九兵衛(同二・二二石)、新町五左衛門(同〇・二四石)となる。一方、他村では小山村由右衛門(宝暦二年で八二石弱)、同又右衛門(宝暦二年で岡村への出作高一八石余)、西川村徳次郎(宝暦四年で庄屋)、藤井寺村七左衛門（宝暦一〇年で年寄）、同友右衛門（庄屋）、このほか、一八世紀後半以降も含めると、古市村三郎右衛門（天明二年で八三石余、庄屋）、同源左衛門（同じく七一石余、庄屋）、沢田村八右衛門（寛政二年で二七石余、年寄）、伊賀村九兵衛・近兵衛・藤右衛門（享和元年で村役人）などとなる。

居村・他村では、情報量に差があるものの、貸付先の傾向として、居村では上層・村役人から零細層までの、幅広い貸付相手が存在しているのに対し、他村では村役人および比較的経営規模の大きい有力者に貸付相手が集中する、という点が指摘される。ただし、一八世紀後半にかけて、高額貸付への傾斜がみられるという、先の検討結果を踏まえるならば、一八世紀中頃にみられた居村の零細層の貸付相手は、次第に減少していったと考えるのが妥当だろう。しかし、この点を勘案しても、居村と他村とでは、貸付先の傾向に明瞭な差異があったことは確実である。

(5)金融圏の特徴

最後に、表9・10や、これまでの検討を踏まえつつ、「万覚帳」にみえる金融の活動圏（金融圏）の特徴を整理しておきたい。岡田家の金融圏の特徴には、一八世紀前半と後半で、質的な差異はみられない。そのため、特徴が比較的明瞭に現れている、一八世紀前半～中頃までの金融圏を軸に、以下、整理をおこないたい。

岡田家の金融圏は、同家のとり結ぶ金融関係の差異に基づき、居村と他村に大きく二分される。まず居村についてみると、居村に対する貸付額・人数はそれぞれ最大で、貸付相手は村役人・上層～零細層まで幅広く存在した。一方、他村では、居村に匹敵する貸付額が確認できる村もまま見られるが、ほとんどの村では貸付人数が五人を越えない。このことに加え、一人あたりの貸付額が居村より高い傾向にあること、さらに、一口あたりの貸付額の分布も居村より高い水準に集中していることを勘案すると、他村においては、ごく限られた一部の村役人、中上層のみが、岡田家と金融関係をとり結んでいるにとどまっているといえる。こうした、居村の内外で金融関係の展開度に大きな差異がある、という特徴は、貸付先の範囲が広がり金融の規模が拡大した、一八世紀後半段階の金融圏にもほぼ該当する。なお、岡村の隣村にあたる藤井寺村や小山村は、岡田家との金融関係において、居村と他村の中間的な性格を有する村と位置付けられる。以上にみてきた、金融活動の展開の仕方＝金融圏の特徴は、先に検討した質屋業を通じての金融活動をも勘案すると、いっそう顕著なものとなろう。

3　居村・他村との関係

それでは、岡田家は、居村や他村といかなる関係をもちながら、金融活動を展開していったのか。金融関係、すなわち、貸手である岡田家と借手のあいだの関係に村が関与してくる度合いは、地主・小作関係の場合と比べると、大きくないと考えられる。しかし、多くの場合、岡田家や借手がともに村の成員として存在している以上、両者の関係に村が関与してきうることは、金融活動の分析に際し、やはり念頭におかれるべきである。そこで、本項では、債務者の返済が滞った際に、貸借銀の返済を求めて岡田家が領主に出訴する「預け銀出入」を素材とし、同家による債権回収に村がどう関わってくるのか、という点を検討することで、右の問題について考えてみたい。なお、出入は居村・他村両方の事例を、一例ずつあつかうこととする。

(1)安永二年（一七七三）岡村北株庄屋貞助との預け銀出入

まず、史料5をもとに、居村の事例から検討しよう。

〔史料5〕(40)

乍恐御願奉申上候

河州丹南郡岡村　伊左衛門

一岡村庄屋貞助方去ル寅一二月ニ元方様ゟ御頼ニ付、御用銀用達呉候様相頼被申候、尤証文私一人ニ候得共当村伝右衛門・平助・私三人連判を以他借仕、銀六貫目相渡候、此利銀卯・辰両年請取、元銀之内ニ銀弐貫目請取、引残四貫目辰一二月ゟ当二月迄利銀壱貫百廿匁、合五貫百廿匁相成候所、段々催促仕候処、一向歩銀等相渡被呉不申、難儀迷惑仕候、右之銀子御大切之義と奉存候ニ付、我々共他借仕候所、段々返済延引候ニ付、先方ゟ出訴ニも可及候様、段々申越、尤私共差入置候証文ニも御用之趣書入仕候ニ付、出訴ニ及候ハヽ、私共何程歟難儀仕候哉と嘆ヶ敷奉存候、此段貞助方へ段々申候へ共、取敢不被申候ニ付、無是非乍恐御願奉申上候、右貞助召被為成銀子相渡候様、被為仰付被下候ハヽ、御慈悲難有可奉存候、以上

乍恐口上

一当村庄屋貞助相手取御願申上候ニ付、村役人奥印致被呉候様相頼候得共、承知不仕候、奥印可致様無御座候、乍恐此段御断奉申上候

本史料は、内容より安永二年に比定される、預け銀出入りの訴状の下書きである。本史料によると、明和七寅年一二月に御用銀拠出を命じられた際、北株庄屋貞助は岡田家に対して、この御用銀を用立ててくれるよう依頼した。依頼をうけた岡田家は、他の二名の百姓と連名で、井筒屋宗八（平野郷の者と考えられる）から銀六貫を借用し、貞助に渡した[41]。しかし結局、元銀残り分四貫と利子の計五貫一二〇匁の返済が滞った。井筒屋から返済を迫られた岡田家らは、貞助に返済の催促をしたが、埒が明かず、出訴にいたったという。貞助が岡田家に借金を要請したのは、村に課された御用銀を立て替えることができなかったためとみられ、村借りに近いといえる。

さて、右のような、貸借関係の発生から、返済の滞り→催促→そして出訴にいたるという経緯自体は珍しくない。ここで注目したいのは、訴状本文の直後に記された口上である。傍線部から、この訴訟が庄屋である貞助を相手どっての一件という理由で、ほかの村役人が岡田家の訴状に、奥印を付すことを拒否していることがわかる。結局、この訴状が提出され、受理されたかは不明であるが、岡田家の訴訟という手段を通じての債権回収が、村役人、ひいては村の抵抗にあい、円滑に進められなかったことは確実である。岡田家にとって、預け銀出入りを起こすことは、債権回収のための重要な手段であったが、村の意向と抵触した場合は、その遂行を阻害された。

ところで、北株庄屋貞助の所持高は不明だが、北岡には大高持ちがいないので、その経営規模は、さしたる大きさではなかったはずである。一方、同時期の南株庄屋平治の所持高は、一九石余である。岡田家と比べると、経営規模に大きな差があることがわかる。旧制度下の庄屋三名も、ほぼ同様である。すなわち、一八世紀段階の岡村では、村政の担い手と経済的有力者（岡田家）が乖離していたことになる。実際、彼らが岡田家と貸借関係を結ぶことは、しばしば起こりうることであった。それゆえに、本事例のようなかたちで、村からの規制をうけることは、岡田家が居村で金融活動を展開していくうえで、小さくない意味を有していたといえるだろう。

(2)寛政七年（一七九五）石川郡喜志村徳兵衛との預け銀出入

本事例は、寛政七年に、岡田家が元本・利子の合計五七〇匁の返済を求め、河内国石川郡喜志村徳兵衛を相手どって起こした、預け銀出入である。以下、預け銀出入の訴状を書き留めた「書付留」(42)の記述によりながら、一件の顚末を紹介していく。

寛政七年正月一八日、岡田家が喜志村徳兵衛に銀五七〇匁の返済を求めて出訴した結果、同年七月二八日に徳兵衛は身代限りを命じられた。これをうけて岡田家は八月一日に、徳兵衛の「諸具」＝家財を請けとるため現地に赴いたが、「紛敷」ことがあったとして、再び出訴した。その際の訴状によると、七月二四日時点で、すでに確認していた、「見覚」のある家財（重戸棚、戸、仏壇など）がいずれも、喜志村の百姓栄次郎・伊助・重蔵の預かるところとなっており、徳兵衛家はすでに「明家同ぜん」の状態であったという。そのため、徳兵衛の家財を差し押さえることができなかった岡田家は、徳兵衛や栄次郎らを呼び出し、とり調べてほしいと出訴したのである。その結果、岡田家は、徳兵衛から銀二〇〇匁とさらに五〇匁を三年賦で請けとり、徳兵衛は身代限りとする、という条件で、領主側から内済を指示され、決着にいたった。なお、岡田家のほか、豊嶋屋・山形屋という者（やはり喜志村外の者と考えられる）も徳兵衛を訴えていたようであり、彼らも岡田家と同様、内済を指示されていたようである（条件などは不明）。

以上が一件の顚末であるが、とくに注目されるのは、喜志村の栄次郎・伊助・重蔵が、徳兵衛の家財を「預」かったという点である。彼らの預かりにより、領主権力を背景とした岡田家の身代限りの執行（差し押さえ）は阻害された。しかし、それにも関わらず、こうした彼らの行動が領主側から問題視されていないこと、また、徳兵衛の身代限りも変更されていないことを勘案すると、彼らが徳兵衛家の家財を預かるという行動もまた、身代限りの執行を意味しているとみてよいだろう。身代限りとは、「訴訟を経たうえでの法制上の強制執行」である。[43]したがって、喜志村の栄次郎らの行動も、訴訟を踏まえてのものであり、村役人の関知するところであったはずである。そして、彼らの行動が、喜志村外の債権者岡田家による徳兵衛の家財差し押さえに先んじておこなわれたことは、喜志村において、自村民の債権保全を優先する方針が採られた結果と解することができよう。このような、地元村の方針・意向のもと、岡田家による身代限りの執行は、阻害されたのである。

以上、本項の検討から、預け銀出入の出訴や身代限りの執行という手段による岡田家の債権回収が、村（居村・他村）の意向や方針と齟齬した場合において、村側からの抵抗にあい、その実現が阻害されていたことが明らかである。岡田家の金融活動は、こうした居村・他村による規制から、免れていなかったといえるだろう。

おわりに

本章では、一八世紀における岡田家の成長過程に迫るべく、同家の経営動向（商業・所持地経営・金融活動）を、村との関係に目配りしながら検討してきた。最後に、改めてここまでの検討結果を整理しておこう。

①一八世紀中頃までの岡村では、固有の成員と土地・蔵をもち、年貢納入単位や庄屋選出母体となった組を基本単位とする庄屋三人制が採られていたが、組を越えた土地移動を原因に組が形骸化すると、三つの組は整理・機能の強化を経て二つの株に再編され、これにともない村政制度も庄屋二人制へ変化した。そして、村政の担い手も、組を越えて土地集積をおこない成長してきた、新たな村落上層へと変化していった。岡田家は、こうした村落秩序の変容を背景に、経営を拡大し成長を遂げた家だった。

②一八世紀前半段階にのみ特徴的にみえる、岡田家の商業経営（糟・木綿販売）は、一一、二か村にわたる範囲に展開していたが、居村岡村とのあいだには最大規模の、そして幅広い階層の者たちとの取引関係が認められる一方で、他村とのあいだには、ごく限られた一部の、中層以上の者たちとの取引関係が認められるにとどまっていた。つまり、商業経営の展開度は、居村の内外で大きな差を孕んでいたのである。こうした商業経営は、一八世紀後半に向けて、急速に縮小していく。

③岡田家は、全体の一割程度の手作地を維持しつつ、岡村と隣村藤井寺村を中心に、地主経営を拡大していった。そして一八世紀前半から後半にかけて、小作人の性格が、一定程度の高所持者を多く含む直小作人から、一

石未満の零細高所持者と無高を中核とする岡田家の土地を小作する小作人へと変化していくなかで、岡田家の小作地に対する権限は強化されていった。こうした状況下で、岡田家は居村において新しい年貢納入システム＝株・村の機能に依拠することで、旧制度下よりも、小作人の耕地編成に自らの意向を反映させる余地を拡大し地主経営を強化しえたが、株の意向にも配慮する必要があり、株・村からの規制を免れることはできなかった。一方、藤井寺村など他村での出作地所持に際しても、出作地を持て余した場合の管理人の選定をはじめ、その維持の困難さゆえに地元村や百姓の意向に配慮せざるをえず、居村よりもいっそう、地元村からの規制をうけていたとみられる。

④一八世紀段階の岡田家の金融活動を総体としてみると、同家の金融活動は、周辺村に幅広く展開しているが、居村に対しては最大規模の貸付（貸付額・人数とも）がおこなわれ、幅広い階層の者たちとのあいだに貸借関係がとり結ばれている一方、他村とのあいだには、ごく限られた一部の村役人、中上層との貸借関係がとり結ばれるにとどまっていた。金融活動の展開度は、居村内外で大きな差異が孕まれていたといえる。こうした金融活動に、村が関与してくる度合いは、地主経営と比べると大きくない。しかし、預け銀出入の出訴や身代限りの執行による岡田家の債権回収が、村（居村・他村）の意向や方針と齟齬した場合において、村側により阻害された。同家の金融活動もやはり、村による規制から免れていなかったのである。

佐々木氏がすでに指摘しているとおり、一八世紀段階の岡田家は、糟・木綿を商う商人、米や綿など商品作物の生産者、小作料を取得する地主、そして利貸し、という多彩な側面を有しており、同家を豪農としてとらえることは可能である(44)。しかし、所持地（地主経営）の限定的な分布、居村においてのみ幅広い階層の者たちとのあいだに濃密な取引・貸借関係がとり結ばれているという商業経営・金融活動の展開のあり方、さらには村（居村・他村）からの規制を免れない地主経営・金融活動、といった諸点を踏まえるならば、当該期の同家には、村落規模の村方地主としての性格が色濃く維持されている点が、むしろ注目される。このような性格は新しいものではなく、「旧来の」(45)、古いものである。本章で明らかにしたように、岡田家は既存の岡村の村落秩序を打ち破ってきた家であった。そうした新しさを有する存在が、一路、村を越えて飛躍していくのではなく、村落規模の村方地主として古さを色濃く維持しつつ成長していた点に、当該期における岡田家の成長過程の特徴があるといえる。

この後、岡田家は程無くして惣代となり、また経営をさらに拡大し、地域での活動の場を広げていく。そうしたなかで、一八世紀段階には堅持されていた、村方地主としての性格はどう維持されていくのだろうか。この点の検証は、今後の課題としたい。

（1）佐々木潤之介「幕末期河内の豪農」（同『幕末社会の展開』岩波書店、一九九三年）。
（2）津田秀夫「幕末維新期の農村構造」（同『幕末社会の研究』柏書房、一九七七年）、菅野則子「封建制解体期機内農村の構造」（同『村と改革』三省堂、一九九二年）、舟橋明宏「岡村」（『藤井寺市史』第二巻通史編二近世、二〇〇二年）、渡辺尚志「地域社会の関係構造と段階的特質」（『一橋大学研究年報　社会学研究』三九号、二〇〇一年、のち同『豪農・村落共同体と地域社会』柏書房、二〇〇七年に再録）。
（3）山崎隆三『地主制成立期の農業構造』（青木書店、一九六一年）など。
（4）佐々木潤之介「幕藩体制下の農業構造と村方地主」（古島敏雄編『日本地主制史研究』岩波書店、一九五八年）、同『幕末社会論』（塙書房、一九六九年）。
（5）渡辺尚志『近世の豪農と村落共同体』（東京大学出版会、一九九四年）、同『近世村落の特質と展開』（校倉書房、一九九八年）。

（6）註(2)舟橋前掲論文。

（7）岡田家文書、市史—一。以下、同家文書については、目録の整理番号のみ表記する。

（8）なお、この帳簿の記載を整理すれば、当然ながら、当時の岡村の所持高階層構成を知ることができる。参考のため、この帳簿に基づいて作成した、階層構成表を掲出しておく（別表）。一九世紀段階と比べると、農民層分解があまり進行していないためか、所持高四石以上の者が数多くいるのが特徴的である。

別表　宝暦2年岡村の階層構成

所持高	人数
～60石	1
～50石	0
～40石	1
～30石	1
～20石	9
4～10石	44
1～4石	40
1石未満	57
合計	153

註：宝暦2年「岡村疇越帳」(市史-1)。

（9）F—一—二。

（10）四七—四八—二—三八。なお、相手方＝平治方の百姓らから「熊治郎方百姓中」に宛てた、同内容の一札もある（旧キ七—三三）。

（11）宝暦一四年「乍恐口上」（手書A—一〇—一八六）による。本史料は、ここであつかっている庄屋跡役をめぐる一件の関連史料である。庄屋の決定は、村の惣百姓の連印をもって、領主に願い出る必要があった。しかし、熊治郎を推す者たちは、すべての百姓の意見を統一し印形をとりそろえることをしないまま、熊治郎の庄屋跡役就任を願う書付を領主に提出した。このことが領主から問題視されたため、熊治郎を推す茂八が弁明を試みたのが本史料である。

（12）註(10)前掲史料（旧キ七—三三）。

（13）註(11)前掲史料によると、熊治郎を推す茂八らは、「往古ゟ茂平治百姓」であった新町の百姓らにも合意・押印を要請したが、断られている。ここから、茂平治の選出母体であった組には新町の百姓が含まれていること、また、組はこの段階で、十全に機能していなかったことが知られる。なお、これ以降、庄屋選出に組が関与することはなくなる。

（14）『藤井寺市史』第一〇巻史料編八上。なお、以下の記述では、それぞれの組に庄屋名を付して孫九郎組・茂平治組・三右衛門組と表記し、区別しておく。

(15) こうした、村落の変化を主導したのは、組を越えて土地を集積している新しい上層百姓たちか、あるいは共同体か、といった点は、史料の制約上、明らかにしえない。しかし、後で検討するように、新しい制度が岡田家にとって、完全に都合の良いものとはなっていないので、少なくとも、新しい上層百姓らが自らの都合のためだけに、変化を主導したとは理解できない。ここでは、双方の意向に基づいた変化と理解しておきたい。

(16) T―一―一。

(17) なお、木綿・毛綿の別は、この店卸し記録にのみ現れる。入手経路や販売先でどのような差があるのかなど、岡田家の綿販売の性格を考えるうえで重要な点であるが、史料の制約により、この点の詳細な検討は保留せざるをえない。

(18) なお、綿関係の貸金について佐々木氏は、綿の買い入れのための貸金と解釈している(註1佐々木前掲論文)。しかし岡田家文書の中には、綿を買い集めた記録はなく、周囲に販売した記録である「木綿売帳」のみ存在する。このことを勘案すると、「毛綿掛」「毛綿代貸」などは、綿を掛売りした際の貸金と解する方が自然である。

(19) 二六―三・七。

(20) 二五―一。

(21) 註(1)佐々木前掲論文。

(22) 一四―七。

(23) 岡田家文書には、岡村の百姓から藤井寺の土地を購入した証文がいくつかみられる。

(24) 註(1)佐々木前掲論文。

(25) 宝暦二年「木綿売帳」(二六―一―一五)など。なお、同帳は表紙とはやや異なり、宝暦二年から寛政六年までの、手作によって生産された作物(「手作綿」、「菜種」)の販売記録という性格が色濃い。

(26) 本項で指摘した手作地の規模は、幕末期と比べて同程度か、やや小さい。佐々木氏は、一八世紀段階では、幕末期よりも規模の大きい手作経営の存在を想定しているが(註1前掲論文)、実際は、異なっていたことになる。

(27) 二六―一四。

(28) 先述したように、宝暦六年段階では、孫九郎は庄屋職を退いている。そのため、当年では一旦、孫九郎組の蔵に年貢が納入されるが、結局、納入された年貢はすべて、三右衛門・茂平治両組の蔵に振り分けられている。なお、孫九郎の後任の庄屋は置かれなかったので、当年以降も、孫九郎組の蔵に納められるべき年貢は、ほかの二組の蔵に納入されていた。

(29) 本書第四章小松論文を参照。

(30) なお、割付状で七割の米納が指定されていても、皆済目録では、全てが銀納となっている年がある。割付状の記載が完全に納入実態を反映しているとは言い切れないが、割付状・皆済目録双方で、米納が実現している年も実際にある。よって、割付状の七割米納は、単なる建前ではなく、実現しうる数値であるといえる。

(31) コ追一―二七。

(32) 藤井寺村の小作地の場合、利兵衛のような小作地管理人をおくことは例外的である。そのため「望人」とは、小作を望む者である可能性が高い。なお、藤井寺村の土地は居村と区別なく、一括されて地主帳簿に記録されるが、このような、他者に管理を委ねた土地は、藤井寺一般の土地と区別されて記載される。

(33) 別の史料ではこれを、依頼者（岡田家）の側から「名前預け」と呼んでいる。

(34) 片山村の所持地は寛政元～四年まで、南嶋泉村の所持地は寛政四～七年まで、それぞれ「名前預り」の土地である。このほか、延享元年に、西大塚村与兵衛から岡田家に宛てて、史料4と同様の「名前預り」の一札が出されていることが確認できる（コ追二―九三―七）。

(35) 地域は異なるが、こうした、村外地主と地元村の土地所持をめぐる関係性を、かつて拙稿において分析したことがある（「松代藩領下の役代と地主・村落」、渡辺尚志編『藩地域の構造と変容』岩田書院、二〇〇五年）。

(36) 一八世紀段階において岡田家は、領主貸もおこなっていたが、これらは店卸しの際に「年賦」と一括され、一般の債権額（「証文銀」）の勘定からは除外されてしまっている（註1佐々木前掲論文など）。また、領主貸が盛んになるのは、一九世紀後半からであるという点も勘案すると、当該期の岡田家の金融活動の中核は、本節で検討される、百姓・村、寺を相手とした金融であったとみてよい。

(37) 二五―二・三。

(38) 註(1)佐々木前掲論文。

(39) 註(1)佐々木前掲論文。

(40) 八―五―二三。なお、本史料は下書きのため、抹消・挿入など、修正されている部分がいくつか見うけられる。これらについては、表記が煩雑となるため、筆者が整理したうえで、掲げることとする。

(41) 岡田家は、高額の借金を要請された際、しばしば平野郷の井筒屋次郎兵衛や古市銀屋治郎兵衛などから銀を借りて応じている。また逆に、岡田家が彼らに銀を拠出する場合もある。

(42) A―三―一。

(43) 福山昭『近世農村金融の構造』(雄山閣、一九七五年)。

(44) 註(1)佐々木前掲論文。

(45) 註(1)佐々木前掲論文。

第三章　享和~弘化年間における岡田家の地主経営

小田真裕

はじめに

本章では、一九世紀前半における岡田伊左衛門家（以下、岡田家）の地主経営を分析する。畿内綿作地帯における農業経営についてはすでに多くの研究蓄積があり、岡田家も様々な論者によって検討が加えられている。(1)そのなかでも本章と深く関わるのが、佐々木潤之介氏による幕末期の経営分析である。氏は、所持地からの小作料収入が基幹的収入となっている地主経営であること、手作地において摂津型経営に比すべき内容の生産活動がおこなわれていることを指摘した。そして、岡田家を畿内綿作地帯における豪農の典型例と位置づけ、周辺農村への金融活動を通じ、それらの地域の人々の生存条件をつくりだしている点に注目した。(2)また、嘉永二年（一八四九）の「小作宛口名前帳」（地並形式）と元治二年（慶応元＝一八六五）以降の「下作宛口帳」（名寄形式）という小作台帳の差異が、地主・小作関係の段階的相違、元治段階における文書システムのいっそうの整備・確定と、地主・小作関係の確定を反映していると指摘した。

しかし、多数の経営帳簿を含む新出史料が発見され、右の見解に修正を加える必要が生じた。岡田家は享保年間以来、地並形式の「御年貢下作宛帳」を作成しており、その記載様式は徐々に整備されていく。そして、文化四年（一八〇七）からは、小作人ごとに小作地と勘定を記す、名寄形式の「下作宛口帳」に様式が変化する。つまり、小作台帳が名寄形式へ移行する画期は文化四年に求められる。以後、一年ごとに名寄形式の「下作宛口帳」が作成され、文政一三年（天保元＝一八三〇）からは、三年分を一冊にまとめるようになる。同じ名寄形式の「下作宛口帳」のなかでも、記載内容は不断に変化している。岡田家は、佐々木氏が指摘した幕末期だけでなく、一九世紀を通じて常に、効率的な「文書システム」を模索していたのである。(3)

帳簿の様式が変化した背景に、当該期における地主・小作関係の変容が想定できよう。化政期から天保期にかけて、岡村では階層分解が進み、無高・借家層の増加によって、地主・小作関係が再編されていくという。(4)本章では、これまで検討がおよんでいない享和〜弘化年間を対象に、経営方針の形成過程を検討する。加えて、経営帳簿の加筆や付箋にも注目する。岡田家の経営帳簿には、小作人との関係をうかがうことができる記述がのこされている。この史料的特長を活かし、地主・小作関係の具体像に迫っていきたい。

なお、当該期における岡村の村高は高七三九石余（新田も含む）である。支配の変遷は寛政一〇年（一七九八）から高槻藩預所で、天保一一年（一八四〇）から幕府直轄領に復し、幕末にいたる。(5)岡田家当主は、正則（天保一四年卒）から、天保九年に正保へと代替わりしている。この正保は岡田家と密接な関わりを持つ、野中村林猪十郎家からの養子で、家屋普請や水利への関わりなど、岡田家にとって重要な意味合いを持つ存在だったとされている。(6)

表Ⅰ—A　岡村階層構成　（単位：人）

持高＼年次	文化4		文化14		文政13		天保7		天保10		天保14	
50石〜	○1		○1		○1		○1		○1		○1	
30石〜		1		1		1		1		1	◆1	1
10石〜	7	3	4	3	3	2	3	2	◆◆7	3	◆◆15	3
5石〜	22	1	◆19	1	18	1	18	1	◆13	3	7	1
3石〜	11	6	17	5	◆◆15	3	◆◆10	4	8	1	◆12	3
0石〜	32	11	40	15	◆27	6	◆31	14	◆17	8	25	16
□・家持	◆5	2	5		17	15	9	10	20	9		
無高家持	33	20	19	12	11	18	8	3	8		3	
無高借家	24	9	28	13	28	17	51	20	58	25	50	30
その他					1	1			1		6	
計	135	53	133	50	121	64	131	55	133	50	120	54

註1：点線左部＝南株・北株、点線右部＝新町。○印＝岡田伊左衛門家、◆印＝岡田家の分家。
　2：「□・家持」＝宗門改帳の持高が無記載で「家持」とのみ記されていたもの。
　3：「宗門御改帳」（岡村番非人）の数値は除く。

表Ⅰ—B　岡田伊左衛門家および分家持高　（単位：石）

家＼年次	享和2	文化4	文化14	文政13	天保7	天保10	天保14	弘化2
伊左衛門家	98.157	98.157	101.5	102	102	102余	120余	120余
吉十郎家	□・家持	□・家持	5.1	3.1	3.1	11余	31余	31余
儀兵衛家						2.5	3.8余	3.8余
兵左衛門家				2	2	11余	12余	12余
伊十郎家				3.1	3.1	8.3	10.4余	10余

出典：表1はともに、「浄土真宗切支丹宗門改帳」「浄土宗真言宗融通念仏宗宗門御改帳」「切支丹宗門御禁制人別寺請帳」から作成。

第一節　地主経営の概要

本節では、享和元年（一八〇一）から弘化五年（嘉永元＝一八四八）にいたる、地主経営の全体像を検討する。まず、居村における岡田家の位置を確認するため、「宗門改帳」に記された持高の推移をまとめた（表1）。一八世紀後半に所持地を拡大していった岡田家は、当該期も同様に土地集積を続けており、岡村において突出した持高を誇る。吉十郎家（伊左衛門正則の弟）に加え、文政一三年（天保元＝一八三〇）に伊十郎家（正則の弟）、兵左衛門家（もと下男）、天保一〇年（一八三九）に儀兵衛家（もと吉十郎家の下男）が独立し、それぞれ持高を増加させている。文化から天保年間にかけて、小高持層の転落による無高層の増加がみられる岡村において、分家も含め

表２　岡田家所持地の分布　　(単位：石)

地域＼年次	享和元	文化４	文政２	文政13	天保７	弘化２
岡村南株・本田	41.404	47.173	51.261	53.5	41.908	40.228 ◆9.648
岡村南株・新田	6.604	→	10.58	→	10.169	9.221 ◆1.71
岡村北株・本田	28.848	29.18	28.843	→ ▲1.98	29.43 →	28.491 →
岡村北株・新田	3.479	→	→	→	→	→
藤井寺村本田	62.673 5.802	64.008 →	68.301 →	70.17 →	71.387 →	68.524 ◆5.802
藤井寺村新田	2.847	→	→	→	→	不明
志紀郡小山村西組			5.83	8.98	→	不明
志紀郡小山村東組			1.21	→	→	不明
丹北郡小山村				4.313	8.523	4.313
林　　村	2.495	→	→	→	3.163 定：120.5匁	→
西 川 村	4.435	→	→	→	→	不明
道明寺村	0.08	0.7765	→	→	→	→
片 山 村	11.347	3.76	→	→	→	不明
南島泉村	2.5745	2.574 定：1.5石	→ 定：50匁	→	→	3.969
新堂・立部領	2.543 定：1石	→	→	→	→	→
古 室 村		(文化8～)	3.972			
津 堂 村			不明	1.252		
太 田 村			不明	3反5畝8歩 定：35匁	→	→
野々上村					1.6876	→
誉 田 村					3.127 定：80匁	→

出典：「御年貢下作宛帳」「下作宛口帳」「田畑畝高合帳」から作成。
註１：帳簿に記載が無い年次は、周辺年次の記録から数値を確定した。
　２：◆＝伊十郎分、▲＝やす分、「→」＝数値に変化なし、「不明」＝数値が確定出来ないもの、「定」＝定免額を示す。
　３：藤井寺村本田のうち、弘化２年の帳簿で伊十郎分とされる5.802石は「利兵衛支配」として別記されている。

た持高の増加は他に類をみない。

次に、他村も含めた土地所持状況を検討する（表2）。弘化二年（一八四五）時の伊左衛門家と伊十郎家の持高の変化に示されているように、伊左衛門家は、化政期に増加した岡・藤井寺両村の土地を分家に割譲している。また、石高は僅かだが、一八世紀に比べ出作地の範囲が拡大している。金融活動ほどの拡がりは持たないが、岡田家が周辺村落とも関わりを深めていく様相が確認できよう。

表2は小作台帳の集計部を基に作成したため、「宗門改帳」と多少数値が異なっている。また、弘化二年「下作宛口帳」には伊左衛門家持分に加え、伊十郎家、やす（倅伊助）家の土地も、伊左衛門家の「引受」として記されている。全所持地の反別・分米・宛口高・作人を記した「田畑畝高宛口帳」では、次のように表記されている。

〔史料1[7]〕　　（註…〈　〉内は朱書、［合］は印を示す）

（前略）

地顕寺庄屋口

○一　上田五畝廿六歩　　〈五百十〉八斗八升

〈○〉八十二　　宛壱石八斗　　常　　八［合］

笑坂谷

〈○〉一　上田壱反弐畝〈拾〉歩　　〈三百五十五〉壱石六斗〈伊十郎名前〉

イ

宛三石壱斗　松右衛門［合］

大保川ばた

〈〇〉一　上田壱反壱畝六歩　〈五百五十弐〉壱石六斗八升

〇九十　宛弐石三斗　佐右衛門［合］

（後略）

伊左衛門家の所持地に付された番号とは別に、伊十郎家の所持地が「イ」と墨書され、並列で並んでいる。記載順は土地の位置が基準で、両家の所持地が混在している。伊十郎家の藤井寺村所持地は、藤井寺村利兵衛が「引受」て、小作人から得た作徳をまとめていた。利兵衛は、勘定覚を毎年伊十郎に差し出しており、後述する支配人の役割を担っている。次に、利兵衛から伊左衛門に宛てた書状の一部を掲げる。

〔史料2〕(8)

（前略）

然者、此間伊助様ヲ以被仰聞候五兵衛跡一件者、定而昨日、本人ゟ御聞取被下候御儀と奉存候、急々請落可致候様、急度申付置候、扨御年貢通ニ伊重郎様引受田地三ケ年分勘定写等、漸々出来奉差上候、御落手置近日拝面之上、委細申上候、右御断申上度早々以上

亥四月十七日

利兵衛は、伊十郎所持地の支配に関して、伊左衛門へも伺いを立てている。このように、伊十郎家の経営は本家伊左衛門家から完全には独立していない。

弘化二年の「下作宛口帳」集計部に表記されていない吉十郎家はどうだろうか。同家は「宗門改帳」では文化五年（一八〇八）に伊左衛門家から独立した後も、所持地が「店作」として「下作宛口帳」に書きあげられる。天保四年（一八三三）「下作宛口帳」には、伊左衛門家の作徳勘定とは別に「吉重郎勘定」欄が設けられている。吉十郎（祐貞に改名）家は、「宗門改帳」では弘化二年の持高が三一石余である。本家伊左衛門家につぐ村内第二位の高持となったこの時点における経営は、伊左衛門家からの自立性を高めているのである。岡田家は、分家が確実な経営基盤を築くまで、その経営を包摂している。小高持層が転落の危機をはらんでいた当該期、本家・分家ともに土地集積を果たした背景には、こうした経営方針があったのである。

次に、地域による地主経営の違いを考える。小作台帳では、岡・藤井寺・小山村の土地と、他の出作地が分けて記されている。前者は個々の小作人が岡田家に直接作徳を納入するのに対し、三か村以外の出作地は、各村で作徳をまとめた上で一括して納入する形式がとられている。これら出作地の多くには、支配人が置かれている。彼らは、年貢諸役を負担し、小作人から受け取った作徳を岡田家に持参する。こうした支配人の存在は、他の畿内豪農経営でも確認される。

数度作成されている「田畑畝高宛口帳」のうち、嘉永二年のものは、出作地に関する記載がある。そこには、誉田村の上田三筆二反四歩を、天保五年に銀一貫七三〇匁五分で弥三右衛門から譲り受けた旨が記されている。下作人は別におり、弥三右衛門は同村の支配人を務めている。また、天保一五年（弘化元＝一八四四）に津堂村、嘉永二年（一八四九）に道明寺村の土地が請け戻される際に、支配人が請け戻しの願いを伝えている。大井村の小作地経営を検討した佐々木潤之介・天野彩両氏は、同村の支配人を地主ととらえている。(9) 小作台帳などの分析からは、他村の支配人も同様に、多くは出作地の前所有者で地主的存在だったと考えられる。

岡田家の経営において、支配人は一八世紀後半から確認される。出作地範囲が拡大する一九世紀、作徳納入などで彼らは重要な役割を担っていた。しかし、支配人による出作地経営は、必ずしも円滑に進んでいない。嘉永二年「田畑畝高宛口帳」新堂・立部領の項には、支配人西大塚村与平治について次のような墨書が加えられている。

〔史料3〕(10)

右者与平治ゟ諸役万端相勤、作徳銀小作人ゟ受取とも持参致候処、近年与平治引込一切不差出、依之厳敷引合致、弘化弐巳年ゟ壱ケ年ニ蔵米壱石も作徳相納可申約定也

与平治は寛政期から支配人を務めており、他の支配人同様に作徳納入を果たしていた。しかし、天保末年に納入が滞っているのである。「下作宛口帳」には天保一三、一四両年の作徳納入の記載がなく、次のように記されている。

〔史料4〕(11)

右与平治、数年作徳持参不致候故、辰年(天保一五年)ニ請落いたし、向後年貢諸役等無滞相納候上、豊凶之無差別、壱ケ年ニ蔵米壱石宛、急度差入候筈之事、已然之如く支配為致申候

出作地からの作徳納入は、支配人が岡田家へ持参しない限り皆無である。こうした状況は新堂・立部領に限ったものではなく、天保期には他の出作地からも作徳が納入されない年がある。

表2からわかるように、出作地は定免の契約となっている場合が多い。契約内容は、全く変化しない訳ではな

く、米納と銀納の変更など、契約の見直しはおこなわれている。(12)しかし、岡・藤井寺・小山村のように、年ごとに小作料を見直すような頻繁なものではない。当該期に岡村で破免が相次いでいる点を鑑みても、出作地において安定した作徳が得られたとは考えにくい。定免とはいえ、支配人を介した出作地経営は決して確実な作徳を得られた訳ではない。天保一五年、津堂村の土地が請け戻される際に、岡田家は前年分の作徳を用捨している。出作地範囲の拡大を志向していた様子はうかがえない。

岡田家の所持地全体において、出作地の占める割合は決して大きくない。たとえ作徳が得られない場合でも、年貢諸役の負担を支配人が果たす限りにおいて、未進分が「滞」として蓄積するのみである。これらの出作地は、岡田家にとって経営発展のための付加的な位置を占めるもので、地主経営の中心は岡・藤井寺・小山の三か村にあったのである。

第二節　耕地形態と作付作物

本節では、岡・藤井寺・小山村での地主経営を検討する。藤井寺村の伊十郎持分を除く三か村の小作地は、前節で見た出作地の村々と異なり、小作人が岡田家に小作料を納めることが原則である。

佐々木潤之介氏は、嘉永期以降、小作人が半プロ層を主体とし、下層農民ほど人数・規模ともに地主小作関係へ深く組み込まれていくと指摘した。一九世紀前半においても、小作人の過半は宛口高二石前後、持高二石未満であり、幕末期の様相と大枠は共通している。ただし、天保期には階層変動を反映して、無高・借家層の増加がみられる。(13)ここで、小作規模の指標となっている宛口高について考えたい。畿内村落史研究でとりあげられてきた諸家同様、岡田家の経営でも毎年村ごとに小作料の減免率が定まり、個別の事情に応じた用捨もあるため、実

表３　岡田家所持地地目（天保15）

地　名	総石高	筆　数	石　　高	備　考
岡村南株本田	40.198	26/ 7/ 7 9/ 5/14	18.504/ 3.382/5.079 4.48 / 2.995/3.442	他に 屋敷地13筆2.316
岡村南株新田	9.221	0/ 0/ 0 0/ 6/ 7	0 / 0 /0 0 / 2.7 /3.432	他に下々畑15筆1.838 /下々下畑8筆1.251
岡村北株本田	28.491	13/ 7/ 3 17/ 3/ 7	7.988/ 7.697/1.95 6.247/ 1.19 /2.712	他に 屋敷地2筆0.707
岡村北株新田	3.479	0/ 3/ 0 1/ 1/ 3	0 / 2.054/0 0.696/ 0.225/0.04	
藤井寺村本田	68.36	37/16/ 4 9/ 6/ 0	48.542/13.585/1.529 2.907/ 1.797/0	
藤井寺村新田	2.844	0/ 0/ 0 0/ 0/ 6	0 / 0 /0 0 / 0 /2.712	他に 屋敷地1筆0.132
志紀郡小山村西組	8.98	5/ 0/ 0 0/ 0/ 0	8.98 / 0 /0 0 / 0 /0	
志紀郡小山村東組	1.21	1/ 0/ 0 0/ 0/ 0	1.21 / 0 /0 0 / 0 /0	
丹北郡小山村	4.313	1/ 0/ 0 0/ 2/ 0	1.57 / 0 /0 0 / 2.743/0	

出典：「田畑畝高宛口帳」から作成。出作地は除く。
註１：総石高には、屋敷地や地目の不明なものも含む。
　２：筆数・石高欄の見方　上段＝上田/中田/下田
　　　　　　　　　　　　　下段＝上畑/中畑/下畑

際の納入分は宛口高よりも少ない。しかし、小作料の未進は、いずれ納めなければならない「滞」となる。宛口高は、地主作徳の源泉となるものといえるのである[14]。佐々木氏は、宛口高と実納小作料の差異に留意して分析をおこなっているが、史料が限られている点、地目の違いが考慮されていない点に、さらなる検討の余地が残されている。また、岡田家の所持地が畿内綿作地帯に位置している点に留意したい。葉山禎作氏は、南河内の綿作農村において、零細錯圃制への対応を目指した耕地移動や作付作物の変更がおこなわれていることを明らかにした[15]。そこでとりあげられている古市郡誉田村に、天保期の岡田家は小作地を展開している。岡田家についても、小作人や作付作物の変遷を分析する必要がある。

「田畑畝高宛口帳」から各村の所持地の地目を比較した表3からは、岡村と藤井寺村では耕地のあり様が異なっていることがわかる。すなわち、岡村の耕地片が小規模であるのに対して、藤井寺村本田には上田が多く、一筆ごとの規模も大きい。総じて、藤井寺村の所持地における地味の良さが指摘できる。このことが、地主経営にどう影響したのだろうか。一九世紀初頭と天保期の作人を比較した表4からは、以下の三点を指摘できる。

①小作地の移動…各小作人の耕地が地理的にまとまっていること、岡村南株小作人の小作地移動が他地域小作人に比べ頻繁なことがわかる。また、享和元年時において、南株の小作人が藤井寺村の土地を耕作する例が見受けられる。この様相は、もとの土地所持形態を反映したものと考えられる。一八世紀後半に、藤井寺村の土地が村外の百姓にも多く所持されていたことがうかがえよう。

②作付作物…綿作を示す●▲と耕地の地目を対照してほしい。畑方だけでなく田方における綿作の展開が確認できる。

③時期的差異…享和元年は天保期に比べ、定免の契約が多い。表4に収録していない内容も鑑みると、屋号を持つ小作人や宛口高の大きな小作人が定免となっている場合が多く、彼らが農業以外から得た収入で小作料の不足を充当させることを期待したものと考えられる。定免小作料は、本来であれば豊凶に関わらない安定した作徳納入をもたらすはずである。一九世紀初頭における岡田家の経営方針をうかがわせるものとして、確認しておきたい。

第三節　作徳納入

岡田家の小作人は、次のような手順で小作料を納入している。まず年貢米、岡田家への米納小作料と用捨分を

享和 2	天保7年宛口／作人		天保 7	天保 8	天保 9
半右衛門					
		惣兵衛	●	○	●
		→	?	○	○
		伊兵衛	○	●	○
		三郎兵衛	●	○	●
		三郎兵衛	●	○	●
		喜兵衛	●	新・六兵衛▲	▲
	2筆0.7に	喜兵衛	●	新・六兵衛▲	▲
		喜兵衛	●	新・六兵衛▲	▲
		吉左衛門	△	△	△
		吉左衛門	△	△	△
		喜兵衛	△	△	△
太右衛門		→	●	○	●
		利右衛門	○	●	○
	2.4	→	△	▲	△
		藤・伊兵衛	△	藤・源蔵△	△
		作兵衛	?	○	弥三兵衛
		作兵衛	?	○	1.2○／1.2●
藤・七左衛門			△	藤・佐兵衛▲	利兵衛●
		→	▲	△	▲
	1.7	→	△	▲	△
	0.6	又兵衛	▲	△	▲
		藤・五郎兵衛	△	藤・佐兵衛▲	△
		藤・五郎兵衛	△	藤・佐兵衛▲	△
		藤・五郎兵衛	△	藤・佐兵衛▲	△
		利兵衛	○	○	○
		儀兵衛	○	○	●
		政七	○	○	●
		→	○	●	○

表4　享和元年時作人の変遷(抜粋)

地域	字　　名	地目	有　畝	分米(石)	宛口高(石)	享 和 元
南・本	みのん上	上田	4畝24歩	0.72	1.35	半　七
南・本	みのん上	中畑	3畝2歩	0.217	0.6	徳兵衛
南・本	みのん上	上田	4畝24歩	0.72	1.35	茂兵衛
南・本	こふ池	上田	5畝4歩	0.77	1.7	七兵衛
北・本	こふ池	中田	6畝20歩	1	3(3.05定のうち)	弥右衛門
北・本	こふ池下	上田	2畝歩	0.3	0.55(3.05定のうち)	弥右衛門
南・新	わいか浦	下畑	9歩	0.018	0.8定	藤兵衛
南・新	わいか浦	下畑	1畝歩	0.06		藤兵衛
南・新	わいか浦	下畑	9歩	0.018		藤兵衛
北・新	細井路	中田	4畝6歩	0.546	0.8	小山・源七
北・新	細井路中切	中田	5畝12歩	0.702	1.4	小山・源七
北・新	細井路西切	中田	6畝6歩	0.86	1.85	北・利八
藤・本	高屋上	上田	6畝4歩	0.92	2.3	六左衛門
藤・本	高屋下	上田	7畝6歩	1.08	2.3	太右衛門
藤・本	なかれ				1.15	藤・宇右衛門
藤・本	なかれ	中畑	2畝7歩	0.246	2.47	藤・宇右衛門
藤・本	なかれ	上田	7畝21歩	1.155	3.25	藤・源右衛門
藤・本	なつめ	上田	7畝2歩	1.06	1.5	喜右衛門
藤・本	なつめ	上田			0.9	喜右衛門
藤・本	山之内	中畑	1畝15歩	0.165	2	藤・久七
藤・本	山之内	中畑	3畝27歩	0.429	1.1	藤・太七
藤・本	山之内				1.85	藤・平七
藤・本	山之内	中田	7畝26歩	1.022	1.75	藤・又兵衛
藤・本	山之内北	中田			0.65	藤・小左衛門
藤・本	山之内	中畑	2畝7歩	0.246	2.4	藤・又助
藤・本	山之内	中畑	2畝25歩	0.312		藤・又助
藤・本	山之内	中畑	3畝2歩	0.337		藤・又助
藤・本	山之内				1.55	藤・又助
藤・本	山之内畠				0.1	藤・太七
小　山	乾				2.1	小右衛門
小　山	乾				2.15	長右衛門
小　山	高屋小畝町上下				2.2	与次兵衛
小　山	高屋小畝町共				2.3	新　助

出典：「御年貢下作宛帳」「下作宛口帳」「田畑畝高合帳」から作成。各地域から、本文と関係する小字名の耕地を抜粋した。
註1：南＝岡村南株、北＝岡村北株、藤＝藤井寺村、小山＝小山村、本＝本田、新＝新田。
　2：地域名のない小作人は、岡村南株小作人を示す。
　3：→＝作人に変更なし、○＝南株の作人、△＝は他地域の作人、白色＝田方、黒色＝綿方、？＝作付作物が不明。
　4：空欄は、耕地片を特定できなかったものを示す。

引いた米方滞分が銀換算される。そして、綿方分の小作料から用捨分を引いた代銀と合算した額を年末に納入し、未進分は翌年以降に繰り越される。逆に、過分の納入があった場合は前年までの未進と相殺する。佐々木潤之介氏は、現物納を地主経営収入に直接関わらせない経営のあり方に注目した。手作経営も小作経営との関連でとらえ最終的に貨幣換算する点を、利貸商人の論理が貫徹していると評価したのである。ここでは、小作人の未進額が貨幣換算されて計上される点を確認したい。

先述したように、岡・藤井寺・小山の三か村には支配人を置いていない。そのため、岡田家が年貢諸役の完遂を差配しなければならない。一九世紀、とりわけ文政〜天保年間の岡村では、不作を理由とした破免が相次いでいる。[16] 岡田家は、この状況でいかに年貢皆済を果たしていったのだろうか。享和元年「御年貢下作宛帳」末尾には、次のような書付がある。

〔史料5〕[17]

下作入　四貫五百目
滞　　壱貫弐百目
(この間、一丁分空白)
納米　九拾石五斗
餅米　七石
〆九拾七石五斗
飯米　三拾石

同年、岡村の年貢は免定通りに計上されている。岡田家の地主経営は、平年でも下作入銀の四分の一を越える未進を発生させているのである。享和元年は、三人の小作人が一〇〇匁以上の未進を発生させており、こうした未進の発生は化政期以降も同様にみられる。だが、未進を抱えつつも岡田家は所持地を増やし続けている。宛口高を減らしたり、用捨の額を増やせば未進額は抑えられるはずである。岡田家にとって、ある程度の未進は了解済みだったといえよう。

次に、三か村の蔵入米（年貢米）納入を検討する。連年未進を生じている岡田家の地主経営だが、享和～文政年間において、未進の過半は綿方小作料から発生している。(18) 三か村の蔵入米納入者をまとめた表5からは、次の二点を指摘できる。まず、前年に引き続き不作となった、文化四年の岡村に注目してほしい。(19) 同年の「下作宛口帳」の「蔵入」欄では、表で示した納入者の株ごとの「〆」の数値の後に、他の株からの振替を経て納入された蔵ごとの「〆」の数値が記されている。また、一人の小作人が複数回に分けて蔵入米を納入する「跡ふり」がおこなわれている年次もある。田方綿作を展開していた岡田家だが、文化四年に藤井寺村小作人が納めた米を、南株・北株の蔵入米に充当しているように、一九世紀前半の作徳米納入は十分な余裕を持っていなかった。二点目は、個々の小作人と蔵入米納入量の関係である。藤井寺村では少人数の小作人によって蔵入米がまかなわれており、各小作人の田方宛口高に対する蔵入米の割合が高い。前節でみた岡村と藤井寺村の耕地の違いを勘案すると、一筆あたりの規模が大きく、上田が多いという藤井寺村の耕地形態に基づいたあり方と評価できる。巨額の未進を生じつつ発展する、綿作重視の経営方針において、藤井寺村小作地は作徳米供給地として重要な役割を担っていたのである。居村と同規模の小作地を他村に持つ点を、一九世紀前半における岡田家の地主経営の特徴として注目したい。

表5　各村「蔵入」納入者(岡村南株・北株・藤井寺村)

岡村南株　(単位：石)

享和元	文化4	天保13
1.5　七兵衛 4.85/1.8/0	1.5　七兵衛 4.85/1.7/0	1　九兵衛 2.73/3/0
0.5　儀右衛門 2.7/0/0	1　弥右衛門 3.5/3.55/0	0.5　八郎兵衛 4.7/1.1/163.8
2　忠右衛門 5.55/0.6/0	0.5　嘉兵衛 1.8/0/0	1.5　磯八 4.85/3.55＋家0.35/98.4
2　弥右衛門 3.5/4.55/0	0.5　政七 2.8/2.1/0	0.5　孫助 2.48/2.72/207.6
1　茂兵衛 4/1.9/0	1　孫右衛門 3/0/0	1　太右衛門 4.52/4.2/61.2
1　政七 2.8/0/0	1　平兵衛 4.2/2.5＋家0.65/0	0.5　定右衛門 3.8/0/68.4
1　平兵衛 2.95/1.65/0	1　惣右衛門 4.66/2.1/0	0.5　儀兵衛 1.7/1.6/0
1　惣右衛門 4.41/2.1/22	0.5　庄左衛門 2.3/0/0	0.5　弥左衛門 2.8/0/0
1　伊助 1.9/0/0	1　庄右衛門 2.8/0/0	0.5　伝右衛門 1.9/0/0
1　源七 4.1/0/12.6	0.5　仁兵衛 2.3/0/0	0.5　長右衛門 2.43/0/131
0.5　庄右衛門 2.3/0/0	1.5　長右衛門 5.8/5.05＋家0.45/0	0.5　常八 5.45/0/0
1　庄右衛門 2.8/0/0	1　又兵衛 3.6/家0.44/21.78	1　佐右衛門 2.85/2.8/0
1　六左衛門 3.8/0/0	1　四郎右衛門 5.05/0.175/12.95	0.5　儀右衛門 3.9/0/0
1　長右衛門 2.8/2.63/0	1　長兵衛 3/0.175/0	1　喜兵衛 3.3/0/84.3
0.5　喜右衛門 3.75/0/0	0.5　忠兵衛 2.684/0/0	0.5　庄七 4.7/0/100.8
1　利兵衛 1.6/0.1/32.76	0.5　又兵衛 3.6/家0.44/23.78	1　新・為八 3.5/0.45/90
2　長兵衛 6.15/0.35/0		

0.5　忠兵衛 1.98/0.804/0		
〆19.5石	〆14石	〆11.5石

岡村北株

享和元	文化4	天保13
1　平兵衛 1.25/0/0	1.5　嘉兵衛 2.75/1.05/0	2　嘉右衛門 3.8/0/0
1　平兵衛 1.5/0.68/3.96	2　仁兵衛 2.4/0/0	2.5　半右衛門 4.1/2.44/52.2
1.8　清右衛門 2.1/0/0	1　平兵衛 1.5/0.68/0	1　吉左衛門 2.2/0/0
3.5　与次兵衛 4.2/0/0	1.5　忠右衛門 4.2/1.85/59.44	1　長兵衛 3.025/1.5/20.26
2　次郎兵衛 4.73/0.9/0	1　六助 2/0/0	0.5　弥七 0.9/0/21.6
0.5　五郎兵衛 1.15/0/0	1　小山・幸八 1.85/0/0	0.5　庄右衛門 1.04/0/35.3
1.5　利八 1.85/0/0	1.5　源七 4.1/0/27.85	0.5　伊兵衛 1.9/0/0
1　久右衛門 1.9/0/43.2	4　与治兵衛 4.1/0/0	1　七助 1.6/1.05/0
1.5　平右衛門 3.31/0/0	0.5　林左衛門 藤井寺村振替	1.5　惣兵衛 2.15/0/28.8
1　惣兵衛 2.96/0/0		1　利右衛門 2.35/1.6/70.3?
1.5　仁兵衛 1.6/2.1/0		1　新七（安兵衛） 2.1/0/23.4
2　忠兵衛 4.1/1.85/65		1　忠兵衛 1.75/0/0
2　又三郎 3/0/0		1.5　喜兵衛 3.55/1.8/34.9
		1　嘉七 2.16/0/68.4
		0.5　嘉兵衛 1.7/0/59.3

〆18.3石	〆14石	〆16.5石

藤井寺村

享和元	文化4	天保13
1　伊助 1.5/1.75/0	2　伊助 2.75/1.75/26.06	2　佐右衛門 2.55/3.05＋家0.12/124.4
2　為右衛門 2.7/0/0	1　太郎兵衛 1.5/0.9/31.56	1　伊兵衛 1.6/0＋畠0.1/0
2　久七 2.25/1/0	2　半兵衛 2.75/2＋家0.4/159.58	2　又兵衛 2.3/1.85＋0.19/133.28
1　太七 2.35/1.3/0	0.5　久七 1.9/0/0	1　三右衛門 2.55/0/60.3
1.5　吉右衛門 1.8/0/0	0.5　太兵衛 1.25/0/0	2　源蔵 3.75/1.8/225.4
1　庄八 1.25/0/0	0.5　太七 2.15/1.1＋畠0.1/0	2　松右衛門 3.1/0/64.8
4　五郎兵衛 5/0/10	1　徳右衛門 1.45/1.85/36.26	5　佐兵衛 6.05/2.4/170.4
1.5　宇右衛門 1.85/3.55/0	1.5　五郎兵衛 1.85/4.8＋畠/0	3.5　吉右衛門 2.1/0.6/60.4
0.5　半兵衛 0.75/1.475/0	3　卯右衛門 3.65/2.05/14.8	3　義右衛門 3.7/0/0
1.5　平七 1.85/0/0	1　万右衛門 1.475/0/14.8	1　与兵衛 1.85/0/49
1.5　儀七 2.3/1.9/0	1.5　儀七 2.3/0/0	1　孫七 2.15/0/28.4
1.5　喜八 3/0/0	2.5　喜八 3/0/0	2.5　伊助 3.25/0/0
2　伝右衛門 2.15/1.4/0	2　伝右衛門 2.15/1.4/88.8	
1.5　文七 2/1.8/1.5	1.5　文七 2/1.8/0	
2　九助 3/0/0	0.5　三右衛門 1.24/0/40.7	
1　与兵衛 1.29/2.5/15	1　源左衛門 1.625/1.625/66.46	

1.5　次郎兵衛 4/0/0	1　小左衛門 2.85/1.6/72.22	
1　小左衛門 1.5/2.25/50	1　清七 2.35/0/0	
1　又兵衛 1.15/0.65/46.8	1.5　与兵衛 2.3/0/0	
1　又助 1.55/2.4/132.8	0.5　久左衛門分 南蔵へ	
	1　喜左衛門分 南蔵へ	
	0.5　林左衛門分 北蔵へ	
〆30石	〆25.5石	〆24石

出典：「御年貢下作宛帳」「下作宛口帳」から作成。
註１：「家」＝屋敷地、「畠」＝野菜作などを示す。
　２：表の見方　上段＝蔵入米(石)　小作人
　　　　　　　　下段＝田方宛口(石)/綿方宛口(石)/未進額(匁)

第四節　藤井寺村における地主経営

佐々木潤之介氏は、大井村の小作地をとりあげ、「村方地主を基本的な性格とする豪農にあっては……他村における小作関係の展開のなかに、その小作関係の本質や特質があらわにされる場合もすくなくない」と指摘している。しかし先行研究では、藤井寺村の小作地経営が、岡村同様のものととらえられてきた。以下、岡田家と藤井寺村小作人との具体的関係に注目し、この点の再検討を試みる。なお、本章が対象とする時期の藤井寺村は村高五〇〇石強で、支配の変遷は文化一〇年（一八一三）に幕府領から小田原藩領となり、幕末へといたっている。

藤井寺村でも、毎年の小作料は、岡・小山村と同様に一村単位で決定される。「小作免合」と、「作人共格別凶作ヲ申嘆」いていたという小作人の様子に言及した書状が「藤井寺村」から（岡田）伊左衛門宛に差し出されている。[20] 村落単位で小作人の主張をまとめた上で、岡田家と小作料を折衝しているのである。次に掲げる、文政一〇年（一八二七）二月付の「定」からは、小作契約が取り結ばれる様子をうかがうことができる。

〔史料6〕(21)

定

一貴殿所持之御田地、宛口御帳面之通、年来我々共小作致候処、近年稲作方免合行違有之、不勘定故、此度御取戻シニ可相成処、和談相調以来、不拘居村ニ、故障之年柄ハ小作壱人別ニ稲作苅取候迄、田毎ニ免合応対仕候、取入以後ハ彼是不申、御定之通御年貢相納可申候、尤木綿作之分も同様相心得居申候

一不難之年柄ハ宛口通御年貢相納申候事

文政拾丁亥年二月

藤井寺村

小作人

（二〇名連印略）

表紙には「小作応対書」と題が付され、「地主岡田伊左衛門」から「小作人銘々」に宛てた体裁をとっている。「下作宛口帳」では小作人ごとに丁が改められるが、この「定」に名を連ねていない二名はいずれも他の小作人と同じ丁に記されていることから、当主以外と考えられる。書状には、伊十郎持分の支配人である利兵衛も名を連ねている。つまり、村内での位置や小作契約が異なる小作人たちが、藤井寺村小作人としてまとまって岡田家と対峙しているのである。また、約定の内容は稲作が主題となっている。藤井寺村の小作地も、岡村同様に田と綿の作付変更がおこなわれており、田方綿作が展開している。その状況下で右の取り決めが交わされたのは、宛口高に近い蔵入米を納入する藤井寺村の年貢納入のあり方と関わっていよう。藤井寺村小作人は、稲作に関心を寄せなければならなかったのである。続く二条目では、平年における宛口高通りの作徳納入を確約している。藤

井寺村の小作地は地味の違いから、岡村に比して宛口高が高く設定されている。小作料は宛口高を基に算出されるが、化政期を通じて徐々に未進額は増加している。岡田家自体が未進の発生を前提としているにも関わらず、文政末年においても、小作料の用捨が「地主からの恩恵」となる構造になっているのである。

ところが、岡田家が未進の増加を黙視できない状況が訪れる。「嘉永弐酉年二月　藤井寺村　小作人願付一件書物入」という袋に一括された史料が、その状況を示している。[22]

まず、嘉永元年（一八四八）付の小田原藩堂島役所に宛てた内願をとりあげる。

〔史料7〕

乍恐御内願奉申上候

河州丹南郡岡村

伊左衛門

一当御領分同州同郡藤井寺村領、私先祖ゟ御田地所持仕、厚蒙　御仁恵相続仕難有仕合ニ奉存罷居候、然ル処、右藤井寺村者隣村与申居村同様ニ都而懇意ヲ取結ひ、私所持之田地并居村田地共、余程同村百姓中江下作為致候処、去ル天保四巳年之頃者米穀格別之高直ニ而、小前末々ニ而者人命ニも相拘り候難渋之年柄故、御年貢之儀者私ゟ無滞上納仕候得共、小作年貢之儀者融通之心得ヲ以、猶予致し遣候処、其意ニ泥ミ是迄之滞銀者不及申、年々小作米不相渡、銘々過分之銀高為相滞、内実身元宜敷者ニ至迄、小作年貢滞之儀者無利息抔与利欲ニ相拘り居候由粗相聞へ、甚々以薄情之心得方与奉存候、猶又小作年貢ニ不限右村之内及困窮候者共無尽講等相企候砌者任頼ニ加入可致遣者勿論、表向相応之身元ニ相見候而、内実借財等多く有之心痛致し居候者江ハ引請印形等仕、他村之者加入為致候分抔、却而私江難儀相掛、其儘ニ罷過居候者共間々有之候、且困窮人ニ而老人有之歟又者子供多く有之当座ヲ凌兼候者ハ、金銀取引等も宥免致し遣候処、追々子供成長仕候而も訳立不仕、却而困窮之者所持之品売払立候代銀ヲ以村内諸取引相済セ、私方へ者一切不沙汰ニ致し呉候由も有之候、実意ヲ以用捨仕罷在候処、右躰心得方齟齬仕候段、重々嘆ケ敷奉存候ニ付、度々催促仕候得共、右様不心躰ニ而訳ケ立不致、最早下ニ而可仕様無御座候ニ付、不得止事此段御支配御役所江御嘆訴仕御添翰頂戴之上、当御役所江可奉願上存意ニ御座候得共、当

御上様思召之程奉恐入候ニ付、乍恐御内願奉申上候前書之始末御賢察被為　成下、格別之御勘弁ヲ以何卒掛り之者共実意ニ基キ夫々之滞銀早々訳立致呉候様、乍恐右村役人被為御召出御理解之程奉願上候、右御聞済被為　成下候ハヽ、御慈悲難有仕合ニ奉存候以上

内容を要約すると、①岡田家は藤井寺村の人びとに、「居村同様」、岡・藤井寺両村の田地を下作（小作）させてきた。②天保四年頃の米価騰貴で小前たちが難渋におよんだ際、「融通之心得ヲ以」小作料納入を猶予したところ、以来未進銀が増加している。「内実身元宜敷者」まで「利欲ニ相拘」っているようだ。③困窮者へ「実意ヲ以」様々な恩恵を施してきたが、「心得方齟齬」を来している。そして、小作人たちの滞銀納入をうながしてほしいというのである。嘉永期の訴願が、天保四年からの飢饉による米価騰貴に起因しているという認識に注目したい。岡田家と藤井寺村小作人の間では、「故障之年柄ハ」、「田毎ニ応対」することが取り決められていた。他の史料からは、ここであがっている無尽講や、困窮人の事情を勘案した用捨の例が確認でき、支配人をおかない「居村同様」な藤井寺村に特有のあり方と評価できる。ただし伊左衛門は、このような用捨を「融通之心得ヲ以、猶予致し遣」したものと述べている。宛口高通りの収納は期待していないが、実納小作料との差異は地主の恩恵に帰するという構図が成り立っているのである。

伊左衛門は年寄伝右衛門と連名で、翌嘉永二年に六名の小作人を訴えている。鈴木町役所宛の訴状には、小作人ごとに未進の総額と、それが蓄積された期間が書きあげられ、次のように記されている。

〔史料8〕

右相手之者共江、私所持之御田地小作為致候処、前書ニ申上候通、小作年貢相滞候ニ付、御上納差支ニ相成、甚々以迷惑仕候ニ付、度々催促仕候得共埒明不申、最早下ニ而可仕様無御座、難渋至極ニ奉存候、何卒格別之御仁慈ヲ以、右銀子早々相渡し呉候様、御賢慮之程偏ニ奉願上候

先の内願で、天保期の年貢は「私ゟ無滞上納仕」ったと述べていたが、ここでは「御上納差支」るというように、年貢納入の局面まで影響がおよんでいると訴えているのである。訴状という史料的性格を考慮しても、伊左衛門が当該期に、藤井寺村小作人からの作徳納入を問題視していたことは間違いない。「下作宛口帳」の冒頭には、年ごとの小作料や免が記されているが、弘化三年（一八四六）藤井寺村の田方について記した箇所に、次のような墨書がみえる。

〔史料9〕(23)

同年田方壱反歩ニ

弐斗五升ゟ三斗迄、品ニ寄り訳有候所者、彼是四斗ニ当り候分も有之候得共、是ハ別段之事、先弐斗五升前後

右田方儀ハ表向ニ而ハ決シ而無之、先村之高持衆之存寄心得迄ニ、内々尋合候事也

一村単位のまとまりを有している藤井寺村小作人だが、こうした「内々尋合」に立ち会う「高持衆」から無高層まで、内実は多様な立場の人々から構成されており、史料7の内願で述べていたように、岡田家は個々に応じ

た対応を図っている。六名には、後家と思われる女性も含まれており、小作人の未進のうち、「困窮人ニ而老人有之歟又者子供多く有之当座ヲ凌兼候者」といった、返済の期待ができない事例が訴えの対象となったと考えられる。弘化三年から小作人となった平右衛門を除く五名の未進額は、いずれも一貫目を越えており、小作人の未進額をまとめた「未進帳」や小作台帳からも、彼らからの返済が連年滞っていることが確認できる。結局、この訴訟自体は内済に帰結しており、触書や訴状の写しを収録した「書付留」には、三月一二日付小田原藩堂島役所宛の一札写が収録されている。そこには、「相手者共江厳敷被仰渡、依之取曖を以、夫々済方結」んだとして、平右衛門を除く五名と願銀高、その内訳が書きあげられている。そして、「右之通双方無申分下済仕候、全ク御威光故之御儀与、難有奉存候」と添えられている。(24) 願銀高は全てが納入された訳ではなく、多くは年賦として処理され、岡田家による用捨もおこなわれている。

次に、嘉永期の内願にいたる状況が生じた過程を、訴えられた小作人の一人、松右衛門の例からみてみよう。訴状であげられた以前も単年度では未進を発生している年もあるが、それらは複数年度の決済や年賦等によって相殺されている。松右衛門の宛口高と小作料納入の変遷をまとめた表6の滞銀欄からは、飢饉の影響を受けた天保四年以降に未進が激増していることがわかる。ここで、田方滞分の銀換算高に注目してほしい。例えば宛口高一石あたり銀六〇匁ほどの文政期と、一石あたり一六〇匁強に換算される天保七年では、同じ量の田方不足分であっても未進額は倍増する。米納小作料の不足分が貨幣換算される岡田家の地主経営は、構造的に米価変動から多大な影響を受ける。しかも、米価が高騰する不作時は実際の収穫量も少なく、用捨を勘案しても宛口高との差が大きくなる。天保飢饉の影響による未進額の激増は、岡田家の経営方針からは当然の帰結といえる。

伊左衛門が六名の小作人を訴えた嘉永二年は、佐々木氏が注目した地並形式の小作台帳「小作宛口名前帳」が

表6　藤井寺村松右衛門宛口変遷

年次	田方宛口(石)	蔵入米(石)	田方不足(石)	田方〆(匁)	綿方宛口(石)	滞銀(匁)
文化12						121
13						0
14						28
15						17.14
文政2	1.5	0			1.6	0
3	1.6	1	0.4		1.5	0
4	1.5	0.5	0.5	29.5	1.6	0
5	3.45	2.5	0.5	28.8	1.5	0
6	1.6	0	0.4	29.99	3.35	25.46
7	3.45	2.5	0.55	33.88	1.5	35.18
8	1.5	1	0.13	9	1.6	0
9	0	0	0	0	3.1	0
10	1.6	1	0.35	20.62	1.5	0
11	1.5	1	0.15	12.95	1.6	0
12	1.6	1	0.5	35.8	1.5	0
13	1.5	1	0.28	23.96	1.6	44.43
天保2	0	0	0	0	3.1	2.35
3	1.5	0	1.15	89.7	1.6	0
4	3.1	0.5	2.3	276	0	276
5	3.1	2	0.95	74.1	0	74.1
6	0	0	0	0	3.1	116.5
7	3.1	1.5	1	162	0	162
8	0	0	0	0	3.1	128.7
9	3.1	1	1.8	208.8	0	208.8
10	0	0	0	0	3.1	182
11	3.1	2	0.75	48.7	0	48.7
12	1.6	0	1.5	120	1.5	201.4
13	3.1	2	0.9	64.8	0	64.8
14	0	0	0	0	3.1	66.9
15	3.1	2	0.8	61.8	0	61.8
弘化2						158.6

出典：「下作宛口帳」「藤井寺村下作人小作年貢滞書出帳」から作成。
註1：未進合計額は、複数年度の決済を経たもの。
　2：文化、弘化年間は未進額のみ記した。
　3：文政13年の数値には前年分を含む。

作成された年である。この他、同じく嘉永二年作成の、藤井寺村小作人個々について未進状況をまとめた「藤井寺村下作人小作年貢滞書出帳」(25)など、岡田家は嘉永年間、地主経営に関する様々な帳簿を作成している。地主・小作関係の見直しをおこなった時期だからこそ、名寄形式の小作台帳に加え、地並形式の「小作宛口名前帳」が作成されたのである。「小作人願付一件　書物入」にのこされた、松右衛門組なをの勘定書写によると、計一三名が金銭的負担を負っている。そのうち七名は、天保一二年時に庄屋跡役候補として名前のあがった一三名の「重高持」に含まれている。彼らのように岡田家と地主・小作関係を取り結んでいなかった層も、小作人の未進処理という局面で、岡田家の地主経営と関わりを持つことになる。

嘉永二年の内済後も、伊左衛門は嘉永四年に藤井寺村佐右衛門（佐兵衛相続人）を相手取り、小作年貢滞出入《とどこおりでいり》を起こしている。岡田家の地主経営において重要な位置を占めていた藤井寺村小作地だが、天保飢饉の影響を受けた米価騰貴によって「居村同様」の経営が矛盾を露顕させる。そして、岡田家は嘉永年間に地主経営の大幅な見直しを図るのである。

第五節　手作経営

佐々木潤之介氏は、慶応元年（一八六五）から明治一〇年（一八七七）の手作経営の推移から、岡田家が摂津型経営に比すべき内容の生産活動をおこなっていると指摘した。また、慶応四年（明治元＝一八六八）「下作宛口帳」の貼紙を初見とする、手作経営収支の計算方法に注目し、当該期に経営の見直しがおこなわれていたこと、投資とそれに基づく損益の論理で経営全体を把握するという経営合理主義が確認できることを指摘した。氏の論において、手作経営の分析は岡田家の経営方針を位置づける上で重要な位置を占めている。しかし、史料的制約もあり、分析対象が最幕末に偏っている。

不完全な記載となっている年次もあるが、小作台帳からは、手作地の推移をうかがうことができる。また、「下作宛口帳」のうち天保一三年（一八四二）、弘化二年（一八四五）の二点には各年の作付作物が記されている。本節では、これらを手がかりに、手作経営について検討する。

小作台帳では、文化五年の帳簿から、従来「手作」欄にまとめられていた耕地が「店作」と「内作」とに分けて記載される。吉十郎の作分だった「店作」が、分家にともない「手作」から除かれたのである。こうした事情によるもの以外にも、手作地と作付作物の推移をまとめた表7―1をみると、手作地と小作地が入れ替えられる一方で、長期に渡って手作地に宛てている複数の耕地群が確認できる。また弘化三年の「手作」欄からは、多くの耕地で田・綿の裏作に麦・菜種が作付されていることがわかる。二つの帳簿に記されたような作付作物の推移は他の年次にも敷衍できると考えられる。岡田家は、複数の耕地群で稲と綿を周期的に作付し、裏作もおこなっていたのである。

ここで、畿内綿作地帯における地主経営のあり方として、葉山禎作氏の紹介した誉田村弥三右衛門家の事例を参照する(26)。弥三右衛門家は幕末期において稲・綿・麦を主要作物とする二町歩余の手作経営を営んでいる。そして、手作地と貸付地を入れ替え、常に適量の綿作付地を自己経営にとって適当な場所に確保し、稲作付地を分散的に配置して、耕地条件への適合を図っていたという。

同家と岡田家の手作地分布を比較すると、分散した複数の耕地群で稲・綿を交互に作付するという共通点が確認できる。ただし、岡田家は居村だけでなく藤井寺村にもまとまった手作地を確保しており、二か村規模で手作経営を営んでいる。また、岡村だけでなく藤井寺村も手作地の地目は低く、所持地の規模に比べて宛口高が低く

（単位：石）

天保13	14	15	弘化2	3	4	5	手作地への編入時期
				●	○		
●	○	●	○		○	○	享和元～
●	○	●	○				享和元～
○	○	●	○				享和元～
●	○	●	○				享和元～
					○		
1.2不明	●	○	●	●	○	●	
1.25 ●	○	●					享和元～(1.2)
					畑		
○	○	●	○	○	0.6○ 2.9●	2.94○	享和元～(3.5)
○	○	●	○	○	●	2.45○	0.75は享和元～、 1.4は文化5以前～
●	●	○	4.2● 2 ●	● ○	○ ●	4.3● 2.1●	享和元～
○	●						文政13以前～
		●	○	●	○	●	
				●	○	●	
不明	不明	不明	0.138	畑	不明	不明	享和元～
○	●	○	●	○	●	○	文化5以前～
畑	畑	畑	畑				
●	○						文政13以前～
○	●	○					
不明							
	○						
		○					
				●	○	●	
				○	●	○	
					○		
					○	○	
					○		
					○		
					○		
					●		
					○		
					●	○	

註：○＝田方、●＝綿方、「不明」＝作付作物が比定できなかったものを示す。

表7—1　岡田家手作地と宛口高

地域	字名	宛口高
南・本	広宗	2.3
南・本	地顕寺北	2.6
南・本	地顕寺中	1.4
南・本	地顕寺小畝町弐ツ	0.47
南・本	地顕寺東	2.6
南・本	大保伊助作之跡	1.3
南・本	みのん上	
南・新	宮ノ垣外西	1.2
南・新	宮ノ垣外	2
藤・本	下乙池上	3.5
藤・本	下乙池下	2.15
藤・本	乙池三反	6
藤・本	乙池上ノ段	1.2
南・本	岡中	2
南・本・新	岡中井戸北	2.1
	三昧野(畑)	0.385
南・新	割塚	4.2
南・新	割塚(畑半分)	0.5
北・本	西ン上	1.7
南・本	まふら	1.4
藤・本	西ノ谷	2
北・本	西口	1.9
南・本	前原	1.9
北・本	こぶ地	3.55
北・本	こぶ地	1.7
藤・本	葉森	1.35
南・本	屋敷	1
南・本	寺西	1.4
南・本	地顕寺	1.76
	シタ溝上下	2.8
藤・本	那松三本松ノ下	2.1
藤・本	那松東ノ方畠ケ	0.6
南・本	王見塚	2.5

出典：「御年貢下作宛帳」「下作宛口帳」「田畑畝高宛口帳」から作成。

抑えられている。岡田家の農業経営は、過半を占める小作地経営に根幹があり、手作経営では最低限の作徳を安定的に得ることを目指していたのである。

ところで、表7—2からは弘化四年に手作地が大きく増加していることがわかる。同年の手作欄に記載された各耕地は、翌五年の手作欄では有畝が記され、いくつかは宛口高が改正されている。弘化五年時には小作人に宛てた耕地も、小作人の欄だけでなく手作欄でも反別、宛口高を記しているように、手作地を増加して耕地の再把握を図ったのである。享保年間以来、岡田家の手作地規模は、おおよそ三〇～五〇石の間を推移しており、佐々木氏が検討した幕末から明治期のあり方とも合致している。しかし手作地の地目を考えると、宛口高に二〇石の幅があることの意味は大きいのではないだろうか。弘化四年のように宛口高が急増しても、手作経営からは未進が生じない。つまり、岡田家は余裕を持った規模で手作経営をおこなっているのである。天保飢饉で最も深刻な

表７－２　岡田家手作地規模

年次	綿方	田方	宛口高合計(石)
享和元			46.9
文化5			40.67
文政13			39.53
天保13			34.46
14	凡6反／13	7反／15.66	※28.46
15	／15.96	／14.7	30.66
弘化2	5反6畝歩／11.8	7反／14.71	26.51
3	7反3畝歩／15.35	6反9畝8歩／14.55	29.9
4	8反3畝17歩／17.85	1町4反3畝18歩／30.16	48.01
5	7反2畝17歩／15.25	1町2反5畝3歩／26.29	41.54

出典：「御年貢下作宛帳」「下作宛口帳」から作成。
註1：「※」印は、計算上合わないが「〆」の数値をそのまま記載した。
　2：表の見方　地積／宛口高(石)

打撃を蒙った天保七年以降、弘化三年にかけて手作経営の規模が縮小する一方で、所持地は増加している。天保末年は、地主的性格を強めた時期といえるだろう。

おわりに

本章によって得られた知見をまとめる。

①他の時期と同様、地主経営の中心は岡・藤井寺・小山村にある。そこで岡田家は、畑方だけでなく田方においても綿作を展開していた。平年においても綿方小作料は皆済されておらず、未進は田方小作料分と共に貨幣換算され、年賦などの金融によって処理される。岡田家は皆済を期待できない程の規模で綿作を展開し、その利益で経営発展を図っていた。この経営方針は、幕末期の分析で指摘された「利貸の論理」と通じるものである。

②一九世紀前半の特徴として、藤井寺村小作地の経営があげられる。岡田家の岡村における所持地は決して地味が良くなかった。この時期に藤井寺村の所持地を増やし、生産力の高い田地を多く得た岡田家は、耕地の特徴を勘案した「居村同様」の小作地経営をおこない、さらなる経営の発展を目指した。二か村に渡って大

規模な土地を所持した、当該期の岡田家だからこそ可能な経営のあり方といえる。

③天保飢饉による米価騰貴が、岡田家の地主経営に大きな影響を与えた。とりわけ、藤井寺村小作人の未進額が激増した。これは、①②に基づく当該期の経営方針に起因する。そして、天保末年から嘉永年間にかけて、岡田家は地主・小作関係の見直しを図る。小作料の未進を、年賦や講・請人からの返済などで処理するように、地主経営と金融の関連が強まる。畿内綿作農村における、豪農経営のあり様を示していよう。

次に、弘化二年「下作宛口帳」への加筆を掲げる。

〔史料10〕(27)

弥助

（四筆略）

西ノ谷西ノ方

一　弐石　田

内五斗用捨　但し先年ゟ作人度々相替り候故、
悪田地ニ相成候故、格別勘弁遣ス

（・五斗　蔵入

（・三石　内斗

田不足　弐斗

代　拾八匁四分

（後略）

頻繁な作人の変更が、耕地の荒廃をもたらすととらえていることがわかる。岡田家は、小作人が耕地を「荒地ゟ受取」ったり、新たに小作契約を結んだ場合（初テ作ニ付）などは、小作料を減免している[28]。天保期に増加する小作地移動や作人の変更は、好ましいものではなかったのである。岡田家は、安定した地主経営を志向していた。先に、定免の契約が主に出作地の支配人や、商人的性格をもつ小作人との間で結ばれていると述べた。竹安繁治氏は、定免小作料が危険負担の平準化、土地生産力の反映という意味を持つと指摘した。享和年間には、複数の小作地を宛てられた小作人に対して、宛口高に近似した定免の額となっているように、岡田家も、定免小作料を安定した作徳を計算できるものとしてとらえていたと考えられる。しかし、化政期から天保期にかけて定免の取り決めが解消されていく。安定的に作徳を得られなくなったことで、地主経営の転換を余儀なくされたのである。この時期は定免小作料も、全般的に宛口高より低いものとなっている。

ところで、本章は岡田家の経営方針を中心に論じてきた。最後に、経営帳簿の加筆をとりあげ、他の百姓の動向について付言したい。まず、嘉永三年作成の「譲り引之田畑建家聞合帳」から同年の事例を二つ紹介する[29]。

・字こふ池（岡村、石高〇・四一五石、岡村南株三郎兵衛所持地）…三郎兵衛の親類から、この田地は「当方（岡田家）こふ池之東之方下」ゆえに、「譲受候得ハ、水入万端勝手ニ付、買請呉候様」頼まれた。伊左衛門は、「三郎兵衛も身底宜敷者」なので、「少々高直」だが代銀三六〇匁で「譲請遣」した。

・字山之内（藤井寺村、石高〇・六七六石、藤井寺村善兵衛所持地）…善兵衛から岡田家に対し、度々の申し入れがあった。曰く、これらの田地は「当方（岡田家）の地続ニ而、譲受当方持ニ相成候ハヽ、右近辺一円当方所持ニ相成」るという。そこで伊左衛門（岡田家）は、代銀が「斗かけ歟、情々《ママ》九升かけなれハ、地続の事故、譲り受可申旨申聞セ」た。しかし、善兵衛が「神明（藤井寺村）田地と振替呉候歟、又ハ代銀なれハ三貫位ニて譲受候様申来」た。代銀の値組みが合わず、今回は断った。

従来からの所持地との「地続」に言及しており、岡田家が零細錯圃制への対応を図っていたことが裏付けられる。字山之内の事例にみられるように、その経営方針は藤井寺村においても「居村同様」に適用されていた。一方、岡田家に対して「地続」という点を梃子に、高値の対価や土地交換を要求する百姓の働きかけも見てとれる。善兵衛の所持する字山之内の三筆の田地には、それぞれ「作人」の名が記されている。善兵衛のような小作人以外の層も、岡田家の地主経営と繋がりを持っていたのである。

第四節では藤井寺村の小作人をとりあげたが、岡村でも弘化五年（嘉永元＝一八四八）、南株百姓たちが谷町役所宛に、年寄専右衛門および嘉右衛門を相手取って、年貢勘定の不正を訴えている。[30] 訴状には「願人　小前百姓共」と記されており、南株百姓たちのまとまりを看取できる。このなかには岡田家の小作人も含まれていたと考えられる。庄屋である岡田伊左衛門は訴えの対象となっておらず、この一件は直接岡田家の地主経営と関わるものではない。しかし、年寄の年貢勘定における不正を訴えるという行動に、自己の生産条件を守ろうという意識がうかがえよう。

ここで、決済した金融を書き連ねた「請落引合覚」から、嘉永二年の帳簿の末尾をとりあげる。

〔史料11〕[31]

茂八地

神殿之尾崎ハ三斗、弐斗五升之定免ニ而、昨年作居、当年綿可致積ニ而、丁寧ニ修理致居候由

谷壱石壱斗場ニ而九斗之定免ニ致し、昨年ゟ善助作居候、右九斗なれバ、続テ善助作り度旨申居候、尤壱石壱斗場与申候ハヽ、格別広く無之、少々狭キ方与被存居候趣、善助申居候由也

平新作壱石四斗五升場ニ而壱石三斗之定免ニ致し、平新作居候趣、尤朝日不当抔与申、平新差戻し候趣ニ候、

是ヲ北丁之直八作り度旨申立候

宛口高や地味を勘案して、自ら「作り度旨」を岡田家に申し出る小作人がいる一方で、平新（平野屋新助）のように小作地を「差戻」す小作人もいることがわかる。新助は、平野屋という屋号を持っていることから、なんらかの商売もおこなっていたと考えられる。つまり、小作人は、自身のおかれた状況と小作条件を照らし合わせて、小作契約を結んでいるのである。一九世紀初頭からの小作人に、持高を増やしていく例は数少ない。時期差は考慮すべきだが、岡田家との契約は小作人にとって決して楽なものではなかったといえる。その中で、小作人はより有利な条件を模索しているのである。

天保飢饉は小作人の過半を占める小高持層・無高層にも多大な打撃を与えた。岡田家同様に、彼らも対応を講じていた。小作条件の選択以外に、「未進帳」[32]から未進処理の局面をうかがうことができる。岡村卯之助の欄には、「佐右衛門世話ニ而、年賦ニ致呉候様ニ段々申来り候ニ付、承知致シ遣ス、依之倅奉公致候ハ、」返済が可能と、佐右衛門が述べている旨の墨書がある。天保飢饉以後、未納小作料の処理で多く採用される、一部を用捨した上での年賦による解決という方法は、岡田家と小作人双方の合意点だったのである。倅の奉公にまで言及している点から、卯之助にとっていかに岡田家との関係が重要だったかがわかる。小作人は、単に地主経営に組み込まれていた訳ではなく、地主・小作関係を結ぶことで自身の生存条件を確保しようとしていたのである。本節でとりあげた百姓たちの動向は、弘化〜嘉永年間に作成された史料を基にしており、本章で分析した時期とは一致しない。ただし、この時期の地主・小作関係が天保期の課題を受け継いだものという点を想起してほしい。

「はじめに」で述べたように、佐々木潤之介氏は、幕末期の岡田家が地域の人々の生存条件をつくりだしてい

ると指摘した。一九世紀初頭の岡田家も、自家の発展と彼らの成立を勘案した経営をおこなっており、概ね首肯しうる見解である。この点に加えて本章では、周囲の人々の主体性を強調したい。地主・小作人・請人など、岡田家との関わり方は多様だが、自身の主張を持ち、より有利な条件を得ようとする姿は共通している。彼らを、岡田家の地主経営に組み込まれるだけの存在ととらえてはならない。「生存条件」をつくりだす岡田家とともに、それを追求する地域の人々にも留意すべきなのである。

この評価は、経営帳簿の加筆に注目するという本章の分析視角に基づく。弘化～嘉永年間における記載の増加は、岡田家が当時直面していた課題の反映とみることができる。自身の小作地を他の百姓に「勝手ニ」耕作させる小作人もいるように、居村以外にも地主経営が展開していく一九世紀、岡田家と小作人たちの関係は多様性を増す。(33)そこで、岡田家は彼らの動向を把握する必要に迫られ、新たに帳簿を作成したり、小作人の動向を記したのである。岡田家の地主経営において、天保期は一つの画期となったのである。

（1）　津田秀夫「幕末維新期の農村構造」（『日本歴史』二九〇号、一九七二年。のち同『幕末社会の研究』柏書房、一九七七年に再録）、菅野則子「封建制解体期畿内村落の構造」（北島正元編『幕藩制国家解体過程の研究』吉川弘文館、一九七八年。のち同『村と改革』三省堂、一九九二年に再録）、渡辺尚志「地域社会の関係構造と段階的特質」（『社会学研究』三九号、二〇〇一年）、舟橋明宏「岡村」（『藤井寺市史』第二巻通史編二近世、二〇〇二年）。

（2）　佐々木潤之介「幕末期河内の豪農」（同『幕末社会の展開』岩波書店、一九九三年）。

（3）　拙稿「享和～弘化年間における岡田家の地主経営」（平成一五年度～一七年度科学研究費補助金　基盤研究(B)(1)研究成果報告書『戦国末～明治期畿内村落の総合的地域研究』、研究代表者渡辺尚志、二〇〇六年）。

（4）　註(1)菅野前掲論文。

（5）　註(1)舟橋前掲論文。

(6)註(2)佐々木前掲論文。

(7)四六―一九(天保一四年)。他年次の「田畑畝高宛口帳」も、ほぼ同様の表記である。

(8)四六―五―一〇―三。

(9)註(2)佐々木前掲論文、本書第六章天野論文(初出は註3前掲科研報告書)。

(10)四六―二二。

(11)二六―五。

(12)例えば、南島泉村(高二石五斗七升四合、支配人勝右衛門)は、文化四年の定免額が作徳米一石五斗定から、文化一三年には銀五〇匁に、西川村のうち二筆(高四石八斗)は、文化三~九年の一二〇匁が、文化一三年には、二石ずつに変更されている。

(13)註(3)前掲拙稿。

(14)竹安繁治『近世小作料の構造』(御茶の水書房、一九六八年)。

(15)葉山禎作『近世農業発展の生産力分析』(御茶の水書房、一九六九年)。

(16)本書第五章福澤論文(初出は註3前掲科研報告書)。

(17)二八―八―一二。

(18)註(3)前掲拙稿。

(19)年貢納入については、本書第四章小松論文(初出は註3前掲科研報告書)参照。

(20)四六―六―一九。

(21)四六―五―一二。

(22)四二―一八。

(23)二一―八。

(24)A―三―八―二。

(25)四二―一四。

(26)註(15)葉山前掲書。

(27) 註(23)前掲文書。
(28) 二六―二。
(29) 一一―一八―八。
(30) 註(24)前掲文書。
(31) 一一―一八―一〇。
(32) 二一―六。
(33) 註(28)前掲文書。

第四章　幕末期岡田家の地主小作関係と村落

小松賢司

はじめに

本章に与えられた課題は、弘化以降幕末期における岡田家の地主経営の一端を明らかにすることである。その中でも、岡田家の居村岡村と、隣村の藤井寺村に対象を絞る。(1)岡田家の地主経営の根幹ともいえる両村での地主小作関係について、村落との関わりに目を配りながら明らかにしていきたい。

第一節　本章の目的と考察対象の概要

1　佐々木氏の主張と問題点

岡村岡田家は、佐々木潤之介氏が分析対象とし、畿内の「豪農の典型」と位置づけたことで、研究史上重要な意味を持っている。(2)考察に入る前に、佐々木氏の分析を整理しておく必要があろう。以下、幕末期の地主経営に関する佐々木氏の分析を整理し、併せて問題点を指摘して、本章の分析視角を明確にしたい。

岡田家が居村内で取り結んだ地主小作関係について、佐々木氏は、嘉永期における小作人の主体は二石以上層と無高層であり、無高層は小作だけでは経営を成り立たせることができず、糸稼ぎなどをおこなう「半プロ」であるとする。そして慶応四年には無高小作人の人数が増加しており、また小作人一人あたりの平均小作規模も増大していることから、下層農民ほど地主小作関係への依存度が大きくなっており、地主と「半プロ」の関係はますます強まり、矛盾関係はますます深化すると指摘する。

また地主岡田家の経営論理について、①米納年貢諸掛を経営の収支計算に含めておらず、封建領有の圧迫を感じさせない仕組みになっていたこと、②手作地に対して「宛口（年貢＋小作料）」を用いた机上の収支計算をおこなっており、そこには「生産者の論理」ではなく、土地＝年貢・小作料を実現するものととらえる「利貸の論理」が貫徹していること、③「生産者の論理」ではなく「利貸の論理」が貫徹された帳簿が、安政年間から作成されはじめたこと、④手作経営では、金肥を用い、多くの奉公人を使役し、商業的農業を営むことで利潤を実現しており、まさしく「摂津型経営」であること、⑤手作の収支計算では「宛口」を支出として計算し、手作経営単体での経営状況を把握しようとする「投資と損益の論理」が見られること、などを指摘する。そして④⑤はこの経営の新しさを示すものだが、一方で①～③のような「利貸の論理」が貫かれており、単純に先進的・近代的とは評価できないと主張する。そして岡田家を、地主経営を主軸に摂津型手作経営を営み、金融活動によって生産に吸着する「豪農」の典型であると位置づける。

以上のような佐々木氏の見解には、以下の問題点があると考える。

一点目に、安政年間を境に「利貸の論理」が貫徹されはじめることの根拠として、佐々木氏は、地主経営帳簿が地並形式から名寄形式へ変化することを指摘しているが、実際にはそれ以前からすでに名寄形式の帳簿が整備されており、(3)再検討される必要がある。

二点目に、岡村の先行研究において、幕末期に、小作をおこなわず農業から離脱した「脱農層」(津田秀夫氏いわくの「原生プロレタリア」範疇)(4)の存在が指摘されてきたが、佐々木氏はこの点に全く触れず、小作人の主体を「半プロ」と位置づけている点。畿内村落史研究では、畿内富農論と関わって、無高層と村落との関係が一つの争点となってきたのであり、「脱農層」について、その位置づけを明確にする必要があろう。

三点目に、年貢の処理方法や「宛口」の意味などについて、その前提としてある土地制度との関連を無視し、単純に豪農の経営論理の問題として結論付けている点。一点目とも関わるが、経営論理の議論を展開するためには、まずその経営の前提となる年貢納入・小作米納入などのシステムの解明が不可欠であり、それを踏まえた上で経営の質を論じていかねばならないはずである。

総じて佐々木氏の議論は、岡田家の経営分析に基づいて立ちあげられているため、同家を取りまく構造については課題を残している。岡田家を村や地域の中で位置づけるにせよ、経営論理を解明するにせよ、まずこの課題を克服する必要があると考える。

以上を踏まえ本章では、岡田家が居村岡村・隣村藤井寺村で取り結んだ地主小作関係について、年貢納入システムなど土地制度との関わりに注目しながら再検討を加えていくことにしたい。(5)

2　岡村と岡田家の概要

分析に入る前に、幕末期における岡村と岡田家の概要について説明しておく。

河内国丹南郡岡村は現在の大阪府藤井寺市にあり、いわゆる畿内綿作地帯に位置している。村高は天保期に七

表1　幕末期岡村の階層分布

持高（石）	弘化4	安政4	慶応2	明治4
	1847	1857	1866	1971
	人別帳	人別帳	人別帳	戸籍
90～100			1	
80～90	1	1		
70～80				
60～70				
50～60				2
40～50			1	1
30～40	2	1	1	2
20～30	3	5	5	3
10～20	12	15	11	11
0～10	86	60	58	62
5～10	17	18	19	18
1～5	44	33	29	35
0～1	25	9	10	9
無高	89	122	121	99
総家数	193	204	198	180

出典：
・弘化4「切支丹宗門御改人別寺請帳」（F-1-60-1,2）
・安政4「切支丹宗門御改人別寺請帳」（F-1-70-1,2）
・慶応2「切支丹宗門御改人別寺請帳」（F-1-79-1,2）
・明治4「河内国丹南郡岡村戸籍」（F-1-84-1,2）

三九石。田が約四〇町、畑が約一九町と田勝ちである。村内に、現在仲哀天皇陵とされている陵墓があり、近世期には野として利用されていた。領主支配は、寛政二年（一七九〇）以来幕末まで幕領であるが、寛政一一年（一七九九）～天保一一年（一八四〇）までは高槻藩預地になっている。家数は二〇〇軒前後である。表1に示した幕末期の階層分布をみると、安政期には無高が一〇〇軒以上も存在している。一方で群を抜いた持高を誇っている一家が岡田家である。

岡村には三つの集落が存在する。岡田家が居住している最大の集落「南岡」、その北に道続きになっている「新町」、これら二つの集落とは離れて存在する「北岡」である（巻頭の岡村絵図を参照）。各集落の家数は、弘化三年（一八四六）の史料によれば、南岡一〇四軒、新町六一軒、北岡一七軒となっている。(6)

表２　岡田家の村内所持高の変遷　（単位：石）

	弘化４ 1847 人別帳	安政４ 1857 人別帳	慶応２ 1866 人別帳	明治４ 1971 戸籍
岡田伊左衛門・伊一郎	84.940	86.100	95.900	57.906
岡田喜十郎（伊一郎弟）	×	10.000	10.000	58.924
岡田伊助（向イ）	1.980	12.730	12.730	12.988
岡田伊十郎（北之方）	11.350	8.900	8.900	12.400

出典：表１と同

表３　嘉永６年「田畑畝高帳」に見る岡田家の所持地

	石高（石）	宛口高（石）
岡村本田	98.782	186.450
岡村割塚	5.918	
岡村新田	10.674	32.010
藤井寺村	83.749	164.560
嶋泉村	20.643	125匁＋14.55
小山村	14.563	24.000
野々上村	5.245	?
西川村	4.435	9.750
野中村	0.615	金２分
太田村	3反5畝8歩	35匁
誉田村	2反0畝4歩	80匁
林　村	3.163	120匁
蔵之内村	9.122	?
道明寺村	0.777	2.225
新堂村	1.343	2.000
立部村	1.200	3.000
大井村	35.324	62.560

出典：嘉永６年「田畑畝高帳」（46-21）

またこれは次節で詳述するが、岡村には二つの株が存在した。畿内村落の株については、橋本玲子氏(7)・藪田貫氏(8)などが分析を加えており、特に藪田氏は株のあり方を基に畿内村落の類型化を試みている。(9)藪田氏の類型に従えば、岡村は、領主による分郷を経験していないにも関らず、株によって分割されている「株分け村落II」に属している。(10)

次に岡田家の地主経営の概要について、佐々木氏の分析を参考に見ておこう。(11)村内外を含めた所持高について、安政五年（一八五八）に二七四石、文久元年（一八六一）に三二九石という数値が判明し、最幕末に土地所持を増大させている。しかし地主経営の収支をみると、元治年間～明治二年（一八六四～六九）の間に収入・支出とも額が減っており、相対的な危機状況にあった。そして明治九年以降この危機を乗り越え、明治一〇年代から地主的成長を見せ、同二〇年代以降急速な土地集積をおこなう。大正期には、田七四町、畑七四町を所持し、小作人三九八戸を抱える大地主へと成長している。岡田家は、明治中期に寄生地主化するという、畿内豪農の典型的な動向を見せる家である。

　幕末期岡田家の土地所持状況について、まず岡村内の土地所持状況を示した表2を見よう。岡田伊左衛門家だけで九〇石程度を所持し、さらに次男の喜十郎家、親類の伊助家・伊十郎家を含めると一二〇石程度、村高の一五パーセント程度を所持している。この四家の所持地が、全て岡田家の地主経営帳簿において処理されている。次に村内外の土地所持状況を示した表3を見ると、岡村以外に一四か村の土地を所持しているが、岡村と藤井寺村に所持地が集中していることがわかる。両村の土地こそ、当該期の岡田家地主経営の根幹なのである。

第二節　岡村の株と村請制

一　村運営機構

　はじめに、安政二年の年寄藤左衛門跡役に関する次の史料を見よう。休役となった北株年寄藤左衛門と同株小前惣代三名から、代官所に宛てられた文書の写しである。

〔史料1〕(12)

差上申一札之事

岡村元年寄藤左衛門儀、村内故障之儀も有之、年寄役不帰依之趣を以退役被仰附度段去寅八月中御訴訟申上
候処、右申立之趣難被成御取用願書御下ヶ御利解之趣承伏仕候得共、村内取治向勘弁之上、藤左衛門儀江一
先休役被仰付候儀ニ御座候処、右跡役取極ニ付而者、私意を以彼是申立、又ハ役儀内望之ものも有之哉ニ而、
何連ニも北株年寄役不取極候而者、同株小前治リ方も不宜趣ニ而被及御聴候処、今以右跡役之者相談之上ニ而

取極兼候趣ニ付而ハ、北株并新町之儀ハ已前之通組訳庄屋相立候様いたし度旨申之、其段出願可致哉ニ而被及御聴、事実無拠儀ニ有之候共、彼是出願等致候様相成候而ハ、不益之入用等相立、其上両株和熟取治方等ニ差響候儀可出来儀も難斗、且ハ近年兼帯庄屋ニ而相勤来候儀ニ付、先年寄藤左衛門節之通、同株ニ而年寄役相立候ハヽ、株訳等可致儀ニも有之間敷儀ニ付、御勘弁之上、藤左衛門跡年寄役之儀ハ、同人倅藤兵衛江被仰附候間、北株小前取扱方之儀ハ藤左衛門取扱来候通り相心得、伊左衛門申合、仕来之趣を以諸勘定明白ニ相立、実体ニ相勤候様可仕、右藤兵衛年寄役ニ付、南株ニ而不帰依之由申之不承知之ものも有之候ハヽ、其節之儀ハ兼帯御差止、前々之通両株ニ而夫々役儀可被仰附儀ニ付、私意を差挟故障を差招候心得違之者も有之候ハヽ、得与申諭取治方可仕旨被仰越之趣承知奉畏候、仍而御請印形差上申所如件

安政二卯年三月廿七日

河州丹南郡岡村　北株年寄　藤兵衛

（以下八名連名・略）

信楽御役所

北株の年寄藤左衛門が休役となり、跡役が決まらず、以前の通り「北株并新町」を組分けして庄屋を立てようとする動きも見られるが、近年は「兼帯庄屋」で勤めており、北株で年寄役を立てれば株分けする必要はないという。この史料から、岡村は元々［北株＋新町］と［南株］に株分けされており、各々に庄屋がいたこと、近年は南株庄屋の岡田家が兼帯庄屋を勤めていること、当時も各株に年寄役がいることがわかる。

庄屋と年寄の変遷について、毎年の人別帳の連印を整理した表4で確認しておきたい。庄屋は天保五年（一八三四）まで二名存在する。岡田伊左衛門とともに庄屋を勤めている弥二左衛門は北岡に居住している。年寄は数

年継続して勤める者が三名おり、居住地は南岡が二名、北岡が一名で、新町居住者は見られない。彼らとは別に、文政三年（一八二〇）から毎年交代する年寄が一名現われる。彼らの居住地は、判明する限り全員新町である。新町には庄屋は置かれず、文政三年以前には年寄も置かれていなかった。

次に天保二年（一八三一）に起きた村方騒動に関する二つの史料を見よう。

〔史料2〕[13]

乍恐口上

河州丹南郡岡村

一当村伊左衛門株百性（ママ）共ゟ夫代勘定取込出入奉願上、今日私共被為御召出始末御糺ニ付乍恐左ニ奉申上候

当村之儀ハ三方百性代立合勘定致候仕来ニ御座候、然ル処（中略）

天保弐年卯十一月十一日

弥二左衛門株年寄　杢右衛門

同　百性代　藤左衛門

高槻御役所

〔史料3〕[14]

乍恐口上

河州丹南郡岡村

一当村伊左衛門株百性共ゟ夫代勘定取込出入奉願上、今日私共被為御召出始末御糺ニ付左ニ奉申上候（中略）

天保弐年卯十一月

見る村役人の変遷

年寄									
専右衛門	新七		新左衛門						
専右衛門	新七		新左衛門						
専右衛門	新七		新左衛門						
専右衛門	新七		新左衛門		杢右衛門				
専右衛門	新七		新左衛門		杢右衛門				
専右衛門	新七		新左衛門			伝右衛門			
専右衛門	新七		新左衛門					治兵衛	
専右衛門	新七		新左衛門				仁兵衛		
専右衛門	新七		新左衛門		杢右衛門				
専右衛門	新七		新左衛門			伝右衛門			
専右衛門	新七		新左衛門						源助
専右衛門	新七		新左衛門				仁兵衛		
専右衛門	新七		新左衛門		杢右衛門				
専右衛門	新七		新左衛門			伝右衛門			
専右衛門	新七		新左衛門		杢右衛門				
専右衛門	新七		新左衛門		杢右衛門				
専右衛門	新七			嘉右衛門		伝右衛門			
専右衛門	新七			嘉右衛門			仁兵衛		
専右衛門	新七			嘉右衛門	杢右衛門				
専右衛門	新七			嘉右衛門		伝右衛門			
専右衛門				嘉右衛門			仁兵衛		
専右衛門		藤左衛門		嘉右衛門	杢右衛門				
専右衛門		藤左衛門		嘉右衛門		伝右衛門			
専右衛門		藤左衛門		嘉右衛門			仁兵衛		
専右衛門		藤左衛門		嘉右衛門	杢右衛門				
専右衛門		藤左衛門		嘉右衛門		伝右衛門			
専右衛門		藤左衛門		嘉右衛門			仁兵衛		
専右衛門		藤左衛門		嘉右衛門	杢右衛門				
専右衛門		藤左衛門		嘉右衛門		伝右衛門			
専右衛門		藤左衛門		嘉右衛門			仁兵衛		
専右衛門		藤左衛門		嘉右衛門	杢右衛門				
専右衛門		藤左衛門		嘉右衛門		伝右衛門			
		藤左衛門			杢右衛門	伝右衛門	仁兵衛		
		藤左衛門			杢右衛門	伝右衛門	仁兵衛		
専右衛門		藤左衛門		嘉右衛門		伝右衛門			
専右衛門		藤左衛門		嘉右衛門		伝右衛門			
専右衛門		藤左衛門		嘉右衛門	杢右衛門				
専右衛門		藤左衛門		嘉右衛門		伝右衛門			
専右衛門				嘉右衛門	杢右衛門				
専右衛門		藤左衛門		嘉右衛門		伝右衛門			
専右衛門		藤兵衛		嘉右衛門	杢右衛門				
南岡	北岡	北岡	(不明)	南岡	新町	新町	新町		

表4　「人別帳」の巻末連印に

	庄屋	
文化14	伊左衛門	奥助
文政元	伊左衛門	奥助
2	伊左衛門	奥助
3	伊左衛門	弥二左衛門
4	伊左衛門	弥二左衛門
5	伊左衛門	弥二左衛門
6	伊左衛門	弥二左衛門
7	伊左衛門	弥二左衛門
8	伊左衛門	弥二左衛門
9	伊左衛門	弥二左衛門
10	伊左衛門	弥二左衛門
11	伊左衛門	弥二左衛門
12	伊左衛門	弥二左衛門
天保元	伊左衛門	弥二左衛門
2	伊左衛門	弥二左衛門
3	伊左衛門	弥二左衛門
4	伊左衛門	弥二左衛門
5	伊左衛門	弥二左衛門
6	伊左衛門	
7	伊左衛門	
8	伊左衛門	
9	伊左衛門	
10	伊左衛門	
11	伊左衛門	
12	伊左衛門	
13	伊左衛門	
14	伊左衛門	
弘化元	伊左衛門	
2	伊左衛門	
3	伊左衛門	
4	伊左衛門	
嘉永元	伊左衛門	
2	伊左衛門	
3	伊左衛門	
4	伊左衛門	
5	伊左衛門	
6	伊左衛門	
安政元	伊左衛門	
2	伊左衛門	
3	伊左衛門	
4	伊左衛門	
居住地	南岡	北岡

弥二左衛門株　　新七

同　　百姓代　　三左衛門

同断　　　　嘉七

高槻御役所

両史料とも、差出人が異なるだけで、文面はほとんど同じである。岡村では「三方百姓代」が立ち合って夫米勘定をおこなってきたという。三方とは三集落のことであろう。差出人の連名を見ると、一通目が「弥二左衛門株年寄」の杢右衛門と百姓代一名である。杢右衛門は新町居住者である。二通目の新七には「弥二左衛門株」とあるのみで役職の記載がないが、表4から当該期に年寄であったことがわかる。新七は北岡居住者である。また一通目とは別の百姓代が二名連名している。「弥二左衛門株」とは北岡の庄屋弥二左衛門の株ということであろう。史料上には相手方として「伊左衛門株」が見えるが、これは南岡の庄屋岡田伊左衛門のことにほかならない。この史料から、北岡と新町の年寄はともに弥二左衛門株＝北株であり、他方に伊左衛門株＝南株があったこと、天保二年段階では三集落各々に年寄と百姓代が置かれ、夫米勘定に関わっていたことが判明する。

以上をまとめておく。文政三年以降には三集落各々に年寄役が置かれ、天保二年段階には百姓代も各集落に数名ずつ置かれていた。しかし庄屋は南岡と北岡にのみ置かれて「南株」「北株」を各々管轄しており、新町は「北株」の一部として位置づけられていた。そして天保五年以降は、南株庄屋の岡田家が一人で両株の兼帯庄屋を勤めていた。

村役人の変遷を踏まえた上で、岡田家文書における村方帳簿の現存状況を整理した表5を見てみよう。岡田家文書には、安政元年を除いて、「北株分」と題された帳簿が含まれていないことがわかる。安政元年は前述の通り、北株の年寄が不在だった年なので、例年は「北株分」の帳簿が北株の年寄によって作成・管理されていたことがここから明らかである。当該期の岡村では岡田家が唯

表5　岡田家文書における年貢諸掛勘定帳簿の現存状況

			嘉永						安政					
			1	2	3	4	5	6	1	2	3	4	5	6
年貢勘定	御年貢小前勘定帳	南株分 北株分	○	○	○	○	○	○	○	○	○	○	○	○
年貢勘定	御年貢米銀取附勘定帳 (銀納取附帳)	南株分 北株分	○	○	○	○	○	○	○ ○	○	○	○	○	○
年貢勘定	庭帳	南株分 北株分	○	○	○	○	○	○	○ ○	○	○	○	○	○
年貢勘定	銀納附込帳	南株分 北株分	○	○	○	○	○	○	○ ○	○	○	○	○	○
諸掛勘定	支配割掛帳	南株分 北株分	○	○	○	○	○	○	○ ○	○	○	○	○	○
諸掛勘定	支配勘定帳	南株分 北株分	○	○	○	○	○	○	○ ○	○	○	○	○	○
諸掛勘定	支配書抜帳	南株分 北株分	○	○	○	○	○	○	○ ○	○	○	○	○	○
諸掛勘定	書出帳 (歩行給・山番給)	南株分 北株分	○	○	○	○	○	○	○	○	○		○	○

一の庄屋だったが、村運営の全てを担っているわけではなく、少なくとも年貢諸掛勘定については、北株の年寄が「北株分」を担当し、岡田家は「南株分」のみを担当していたのである。

2　村請と株

次に、村入用勘定や年貢勘定に対する株の機能を明らかにしたい。便宜上、村入用勘定から見ていく。次の史料は安政四年の「支配勘定帳　南株」の記載である。

〔史料4〕(15)

(前略)

惣〆　四貫弐拾目七分九リ

内　高壱石九斗五升　今池新田ゟ高余内

此米　壱石壱斗三升三勺

下作直段　此百拾八匁壱分壱リ

百七拾八匁壱分

南株八十　新株四十五　北株十二分

(中略)

引物〆　五百拾八匁五分壱リ

内

(中略)

残而　五百拾六匁五分壱リ

全ク　三貫五百四匁弐分八リ

高七百三拾九石四升六合

内　壱石　　　　　　山高引

壱石八斗五升四合　南北村持・宮持

五拾弐石五斗　　　弁高

弐拾石　　　　　　役高

引高合　七拾五石三斗五升四合

残而　六百六拾三石六斗九升弐合

此掛り　高壱石ニ付五匁弐分八リ

割不足　壱リ

南高　三百五拾六石八斗一升八合

内　壱石弐斗三升六合　宮付分引

残而　三百五拾五石五斗八升二合

五匁二分八厘

此懸り　壱〆八百七十七匁四分七厘

又　七拾四匁弐分五　山番給

又　百四匁　　　　株八十
又　六拾壱匁　　　歩行給　六斗壱升
〆　弐〆百拾六匁七分弐厘

北高　三百二拾三石壱斗三升三合
又　五石五斗九升五合　今池
〆　三百弐拾八石七斗弐升八合
内　六斗一升八合　宮付引
残而　三百弐拾八石壱斗壱升
此掛　壱〆七百三拾弐匁六分弐り
（中略）
〆　壱〆九百七拾六匁弐り

入用の総額四〇二〇匁七九から引物五一六匁五一が引かれ、これを村高で除し、一石あたり五匁二八が算出される。次に南高三五六石八一八にこの五匁二八が乗され、そこに引物として引かれた「株」と「山番給」「歩行給」が加算されて、南高としての総負担額が算出される。北高三二三石一三三についても同様の処理がなされる。岡村の村高は南高と北高に区分されており、山野などに対する権利はこの各高ごとに定まっていることがわかる。

岡村の村方帳簿は、「名寄帳」「奥印帳」などの土地帳簿が南高・北高それぞれ別々に作成されており、「南株分」「北株分」と題されている。南高・北高とは現実の土地区分であり、土地片ごとにどちらの高に属するかが

清兵衛	10.929	
八左衛門	4.008	
茂　八	6.265	3.045
ま　つ	0.346	
善　助	0.300	
与兵衛	0.238	
伊左衛門	64.814	44.260
兵左衛門	24.007	10.284
仁兵衛	2.400	
儀兵衛	5.423	
伊十郎	8.889	
や　す		1.980
幸　助	10.601	1.516
作左衛門	2.843	
弥右衛門	4.177	
友右衛門	4.902	
佐右衛門	1.200	
杢右衛門	3.442	32.048
庄三郎	1.500	21.860
藤左衛門		24.219
藤左衛門	2.302	
利右衛門		0.253
吉左衛門		2.618
吉　松	0.226	
三左衛門		3.804
新儀助		0.165
平　助	5.981	14.405
幸兵衛	0.744	1.858
伝右衛門	0.122	20.552
仁兵衛	0.180	5.920
新町次兵衛	0.684	11.401
杢右衛門	7.458	33.171
三郎兵衛	4.937	2.905
伊右衛門	3.387	6.072
善兵衛	6.583	3.205
七兵衛	0.464	
七　助	0.900	0.337
六左衛門	0.383	1.600
久右衛門	1.482	0.580

表6　嘉永元年「高附帳」に見る南高と北高の所持状況

(単位：石)

	南高	北高
源左衛門	9.307	0.969
源　助	0.800	
儀　助	8.279	
茂右衛門	9.342	0.586
西町儀兵衛	1.620	
藤右衛門	6.495	
利兵衛		1.845
伝右衛門	5.649	
伊右衛門	1.550	
槫右衛門	3.885	
七左衛門	5.260	
専右衛門	13.322	3.733
磯右衛門	3.100	
太右衛門	1.406	
利右衛門	0.530	
孫右衛門	3.107	
平左衛門	0.742	
小左衛門	6.095	
源　八	2.390	
与左衛門	11.827	
九兵衛	4.260	
佐兵衛	1.463	
三郎兵衛	4.010	
磯　七		
嘉右衛門		0.660
三左衛門	1.740	14.091
又兵衛		7.181
儀右衛門	4.338	
嘉右衛門	4.356	1.666
嘉右衛門弟次兵衛	1.305	
浅右衛門	2.231	
嘉　助	1.712	
平　治	10.806	
吉兵衛	10.056	
文　助	4.258	2.144

源兵衛	0.418	
専　助	0.528	4.650
佐兵衛		0.627
与治右衛門	0.080	4.450
惣　七	1.000	
弥　七		0.150
清　七		0.525
利左衛門	2.460	
三郎兵衛		2.905
三左衛門	1.740	
庄右衛門		2.090
孫左衛門	1.220	
弥三兵衛	1.513	
た　つ	0.951	
松右衛門	0.423	
六左衛門	0.078	
吉左衛門	2.502	
弥三左衛門		3.984
利兵衛		0.684
南弥三兵衛		0.460
久左衛門	1.612	
嘉兵衛	1.060	
嘉兵衛		4.053
光乗寺	0.268	
宮　持	0.739	
村　持	0.909	
源右衛門支配道場	0.320	
和讃講	0.608	
伊勢講	2.342	
藤井寺村新助	0.467	
藤井寺村善兵衛	1.536	
藤井寺村忠兵衛	0.241	
藤井寺村利兵衛		
清右衛門支配善徳寺		1.007
半右衛門支配善徳寺		0.375
村　持		0.468
庄三郎支配法福寺		0.108
宮　持		0.150
三郎兵衛支配惣作		0.764
伝右衛門支配道場		0.091
太郎兵衛支配惣作		0.214
嘉七支配道場		0.065
和讃講		0.048
伊右衛門支配道場		0.776
小山村元慎		12.903
小山村太郎兵衛		2.055
小山村文治郎		1.954
茂八(今池新田)		5.595

出典：嘉永元年「本田新田高附帳」(B-2-12-1,2)

定まっていること、南北の株と南北の高とが対応関係にあることがわかる。また、後述するように、南株構成員の所持地＝南高となっている訳ではなく、南高の土地を北株の者も所持しており、北高の土地を南株の者も所持している。

　では「名寄帳」を用いて、各高の分布状況を調べてみよう。岡田家文書には南株分＝南高の「名寄帳」しか含まれていないが、この帳で管理されている土地片を、耕地絵図と照合し、絵図上に示したものが図1（章末折込）である。照合したのは本田畑のみで、赤色の土地片が南株分「名寄帳」で管理されている本田畑の土地片、青色の土地片が同帳に現れなかった本田畑の土地片である。不完全な照合であり、青色の土地片が全て北高の土地とは言い切れないが、赤色の土地片は確実に南高の土地である。その分布から、南高が村の南東部に偏って分布していることが見てとれよう。但し、北東部にも一部南高が見えており、各高が完全にまとまった空間を形成している訳ではなく、ある程度錯綜していることがわかる。このような地域的な偏りは、その初発においては、水利条件の差に基づいて形成されたのではないかと考えられるが、高の区分の由来については今後の課題としたい。

この両高を村人はどのように所持しているのか。「本田新田高附帳」という帳簿がある。数年おきに作成されるもので、当該期では嘉永元年（一八四八）に「南株分」・「北株分」各々一冊ずつ作成され、各村人について「南株分」には南高分の所持高が、「北株分」には北高分の所持高が、各々書き上げられている。このデータを整理した表6を見ると、南北両高を所持する者が少なからずいることがわかる。前項で集落と株の関係について述べた。表6では各家がどの集落に居住しているか判明しないが、居住する集落の株と、所持している高とは完全には一致していないことは明らかである。

次に、年貢勘定の過程を追ってみよう。年貢割付状を見ると、岡村全体の年貢割付量が記されるのみで、南北高の区分は全く反映されていない。これに対し、「御年貢小前勘定帳」（岡田家文書には南株分しか現存しない、以下「小前勘定帳（南株）」）では、各村人の南高分の所持高が掲げられ、免が乗されて取米が算出されている。村全体の年貢を、南高・北高に分けて勘定しているのである。また米納と銀納の比率について、嘉永七年（一八五四）の場合、年貢割付状では取米の約七割が米納となっているが、「小前勘定帳（南株）」では、各村人の取米のちょうど七割が「米方」、残りの三割が「銀方」と、割付状の比率がそのまま用いられている。最後に翌年春に出される皆済目録を見ると、再び岡村の全体量が記されるのみで、南北高の区分は全く反映されていない。

以上から南北高の区分は、領主との関係においては全く反映されず、村内での処理にのみ用いられていることがわかる。しかし村内においては、各々の「名寄帳」・「奥印帳」によって高ごとに各村人の所持状況が把握され、高ごとに年貢諸掛・村入用などが勘定されているのである。

3　小　括

本節での分析をもとに、南北株の性格を整理しておきたい。

南株は南岡の集落、北株は北岡と新町の集落に居住する者によってそれぞれ構成されていた。岡村の土地は南高と北高とに区分されており、土地片ごとにどちらの高に属するのか定まっていた。そして各株は、それぞれの高をそれぞれの土地帳簿で管理し、村人の土地所持状況を把握し、高ごとの年貢諸掛・村入用を算出して村人に賦課した。しかし領主に対する文書では、株や高は全く反映されていなかった。

村運営については、もともと南岡・北岡に一人ずつ庄屋が置かれ、それぞれが各株を管轄していた。新町には独自の庄屋は立てられず、北株の一部として位置づけられていた。天保期以降、庄屋は南岡の岡田家による兼帯庄屋となる。しかし以後も、北株の土地管理や年貢諸掛勘定などは、北株の年寄によって担われた。

以上から、南株・北株それぞれが独自の構成員を集落単位で持ち、独自の領域の土地を管理し、山野への権利も独自に有するという、両株の自立性が明らかである。この自立性は、領主による公認がなく、また天保期以降は庄屋も兼帯になっているにも関わらず、嘉永七年時点でも強固に発揮されていた。南北株は、土地所有を基盤とした一つの共同体として存在していたのである。(16)

第三節　岡田家の地主小作関係

1　地主小作関係と小作人

では、岡田家の地主小作関係を分析していこう。表7（章末）は、嘉永五年～明治七年（一八五二～一八七四）における、岡村・藤井寺村の岡田家小作人の変遷を整理したものである。小作人の中には一〇年以上も小作を続ける安定した小作人が見られる一方で、単発的に小作をおこなう者も多く見られる。後者の中には、一度小作を辞めた後に再び小作として復帰する者も見られる。集計した表7―2の数値を見ると、岡村内の小作人総数はほぼ変わっていないが、毎年五人から一〇人程度の新陳代謝を繰り返している。

小作を一度辞めた後、再び復帰する例について、小作地の連続不連続を示したものが表8（章末）である。南岡と新町の小作人について、復帰する場合、以前とは異なる小作地を引き受けていることがわかる。彼らについては小作地との関係が希薄であるといえよう。

次に、岡田家の岡村・藤井寺村における所持地について、字別に小作人を整理した表9（章末）を見てほしい。藤井寺村の所持地を見ると、岡村の者による小作や岡田家手作が広汎におこなわれており、その他の村の者による小作も見られる。岡村の所持地を見ると、藤井寺村の者による小作が僅かではあるがおこなわれており、また小山村の者による小作もおこなわれていることがわかる。前節で見た南株（南岡）と北株（北岡・新町）の差に注目してみても、両者に大まかな分布の偏りは見られるが、明確な区分は見出せない。むしろ表8にも現われている通り、南岡と新町の小作人の間で小作地が移動する例が多々ある。小作人と小作地の関係を見る限りでは、村や株による規定性はあまり見られず、むしろそういった枠に囚われずに地主小作関係が展開しているように見える。

次に小作人の性格を見てみよう。前述した通り、岡村に関する従来の研究では、村内の小前の中に、農業から完全に離脱した「脱農層」が存在すると指摘されている。はじめてこの点を指摘した津田秀夫氏は、明治四年（一八七一）の戸籍を分析し、職業欄に「農業」と記されない者が多くいることを根拠に、「農業経営には還流されることのない、まさに原生プロレタリアートともいうべき賃稼層」の存在を指摘した[17]。ついで菅野則子氏は、慶応三年（一八六七）の小作規定における小作人の連印に、村内の無高の半数程度しか連印していないことを根拠に、同様の存在を指摘した[18]。さらに渡辺尚志氏は、慶応元年の用水規定における連印に、無高一二一名中七〇名程度しか連印していないことを根拠に、やはり同様の存在を指摘している[19]。

そこで、津田氏・菅野氏・渡辺氏がそれぞれ根拠とした戸籍・規定について再検討してみよう。表10（章末）は、二つの規定連印者を照合し、それに戸籍の職業欄、および表7の小作就業状況を重ねたものである。小作就業状況は岡田家のものだけであり不充分だが、この表から、両規定に連印していない、又は戸籍に農業との記載のない無高であっても、その前後では小作をおこなっている例が多く見られる点が指摘できよう。つまり、三氏の指摘したいわゆる「脱農層」とは、単にその年に小作をおこなっていないだけであり、小作として復帰する可能性を持っている者たちなのである。よって彼らを「脱農層」とくくることは適当でないと考える。

岡田家の小作人には、安定した小作人もいる一方、単発的で小作地との関係も希薄な小作人も多く見られた。岡村の無高の多くは、後者のような地主小作関係を結びつつ、余業と小作を組み合わせた経営形態を採っていたのではないか。岡村の無高については、小作層と脱農業層を区別せず、余業と小作が密接不可分な層として一くくりにとらえるべきであろう。

2　岡村の年貢納入システム

地主小作関係の性格をさらに実態的に明らかにするため、次に、地主小作関係と密接に関わるであろう年貢納入システムについて、前節で明らかにした株のあり方を踏まえて分析を加えていきたい。

嘉永七年には取米のちょうど七割が「米方」として計算されていたことは、前述した通りである。各村人は五斗刻みで年貢米を納入し、「米方」との過不足は銀換算され「銀方」と合算された。五斗刻みの年貢米は村の郷蔵に納入され、それが「庭帳」に記録された。「庭帳」も「南株分」「北株分」別々に作成されており、岡田家文書には「北株分」のものはほとんど含まれていない。弘化四年の村明細帳によれば、郷蔵は二か所あり、ともに「庄屋屋敷之内ニ而御年貢地」となっている。[20] 当時庄屋は岡田家のみであるが、「北株分」の勘定が北岡の年寄によって担われていることから考えて、一つは北岡の元庄屋弥二左衛門の元屋敷地内にあるものと考えられる。以下では、南高分の年貢米を納入する蔵を南蔵、北高分のそれを北蔵と仮に呼ぶことにする。

前述のように岡村では、南北高それぞれで年貢が勘定される。では、両高をともに所持している村人は、年貢米をどのように蔵に納入するのか。以下、両株分の帳簿がそろう嘉永七年を事例に、「庭帳」を分析することでこれを明らかにしていきたい。

はじめに「庭帳」の記載形式について説明しておく。次に掲げるのは、嘉永七年「寅庭帳　南株」の記載例である。

〔史料5〕[21]

一、壱石五斗　　常七

五斗　　伊左衛門

　　五斗　　　浅右衛門
　　五斗　　　万助
一、弐石五斗　　　太右衛門
　　五斗　　　名前
　　弐石　　　伊左衛門
一、弐石　　　嘉右衛門
　　五斗　　　北ふり
　　壱石五斗　　　名前

　便宜上二番目の太右衛門から。太右衛門は南蔵に二石五斗の年貢米を納入している。同年の「小前勘定帳（南株）」には、太右衛門について「五斗米納」と記載されており、「名前」と記された五斗がそれに当たることがわかる。そして「伊左衛門」と記された二石は、太右衛門が岡田伊左衛門の小作を請け負い、伊左衛門分の年貢米二石を太右衛門が納入したことを示している。つまり太右衛門は、自身の所持地の年貢米と、小作を請け負った岡田家の年貢米を合わせて、南蔵に納入しているのである。

　一番目の常七も同様に、伊左衛門分・浅右衛門分・万助分の年貢米を納入している。小作人は複数の地主の年貢米を一括して納入している。また、常七は無高であるが、高持との間に記載の差はない。

　三番目の嘉右衛門は、南蔵に二石を納入している。一石五斗は「小前勘定帳（南株）」の記載と一致する。「北ふり」と記された五斗について、同年の「御年貢米銀取附帳　北株[22]」という帳簿を見ると、嘉右衛門の北高所持地に対する米納分であることがわかる。つまり嘉右衛門は、自分の所持する南高分と北高分の年貢米計二石を合わせて南蔵に納入し、北高分については帳簿上で決済しているのである。なお「北株分」の「庭帳」には嘉右衛門の記載は見られない。

このように「庭帳」には納入量の内訳として、「名前」・「ふり」・地主の名前（以下「分」）のいずれかが記されている。土地所持者側から見ると、自身で納入した「名前」「ふり」と、小作人が代りに納めた「分」との合計が、最終的に納入した年貢米量となり、「小前勘定帳」や「御年貢米銀取附帳」に記された米納量と一致するはずである。(23)

「庭帳」の記載の意味を理解した上で、両高をともに所持している者について、「名前」・「ふり」・小作人が納めた「分」の各々の量を整理した表11を見てほしい。「名前」と「ふり」は南北どちらかの「庭帳」にしか記載がない。つまり土地所持者が自身で納入する蔵は、南北どちらかに定まっているのである。もう一方の蔵には直接米を納入することはせず、「ふり」をおこなうか、小作人に納入させている。

では、納入する蔵は何を基準に定められているのか。「庭帳」の記載では、関連史料がないために、同名の者を処理できない。そこで岡田家の小作人に限って、岡田家の年貢米の納入先を見てみたい。岡田家の小作人は、岡田家の地主経営帳簿である「下作宛口帳」を用いることで、同名の者も区別でき、小作人が居住している集落までも明らかになる。これを整理したものが表12（章末）である。(24)「内斗」とは地主に納める小作米のことである。南蔵に納入しているのは南岡の集落に居住する者であり、北蔵に納入しているのは新町・北岡と小山村に居住する者である。小山村の者がなぜ北蔵に納入しているのか、小山村の蔵になぜ岡村の二名が米を納入しているのかは不明だが、納入する蔵がその家の所属する株によって定まっていることは明らかである。また、小作人の中には無高の者も多く含まれているが、高持との間に差は見られない。たとえ無高であっても、その集落に居住

表11　嘉永７年「庭帳」に見る両高所持者の年貢米納入状況　　（単位：石）

	「御年貢米銀取附帳」			「庭帳　南株」			「庭帳　北株」		
	南米	北米	米納計	名前	北振	分	名前	南振	分
伊左衛門	28.5	19.0	47.5			29.5			19.0
伊十郎	3.5	×	3.5						2.5
杢右衛門	2.0	11.5	13.5			2.0	5.0		6.5
庄三郎	1.0	10.0	11.0				7.0		2.0
伊右衛門	5.0	5.0	10.0				5.0	5.0	
兵左衛門	8.5	0.5	9.0		3.0	8.0			
三左衛門	1.0	7.0	8.0				7.0	1.0	
平　助	1.5	5.5	7.0			1.5			5.5
茂　八	1.5	5.5	7.0	1.5	5.5				
専右衛門	5.5	1.0	6.5	3.0	1.0	1.5			
幸　助	6.0	0.5	6.5	4.0	0.5	2.0			
三郎兵衛	2.5	1.5	4.0				1.5	2.5	
文　助	2.0	1.0	3.0	2.0	1.0				
嘉右衛門	1.5	0.5	2.0	1.5	0.5				
万　助	1.0	0.5	1.5	0.5		1.0			0.5
茂右衛門	4.0	×	4.0			3.0			1.0
久右衛門	0.5	×	0.5						
七　助	0.5	×	0.5					0.5	
杢右衛門	×	17.0	17.0				2.5		14.5
伝右衛門	×	7.0	7.0				4.5		3.5
新町次兵衛	×	5.5	5.5						5.5
専　助	×	2.5	2.5				2.5		
与治右衛門	×	1.5	1.5				1.5		
幸兵衛	×	1.0	1.0				1.0		
仁兵衛	×	1.0	1.0				1.0		
六左衛門	×	0.5	0.5				0.5		
源左衛門	×	×							
善兵衛	×	×							

註：「×」は高を所持しているが、米納の記録がないもの。

する以上、小作をおこなう際には株の一員として蔵との関係を有するのである。

銀納年貢についてはこのような納入先の限定は見られない。両高を所持する者は、各株に銀納分（「銀方」と「米方」不足分）を納入している。地主小作関係においても銀納年貢は地主が各株に納めており、小作人は宛口から年貢米納入量を差引いた残りについて、米と銀を地主に直接納めている。米納年貢以外は土地所持者とそれぞれの株の間で、また地主と小作人の間で直接処理されるのであり、米納年貢だけが、株の蔵を介した複雑な形になっているのである。

3 「ふり」と株

米納年貢における蔵と株の関係をさらに明らかにするため、「ふり」についてもう少し見ていきたい。次の史料は、年代は不明であるが、「ふり」にさいして作成されたものである。

〔史料6〕(25)

覚

一、壱石　　三右衛門

（中略）

〆拾七石ニふり

右者北ㇷ゚南へ振米ニ御座候間、小前帳へ御加へ可被下候、以上

辰十一月廿五日

北高田

岡田御氏

差出の「北高田」は北岡年寄の高田藤左衛門と考えられる。北株の年貢勘定をおこなう高田家から、南株の年貢勘定をおこなう岡田家に対して出された史料であるが、以下の二点に注目したい。一点目に「ふり」が株と株の間でおこなわれている点である。史料に即していえば、北株に属する三右衛門は、南高所持地に対して南株から年貢を課されているが、まず北蔵に米を納入している。そして北株年寄は、三右衛門の納入した年貢米総量を把握した上で、南株へ「ふり」をおこなうのである。

二点目に、南株の帳簿で「ふり」を処理するよう指示するこの史料の位置づけである。「ふり」が帳簿上の処理であることが明らかであるが、さらにこれを手がかりに各株における年貢米処理の手順を復元することができる。史料の残る嘉永七年を例に復元しよう。同年「小前勘定帳（南株）」には、北株の者からの「ふり」が全く記載されておらず、北株の者の南高分年貢は、全て銀納として計算されている。[26] しかし同年「庭帳（北株）」には多くの「ふり」が確認される。このことから、「小前勘定帳」が作成された時点では、北株の者が南株にどれだけの米をふるのか、南株では把握されていなかったと考えられる。年貢米処理の手順を追っていくと、一一月に各蔵への年貢米納入がおこなわれ、各株で「庭帳」が作成され、「庭帳」をもとに各株で「小前勘定帳」が作成される。その上で一一月末に史料6を取り交すことで、互いの株に「ふり」を通達し、改めて各人の「米方」の残りと、株ごとの「米方」の過不足が計算されたと考えられる。

「小前勘定帳（南株）」の巻末の集計記事に、このような年貢米処理の手順が反映されているので見ておきたい。

〔史料7〕[27]

（前略）

取米合　弐百弐拾八石弐斗六升五合

内　米方　百五拾九石七斗八升五合五勺

百三拾弐石　納高

内　拾石　北へふり米

残而　百弐拾弐石

又　拾四石　北より南へふり米

〆　百三拾六石

引残而　弐拾三石七斗八升五合五勺　不足

内　弐石　北より跡ふり入

五斗　伝右衛門跡納

南高の取米に対し、ちょうど七割が「米方」となっており、割付状の比率がそのまま用いられている。南株の者による年貢米総納入量の一三二石が把握された後、南北互いの「ふり」が処理され、改めて南高分における「米方」の残りが計算される。

「米方」は取米の七割であるが、村人はそのうちのある程度を米で納入し、残りは銀納している。米納量はまちまちで、全てを銀納している者もおり、比率に規則性は見出せない。多くの村人が「米方」の一部を銀納しているため、嘉永七年には約二四石の不足が出ている。しかし同年の皆済目録によれば、最終的に「米方」は全て米で納入されており、不足分の米もどこかで調達されている。調達の手段として、史料7には「跡ふり」「跡納」が見られるが、このうち「跡ふり」については次の史料がある。年代は不明であるが、人名から幕末期のものと推定される。

〔史料8〕[28]

覚

一、壱俵　六左衛門ゟ茂右衛門入

一、壱俵　竹次

右者只今本人ゟ申越候間、跡ふり仕候、以上

十二月三日

北株

南株へ

「跡ふり」は「本人より申越候間」とあり、本人の意思によっている。北株の二名が、一二月になってさらに南株へ米を納入する。納入結果は南株分の銀納年貢と相殺されるはずである。「跡納」はおそらく同株内における追加納入と考えられる。「米方」不足分をある相場で米納させ、「銀方」と相殺する。これによって、村内で収穫された米による年貢米納入が可能になったと考えられる。

また注目すべきは、本人の判断による追加納入という段におよんでもなお、北株の者による南株への米納入は、北株を介しておこなわれている点である。年貢米納入は全て、自分の属する株を介してしかおこない得ないのである。これまで見てきた点もふまえ、株が株構成員の年貢米納入に強い関心を寄せ、彼らの納入量を完全に把握していることがわかる。

なにゆえ年貢米納入量の完全な把握が必要なのか。以下、推測的な見解を述べておきたい。畿内綿作地帯に位

置する岡村では、田地においても綿作がおこなわれていた。その岡村にとって取米の七割米納は、特に綿作の盛んな時期においては調達の難しいものであったと考えられる。嘉永七年分の皆済目録を見ると、[29]米納された三〇六石余の年貢米のうち二条御蔵に一〇石、大坂御蔵に六二石余、江戸廻米が二三三石余となっている。過去の皆済目録を見ると、寛政元年までは米納分のほぼ全てが村払いとなっているが、[30]寛政二年に幕領となって以降はほぼ全てが江戸などへの廻米に向けられている。[31]幕領であるがゆえ、幕府の米穀流通政策の影響を直接に受け、当該期には「米方」をほぼ全て米で納入させられていたのである。

本城正徳氏によれば、[32]近世中期以降の畿内農村において、非米作商品生産の発展に起因した年貢米の買納が発生しているという。しかしながら買納は、周辺村々の収穫米で買納するさいにも幕府の裁許が必要な、いわば臨時的措置であり、通常は村内で収穫された米が納入されていた。綿作の発展と米納年貢の多さという矛盾の中で、株内での年貢米の確保が重要な課題として浮上する。この課題を克服するため、各株は、株構成員の納入先を自株の蔵に限定し、彼らの年貢米納入量を完全に把握し、他株や他村への無限定な年貢米の流出を防いだのではないかと考えられるのである。

4　地主小作関係と株

以上を受けて問題となるのは、このような年貢納入システムを前提に展開した、岡田家の地主小作関係の特質である。そこでまず、岡田家の地主経営の基本帳簿である「下作宛口帳」の性格を検討しておこう。次に掲げるのは、嘉永七年同帳における小作人惣兵衛の口座である。

〔史料9〕[33]

惣兵衛

三十八
一、壱石　西堂　田

三十九
一、八斗　同　田

三十五
一、六斗　みのん上　田

三十六
一、壱石三斗五升　同東　綿

内五升

正ニ　壱石三斗

代百十一匁八分

九十五
一、壱石七斗六升　地顕寺　田

三十九
一、壱石八斗五升　山之内　田

田〆　六石壱升

内三斗用捨

弐石蔵入

三石内斗

田不足　七斗壱升

八六　代六十一匁

〆　百七十弐匁八分

（後略）

小作人惣兵衛は六筆の小作を請け負い、五筆を田作、一筆は綿作した。綿作分の一筆はあらかじめ銀換算されている。田作の宛口合計六石一升のうち、弐石を蔵入＝年貢米として蔵に納入し、三石を内斗＝小作米として岡田家に納入した。そして残りの七斗壱升は銀換算され、綿作分の宛口と合計して、銀納すべき額が確定している。

地主である岡田家は、小作地一筆ごとに田作か綿作かを全て把握しているが、数年分を通観しても、田作・綿作に規則性等は見出せないことから、どちらに利用するかは小作人の判断によっていたと考えられる。嘉永七年の場合、岡村の小作人が引き受けた小作地のうち宛口約一五二石五斗分が田作に利用されているが、このうち五〇石余が年貢米、六四石五斗余が小作米として納入され、残りの約五一石分は銀納されている（表12参照）。田作に利用された場合でも、少なくない量が銀で納入されていた。また表12において、北岡に居住する小作人が内斗＝小作米を全く納入せず、年貢米の残りを全て銀納している点に注目したい。これは同年のみではなく、安政期まで一貫して見られる現象である。その要因は実証的に明らかにし得ないが、北株の中心である北岡の者が、南株への米の流出を抑えているのではないかと推測される。

岡田家の年貢米は全て小作人が納入しており、岡田家自身による年貢米納入は帳簿上確認できない。しかし米納入を全くおこなっていなかったとは言い切れない。前項で、米納年貢の不足に対し「跡ふり」「跡納」がおこなわれることを指摘したが、同年はそれでも一六石以上の米が不足している。この不足分については、買納等の記述もないことから、南株庄屋である岡田家が「跡納」したと考えるのが妥当ではないだろうか。

岡田家の地主小作関係は、小作人による綿作と、株による規制を前提として展開していた。田地でも綿作がおこなわれ、その場合小作料は全て銀納された。また田作がおこなわれた場合には、年貢米は小作人が蔵に納入し、小作米は年貢米とは別に地主に納められた。年貢米と小作米が一括で処理されないため、小作米の少なくない分が銀で納入され、特に北岡の小作人は年貢米以外を全て銀納していた。また南株の年貢米不足分は、南株庄屋として岡田家が補填しているのではないかと推測された。本章では、綿作が衰退に向かった幕末期を考察対象にすえており、そこから見出された岡田家の地主経営は一定の米収入を生み出している。しかし綿作がより盛んな時期においては、絶対的な米生産量の少なさと、米納年貢の多さ、株による年貢米確保により、小作料の大半が銀で納入されたはずである。構造的に米収入をほとんど生み出さない点が、岡田家の地主小作関係の特質の一つといえるだろう。

佐々木潤之介氏は、はじめに整理した通り、米納年貢諸掛が岡田家の経営収支計算に含まれていない点を指摘し、封建領有の圧迫を感じさせない仕組みになっており、岡田家の経営に「利貸の論理」が貫かれていることの証左であると主張している。しかしそれは、株と株構成員の関係ゆえのことであり、経営論理の問題として単純に論じることはできないと考える。

次に、「下作宛口帳」の記載から見出される、最幕末にかけてのいくつかの変化を指摘しておきたい。

一点目に、綿作小作地の明らかな減少であり、田作小作地が圧倒的になっている。

二点目に、安政期を境として北岡から小作米納入が発生している。

三点目に、同帳の記載形式の変化である。文久年間を境にして、綿作分宛口があらかじめ銀換算されることはなくなり、田作・綿作含めた全小作地の宛口の合計を基に、蔵入・内斗と残額の処理がおこなわれるようになっている。それまで岡田家にとって、年貢米・小作米を生み出すのは田作小作地のみであり、綿作小作地はその計算から除外されていた。文久期以降、そのような処理がなくなる。これはそのような処理が必要ない程度にまで綿作小作地が減少したことの表われと考えられる。

これらの変化は全て、綿作の衰退にともなう現象といえる。そしてそれは結果として、岡田家の地主経営における米収入を増大させている。地主小作関係のシステムは同一だが、綿作の衰退により、以前とは異なる結果を生み出すようになっていった。

岡田家の地主経営は、地租改正によって劇的な変化を迎える。米納年貢が廃止されることで、岡田家の地主小作関係は株と蔵の関係から離れ、小作人は作徳米を直接岡田家に納入し、岡田家が地租を金納するようになる。綿作の衰退と相俟って、地主経営は大量の米収入を生み出すようになったはずである。このことが、明治中期の寄生地主化とどのように関係し合うのか。重要な論点であるが、今後の検討課題としたい。

5 藤井寺村の地主小作関係

さて、前掲した表12を再び見ると、藤井寺村の小作人についても、岡村の南北株と同様に蔵との関係を見出すことができる。以下、藤井寺村における地主小作関係についても見ておきたい。

藤井寺村の蔵に年貢米を納入しているのは、表で見る限り藤井寺村の小作人だけであり、納入量の合計は三三石五斗となっている。岡田家による直接の年貢米納入は存在するのか。同年の藤井寺村の年貢率が判明しないが、『藤井寺市史』によれば同村は文政一三年より定免制をとっており、また文久元年の例では高の四五％が定免、そのうち三分の一と十分の一が銀納され、残りの五六％が米納であるという(34)。嘉永六年時点での岡田家の藤井寺村における持高は八三石七斗四升九合なので、試みにその比率を乗じてみると二一石一斗となり、納入量三三石五斗を遙かに下回る(35)。残りの銀納分と合わせてどのような処理がなされたか不明であるが、この試算結果から見て、岡田家所持地に対する年貢米納分は藤井寺小作人によって全て納入されており、岡田家自身が納入することはなかったと考えてよいだろう。

また表12を見ると、藤井寺村の小作人のうち小作米を岡田家に納入している者が二名いるが、この二名だけが、藤井寺村の村人でありながら岡村の土地も小作している。藤井寺村の土地のみを小作している藤井寺村の村人は、年貢米の残りを全て銀納している。ここにもやはり、藤井寺村による年貢米確保が現われているといえるのではないか。いずれにせよ藤井寺村の小作人との地主小作関係は、岡田家に銀収入のみをもたらし、米収入はほとんどもたらしていないことは明らかである。

藤井寺村の岡田家所持地では、岡村の者も多く小作をおこなっている。しかし彼らが藤井寺村の蔵に年貢米を納入することはない。藤井寺村の土地を小作しようとも、彼らは岡村の南北株の構成員として、所属する株の蔵にのみ年貢米を納入する。年貢米納入の面においては、土地と村・株の関係よりも、耕作者と村・株の関係が優越しているのである。(36) この点、村・株ごとの年貢米確保という視点からいえば、岡村の小作人が多くなればそれだけ藤井寺村の年貢米確保は困難になる訳であり、そこには藤井寺村による一定度の小作地の確保があったはずであるが、本章の考察ではその点を実証的に明らかにすることができなかった。今後の課題としたい。

前述したように小作人と小作地の関係だけを見ると、岡村と藤井寺村との間では出入作が広汎におこなわれており、村の枠による規定性があまり見出せなかった。しかしその内実は、年貢米納入の面において藤井寺村と村人との関係、岡村の各株と株構成員との関係が貫かれていた。そして岡田家は、岡村内と同じく、それを前提にする形で地主小作関係を結んでいたのである。

おわりに

本章では、幕末期に岡田家が居村・隣村において取り結んだ地主小作関係について、村落による年貢納入システムとの関係を重視しながら明らかにしてきた。考察の結果を、二つの論点にまとめて整理しておきたい。

一点目に、岡村の村落共同体の特質についてである。岡村の株は、領主の公認がないにも関わらず、それぞれ独自の領域の土地を管理し、独自に年貢諸掛勘定をおこなっていた。そして年貢米確保のため、株構成員による年貢米納入先を自株の蔵に限定し、株構成員の年貢米納入量を完全に把握して、他株や他村への年貢米の流出を防いでいた。株と株構成員の間の強固な関係は、田地における綿作の展開と、幕府による米穀流通政策にともなう米納年貢の多さによるものと考えられた(37)。また、注目すべきは、株構成員が他株・他村の土地を小作しても、年貢米は自株の蔵にしか納入しない点、逆に自株の土地が他株・他村の者によって小作された場合、自株には年貢米が一切納入されない点である。株・村による年貢米確保は、株・村と土地との関係よりも、株・村とその構成員との関係に基づいて機能している。それゆえ小作人と小作地の関係だけを見ると、株や村の枠にとらわれず地主小作関係が展開しているように見えるのである。またその事とも関わって、無高であっても、小作をおこなう限りでは株・村の構成員として蔵との関係を有していた点が注目される。そして岡村の無高には、従来いわれてきたような「脱農層」は見出せなかった。単発的な小作と余業を組み合わせた経営形態をとる無高にとって、株・村との関係は依然として重要な意味を持ち続けたのである。

二点目に、岡田家の地主経営の特質についてである。居村・隣村において取り結ばれた地主小作関係は、小作による綿作と、幕領ゆえの米納年貢の多さ、株による年貢米確保を前提に展開したため、地主である岡田家に米収入をほとんどもたらさず、銀収入ばかりをもたらすという構造的な特質を帯びることになった。近世後期、岡田家は活発な金融活動をおこなうが、(38)その経営基盤として銀収入ばかりを生み出す地主経営が重要な意味を持っていると考える。岡田家の地主経営は、畿内綿作地帯の諸特質に規定された、一つの典型的な豪農経営のあり方を示していると言えるのではないだろうか。

最後に残された課題を整理して稿を閉じたい。第一に天保期以前の年貢納入システムについてである。天保期以前の「庭帳」が現存していないため、史料的に困難であるが、実際に綿作が盛んだった時期にこれがいかに機能したのか、具体的に明らかにする必要がある。そして「ふり」について、年貢納入システムに最初から位置づけられていたのか、天保期以降に新たに発生したものなのか、その性格を明らかにしなくてはならない。その上で、株や村による年貢米確保と地主小作関係がいかに関係しあい、両者がいかに変質を遂げていったか、動態的に明らかにする必要がある。本章では史料的な制約から、手作経営について全く考察できなかった。第三に他領との比較である。岡村の年貢納入システムと、岡田家の地主経営を、背後で強く規定しているのは、幕府による米穀流通政策である。その点、年貢米の在払などがおこなわれた私領では、村落のあり方や豪農経営のあり方に大きな違いが見出されるはずである。他領との比較検討の上で、畿内豪農の特質について改めて検討する必要があろう。第四に明治以降の展開についてである。岡田家は明治中期以降急激に土地集積をおこない、大地主として成長する。近世期に形成された経営が、明治になっていかなる変質をとげながらそのような結果にいたるのか、史料的に困難ではあるが、明らかにする必要がある。

(1) 両村以外での地主小作関係については、本書第六章天野論文を参照。
(2) 佐々木潤之介「幕末期河内の豪農」(同『幕末社会の展開』岩波書店、一九九三年)。
(3) 本書第二章小酒井論文および第三章小田論文を参照。
(4) 津田秀夫「幕末・維新期の農村構造」(『日本歴史』二九〇号、一九七二年、のち同『幕末社会の研究』柏書房、一九七七年に再録)。
(5) 用いる史料は全て岡村岡田家文書(一橋大学附属図書館所蔵)である。
(6) 弘化三年「拘犬勘定帳」(K—七—一—八)。
(7) 橋本玲子「近世村落の成立」(古島敏雄編『日本経済史体系』三近世上、東京大学出版会、一九六五年)。
(8) 藪田貫「近世村落の諸類型と村方騒動の展開」(『日本史研究』一二八号、一九七二年)、同「畿内における幕藩制支配と村落の諸特質」(『歴史学研究』一九七四年度大会別冊特集号、一九七四年)。
(9) 註(8)藪田前掲「近世村落の諸類型と村方騒動の展開」。
(10) 藪田氏は、領主による分郷を経験した後に領主支配が一元化された「株分け村落I」の株について、「小農の土地所有分割を基礎とする小『共同体』と言うべきもので、各株間に堅固な自立性を保持している」と指摘し、対して「株分け村落II」の株は「小『共同体』として株内百姓の土地所有を基礎に近世前期に確定されたものではなく、村落共同体の上部機構である村落支配機構の分割として発生」したものであり、「株の自立性は村落支配機構を内実と」すると指摘する(いずれの引用も、註8前掲「近世村落の諸類型と村方騒動の展開」によった)。しかし「株分け村落II」に分類される岡村を見る限りでは、このような指摘は必ずしも当たっていないように思う。
(11) 以下は、註(2)佐々木前掲論文の分析によった。
(12) 安政二年「村方書附留」(A—三—一二)。
(13) 天保二年「岡村村方一件書付写」(E—一五—一)。
(14) 天保二年「岡村村方一件書付写」(E—一五—一)。
(15) 安政四年「支配勘定帳(南株)」(A—五—四二)。
(16) ただし両株は完全な共同体ではもちろんない。最大の問題は、岡村の鎮守が一つしかなく、祭礼などを両株一緒におこなっている点である。ここから、両株を共同体とすることに批判もあろうが、村落共同体の本質を土地所有と考える渡辺尚志氏の議論を踏まえ、あえて一つの共同体ととらえることにする（渡辺尚志「近世村落共同体をどう捉えるか」、同「近世村落の身分階層構造」補注1、ともに同『近世村落の特質と展開』校倉書房、一九九八年所収）。

(17) 註(4)津田前掲論文、引用箇所は同書四一頁、利用された史料は明治四年「河内国丹南郡岡村戸籍」（F―一―八四）。

(18) 菅野則子「封建制解体期畿内農村の構造」（北島正元編『幕藩制国家解体過程の研究』吉川弘文館、一九七八年、のち同『村と改革』三省堂、一九九二年に再録）、利用された史料は慶応三年「規定書」（A―四―補六）。

(19) 渡辺尚志「近世地域社会の関係構造と段階的特質」（『一橋大学研究年報　社会学研究』三九号、二〇〇一年）、利用された史料は慶応元年「村方規定一札」（手書A―三三―六三一）。ただし同論文では「岡村の下層農が一路脱農化に向かったわけではない」（三八頁）とも述べられている。

(20) 弘化四年「河州丹南郡岡村明細帳之写」（D―四―七）。

(21) 「寅庭帳（南株）」（C―四―四八）。

(22) 「御年貢米銀取附帳　但皆済帳共（北株）」（C―二―二六―三）。

(23) 実際には表11に見られる通り、若干の誤差が生じている。

(24) 嘉永七年「下作宛口帳」（一九―六）。

(25) 「覚」（手書A―九―一五七）。

(26) 唯一の例外は、新町の年寄杢右衛門であり、「ふり」の量も含めて記載されている。

(27) 嘉永七年「寅御年貢小前勘定帳」（C―一―五一）。

(28) 「覚」（手書A―三―五四）。

(29) 安政二年三月「寅年皆済目録」（手書皆済目録―一一〇・一一一）。

(30) 寛政元年一二月「酉皆済目録」（手書皆済目録―六）。

(31) 寛政四年二月「亥御年貢米銀上納皆済目録」（手書皆済目録―八）。

(32) 本城正徳「年貢米納制の変容と買納米需要」(同『幕藩制社会の展開と米穀市場』大阪大学出版会、一九九四年)。
(33) 嘉永七年「下作宛口帳」(一九―六)。
(34) 舟橋明宏「岡村」(『藤井寺市史』第二巻通史編二近世、二〇〇二年)。
(35) 岡村の場合は三分一の内三分が米納であり、米納分は合わせて取米の三分の二となる。これに口米等が加算され、最終的には約七割となる。藤井寺村の岡田家所持地を同様に七割で試算すると二六石四斗となり、これでも納入量を下回る。
(36) 嘉永七年の場合には、藤井寺村の土地を小作する岡村小作人は全員南岡の者である。ここにも南株と北株の差を見出すことができるかもしれないが、南岡の集落が藤井寺村に一番近いという地理的な理由とも考えられるので、判断を保留することにする。
(37) 前述したように薮田氏は、畿内村落について、領主による分郷を経験したか否かによって類型化しているが、それでは分郷を経験していない岡村の株が、このように強固な自立性を発揮する点を説明できない。薮田氏は分郷を経験していない「株分け村落Ⅱ」について、土地所有を基盤とせず、単に年貢徴集などの村落支配機構の分割として発生したものと説明するが、土地所有を基盤とせずに年貢徴集機能を分割することは想定し難い。分郷を経験しなくとも、岡村のように、土地所有を基盤とした「小共同体」は存在しうるものではないか。株によって畿内村落を類型化できるとするならば、それは株が土地所有を基盤としているか否かに求めるべきであろう。
(38) 当該期岡田家の金融活動については註(2)佐々木前掲論文、および本書第五章福澤論文を参照。

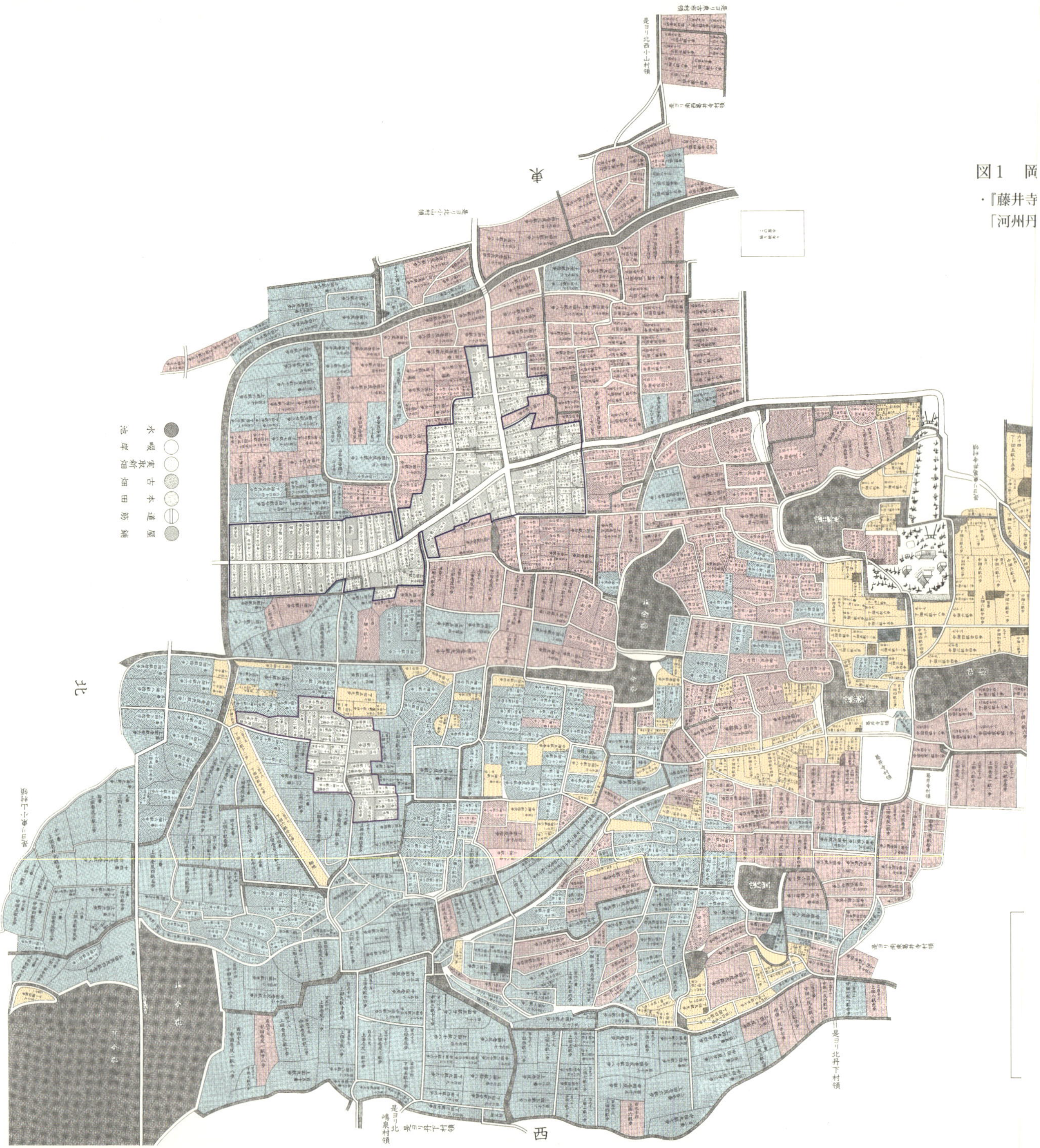

図1　岡

・『藤井寺

「河州丹

表７－１　嘉永５年～明治７年における岡田家小作人(岡村・藤井寺村)の変遷

註：○を付した年に岡田家の小作をおこなっている。持高の単位は石。

	No.	小作人名	安政4持高	慶応2持高	嘉永		安政						万延	文久			元治	慶応			明治						
					5	6	1	2	3	4	5	6	1	1	2	3	1	1	2	3	1	2	3	4	5	6	7
西町(南岡)	1	村　方[仏供田池床]															○	○	○	○	○	○	○	○	○	○	○
	2	惣兵衛	無高	無高	○	○	○	○	○	○	○	○	○	○	○	○	○	○	○	○							
	3	嘉　助	無高	無高				○	○																		
	4	善左衛門	無高	無高	○	○	○	○	○	○	○	○	○	○				○									
	5	辰右衛門(九郎兵衛・九三郎)		無高						○	○	○	○	○	○	○	○	○	○	○	○	○	○	○			
	6	九郎兵衛弟九兵衛																	○	○	○	○	○	○	○		○
	7	佐治郎																							○	○	○
	8	作左衛門(作治郎)	2.8	5.4					○	○	○	○	○	○	○	○	○	○	○						○	○	○
	9	宇之助(佐次平)	無高	無高	○	○																					○
	10	林　平		無高																					○	○	○
	11	源兵衛(源七)	無高	無高				○	○	○	○	○	○	○	○	○	○	○	○	○	○	○	○	○	○	○	○
	12	儀兵衛(儀平)	1.8	1.6	○	○	○	○	○						○	○	○	○	○	○	○	○	○	○	○	○	
	13	儀兵衛＋源兵衛												○	○												
	14	喜平治			○																						
	15	儀　助	8.8	8.3	○																						
	16	源左衛門(源三郎)	10.3	10.3	○	○	○	○	○	○	○	○	○	○	○	○	○	○	○	○	○	○	○	○	○	○	○
	17	源左衛門下男庄八							○																		
	18	庄　八	無高	無高																○	○						
	19	利左衛門	無高	無高	○	○	○	○	○	○	○	○	○	○													

	No.	小作人名	安政4持高	慶応2持高	嘉永		安政						万延	文久			元治	慶応			明治						
					5	6	1	2	3	4	5	6	1	1	2	3	1	1	2	3	1	2	3	4	5	6	7
	20	弥　助	無高		○	○	○	○	○	○	○	○	○	○													
	21	与　八	無高	無高						○																	
	22	文左衛門倅太七	1.6	1.6											○	○	○	○	○	○	○	○	○	○	○	○	○
	23	新十郎		無高											○	○											
	24	吉　松(惣右衛門)	無高	無高														○	○	○	○						
	25	常　八	無高	無高	○	○	○	○	○	○	○	○	○	○	○	○	○	○	○	○	○	○	○	○	○	○	○
	26	常八倅吉兵衛							○																		
	27	常八倅林兵衛								○	○	○	○	○	○	○	○	○	○	○	○	○	○	○			
	28	太郎兵衛(佐平)	無高	無高	○	○	○	○	○	○	○	○										○	○	○	○	○	○
	29	勘右衛門	無高	無高	○																						
	30	藤　七	無高	無高	○	○	○	○	○	○	○	○	○	○	○	○	○	○	○	○	○	○	○	○	○	○	○
	31	米　儀	5.4		○	○	○	○	○	○	○	○	○	○													
	32	庄左衛門(小八)	無高	無高	○	○	○	○	○	○	○	○	○	○													
	33	万助(卯助・卯兵衛)	無高	無高	○	○	○							○	○	○	○	○									
	34	八左衛門(忠三郎)	4.0	3.8	○	○	○	○	○	○	○	○	○	○	○	○	○	○	○	○	○	○	○	○	○	○	○
	35	治兵衛	1.3	無高	○																						
	36	佐右衛門(佐七)	1.2	1.2	○	○	○	○	○	○	○	○	○	○	○	○	○	○	○	○	○	○	○	○	○	○	○
	37	弥右衛門(弥三八)	4.2	4.2	○	○	○	○	○	○	○	○	○	○	○	○	○	○	○	○	○	○	○	○	○	○	○
	38	又兵衛(又四郎)	無高	2.0	○	○	○	○	○	○	○	○	○	○	○	○	○	○	○	○	○	○	○	○	○	○	○
	39	常七(清右衛門)	無高	無高	○	○	○	○	○	○	○	○	○	○													

南町
（南岡）

40	奥之屋和助（和七）	無高	無高	○	○	○	○	○	○	○	○	○	○	○	○	○	○	○	○	○	○	○	○	○	○	○
41	孫　助（孫八）	無高	無高	○	○	○	○	○	○	○	○	○	○	○	○	○	○	○	○	○	○	○	○	○	○	○
42	定右衛門	無高	無高	○	○	○	○	○	○																	
43	半　七	無高	無高	○	○	○	○	○	○	○	○	○	○													
44	利兵衛（利七）	2.5	1.8	○	○	○	○	○				○	○	○	○	○	○	○	○	○	○	○	○	○	○	○
45	政　吉	無高	無高																		○	○				○
46	嘉　助	無高	無高	○	○	○																				
47	忠右衛門	0.5	無高	○	○	○	○	○	○	○	○	○	○													
48	徳十郎	無高	無高	○	○	○	○	○	○	○																
49	奈良屋惣兵衛			○																						
50	徳左衛門										○															
51	新兵衛	無高	無高						○	○	○	○	○													
52	茶問屋力蔵	無高	無高								○	○														
53	忠　七	無高	無高								○	○	○	○	○											
54	庄兵衛	無高	無高				○	○	○	○	○	○	○	○												
55	嘉平治	2.0	2.0										○	○	○	○	○	○	○	○	○	○	○	○	○	○
56	店仁兵衛	無高	無高												○	○	○	○	○	○	○	○	○	○	○	○
57	伝右衛門（伝三郎）	5.6	3.8																	○	○	○	○	○	○	○
58	大井直（竹蔵）																									○
59	利　平	無高	2.5																							○
60	清　助																				○					
61	藤兵衛	無高	無高														○	○								

	No.	小作人名	安政4持高	慶応2持高	嘉永		安政						万延	文久			元治	慶応			明治						
					5	6	1	2	3	4	5	6	1	1	2	3	1	1	2	3	1	2	3	4	5	6	7
	62	文　七															○										
東町(南岡)	63	太右衛門(卯平)	1.4	7.4	○	○	○	○	○	○	○	○	○	○	○	○	○	○	○	○	○	○	○	○	○	○	○
	64	磯右衛門	3.1	3.1	○	○	○	○	○	○	○	○	○	○	○	○	○	○	○	○	○						
	65	源右衛門	無高	無高	○	○	○	○	○	○	○	○	○	○	○	○	○	○	○								
	66	利右衛門			○	○	○	○	○	○																	
	67	儀右衛門	4.3	4.3	○	○	○	○	○	○	○	○	○	○													
	68	卯右衛門(六左衛門・卯八)	無高	無高			○	○	○	○	○	○	○	○	○	○	○	○	○	○	○	○	○	○	○	○	○
	69	直　八(茂兵衛)	無高	無高	○																						
	70	浅右衛門・清十郎	2.2	3.1	○	○				○	○	○	○	○	○	○	○	○	○	○	○	○	○	○	○	○	○
	71	常右衛門・常七	無高	無高	○	○	○	○	○	○	○	○	○	○	○	○	○	○	○	○	○	○	○	○	○	○	○
	72	源　八	無高	無高	○	○	○	○	○	○	○	○							○	○	○	○	○				
	73	しづり利兵衛(利吉)		無高	○																	○	○	○	○	○	○
	76	庄　七(勘左衛門・勘七)	無高	無高								○	○	○	○	○	○	○	○	○	○	○	○	○	○	○	○
	77	作兵衛(作治郎)	無高	無高									○	○	○				○	○	○	○	○	○	○		
	78	次郎兵衛(次郎七)																					○	○	○	○	○
	79	角右衛門										○	○														
	80	勘右衛門	無高	無高									○	○													
	81	東利兵衛							○																		
	82	丈　助		1.0				○	○	○	○			○								○					
	83	兵右衛門		無高																		○					

北町（南岡）

84	権右衛門	3.9	4.6				○	○																		
85	茂　八	9.3		○	○	○	○	○					○													
86	風呂屋兵右衛門		無高													○	○	○	○	○						
87	源　助	0.8	0.8											○	○			○								
88	喜兵衛			○																						
89	直　八（喜兵衛・ゆき）												○	○	○	○	○	○	○	○	○	○				
90	弥左衛門（庄右衛門・庄次郎）	1.2	無高	○	○	○	○	○	○	○	○		○	○	○	○	○	○	○	○	○	○	○	○	○	○
91	善　助（善次郎）	0.3	0.3		○	○	○	○		○	○	○	○	○	○	○	○	○	○	○	○	○	○	○	○	○
92	苅田屋安兵衛（喜平）	無高	無高														○	○	○	○	○	○	○	○	○	○
93	孫右衛門	3.2	3.2	○	○	○	○	○	○	○	○															
94	九兵衛	4.3	4.3	○	○									○	○	○	○	○	○	○	○	○	○	○	○	○
95	九兵衛弟佐兵衛（佐次郎）	1.5	1.7			○	○							○								○	○	○	○	
96	竹屋新助	無高	無高			○	○							○	○	○	○	○	○	○	○	○	○			
97	新兵衛	無高	無高												○											
98	才　助	8.9	8.9											○	○											
99	友右衛門（友次郎・友七）	4.9	4.9	○	○	○	○	○	○	○	○	○	○	○	○	○	○	○	○	○	○	○	○	○	○	○
100	三郎兵衛	4.0	4.0	○	○	○	○																			
101	庄　助					○																				
102	勘右衛門	無高	無高											○	○	○	○									
103	庄　七																								○	○
104	磯　八（やす・惣七）	無高	無高	○	○					○	○	○	○	○	○	○	○	○	○	○	○	○	○	○	○	○
105	卯兵衛	1.4	1.4																○	○	○	○	○			

	No.	小作人名	安政4持高	慶応2持高	嘉永		安政						万延	文久			元治	慶応			明治						
					5	6	1	2	3	4	5	6	1	1	2	3	1	1	2	3	1	2	3	4	5	6	7
	106	平　治	10.8	9.0																		○	○	○	○	○	○
	107	幸兵衛																				○	○	○	○	○	○
	108	善　七	無高	無高																							○
	109	清　七	無高	無高																					○	○	
	110	打屋利八	無高	無高														○	○								
	111	髪結市松(市蔵)	無高	無高										○	○	○											
	112	北之方	8.9	8.9														○	○	○	○	○	○	○	○	○	○
	113	為右衛門(為七)	無高	0.7	○	○	○	○	○	○	○	○	○	○	○	○	○	○	○	○	○	○	○	○	○	○	○
	114	七　助	1.2	無高	○	○	○	○	○	○	○	○	○														
	115	金太弟太助	無高	無高	○																						
	116	三左衛門(三治郎)	3.8	無高	○											○	○	○	○	○	○	○	○	○	○	○	○
	117	庄右衛門	無高	無高	○	○	○	○	○	○	○	○	○	○	○	○	○	○	○	○	○	○					
	118	弥　八																					○	○	○	○	○
	119	専　助	5.2	5.2																		○	○				
	120	奥之屋源助(源六)																			○		○	○	○		
	121	文左衛門倅磯右衛門	2.1												○	○	○	○	○	○							
	122	佐助(平八)	無高	無高											○				○	○	○	○	○	○	○	○	○
	123	袴屋清七	無高	無高	○	○											○	○	○	○							
	124	たなかや幸兵衛	2.6	0.7	○	○	○	○	○	○	○	○	○	○													
	125	綿屋佐兵衛	0.7	2.1			○	○	○	○	○	○	○	○	○	○	○	○	○	○	○	○	○	○	○	○	○

新町

126	ふしや利助(利市)	0.7	0.7													○	○	○	○	○	○	○	○	○		○
127	かじ屋太兵衛	無高	無高				○	○	○	○	○	○	○	○	○											
128	なべ屋嘉兵衛	無高	無高						○	○	○	○	○	○	○	○	○	○	○	○	○	○	○	○	○	○
129	かみ忠右衛門	無高	無高	○	○	○																				
130	弥　七	無高	無高	○	○	○	○	○	○	○	○	○	○	○	○	○	○	○	○	○	○	○	○	○	○	○
131	六左衛門(六三郎)	2.0	2.8	○	○	○	○	○	○	○	○	○	○	○	○	○	○	○	○	○	○	○	○	○	○	○
132	庄兵衛								○																	
133	元右衛門	2.1	無高	○																						
134	大工吉右衛門(今吉・庄平)	無高	無高	○	○	○	○	○		○	○	○	○	○	○	○	○	○	○	○	○	○	○	○	○	
135	吉郎兵衛(万七)	無高	無高	○	○	○	○	○	○	○	○	○	○	○	○	○	○	○	○	○	○	○	○	○	○	○
136	かし屋太七	無高		○	○	○																				
137	儀　助(儀平)	0.2	0.2	○	○	○	○	○	○	○	○	○	○	○	○	○	○	○	○	○	○	○	○	○	○	○
138	小　八(馬吉)	無高	無高	○	○	○	○	○	○	○	○	○	○	○	○	○	○	○	○	○	○	○	○	○	○	○
139	弥　助(大橋清八)	無高	無高	○	○	○	○	○	○	○	○	○	○	○	○	○	○	○	○	○	○	○	○	○	○	○
140	久左衛門(磯右衛門・利兵衛)	2.1											○	○	○	○	○	○	○	○	○	○				
141	尾張利平	無高	無高																					○	○	○
142	小忠兵衛			○	○	○	○	○	○	○																
143	惣兵衛	無高	無高			○																				
144	惣左衛門						○	○	○	○	○	○														
145	金　六(太郎兵衛)	無高	無高				○	○	○	○	○															
146	嘉　助	無高	無高						○																	
147	清兵衛	無高	無高			○	○	○	○	○	○	○	○	○	○	○	○	○	○	○	○	○	○	○	○	○

	No.	小作人名	安政4持高	慶応2持高	嘉永		安政						万延	文久			元治	慶応			明治						
					5	6	1	2	3	4	5	6	1	1	2	3	1	1	2	3	1	2	3	4	5	6	7
	148	樽屋長八	無高	無高												○	○	○									
	149	樽屋源七																				○	○	○	○	○	○
	150	イカケヤ善兵衛	9.8	8.2															○	○	○	○					
	151	浅　八									○	○	○	○	○												
	152	丹波屋武兵衛	無高	無高								○	○	○	○	○	○	○	○	○	○	○	○	○	○	○	○
	153	庄兵衛						○	○	○	○																
	154	西口喜兵衛							○																		
	155	竹屋仁兵衛(仁十郎)	6.1	5.1							○	○	○	○			○	○	○	○	○	○	○	○	○		
	156	七兵衛(七左衛門)	無高	無高										○	○	○	○	○	○	○	○	○	○	○	○	○	
	157	甚　助(亀吉)	無高	無高													○	○	○	○	○	○	○	○	○	○	○
	158	忠　七	無高	無高																						○	○
	159	紅屋吉兵衛	無高	無高			○	○													○	○	○	○	○	○	○
	160	庄　七	無高	無高																					○		
	161	大工庄蔵																								○	○
	162	又右衛門																		○							
	163	村　方[谷池床永小作]														○	○	○	○	○	○	○	○	○	○	○	○
	164	半右衛門	無高	無高	○	○	○	○	○	○	○	○	○	○	○	○	○	○	○	○	○	○					
	165	嘉右衛門(庄兵衛)	無高	無高	○	○	○	○	○	○		○	○	○													
	166	亀屋又兵衛(清七)	無高	無高		○	○	○	○																		
北岡	167	源右衛門(源平)	無高	無高	○	○	○	○	○	○	○	○	○	○	○	○	○	○	○	○	○	○	○	○	○	○	○

168	吉左衛門	2.6	2.9														○	○	○	○	○	○				
169	新七倅房治郎	無高	無高					○	○	○	○	○	○	○	○	○	○	○	○	○	○					
170	庄　七	無高	無高																			○				
171	瓦　又	7.2	7.2												○	○	○	○	○	○						
172	源兵衛									○																
	村　方			○	○	○	○	○	○	○	○	○	○	○	○	○										
	藤野利兵衛							○	○	○	○	○	○													
	甚　七			○	○																					
	宇右衛門					○																				
	平野屋新助			○	○	○	○	○	○	○	○	○	○	○	○	○										
	伊　助			○	○	○	○	○	○	○	○	○	○	○	○											
	半兵衛			○	○	○	○	○	○	○	○	○	○	○	○	○										
	田中屋弥三八												○	○	○	○										
	伊兵衛			○	○	○	○	○	○																	
	庄右衛門			○	○	○	○	○	○	○	○	○														
	孫　七(太兵衛)			○	○	○	○	○	○	○	○	○	○	○	○	○										
	文　七(儀右衛門・彦七)			○	○	○	○	○	○	○	○	○	○	○	○	○										
	作左衛門(幸助)			○	○	○	○	○	○	○	○	○	○	○	○	○										
	喜右衛門弟喜左衛門							○																		
	儀　助			○	○	○	○																			
	佐左衛門(たばさ)			○	○	○	○	○	○	○	○	○	○	○	○	○										
	源　蔵			○	○	○	○	○	○	○	○	○	○	○	○	○										

	No.	小作人名	安政4持高	慶応2持高	嘉永		安政						万延	文久			元治
					5	6	1	2	3	4	5	6	1	1	2	3	1
藤井寺村		佐右衛門			○	○	○	○	○	○	○	○	○	○	○	○	○
		磯　八			○	○	○	○	○	○	○	○	○	○	○	○	○
		天王寺屋惣兵衛(林兵衛)			○	○	○	○	○	○	○	○	○	○	○	○	○
		平左衛門															○
		八左衛門			○	○	○	○	○	○	○	○	○	○	○	○	○
		半四郎											○	○	○	○	
		治郎兵衛			○	○	○	○									
		吉郎兵衛			○	○	○	○			○	○	○	○	○	○	○
		喜右衛門			○	○	○	○	○	○	○	○	○	○	○	○	○
		源右衛門							○	○	○	○					
		大和屋丈助			○	○	○	○									
		甚右衛門			○	○	○	○									
		七左衛門			○	○	○	○	○	○				○	○	○	○
		儀左衛門			○	○	○	○	○	○	○	○	○	○	○	○	○
		勝治郎												○			
		卯右衛門方卯助				○	○	○		○	○	○					
		大和屋弟兵右衛門(丈助)					○	○	○	○	○	○	○				
		角右衛門倅勝次郎											○				
		綿屋喜兵衛					○	○	○	○	○	○	○	○	○	○	○
		弥右衛門(直右衛門)					○	○	○	○	○	○	○	○	○	○	○

平右衛門							○								
善右衛門(佐吉)					○	○	○								
文　助						○	○	○							
文助倅磯右衛門									○	○	○	○	○	○	○
三右衛門						○	○		○	○	○	○			
治兵衛(清右衛門)								○	○	○	○				
西門前太次郎								○	○	○	○	○			
西門福本屋新蔵													○	○	
中　太(新蔵)															○
尾張助右衛門									○	○	○				
久兵衛											○	○	○	○	○
佐右衛門															○
常　吉													○	○	○
喜　八														○	○
伊右衛門														○	○

出典：嘉永5年「下作宛口帳」(28-4)、嘉永6年「下作宛口帳」(13-11)、嘉永7年「下作宛口帳」(19-6)、安政2年「下作宛口帳」(19-5)、安政3年「下作宛口帳」(19-2)、安政4年「下作宛口帳」(19-3)、安政5年「下作宛口帳」(11-15)、安政6年「下作宛口帳」(11-16)、安政7年「下作宛口帳」(11-14)、万延2年「下作宛口帳」(11-17)、文久2年「下作宛口帳」(11-1)、文久3年「下作宛口帳」(11-13)、文久4年「下作宛口帳」(11-12)、元治2年「下作宛口帳」(Z-2-2-1)、慶応2年「下作宛口帳」(Z-2-2-2)、慶応3年「下作宛口帳」(Z-2-2-3)、慶応4年「下作宛口帳」(Z-2-2-4)、明治2年「下作宛口帳」(Z-2-2-5)、明治3年「下作宛口帳」(Z-2-3-1)、明治4年「下作宛口帳」(Z-2-3-2)、明治5年「下作宛口帳」(Z-2-4-1)、明治6年「下作宛口帳」(Z-2-4-2)、明治7年「下作宛口帳」(Z-2-5)、安政4年「切支丹宗門御改人別寺請帳」(F-1-70)、慶応2年「切支丹宗門御改人別寺請帳」(F-1-79)

表7－2　岡田家小作人(岡村)の人数と新規小作人数の集計

	嘉永5		嘉永6		安政1		安政2		安政3		安政4		安政5		安政6		万延1		文久1		文久2		文久3		元治1		慶応1		慶応2	
南岡・西	9		7	-	6	-	8	*2*	10	*2*	9	*2*	8	-	8	-	8	-	9	*1*	9	*3*	8	-	8	*1*	10	*2*	10	*1*
南岡・南	22		19	-	19	-	18	*1*	19	*1*	19	*2*	18	-	20	*3*	19	*1*	20	*2*	14	-	14	*1*	14	*1*	14	*1*	13	-
南岡・東	10		8	-	8	*1*	10	*2*	11	*1*	10	*1*	9	-	10	*2*	11	*2*	11	*1*	8	-	7	-	7	-	7	-	9	*2*
南岡・北	8		8	*1*	9	*3*	8	-	5	-	3	-	5	*2*	5	-	3	-	7	*4*	12	*6*	12	*1*	9	*1*	12	*3*	12	*1*
新町	18		15	-	18	*4*	19	*3*	19	*1*	20	*3*	21	*3*	20	*1*	19	-	19	*2*	19	*2*	19	*2*	22	*4*	22	-	23	*2*
北岡	3		4	*1*	4	-	4	-	5	*1*	4	-	4	*1*	4	*1*	4	-	4	-	3	-	5	*2*	5	-	6	*1*	6	-
岡村　計	70		61	*2*	64	*8*	67	*8*	69	*6*	65	*8*	65	*6*	67	*7*	64	*3*	70	*10*	65	*11*	65	*6*	65	*7*	71	*7*	73	*6*

	慶応3		明治1		明治2		明治3		明治4		明治5		明治6		明治7	
南岡・西	10	*1*	9	-	7	-	7	-	7	-	9	*3*	8	-	9	*2*
南岡・南	12	-	13	*1*	15	*2*	14	-	13	-	13	*1*	13	-	16	*3*
南岡・東	8	-	8	-	10	*3*	9	*1*	8	-	8	-	7	-	7	-
南岡・北	11	*1*	11	-	13	*3*	14	*1*	13	-	11	*1*	12	*1*	11	*1*
新町	24	*1*	23	*2*	24	*2*	24	*2*	22	-	24	*2*	22	*2*	21	*1*
北岡	6	-	6	-	5	-	4	*1*	2	-	2	-	2	-	2	-
岡村　計	71	*3*	70	*3*	74	*10*	72	*5*	65	-	67	*7*	64	*3*	66	*7*

註：左側の数字は小作人数の合計。右側の斜体の数字は新規小作人数。(単位：人)

表８　岡田家の小作人として復帰する例における小作地の関係

凡例　小作を辞めた年に引き受けていた小作地の字名・宛口と、小作に復帰した年に改めて引き受けた小作地の字名・宛口を示した。そして同じ小作地を再び引き受けている場合には、間に「＝」を付した。

小作を辞めた時点での小作地		→	小作に復帰した時点での小作地	
字名・宛口	翌年の小作人		前年の小作人	字名・宛口

西町：儀兵衛

安政３年				文久２年
まぶ分1石6斗	辰右衛門へ		新町七右衛門より	神殿2石2斗3升

南町：万助・卯助・卯兵衛

安政元年				文久元年
嶋泉領南山4石9斗5升			北町幸右衛門より	かんか下流レ1石7斗
			北之方より	中山3斗5升

南町：利兵衛

安政３年				万延元年
山之内2石1斗	惣兵衛へ			神木9斗
山之内1斗5升	惣兵衛へ			
山之内2石4斗	惣兵衛へ			

東町：浅右衛門

嘉永６年				安政４年
半田中之切7斗2升	手作へ		利兵衛より	小山領角田2石1斗
半田中之切6斗3升	手作へ		利兵衛より	小山領乾2石1斗5升
神木8斗	手作へ			

東町：丈助

安政５年				文久元年
神殿6斗	忠七へ		幸右衛門より	半田2石1斗5升
利右衛門やしき1石	新助へ			

北町：茂八

安政３年				文久元年
みのん上2石3斗	西町作左衛門へ		酉に新入	みのん上1石9斗
みのん上2石2斗	林兵衛へ		酉に新入	南口広宗2石4斗
			酉に新入	南口広宗2斗

北町：弥左衛門

安政6年	
大垣外2石8斗	幸右衛門へ

	文久元年
	神殿3斗5升
善助作の内	嶋泉領6斗7升

北町：善助

安政3年	
宮之垣外1石9斗	平野屋新助へ

	安政5年
平治より譲受	神殿4石

北町：九兵衛

嘉永6年	
地顕寺2石1斗	弟佐兵衛へ

	文久2年
惣兵衛より	西ん堂1石
惣兵衛より	西ん堂8斗
惣兵衛より	西ん堂6斗
惣兵衛より	西ん堂1石3斗5升

北町：九兵衛弟佐兵衛

安政2年	
地顕寺2石1斗	東町源右衛門へ

	文久2年
市蔵より	神殿1石8斗

北町：竹屋新助

安政2年	
小山領角田2石1斗	東町利兵衛へ

	文久2年
北町幸右衛門より	岡中2石6斗
	地顕寺2石6斗
佐左衛門より	葉森7斗
佐左衛門より	葉森2石1斗

北町：やす・磯八

嘉永6年	
中山2石	太郎兵衛へ
中山6斗	太郎兵衛へ

	安政5年
利右衛門より	岡中7斗5升
新町吉郎兵衛より	西ん上9斗

新町：三左衛門

嘉永5年	
さふの池2石3斗	向イ伊助へ

	文久3年
	神殿9斗
	神殿1石5斗

新町：清七

嘉永6年				元治元年
神殿2石2斗3升	庄右衛門へ		小山村弥助より	八反地1石8斗
屋敷地2石6斗5升	手作へ			

新町：竹屋仁兵衛

文久元年				元治元年
葭原1石9斗	七左衛門へ			春日山1石5斗
葭原1石5斗	七左衛門へ			

北岡：喜右衛門

安政4年				安政6年
嶋泉領6斗	新町庄右衛門へ	=	庄右衛門より	嶋泉6斗

藤井寺村：吉郎兵衛

安政2年				安政6年
とい1石2斗5升	藤：佐右衛門へ	=	佐右衛門より	とい1石2斗6升
辻本1石4斗				割塚1石2斗9升

藤井寺村：卯右衛門方武助

安政2年				安政4年
流レ溝田5升		=		流レ溝田5升

藤井寺村：三右衛門

安政3年				安政5年
葉森1石7斗	弥助へ		源蔵より	流レ3石2斗5升
葉森1石8斗	弥助へ			

藤井寺村：七左衛門

安政4年				文久元年
さんと2石8斗			文助より	溝端2石3斗
さんと3石6斗			清右衛門より	久保田1石9斗
久保田2石8斗				

表9　嘉永7年における岡田家所持地の字別小作分布

(単位：石／数字は全て宛口高)

岡村の土地							
字		宛口計	岡村小作			手作分	他村小作
			南岡	新町	北岡		
上大船		5.95					小山　5.95
茶　縁		5.16	-	1.36	3.80	5.16	
八反地		3.30			1.50		小山　1.80
法　事		2.00		2.00			
薮の下		1.40		1.40			
葭　原		3.40		1.50		1.90	
法事北岡		2.60		-			小山　2.60
法福寺		2.84		2.84			
入　水		6.70					小山　6.70
黒崎丁		2.65				2.65	
掛ケ塚		15.40	9.00			6.40	
神　殿		11.18	5.45	1.70		4.03	
西ん上		4.75	4.15	0.60			
みのん上		12.00	12.00				
中　山		2.60	2.60				
中　山	新田	1.55	1.20	0.35			
笑　坂		1.10	1.10				
木戸谷		3.55	3.55				
乾垣外		8.23		4.13	4.10		
おいか浦		0.70	0.70				
おいか浦	新田	0.90	0.90				
岡　中		10.00	3.70	1.05		5.25	
岡　中	新田	1.80	1.80				
池　田		6.75	5.15	1.60			
宮垣外		3.65	3.65				
寺　西		6.90	3.30				藤井寺　3.60
広　宗		2.93				2.93	
広　宗	新田	0.72				0.72	
神　木		3.90	3.10			0.80	
地顕寺		15.04	10.34			4.70	
大　保		13.53	13.53				
前　塚		1.20	1.20				
大垣外		9.61	2.80	6.81			
こふ池		7.70	3.40			4.30	
春日山	新田	12.70	7.80			1.10	藤井寺　3.80
層　山	新田	0.55	0.55				
井　山	新田	0.11	0.11				
西井路	新田	4.05		4.05			
宮之後	新田	1.90				1.90	
計		201.00	101.08	29.39	9.40	36.68	24.45

藤井寺村の土地					
字	宛口計	藤井寺小作	手作分	岡村小作	他村小作
乙池谷	8.25	-	6.70		北宮　1.55
西　野	2.80	-		2.80	
西　原	7.87	-	6.40	1.47	
まぶ分	3.00	-	1.40	1.60	
葉　森	17.14	1.58	13.05	2.51	
茶　縁	0.65	0.65			
山之内	12.65	4.45		8.20	
溝	0.77	0.77			
かい米	2.25	2.25			
池の東	3.10	3.10			
辻　本	4.85	4.85			
葉　浪	2.70	2.70			
神　明	3.25	3.25			
久保田	13.20	13.20			
谷	5.95	3.95			野中　2.00
さんど	6.40	6.40			
三つ溝	9.38	6.38			沢田　3.00
下之内	5.79	-			沢田　5.79
高屋水際	1.85	1.85			
なつめ	12.25	2.10		10.15	
出口橋西	2.30	2.30			
流　レ	9.50	5.90	3.60		
出　口	4.60	4.60			
屋　敷	0.54	0.54			
北垣外	4.58	-	0.73	3.85	
船　雲	5.90	-		5.90	
寺の北	7.15	-		7.15	
計	158.67	70.82	31.88	43.63	12.34

不明分(岡村・藤井寺村どちらの土地か不明)

	宛口計		手作分	他村小作
	19.95		5.28	藤井寺　5.27

表10　慶応元年用水規定連印者と慶応3年小作規定連印者の照合

表7 No.	規定連印者名	慶応2 持高	元治	慶応					明治							
			1	1		2	3		1	2	3	4		5	6	7
2	惣兵衛	無高	○	○	㊞	○	○	㊞					農・賃稼			
4	善左衛門	無高		○	㊞			㊞					農			
5	九郎兵衛	無高	○	○	㊞	○	○	㊞	○	○	○	○	農			
7	き　の	×			㊞								農	○	○	○
8	作左衛門	5.4	○	○	㊞	○							農	○	○	○
9	卯之助・卯兵衛	無高			㊞			㊞					農			○
10	林兵衛	無高			㊞			㊞					農	○	○	○
11	源兵衛	無高	○	○	㊞	○	○	㊞	○	○	○	○	農	○	○	○
12	儀兵衛	1.6	○	○	㊞	○	○		○	○	○	○	農	○	○	
16	源左衛門	10.3	○	○	㊞	○	○	㊞	○	○	○	○	農	○	○	○
18	庄　八	無高					○	㊞	○				農・賃稼			
22	太　七	1.6	○	○	㊞	○	○	㊞	○	○	○	○	農	○	○	○
24	吉蔵・惣右衛門	無高		○	㊞	○	○	㊞	○				農・賃稼			
25	常　八	無高	○	○	㊞	○	○	㊞	○	○	○	○	農	○	○	○
30	藤　七	無高	○	○	㊞	○	○	㊞	○	○	○	○	農	○	○	○
34	八左衛門	3.8	○	○	㊞	○	○	㊞	○	○	○	○	農	○	○	○
36	佐右衛門	1.2	○	○	㊞	○	○	㊞	○	○	○	○	農	○	○	○
37	弥右衛門	4.2	○	○	㊞	○	○	㊞	○	○	○	○	農	○	○	○
38	又兵衛	2.0	○	○	㊞	○	○		○	○	○	○	農・搗米	○	○	○
40	和　助	無高	○	○	㊞	○	○	㊞	○	○	○	○	農・畳	○	○	○
41	孫　助	無高	○	○		○	○	㊞	○	○	○	○	農	○	○	○
44	利兵衛	1.8	○	○	㊞	○	○	㊞	○	○	○	○	農	○	○	○
55	嘉平治	2.0	○	○	㊞	○	○	㊞	○	○	○	○	農	○	○	○
56	仁兵衛	無高	○	○	㊞	○	○	㊞	○	○	○	○	農	○	○	○
57	伝右衛門	3.8			㊞			㊞	○	○	○	○	農	○	○	○
59	利左衛門	2.5			㊞			㊞					農・賃稼			○
63	太右衛門・卯兵衛	7.4	○	○	㊞	○	○	㊞	○	○	○	○	農	○	○	○
64	磯右衛門	3.1	○	○	㊞	○	○	㊞	○				農			
65	や　す	無高	○	○	㊞	○							農・古道具			
68	卯右衛門	無高	○	○	㊞	○	○	㊞	○	○	○	○	農・綿打	○	○	○
70	浅右衛門	3.1	○	○	㊞	○	○	㊞	○	○	○	○	農	○	○	○

71	常右衛門	無高	○	○	㊞	○	○	㊞	○	○	○	○	農	○	○	○
72	源　八	無高			㊞	○	○	㊞	○	○	○		農・左官			
77	作兵衛	無高			㊞	○	○	㊞	○	○	○	○	農	○		
82	丈　助	1.0			㊞			㊞		○			農・賃稼			
86	兵右衛門	無高	○	○		○	○	㊞	○				髪結			
87	源　助	0.8			㊞	○		㊞					農			
90	庄右衛門	無高	○	○	㊞	○	○	㊞	○	○	○	○	農	○	○	○
91	善　助	0.3	○	○	㊞	○	○	㊞	○	○	○	○	農	○	○	○
92	安兵衛	無高		○	㊞	○	○		○	○	○	○	農・賃稼	○	○	○
94	九兵衛	4.3	○	○	㊞	○	○		○	○	○	○	農	○	○	○
95	佐兵衛	1.7			㊞			㊞			○	○	農	○	○	
96	新　助	無高	○	○		○	○	㊞	○	○	○	○	農・賃稼			
99	友右衛門	4.9	○	○	㊞	○	○	㊞	○	○	○	○	農	○	○	○
100	三郎兵衛	4.0			㊞								農			
102	勘右衛門	無高	○	○	㊞								—			
104	磯　八	無高	○	○	㊞	○	○	㊞	○	○	○	○	—	○	○	○
106	平　治	9.0			㊞					○	○	○	農	○	○	○
110	利兵衛	無高		○	㊞	○							農・道具			
112	才助(岡田伊十郎)	8.9		○	㊞	○	○		○	○	○	○	農・毛綿	○	○	○
113	為右衛門	0.7	○	○	㊞	○	○	㊞	○	○	○	○	農・質	○	○	○
116	三左衛門	無高	○	○	㊞	○	○	㊞	○	○	○	○	農・土磨	○	○	○
117	庄右衛門	無高	○	○	㊞	○	○	㊞	○	○			農・賃稼			
118	弥　八	×						㊞			○	○	農	○	○	○
119	専　助	5.2			㊞			㊞		○	○		農			
123	清　七	無高	○	○	㊞	○	○	㊞					糸稼			
125	佐兵衛	2.1	○	○	㊞	○	○	㊞	○	○	○	○	農・古道具	○	○	○
126	利　助	0.7	○	○	㊞	○	○	㊞	○	○	○	○	農・糀蒸	○		○
130	弥七・弥三郎	無高	○	○	㊞	○	○	㊞	○	○	○	○	農・唐傘	○	○	○
131	六左衛門	2.8	○	○	㊞	○	○	㊞	○	○	○	○	農・古道具	○	○	○
134	大工吉右衛門	無高	○	○	㊞	○	○	㊞	○	○	○	○	農・大工	○	○	
135	万助・吉郎兵衛	無高	○	○	㊞	○	○	㊞	○	○	○	○	農	○	○	○
137	儀　助	0.2	○	○	㊞	○	○	㊞	○	○	○	○	農・鍛冶	○	○	○
138	小　八	無高	○	○	㊞	○	○	㊞	○	○	○	○	農	○	○	○
139	弥　助	無高	○	○	㊞	○	○	㊞	○	○	○	○	農・煮売	○	○	○

表7 No.	規定連印者名	慶応2 持高	元治	慶応					明治							
			1	1		2	3		1	2	3	4		5	6	7
140	磯右衛門	×	○	○	㊞	○	○	㊞	○	○	○		糸稼			
141	利兵衛	無高			㊞								農	○	○	○
147	清兵衛	無高	○	○	㊞	○	○	㊞	○	○	○	○	農	○	○	○
148	長　八	無高	○	○	㊞								農・桶			
150	善兵衛	8.2			㊞	○	○		○	○			農・毛綿			
152	武兵衛	無高	○	○	㊞	○	○	㊞	○	○	○	○	農・糀蒸	○	○	○
155	仁兵衛	5.1	○	○	㊞	○	○		○	○	○	○	農	○		
156	七左衛門	無高	○	○	㊞	○	○	㊞	○	○	○	○	農	○	○	
157	甚　助	無高	○	○	㊞	○	○	㊞	○	○	○	○	農	○	○	○
159	吉兵衛	無高			㊞				○	○	○	○	農	○	○	○
164	半右衛門	無高	○	○	㊞	○	○	㊞	○	○			農・綿打			
167	源兵衛	無高	○	○	㊞	○	○		○	○	○	○	農	○	○	○
168	吉左衛門	2.9		○	㊞	○	○	㊞	○	○	○		農・綿打			
169	新　七	無高	○	○		○	○	㊞	○	○			農・油売			
	半七	無高			㊞			㊞					農			
	儀助	8.3			㊞								農			
	茂右衛門	×			㊞								農・毛綿			
	新十郎	無高			㊞			㊞					農			
	藤右衛門	7.5			㊞								農			
	しか	無高			㊞								—			
	喜助	無高			㊞			㊞					農			
	七左衛門	5.3			㊞								農			
	平左衛門・平七	0.7			㊞			㊞					農・毛綿			
	小左衛門	7.1			㊞								農			
	重右衛門	無高			㊞			㊞					農・毛綿			
	与左衛門	11.8			㊞								農・毛綿			
	喜右衛門	2.5			㊞								農			
	喜兵衛	無高						㊞					大工			
	徳十郎	無高			㊞								農・神主			
	多三郎	14.4			㊞								農			
	林左衛門	3.9			㊞								農・古道具			
	又兵衛	無高			㊞								—			

岡田家の小作をおこなっていない者（一部照合できなかった者も含まれる）	儀右衛門・嘉兵衛	4.3			㊞			㊞					農			
	庄左衛門・小八	無高			㊞			㊞					農・賃稼			
	庄兵衛	無高			㊞								農・賃稼			
	長右衛門	無高			㊞								—			
	吉兵衛	10.1			㊞								農			
	文助	6.0			㊞								農			
	新兵衛	無高						㊞					農・賃稼			
	喜兵衛	無高						㊞					—			
	幸右衛門	12.2			㊞								—			
	米屋儀兵衛	5.2			㊞								—			
	松右衛門	0.4			㊞			㊞					農・賃稼			
	幸助・幸兵衛	11.6			㊞			㊞					農			
	定右衛門	無高			㊞			㊞					賃稼			
	杢右衛門	33.0			㊞								農・質			
	庄右衛門	6.8			㊞								農			
	庄三郎	23.4			㊞								農			
	弥七	無高			㊞								左官			
	忠右衛門	無高			㊞			㊞					農			
	治郎助	無高						㊞					農			
	房之助	23.0			㊞								農・酒造			
	吉兵衛	無高						㊞					農			
	佐助	無高						㊞					農			
	三郎兵衛	6.9			㊞								農			
	三左衛門	0.9			㊞			㊞					農			
	伊右衛門	8.4			㊞								農			
	忠左衛門	3.8			㊞								農			
	与次右衛門	4.5			㊞			㊞					農・大工			
	勘左衛門	不明			㊞			㊞					—			
	勘左衛門	不明			㊞								—			
	利兵衛	不明						㊞					—			
	利兵衛	不明						㊞					—			
	利右衛門	不明			㊞			㊞					—			
	兵助	不明						㊞					—			
	喜兵衛	不明			㊞								—			

表7 No.	規定連印者名	慶応2 持高	元治 1	慶応 1	慶応 2	慶応 3	明治 1	明治 2	明治 3	明治 4	明治 5	明治 6	明治 7
	清兵衛	不明		㊞						—			
	佐助	不明		㊞						—			
	太右衛門	不明		㊞		㊞				—			
	治兵衛	不明		㊞						—			
	又右衛門	不明				㊞				—			
	源兵衛	不明				㊞				—			

註1：両規定のいずれかに連印した者全員について、岡田家の小作への就業状況と、明治4年戸籍に記された職業を示した。
2：「○」が付された年には岡田家の小作を請け負っている。
3：「慶応1」の欄に「㊞」が付された者は、慶応元年用水規定に連印した者。
4：「慶応3」の欄に「㊞」が付された者は、慶応3年小作規定に連名した者。
5：「明治4」の欄には明治4年「戸籍」に記載された職業を記入した。戸籍に現れない者、又は照合不能の者については「—」を記入した。
6：持高の単位は石。

表12　嘉永7年「下作宛口帳」に見る岡田家小作人の年貢米納入先

集落名	小作人名	年貢米納入量と納入先				岡田家に納める小作料		
		南蔵入(石)	北蔵入(石)	小山蔵(石)	藤井寺(石)	内斗(石)	田宛口残り銀納(匁)	綿宛口計(匁)
南岡	惣兵衛	2.00				3.00	61.00	111.80
	儀兵衛	0.50				1.00	-4.30	120.40
	善左衛門	0.50				0.50	21.50	
	源左衛門					0.23		
	利左衛門					2.50	5升	
	弥　助	1.00				2.00	1斗	2石7斗
	常　八	1.50				2.50	249.40	280.60
	太郎兵衛	1.50				3.00	245.10	
	藤　七	0.50				1.00		86.00
	米　儀						271.00	
	庄左衛門	0.50				0.50		
	万　助						382.80	
	八左衛門	1.00				1.50	8.60	68.80
	佐右衛門	1.00				1.50	51.60	193.50
	弥右衛門	1.00				3.00	206.40	
	又兵衛	1.00					86.00	22.70
	常　七	0.50				1.00	60.20	
	寿々屋和助	0.50				1.00	24.00	
	孫　助	2.00				3.50	43.00	206.40
	定右衛門	1.00				1.00	68.80	64.50
	半　七					1.00	12.90	
	利兵衛	0.50				1.50	21.50	184.90

	嘉　助	0.50				1.00	94.60	
	忠右衛門					0.60	4.30	
	徳十郎						228.76	
	太右衛門	2.00				4.00	236.50	
	磯右衛門					1.10	13.76	
	源右衛門	0.50				1.00		176.30
	利右衛門	0.50				0.50	184.90	
	儀右衛門	0.50					51.60	
	常右衛門	1.00				1.00	60.20	
	源　八	1.00				2.50	25.80	
	卯右衛門					0.90		
	茂　八	3.50					226.80	
	弥左衛門	1.00				1.50	-8.60	
	善　助	2.00				2.50	21.50	
	孫右衛門	1.00				1.00	64.50	
	九兵衛	0.50				1.00	43.00	
	新　助					1.60	43.00	
	友右衛門			2.00		2.00	103.40	
	三郎兵衛	1.00		1.00		2.25		
	庄　助						35.26	
新町	為右衛門		1.00			4.00		
	七　助		1.00			0.50		68.80
	庄右衛門		2.00			1.00		30.10
	幸兵衛		1.00			1.00	17.20	
	綿屋佐兵衛						144.15	
	弥　七		1.00			1.00	25.80	
	六左衛門						94.60	
	大工吉右衛門						146.20	
	吉ケ兵衛		1.50				57.40	
	かしや太七						25.36	
	儀　助		1.50					
	小　八					1.60	4.30	
	弥　助		0.50			1.50		
	小忠兵衛		0.50			0.50	21.50	
	惣兵衛					0.70	17.20	91.30
	清兵衛					0.50	8.60	
	吉兵衛					1.00	84.28	
北岡	半右衛門		1.50				43.00	
	嘉右衛門		1.50				38.70	189.20
	亀屋又兵衛		0.50				94.60	
	源右衛門						?	
小山	伊兵衛						159.10	
	善兵衛						159.10	
	吉左衛門					0.66	136.74	
	伊　助			1.00			60.20	

集落名	小作人名	年貢米納入量と納入先				岡田家に納める小作料		
		南蔵入 (石)	北蔵入 (石)	小山蔵 (石)	藤井寺 (石)	内斗 (石)	田宛口残り 銀納(匁)	綿宛口計 (匁)
小山	九左衛門		4.00			4.17	58.28	
	半左衛門		0.50			1.50		
	弥　助					1.00	34.40	
	伊左衛門		1.00			1.20	35.20	
藤井寺	村　方							
	宇右衛門						26.40	
	平野屋新助					1.00	172.00	
	伊　助				1.50		120.00	
	半兵衛				3.00		352.00	
	伊兵衛					0.80	40.00	120.35
	庄右衛門				3.00		248.00	
	太兵衛				1.50		47.30	
	儀右衛門				3.00		27.82	
	作左衛門				2.50		103.20	
	儀　助							
	たはさ				0.50		7.95	
	源　蔵				2.00		86.00	86.00
	佐右衛門				2.00		12.00	174.30
	磯　八				1.00		31.80	132.80
	天王寺屋惣兵衛							334.70
	八左衛門				1.50		64.00	
	吉郎兵衛						103.80	103.70
	喜右衛門				1.50		47.70	91.30
	大和屋丈助						148.00	13.24
	甚右衛門				1.00		67.57	
	七左衛門				3.50			
	儀左衛門				1.00		40.00	
	武　助						4.30	
	大和屋兵右衛門				1.50		40.00	
	綿　喜						153.50	
	杢右衛門				2.00		31.40	
	佐　吉				1.50		35.77	

第五章　近世後期の畿内における豪農金融の展開と地域

福澤徹三

はじめに

本章は、岡田家が享和～慶応年間（一八〇一～六七）において村内外で広く展開した金融活動の分析を通して、当該期の畿内における豪農と村落および地域との関係を、領主と都市との関係まで組み込んで解明することを目的とする。なお、第九章では、岡田家の金融活動が近代においてどのような展開を遂げるのか分析をおこなう。これにより、岡田家の金融活動全体を、一九世紀を通じて見通すことが可能になる。そのまとめは、第九章においておこなうことにするが、本章がその一環でもあることをはじめに述べておきたい。

さて、本章に関わる研究史についてであるが、佐々木潤之介氏は、岡田家が月八朱程度の利率で近隣の豪農に金融活動をおこなったことを「地域の生産活動を保証した」と評価し、このような豪農を「地域的社会権力」と位置づけている。(1) しかしながら、佐々木氏の分析は、以下の点で不充分であると考えられる。①岡田家と関わりのある地域が具体的にはどの程度の広がりをもっていたのかが不明であること。②近隣への金融、他国型金融、領主貸の展開過程が不明であること。③岡田家の金融活動がおかれた状況がどのようなものであったのかが、ほとんど明らかにされていないこと。そして、全体として、岡田家が外延的に大きく発展していった一面が強調されてしまっている。

地域における岡田家の金融活動の意味を検討していく上で欠かせないのは、まずその活動全体を構造的に把握することである。本章では、地域における岡田家の金融活動の全体構造を把握することを第一の課題としたい。(2)

次に、米屋・具足屋などの都市商人との関係について。佐々木氏は、幕末期に岡田家の金融活動において大きな割合を占める米屋・具足屋・銭屋を岡田家と特別な取引関係にある商人としたうえで、彼らとの金融関係を〈利子生み貸付〉としている。しかし、彼らは大坂・堺の本両替であり、(3)岡田家との取引でも利子はついていない。この誤認により、弘化「取替帳」と安政「取替帳」との関係を二〇倍近い額としているが、実際の〈利子生み貸付〉は五倍弱にしかならない。(4)幕末の岡田家の金融規模が大きく異なってくるだけでなく、農村と都市の関係についても再検討が必要とされよう。この点を明らかにし、さらに領主との関係を含めて全体を明らかにするのが第二の課題である。

また、竹安繁治氏は河内国若江郡村々の「民富調査」事例の検討から、一〇〇石以上を所持する豪農の存在と、数千両におよぶ貸付をおこなう豪農の存在を明らかにしている。(5)また、山崎隆三氏は小ブルジョア制度と地主制の展開のなかで、一〇〇石以上を所持する者の存在を指摘している。(6)岡田家の所持高・貸付規模は、これらの先行研究で指摘されているものと近似的である。このような存在を、生産力の最先進地である畿内村落の中で独自の存在と位置づけることはできないだろうか。この点の検討を第三の課題としたい。(7)

なお、岡田家の金融関係史料と、その変化について簡単に述べておきたい。先述した「取替帳」が金融関係を記した史料であり、この名称は享和二年（一八〇二）正月のものからつけられている。[8]明治一四年（一八八一）までの二一冊（享和二、文化二、五、七、一〇、一二、一五、文政二、三、五、八、一一、天保三、八、弘化二、嘉永二、六、安政七、明治三、一四年。ただし安政七年のみ二冊）がある。帳面には、貸付の年月日・金額・相手の居村と名前が記され、利率・返済状況・他帳簿への引継ぎの有無が書かれている場合もある。帳簿形態は、第Ⅰ期（享和二年～文化一〇年）、第Ⅱ期（文化一二年～文政一一年）、第Ⅲ期（天保三年～安政七年）に分かれる。[9]第Ⅰ期では、雑然と前の帳簿からの引継ぎ状況が記されているが、第Ⅱ期では地域区分（後述）がはじまる。第Ⅲ期ではさらに、個別の相手をタッグシールのような貼札として貼っている。これは、個別の相手への貸付状況を迅速に把握する必要に応じた帳簿形態といえよう。また、余白頁が散見されることから、帳簿作成時にあらかじめ相手に応じて帳簿の頁を割いて準備しておき、その帳簿の期間書き継いでいく意図であったことがわかる。第Ⅲ期にいたって貸付相手とは恒常的に金融関係を結んでいる、と岡田家の側で認識していたことをこの帳簿形態は物語っているのである。[10]

第一節　享和～天保期の金融活動

一　貸付状況の検討

(1)新規発生件数と金額の推移

岡田家の貸付の新規発生件数と金額の概観をおこなっていこう。表1は取替帳期間ごとの新規発生件数と金額を、その帳簿に含まれる年度数で除した平均をまとめたものである（享和二年取替帳は除いている）。

表からは、大きく三期に分かれることが読みとれるだろう。②～⑥がA期、⑦～⑩がB期、⑪～⑬がC期であ

表1　「取替帳」新規貸付発生件数・額

期	年度	件数	額(匁)	
②	文化2～文化4	16	12,732	A期
③	文化5～文化6	25	25,913	
④	文化7～文化9	26	26,597	
⑤	文化10～文化11	42	38,164	
⑥	文化12～文化14	36	27,086	
⑦	文化15～　―	49	49,162	B期
⑧	文政2～　―	71	52,718	
⑨	文政3～文政4	77	42,062	
⑩	文政5～文政7	74	40,867	
⑪	文政8～文政10	82	99,602	C期
⑫	文政11～天保2	108	145,650	
⑬	天保3～天保7	93	172,552	

註1：各取替帳から作成。
　2：件数、金額は年平均。

る。A期は年間発生件数で三〇件前後、金額で二〇～三〇貫匁程度である。この状況は、佐々木氏が述べた寛政期の停滞状況の延長上にあるといえよう[11]。次のB期は、振幅があるものの件数・金額ともA期の二倍弱が平均といえる時期である。このような状況は、C期においてさらにはっきりしてくる。件数は八〇～一〇〇件超、金額は一〇〇貫匁以上になる。特に⑬の天保三～七年は一七〇貫匁を超えている。B期にはじまった増加傾向は、C期において飛躍的発展を遂げた、と言いうるだろう。

そして、このA期・B期・C期は、帳簿形態の分析（先述）で区分したⅠ期・Ⅱ期・Ⅲ期とほぼ対応する。C期の中でも、件数・金額とも激増する天保三年取替帳が、帳簿形態上の画期（Ⅲ期）と対応する点がこのことを象徴的に表している。

次に、表1の内容を地域区分ごとに分けた表2（ここではもっとも典型的な文化一五年取替帳のもの）によって検討を進めていこう[12]。まず、岡村の平均額が少ない点が目をひく。これは、居村と他村で貸付対象が異なることを予想させる。岡田家が多くの小作地を持ち、「居村同様」と自ら述べる藤井寺村でも同様の傾向がうかがえる[13]。また、表からは読みとれないが、文化一五年から地域区分が立てられた小山村は、文化一〇年取替帳で年二件、文化一二年取替帳での年五件から一〇件へと激増している。岡村からの方角によって区分されている東西南北については、ここで指摘できることはない。

表2　「取替帳」地域区分分析(文化15年)

帳簿区分	件数	額(匁)	平均額
村方	11	3,850	350
藤井寺	5	4,710	942
小山	10	12,210	1,221
東	4	8,570	2,143
西	2	2,500	1,250
南	7	9,422	1,346
北	4	5,800	1,450
未申	6	2,100	350
合計	49	49,162	1,003

註：未申は文政8年からの区分だがさかのぼって区分している。

表3　文政5年「取替帳」村内貸付相手

借人	石高	階層
伊兵衛	0.53	C
利兵衛	0.68	C
伝右衛門	1.36	C
勘右衛門	1.69	C
源　助	1.91	C
八左衛門	2.10	C
喜兵衛	2.30	C
弥右衛門	2.70	C
茂　八	2.80	C
嘉兵衛	3.18	C
万　助	3.71	C
七兵衛	3.87	C
平左衛門	3.93	C
嘉　七	4.51	C
庄左衛門	4.82	C
伊右衛門	5.51	B
三左衛門	5.58	B
仁兵衛	7.50	B
又兵衛	7.86	B
茂右衛門	7.94	B
弥兵衛	8.73	B
弥三左衛門	9.03	B
利右衛門	9.39	B
平　助	12.46	B
伝右衛門(新町)	23.06	A

註：F-1-35-1～5。

(2)村内と村外の貸付先の検討

まず、村内への貸付状況を検討していこう。表3は、文政五年取替帳（記載年数は三年間）で岡村内の貸付相手を同年の宗門人別帳記載の村内所持石高と対照して表にしたものである。表中の階層区分は、D層＝所持高なし、C層＝五石未満、B層＝一五石未満、A層＝一五石以上の区分によった(14)。そして、この貸付を受けた割合は、D層〇％、C層六〇％、B層三六％、A層四％となる。D層が〇％であることが、特に注意をひく。同年の岡村の階層構成は、D層三九％、C層四三％、B層一四％、A層三％である。C層への貸付が大きなウエイトを占めるものの、階層構成と対比すると、A・B層への偏りが目につくのである。岡田家による村内への貸付は、二石未満の石高が僅少な者への貸付も見られるものの、おおむね中上層を相手にしたものといえるだろう。

表4　古市村貸付相手一覧

年号	支	月	日	額(匁)	月利	借人	備考
文政元	寅	12	ち	2,000		久兵衛	
元	寅	12	ち	2,000		藤兵衛、竹屋久兵衛、かじ屋徳兵衛	
2	卯	7	10	1,000	1	宇兵衛、嘉兵衛、野上伝右衛門	
2	卯	6	6	907		藤八、竹屋久兵衛、かじや徳兵衛	
4	巳	1	ち	1,039		三郎左衛門	
8	酉	9	晦	500		喜間多	
12	丑	4	ち	250		藤兵衛、角兵衛、善兵衛	
天保元	寅	11	2	6,500	8	平右衛門	種屋
2	卯	5	22	3,000		久兵衛	
2	卯	12	21	3,000		平右衛門	種屋
4	巳	4	22	1,000		西琳寺	
4	巳	11	5	6,300		次郎兵衛	
6	未	9	6	3,000	8	午右衛門	
7	申	7	8	6,051		次郎兵衛	

註：各取替帳から作成。

そして、同年の下作宛口帳（小作帳簿）と対照すると、C層の三名が貸付相手と重なるのみであり、岡田家の小作人の中で一定の割合を占めるD層（天保元年で三九％）[15]に対して貸付をおこなっていない点が注目される。金融の相手と小作人は、大きく異なっているのである。

次に、村外への貸付状況を、相手方の状況が分かる史料のある古市郡古市村と丹南郡伊賀村で検討していくことにする。文政元年に古市村で身上宜しき者として書きあげられた者は、村内高八六石余の庄屋三郎右衛門、同五七石余の年寄治郎兵衛、同三〇石余の百姓平右衛門、同二五石余の百姓九兵衛であった[16]。表4は文政～天保期の古市村の者への岡田家の貸付状況をまとめたものである。三郎右衛門・久（九）兵衛・平右衛門・次郎兵衛と、これらの身上宜しき者へ多く貸付をおこなっていることがわかる。また、一件あたりの金額が三貫匁や六貫匁余と大きいのも目をひく。

同様の検討を、伊賀村でおこなってみよう。享和元年の伊賀村の村役は、庄屋近兵衛・年寄九兵衛・百姓代杢右衛門であった[17]。享和二年取替帳には、五件の貸付がある。近兵衛（二口、一貫五〇〇匁と一貫三〇〇匁）、九兵衛（二貫五〇〇匁）、藤右衛門（一貫五〇〇匁）、伊平二（五〇〇匁）であり、藤右衛門も文政期には庄屋になることから、これらの者も村役・豪農層と考えていいだろう。また、安政七年取替帳の貸付相手を、文久四年の伊賀村の所持高[18]によって対照させると、庄右衛門（五二石余）、弥太郎（藤右衛門、庄屋、三七石余）、三右衛門（二二石余）、兼助（年寄、一五石余）となる。わずか二か村の検討ではあるが、ここでは、岡田家の村外での貸付相手は村役・豪農層を中心としていたと考えておきたい。

2　岡田家の金融を取り巻く状況

前項で検討してきた岡田家の金融を取り巻く状況を、二点検討していきたい。

(1)丹南郡の稲・綿作状況

〔史料1〕[19]

乍恐以書附御願奉申上候

河州丹南郡七ヶ村

右村々當立毛大雨風ニ而両作共痛毛ニ相成候趣者先達而度々書附ヲ以御歎キ奉申上候通ニ御座候、別而木綿作之儀者夏頃ハ生立宜敷相見ヘ候ニ付肥等例年ゟ丈夫ニ仕込作立候処、前文申上候通大雨風ニ而稀成凶作ニ相成候、肥代銀程茂吹不申百姓一同途方暮罷在候、尤當年而已ニ而も無御座、此七八ヶ年込（ママ、凶カ）作打続壱ヶ年茂無難之年柄無之御役所様ニ茂厚御勘弁被為　成下候得共行届兼実々百姓行詰り罷在候、右之仕合付何卒此度御毛見之節田綿作之分も同様御毛見被為　成下候様願上候（以下略）

文政一二年一〇月、丹南郡七か村（野中・野々上・岡・伊賀・多治井・小平尾・阿弥村）は、岡田伊左衛門を惣

表5　享和元年より天保10年までの岡村(本田分)・伊賀村・野中村免定一覧

年号	支	取方	高	毛附高	(引事由)	田方	(田方免)	畑方	(畑方免)	納合	伊賀村納合	野中村納合
享和元	酉	検見取	674	—	—	473.019	6.21	200.121	5.69	407.61	—	500.84
2	戌	検見取	674	642.402	水損	473.878	6.47	168.526	5.86	405.36	—	503.48
3	亥	検見取	674	—	—	473.879	6.30	200.121	5.97	418.02	—	506.86
文化元	子	検見取	674	—	—	473.879	6.15	200.121	6.36	418.71	—	507.69
2	丑	検見取	674	—	—	473.879	6.18	200.121	6.26	418.13	—	507.75
3	寅	検見取	674	413.060	旱損	248.533	6.10	164.487	6.17	253.09	—	380.31
4	卯	検見取	674	621.094	去寅ゟ続皆無	473.879	5.47	147.215	5.61	341.80	—	397.66
5	辰	検見取	674	—	—	473.879	5.93	200.121	5.27	386.47	—	471.59
6	巳	—	—	—	—	—	—	—	—	—	—	451.43
7	午	検見取	674	—	—	473.879	6.26	200.121	5.45	405.71	—	479.62
8	未	検見取	674	—	—	473.879	6.45	200.121	5.23	410.32	—	485.29
9	申	検見取	674	—	—	473.879	6.46	200.121	5.65	419.19	—	504.12
10	酉	検見取	674	657.939	旱損	466.166	5.26	191.773	5.09	342.82	—	398.64
11	戌	検見取	674	529.544	旱損及去酉ゟ続皆無	354.130	5.48	175.214	4.97	281.14	—	388.86
12	亥	検見取	674	—	—	473.879	6.64	200.121	5.39	422.52	—	500.89
13	子	検見取	674	—	—	473.879	5.96	200.121	5.36	389.70	—	472.07
14	丑	検見取	674	651.292	旱損皆無	454.707	6.03	196.585	5.28	377.99	—	485.00
文政元	寅	検見取	674	647.197	旱損及去丑ゟ続皆無	452.971	6.37	192.226	5.07	386.00	—	488.63
2	卯	検見取	674	—	—	473.879	6.51	200.121	5.20	412.56	—	492.82
3	辰	検見取	674	—	—	473.879	6.53	200.121	5.24	414.31	309.37	495.41
4	巳	検見取	674	633.768	旱損皆無	447.451	6.11	186.355	5.35	373.09	296.00	482.12
5	午	検見取	674	666.692	去巳続皆無	473.879	6.23	192.813	5.55	402.24	309.58	494.49
6	未	検見取	674	469.531	旱損及去午続皆無	324.867	4.12	145.264	5.63	215.63	209.35	274.08
7	申	検見取	674	—	—	473.879	5.58	200.121	5.59	376.29	303.26	483.68
8	酉	検見取	674	—	—	473.879	5.27	200.121	6.06	371.01	294.00	447.59

9	戌	検見取	674	610.244	旱損皆無	417.987	4.06	192.257	5.23	270.25	265.94	335.03
10	亥	検見取	674	641.238	去戌続皆無	442.709	5.35	198.529	5.89	353.78	303.43	483.99
11	子	検見取	674	669.197	去亥ゟ続皆無	469.076	5.32	200.121	5.60	361.62	279.44	484.74
12	丑	検見取	674	654.618	風損及去子ゟ続皆無	473.879	5.00	180.734	5.13	329.66	268.44	411.11
天保元	寅	検見取	674	―	―	473.879	5.35	200.121	5.66	366.79	288.73	483.96
2	卯	検見取	674	―	―	473.879	5.24	200.121	5.55	359.38	286.61	475.82
3	辰	検見取	674	556.149	旱損皆無	379.006	4.91	177.143	5.14	277.14	265.48	333.39
4	巳	検見取	674	―	―	473.879	5.15	200.121	5.35	351.11	266.18	386.63
5	午	検見取	674	602.588	旱損皆無	420.780	4.48	181.808	5.06	280.50	273.69	367.80
6	未	検見取	674	―	―	473.879	5.07	200.121	5.33	346.92	282.99	437.39
7	申	検見取	674	584.863	風旱損皆無	395.966	3.66	188.897	4.83	236.16	201.56	306.26
8	酉	検見取	674	―	―	473.879	5.50	200.121	5.36	367.90	281.35	441.54
9	戌	検見取	674	662.773	皆無	473.879	4.21	188.894	5.04	294.71	230.40	354.58
10	亥	検見取	674	613.126	旱損及去戌ゟ続皆無	431.719	5.04	181.407	5.57	318.63	283.19	448.56

註1：岡村は、E-14-1による。文化6年は記載なし。
2：伊賀村は今西家文書C-13による。納合の数値は本田分のみ。同村の高は488.255石(うち本田分は451.5石)である。
3：野中村は『藤井寺市史』第2巻通史編2近世(2002年)表70による。同村の高は829.61石である。

代として高槻代官所に右の願書を提出した。当年は、稀な凶作となっている、しかもこの凶作は、今年に限ったことではなく、ここ七、八年無難に収穫を得られたことはなかったので、稲作の毛見の際に、田に作付をしている綿作も同様に毛見をお願いしたい、というのが内容である。

この状況を、岡村の史料によってまず確認していこう。岡村の田畑の割合は、文政六年では田三三町二反一畝余、畑九町九反七畝余である。このうち、田は稲作が二二町、綿作が九町、畑は稲作が一町五反、綿作が七町八反の割合で、合計すると稲作の割合が五八・七%になる[20]。

さて、表5は年貢の免定をまとめたものである。享和元年～天保一〇年を検討対象としたが、この期間は全て

表6　丹南郡七か村の貸付件数、金額の推移

年号	支	岡		野々上		野中		伊賀		多治井		小平尾		阿弥	
		件数	額(匁)	件数	額(匁)	件数	額(匁)	件数	額(匁)	件数	額(匁)	件数	額(匁)	件数	額(匁)
文化2	丑	1	500							1	300				
3	寅					1	500			1	1,000				
4	卯	1	200							1	1,500				
5	辰	2	1,650												
6	巳	2	640					1	260						
7	午	1	600												
8	未	14	5,100					1	650						
9	申	8	22,131	1	1,200							1	2,000		
10	酉	6	2,700	2	1,500			1	3,000	4	3,100	2	700		
11	戌	8	4,252	1	500	2	800			1	300				
12	亥	4	3,265	2	1,070	1	500			1	500			1	300
13	子	13	4,910	2	620			2	1,700						
14	丑	7	3,165	1	500	2	5,197			2	400				
文政元	寅	11	3,850	1	457	3	3,965	1	500	3	600				
2	卯	15	6,329	3	750	12	9,758	5	2,300			2	650		
3	辰	19	5,922	1	100	6	4,295	1	500	1	500				
4	巳	29	15,770	2	500	4	1,720	4	3,200	5	2,100	1	188		
5	午	20	6,724	4	1,600	8	4,635	5	2,400	4	1,570			1	180
6	未	22	4,947	1	200	3	700	2	1,500					1	200
7	申	19	10,206	1	300	4	3,425	5	1,681			3	416	1	220
8	酉	20	9,371	4	1,756	4	3,395	5	5,880	1	600	1	200		
9	戌	17	4,096	4	1,402	9	3,245	3	1,100						
10	亥	19	3,422			3	1,072	3	2,200	2	2,500				
11	子	21	9,301	2	385	6	2,921	7	5,244	1	200				

12	丑	21	8,268	7	2,590	12	5,749	8	3,668	2	460	1	380		
天保元	寅	16	12,424	2	4,150	16	5,963	9	7,964	2	700	2	400		
2	卯	12	8,959	1	500	14	12,383	6	4,306	3	589	1	300		
3	辰	21	13,798	4	2,933	5	1,519	2	3,940						
4	巳	22	15,520	1	200	4	4,043	2	183	1	100	1	63		
5	午	8	10,863	2	3,065	2	2,275	8	8,213	1	550				
6	未	22	17,218	1	450			3	2,736	1	1,000				
7	申	26	15,854	2	210	2	986	3	1,072	2	1,400	1	120		

註：各取替帳から作成。

検見取である。引事由の多くは旱損で、若干風損が見られる。納合により全体の傾向を確認すると、「此七八ヶ年」以前の文政三年までは、幾年かを除いて三八〇～四〇〇石以上が普通である。しかし、文政四年以降、文政六、九年の二〇〇石台を筆頭に大きく低下している。文政六年のように、毛付高自体が低い場合もさることながら、免の低下が著しい。田方免で見ていくと、享和～文化年間が概ね六以上であるのに対して、文政六年の四・一二、同九年の四・〇六のほか、五台の年が続いている。そして、天保三、七年を筆頭とする、天保期全体の不作傾向として引き継がれていく。

表5の右欄でこの願書に連印した伊賀村と野中村の免定を見ると、明らかに岡村と同様の傾向を表している。そして、これらの村々と岡田家からの貸付件数・金額を比較すると（表6）、特に岡・野々上・野中・伊賀村において、文政四年以降の増加が顕著である。野々上・野中・伊賀三か村の平均貸付額は、文政三年までは八四六匁であったのが、文政四年～同一二年には二貫三一四匁へと急増し、さらに文政一三年～天保七年には三貫一九五匁に増加する。これらの村々においては、岡田家からの貸付の増加は不作状況が原因なのである。

前項の(1)における新規発生件数と金額の分析では、C期（文政八年～天保七年）の件数と金額の増加が顕著であった。なお広汎なデータの蓄積による検討が必要ではあるが、岡田家の貸付の増加は文政中期以降の不作状況によるものである、と結論づけておきたい。

(2)他村の土地所持に関する問題点

ここでは、岡田家が他村の者（そのほとんどは村役人・豪農層）へ貸付をおこなうことに関する重要な背景について、二つの事例をもとに考えていきたい。

〔史料2〕(21)

一當御領分河州安宿部郡片山村御田地弐反六畝十二歩同村新七ゟ先年私方へ譲り請候処、出作之義ニ付難行届候故、同村庄屋甚右衛門江慥成田地預り一札ヲ以支配相頼来候処、近年作徳等も相渡呉不申、猶又此度勝手ニ付外方へ田地相譲り申度候ニ付奥印之義相頼候得共彼是申奥印致呉不申、下ニ而可仕様無御座候ニ付乍恐奉願上候、何卒右吉五郎御召出之上私所持之田地差戻し呉、猶又近年作徳滞取戻候様被為　仰附被下候ハヽ、御慈悲難有奉存候、以上

この訴状は、文政一〇年三月に岡田伊左衛門が四か村ほど隔てた片山村甚右衛門（吉五郎は相続人）を相手に領主へ願い出たものである。ここでは、①岡田家の片山村での所持地を庄屋でもある甚右衛門に支配（小作なのか支配人なのかは不明）させていたが、近年作徳が入ってこない、②（これに業を煮やしたのか）他の者に土地を譲りたいのだが、庄屋である甚右衛門の奥印がないのでこれも思うに任せない、という二点が主張されている。この出入は、翌年四月に内済が整い、①証文を改めて以前のとおり吉五郎が支配すること、②これまでの滞り作徳銀は用捨のうえ三五〇匁を岡田家が受け取ることとなった。滞り作徳銀の総額が不明なので評価は難しいが、

吉五郎が引き続き支配を続けることを考えると、吉五郎の主張も充分に勘案された結果と評価できよう。

〔史料3〕[22]

一御領分蔵之内村ニ而御田地所持ニ相成私迷惑不呰歎ヶ敷仕合委細手続ヲ以右御田地奉願　上度段先月廿六日奉差上候処、何方ニおゐても　御領主様へ御田地差上候義不容易之旨深ク御理解之段奉恐承候、乍併右御田地私所持ニ成行候始末ハ先月廿六日奉願上御預置被成下候書附ニ奉申上候通り、村方御収納銀ニ差詰り、（中略）別而通例之貸附銀与ハ違ひ其節村方難渋落入罷在候者共極外義理合之深きを弁別いたし、限月ニ至り候得ハ速ニ返銀仕可申存込融通致遣候処、限月前ゟ以之外不束之次第申参り終ニ者兵左衛門之田地私名前ニ切かへ、尤蔵之内村へハ三十丁余も相隔り候ニ付土地不案内ニハ候得共七反廿三歩高九石壱斗弐升壱合五夕宛口拾九石弐斗相違無之旨奥書印形ヲ正意ニ存、私所持名前ニ相成候迚敢而気遣ヶ敷ハ有之間敷与差心得候処、既ニ去亥年小作米ハ一粒も差越不申実意之引合一応も不仕、御年貢相滞候趣町　御奉行所へ出願被致当御上様迠奉掛御苦労重々奉恐入候義ニ御坐候、右之御田地故彼是迷惑不少候ニ付先方村役人へ熟談仕迷惑相凌度与存掛合見候処、右御田地者何程入精耕作致候而も迚も本途御年貢丈ヶも上り兼候抔与申取敢不申、先達而奉申上候通り去ル酉十二月銀子調達ニ差詰り元勝寺へ寄り合昼夜之無差別辛労いたし候者共、就中當役義ハ前々奉申上候通り反畝高宛口之認有之候証札ニ奥書印形乍致、何事も不存只庄屋一己之仕成シ抔与証札表反古同様ニ可致申方全私方ゟ蔵之内村へ里数隔り候ニ付何程迷惑ヲ与へ候而も手作出来不申ヲ付込、當時村役人并ニ大小之百姓内実申合セ右御田地耕作不相続ヲ相巧居候与奉存候（以下略）

この訴状は、少し時期が下るが嘉永五年（一八五二）六月、岡田伊左衛門が蔵之内村に所持していた土地の返納を、その土地の領主である石川氏の白木役所へ申し出たものである。蔵之内村は、先ほどの片山村よりも少し遠方になる。

ここでの内容を要約すると、次のようになるだろう。蔵之内村の年貢支払いに滞りが生じかねない状況を見かねて特別に貸付をおこなった。このような貸付なので当然期限には返すだろうと考えていたが、先方の申し出により村人の土地を私の名前に切り替えることで一旦解決した。しかし小作米は全く入って来ず、このことを村役人に掛け合っても埒が明かない。これは、岡村と蔵之内村の里数が隔たっていて、私にどれほど迷惑を掛けても手作りができない足元を見て、村役人もその他の百姓もすべて申し合わせてのことだろう。仕方がないので、この村の土地を領主に返納させて欲しい。

この二つの事例からは、貸付の担保として土地を設定し、滞納の結果として他村に土地を所持しても、相手の村の側の「協力」が得られなければ、所持した土地からの作徳収取が思うに任せないことが分かる。そして、その「協力」が得られなければ、手作りができるかどうか、という実行力レベルの問題になってしまうのである。また、その転売についても庄屋の奥印が必要である。このように、他村の土地を所持することは大きなリスクをともなったのである。取替帳の貸付の多くが無担保でおこなわれているのは、このような背景があったからであり、基本的には「信用」による金融関係といっていいだろう。金融の取引範囲にくらべて、岡田家の土地所持の範囲は非常に狭い[23]。他村の土地を所持した場合の村落共同体の抵抗の可能性が、この要因なのである。

3　具体的な貸付状況の検討

ここでは、岡田家と貸付先との具体的な関係を検討して分析を深めていきたい。

(1)商工業者への貸付における短期融資のはじまり

岡田家の貸付を考えるうえで避けて通れない、商工業者への貸付を検討していきたい。岡村新町の田中屋平助は、少なくとも宝暦年間から代々酒造業をおこなっていた。その平助への貸付を表7にまとめたが、天保三年取替帳における件数の増加が顕著である。この貸付のほとんどはすぐに返済され、しかも短期間にもかかわらず利子が付いている。これは、酒造業の運転資金として用いられたものだろう。

表7　岡村新町田中屋平助貸付一覧

年号	支	月	日	額(匁)	月利	備考
文化9	申	1	ち	6,700		
9	申	1	ち	5,361	8	
9	申	2	ち	2,320		
9	申	11	16	3,000	8	
11	戌	11	24	2,000	8	
文政2	卯	7	ち	2,000		
文政12	丑	12	15	1,301	8	20両代
天保元	寅	8	29	2,000	8	
元	寅	10	18	3,000	8	
元	寅	11	4	3,200	8	
元	寅	12	10	1,780	8	
2	卯	12	6	2,460		40両代
3	辰	11	7	3,123		50両代
3	辰	閏11	18	4,000		
3	辰	閏11	18	1,578		25両代
4	巳	10	21	1,590		
4	巳	11	5	3,150		
4	巳	12	6	2,120		
4	巳	12	14	1,264		20両代
4	巳	12	16	1,264		20両代
4	巳	—	—	1,275		巳年出銀残り
5	午	1	13	1,912		米代内かし
5	午	1	13	2,600		米20石代
—	—	—	—	91		午正月米代分
5	午	10	14	3,825		60両代
5	午	12	6	1,282		
6	未	10	16	3,145		
6	未	11	7	1,877		
6	未	11	17	1,280		20両代
6	未	12	3	1,284		
7	申	11	11	3,078		50両代
7	申	12	22	1,220		20両代
8	酉	11	11	1,950		30両代
8	酉	11	18	3,900		60両代

註：各取替帳から作成。

このような状況は、少し時代は下るが天保～弘化年間に比定される一通の書状からも分かる。

〔史料4[24]〕

〈端裏〉岡田御旦那様　　　　　　　　　　嶋泉村　林屋

甚寒之砌ニ御座候処御家内様方益々御清栄之由奉清賀候、然ハ御存之通当年少々普請致処、（中略）是ゟ旦
月酒仕込度候間御無心金子拾両計此者へ御取替被下度、此段偏御願申上候、以上

十二月十一日　　　　　　　　　　　　　　勝右衛門

岡田御氏様

ここでは、酒造の仕込金として一〇両の融資を依頼している。旦月は端月であろう。正月に仕込む酒の資金と考えられる。岡田家の金融の発展は、商工業の発展を背景としたものでもあった。

では、商工業の発展と岡田家の金融との関係について考えていきたい。天保一三、一四年（一八四二、四三）の岡村余業稼書上で、同村の商人・職人が把握できる（表8）。この時期を含む天保八年取替帳で、この中から岡田家の貸付を受けている者は、荒物小商万助の二四〇匁、油粕干鰯小商源兵衛の二貫匁と一貫五〇〇匁のみである。また、享和～幕末の取替帳の取引をみる中で、田中屋平助のように短期の運転資金的な貸付をうけるのは、ごく限られた者でしかない。すでにⅠの(1)でみたように、文政期以降の不作状況のほうが、岡田家の金融発展には大きな影響を与えた、としておきたい。

(2)書状にみる利子の位置づけ

〔史料5〕[25]

愈御勇健可被遊御座珍重之御儀奉存候、然ハ先年借用申置候三百目之口当年返銀可仕積りニ而去歳御方江掛合候得共、当年之所ハ利足ニ而御猶予相願呉候様申候ニ付御延引利銀之内江金三歩弐朱為持遣し候間御入手可被下候（後略）

表８　天保13、14年岡村余業稼書上

天保13年諸事直段	天保14年余業稼	名前
酒壱升ニ付代銭	酒造稼	田中屋ゑい〔貼札下は平助〕
燈油	人力油稼	吉十郎、藤左衛門
紺屋染物賃銭	紺屋職	与兵衛
柴薪代銀	—	〔小間物屋〕万助※
瓦代銀	瓦屋職	又兵衛
樫木職一式	農道具樫木職	勘右衛門
荒物一式代銀	荒物小商	万助※、徳兵衛、儀兵衛、伊兵衛
農道具鍛冶賃銀一式	農道具鍛冶職	太兵衛、元右衛門、幸助、専助、源右衛門、儀助、万助、***浅八***、***徳兵衛***
大工作料	家造大工職	八左衛門、伊兵衛、孫助、吉右衛門、***儀八***
左官料	左官職	文六、弥七
手伝日用賃	—	常八
綿打賃	綿打職	常七、丈助、半右衛門、吉左衛門、五左衛門、***藤吉***、***常八***
米麦等売代銀	—	儀兵衛、直右衛門、文治郎
木挽賃銀	—	市郎兵衛
樽桶輪かへ賃金一式	桶之輪樽屋職	長八、清右衛門、六三郎、林八
—	畳屋職	和助、太吉
—	草履下駄職	喜兵衛
—	油粕干鰯小商	源兵衛
—	木綿小商	小左衛門、平左衛門、庄三郎
—	古手古道具売買	藤右衛門、源右衛門、新兵衛
—	火入ほう楽〔焙烙〕職	清兵衛
—	當村往来筋ニ付腰かけ茶店	北ノ入口 弥助、南ノ入口 みつ
質屋銀子之利足〔質屋銀子之利足 拾匁已下月壱分弐朱 拾匁已上ハ月壱歩〕	—	杢右衛門

註１：K-9-7～9。
　２：〔　〕は筆者が補ったもの。
　３：万助※は同一人物(印形より)。
　４：下線は天保13年にはあって同14年にないもの。斜体太字は逆に天保14年にはあって同13年にはないもの。

この書状は、志紀郡北条村の松田五兵衛が大晦日に出したもので、とりあえず本年は利息のみの支払いで元金の返済は猶予してもらうよう願ったものである。時期は、天保～弘化年間に比定できる。

また、同時期に若江郡東弓削村の松下太郎左衛門が岡田家の親類野中村林家を介して二五〇匁の貸付を依頼した書状[26]では、「利足之儀月八朱位迄ハ不苦、万々一御都合ニ寄八朱余ニ相成候而も相手ゟ先方之処ハ都合申入置候旨、此段呉々も御願上候」と、あらかじめ借り手から利率を指定して融資を願い出ていることが分かる。この時期、岡田家の利子率は高くても月一（年一二％）で、多くは月八（年九・六％）であった。ここには、貸し手・借り手の間で「ほぼこのあたりだろう」という利率に対する共通認識が醸成されている様を見ることができる。

第二節　天保から幕末の展開

本節では、第一節の分析を基礎にして、岡田家の金融が天保後期から幕末にかけてどのように展開していったのかを、解明していきたい。

一　時期区分・地域区分ごとの分析

(1)分析地域の区分

第一節2の(2)では、岡田家が金融を通じて土地を所持した場合、特に遠方の村においては、小作地経営に大きなリスクが存在することを論じた。この点から、岡田家の貸付範囲の分析では、居村からの距離を基準として設定する必要があろう。本節では、岡田家の金融が展開する地域を、次のような基準を設けて分析していく。ただし、領主貸は別とする。

近隣地域…居村、隣村ⓐ（岡村と村境を接する村）、隣村ⓑ（隣村ⓐと村境を接する村）、隣村ⓒ（隣村ⓑと村境を接する村）
遠隔地域…河内国内で近隣地域以外の村（郡ごとに把握）
他国地域…摂津国、和泉国、大和国など

⑵ 総合計の検討

表9は、各取替帳のデータから、新規貸付分を抽出して表にまとめたものであり、これを総括したものが表10である。まずは表10から全体の傾向を読み取っていこう。ここからは、次の三点がいえるだろう。

①総合計欄からは、天保七年以前と天保八～嘉永五年（以下、各取替帳の始期により、天保八年期～嘉永二年期とする。例えば、嘉永二年期とは嘉永二～五年のことである）、天保八年期～嘉永二年期と嘉永六年期～安政七年期の違いが顕著である。

②天保八年期～嘉永二年期で特徴的なのは、遠隔および他国地域の増加である。嘉永二年期で他国地域が減少するものの、隣村ⓑの増加がこれを補って、この期間を天保七年以前よりも各々一・七倍、二・三倍（七五貫匁余→一二九貫匁余、一七七貫匁余）の金額に押しあげている。

③嘉永六年期～安政七年期の画期性は、領主貸の激増によってもたらされており、安政七年期で、嘉永二年期の三・四倍（一七三貫匁余→五九二貫匁余）になっている。これが、増加分のほとんどを占めている。隣村ⓑも引き続き多額を維持している。その一方で、遠隔と他国地域は伸び悩む。

⑶ 居村と近隣地域の分析

ここでは表9により、⑵の総合計の検討でつかんだ傾向を、さらに深く分析していきたい。近隣地域の内容か

表9　岡村からの距離と件数、金額の関係の編年推移　(単位：数、匁)

分類	郡名	村名	支配	項目	一年平均					
					文化2～天保7	天保8～15	弘化2～5	嘉永2～5	嘉永6～安政6	安政7～慶応3
居村	丹南	岡	幕領	件数	14	14	21	20	6	11
				金額	7,815	14,979	13,342	6,125	3,397	16,920
隣村ⓐ	丹南	藤井寺	大久保加賀守	件数	13	6	4	6	2	3
				金額	7,492	3,518	2,246	4,995	1,545	6,128
		野中	幕領	件数	4	3	5	3	2	1
				金額	2,486	3,014	3,737	1,495	3,220	3,600
		野々上	幕領	件数	2	4	4	3	2	2
				金額	860	1,573	2,432	991	889	2,068
		北宮	幕領	件数	1	1	0	1	1	1
				金額	417	145	1,604	959	1,792	1,724
	丹北	島泉	秋元但馬守	件数	1	1	1	4	2	2
				金額	1,624	5,050	6,431	7,081	1,100	22,996
		小山	宇都宮藩預所	件数	6	3	8	4	6	7
				金額	18,081	21,719	11,035	5,340	24,283	24,925
		(合計)		件数	27	17	22	19	14	16
				金額	30,960	35,019	27,484	20,861	32,830	61,440
隣村ⓑ	丹南	埴生野新田	幕領	件数	0	0	1	0	0	0
				金額	519	8	2,733	250	214	0
		伊賀	幕領	件数	3	3	7	7	2	1
				金額	2,025	2,110	7,433	4,861	1,242	738
		南宮	幕領	件数	0	0	0	0	0	0
				金額	66	0	0	0	128	0
		西川	高木主水正	件数	1	0	0	0	0	0
				金額	1,460	0	0	0	0	0
	丹北	一津屋	伯太藩・狭山藩	件数	0	0	0	0	0	0
				金額	37	0	0	756	195	450
		小川	秋元但馬守	件数	0	0	0	0	0	0
				金額	0	0	0	0	0	0
		津堂	宇都宮藩預所	件数	2	1	4	2	3	1
				金額	1,492	938	4,816	1,377	2,657	575
	志紀	太田	沼田藩	件数	1	0	0	0	0	0
				金額	703	81	233	0	137	1,188
		沼	沼田藩	件数	0	0	0	0	0	0
				金額	0	0	0	175	0	313
		大井	伯太藩	件数	0	0	1	3	4	1
				金額	31	250	2,875	32,232	12,475	12,705
		林	伯太藩	件数	1	1	2	4	3	2
				金額	1,127	1,550	11,184	25,092	24,574	17,350
		沢田	沼田藩	件数	1	2	3	2	2	1
				金額	922	1,795	6,698	5,009	6,760	11,482
		古室	伯太藩	件数	0	0	0	0	0	1
				金額	583	625	0	250	0	1,988
	古市	誉田	幕領	件数	2	0	1	1	1	0
				金額	1,315	288	1,440	935	1,031	519
		軽墓	狭山藩	件数	1	0	1	0	1	0
				金額	1,006	176	659	155	3,347	0
		(合計)		件数	12	7	18	21	17	7
				金額	11,287	7,820	38,069	71,091	52,761	47,307

分類	郡名	村名	支配	項目	一年平均					
					文化2～天保7	天保8～15	弘化2～5	嘉永2～5	嘉永6～安政6	安政7～慶応3
隣村ⓒ	丹南	河原城	幕領	件数	0	0	0	1	0	0
				金額	395	925	0	1,325	655	0
		郡戸	狭山藩	件数	0	0	0	0	0	0
				金額	31	0	0	0	0	0
		樫山	高木主水正	件数	0	0	0	0	0	0
				金額	72	0	0	0	0	0
		向野	—	件数	0	0	0	0	0	0
				金額	9	0	0	0	0	0
		丹下	秋元但馬守	件数	0	0	0	0	0	0
				金額	125	0	0	0	0	0
	丹北	東大塚	秋元但馬守	件数	0	0	0	0	0	0
				金額	34	0	0	0	171	0
		西大塚	秋元但馬守	件数	0	0	0	0	0	0
				金額	0	0	0	0	0	0
		阿保	秋元但馬守	件数	0	0	1	0	0	0
				金額	469	0	785	0	86	0
		別所	秋元但馬守	件数	0	0	0	0	0	0
				金額	0	2,500	0	0	0	0
		大堀	片桐帯刀	件数	0	0	0	0	0	0
				金額	156	0	0	0	0	0
		若林	幕領	件数	0	0	0	0	0	0
				金額	308	594	0	0	0	0
	志紀	南木本	土岐丹後守	件数	0	0	0	0	0	0
				金額	198	0	0	159	286	0
		田井中	堀田五郎右衛門・幕領	件数	0	0	0	0	0	0
				金額	206	0	0	0	0	0
		弓削	久我大納言家・沼田藩	件数	0	0	0	0	0	0
				金額	16	0	0	0	0	0
		柏原	幕領	件数	0	0	0	0	0	0
				金額	317	0	325	0	0	0
		北条	石丸石見守	件数	0	0	0	0	0	0
				金額	131	38	0	0	0	0
		国府	伯太藩	件数	0	0	1	1	1	1
				金額	78	0	5,100	2,625	3,331	7,071
		道明寺	道明寺	件数	1	0	1	1	1	2
				金額	968	158	785	904	1,359	3,044
	古市	碓井	石川播磨守	件数	0	0	0	0	0	1
				金額	344	750	0	0	2,857	3,750
		古市	幕領	件数	1	0	2	1	0	1
				金額	1,939	625	2,912	192	300	12,463
		西浦	大久保加賀守・土岐左京太夫・狭山藩	件数	0	0	2	1	2	1
				金額	316	1,938	3,094	1,179	3,580	3,603
		(合計)		件数	4	2	5	4	6	5
				金額	6,113	7,527	13,001	6,383	12,626	29,930
近隣(隣村ⓐⓑⓒの合計)				件数	43	26	45	43	36	29
				金額	48,359	50,365	78,554	98,335	98,217	138,677

（単位：数、匁）

分類	郡名	村名	支配	項目	実数 文化2～天保7（32年間）	天保8～15（8年間）	弘化2～5（4年間）	嘉永2～5（4年間）	嘉永6～安政6（7年間）	安政7～慶応3（8年間）
遠隔	丹南	野	高木主水正	件数	1	0	0	0	0	0
				金額	150	0	0	0	0	0
		丹上	狭山藩	件数	3	0	0	0	0	0
				金額	4,500	0	0	0	0	0
		多治井	幕領	件数	43	11	6	6	4	2
				金額	21,804	5,113	5,883	4,707	3,215	6,600
		小平尾	幕領	件数	17	7	0	3	2	0
				金額	5,417	1,672	0	3,028	1,990	0
		平尾	幕領	件数	0	0	2	5	1	2
				金額	0	0	2,338	10,415	2,072	3,601
		丹南	高木主水正	件数	2	0	1	3	4	2
				金額	14,000	0	319	127	174	1,357
		真福寺	狭山藩	件数	0	2	1	0	0	0
				金額	0	3,750	2,000	0	0	0
		大保	秋元但馬守	件数	0	0	0	0	0	1
				金額	0	0	0	0	0	6,000
		黒山	高木主水正	件数	2	9	2	0	1	0
				金額	15,000	84,000	24,000	0	23,000	0
		太井	高木主水正	件数	0	0	0	0	3	0
				金額	0	0	0	0	2,100	0
		阿弥	幕領	件数	4	4	2	2	3	0
				金額	900	6,606	2,006	7,255	2,016	0
		東野	秋元但馬守・高木主水正	件数	0	0	0	1	0	0
				金額	0	0	0	2,500	0	0
		北野田	高木主水正	件数	0	1	0	0	0	1
				金額	0	12,000	0	0	0	8,000
		池尻	狭山藩	件数	1	0	0	1	1	0
				金額	6,330	0	0	635	3,215	0
		原寺	秋元但馬守	件数	2	0	0	0	0	0
				金額	6,000	0	0	0	0	0
		茱萸木新田	秋元但馬守	件数	0	0	0	1	0	0
				金額	0	0	0	10,000	0	0
		（合計）		件数	75	34	14	22	19	8
				金額	74,101	113,141	36,546	38,667	37,782	25,558
	丹北（14か村合計）			件数	21	15	3	13	24	15
				金額	80,596	62,808	7,200	24,005	24,295	62,428
	志紀（1か村合計）			件数	2	0	0	0	0	0
				金額	15,000	0	0	0	0	0
	古市（5か村合計）			件数	14	4	5	2	8	2
				金額	9,426	21,755	32,850	4,862	18,512	20,400
	石川（10か村合計）			件数	22	10	6	11	24	5
				金額	97,569	69,896	16,885	47,900	124,371	38,260
	錦部（9か村合計）			件数	1	2	2	2	3	3
				金額	13,000	21,000	15,017	3,773	30,000	70,000
	八上（5か村合計）			件数	8	4	2	0	7	2
				金額	28,700	50,000	5,000	0	43,247	7,500
	渋川（5か村合計）			件数	8	1	8	11	2	0
				金額	33,139	10,000	40,109	28,681	5,650	0
	若江（5か村合計）			件数	3	1	0	0	8	1
				金額	5,750	12,340	0	0	86,098	7,150

分類	郡名	村名	支配	項目	実数					
					文化2～天保7(32年間)	天保8～15(8年間)	弘化2～5(4年間)	嘉永2～5(4年間)	嘉永6～安政6(7年間)	安政7～慶応3(8年間)
	大県(3か村合計)			件数	2	0	0	2	0	0
				金額	16,500	0	0	5,052	0	0
	安宿(2か村合計)			件数	4	0	0	1	1	0
				金額	2,486	0	0	10,000	2,500	0
	茨田(1か村合計)			件数	0	0	0	0	1	0
				金額	0	0	0	0	10,000	0
	讃良(1か村合計)			件数	1	0	0	0	0	0
				金額	603	0	0	0	0	0
	河内(1か村合計)			件数	4	0	0	0	0	1
				金額	15,000	0	0	0	0	1,500
	(合計)			件数	165	71	40	64	97	37
				金額	391,870	360,940	153,607	162,940	382,455	232,796
他国	摂津(5か村合計)			件数	21	1	0	2	4	0
				金額	33,878	512	0	12,820	9,077	0
	和泉(13か村合計)			件数	3	4	8	3	10	3
				金額	63,000	78,115	142,000	14,200	48,304	56,500
	大和(5か村合計)			件数	15	7	1	1	5	6
				金額	14,455	36,375	6,385	2,000	24,006	129,700
	紀伊(1か村合計)			件数	4	0	0	0	0	0
				金額	6,481	0	0	0	0	0
	京都(1か村合計)			件数	0	0	0	1	1	1
				金額	0	0	0	12,800	37	30,000
	播磨(1か村合計)			件数	0	0	0	0	1	0
				金額	0	0	0	0	35,975	0
	(合計)			件数	43	12	9	7	21	10
				金額	117,814	115,002	148,385	41,820	117,399	216,200
領主貸	伯太藩渡辺氏			件数	0	0	0	0	—	—
				金額	0	0	0	0	1,423,594	2,493,638
	沼田藩土岐氏			件数	9	3	2	3	3	11
				金額	64,730	33,000	41,000	70,000	90,000	290,800
	下館藩石川氏			件数	7	0	0	0	1	0
				金額	34,280	0	0	0	100,000	0
	館林藩秋元氏			件数	0	2	0	0	0	2
				金額	0	390	0	0	0	20,000
	狭山藩北条氏			件数	0	0	0	0	2	0
				金額	0	0	0	0	60,000	0
	小田原藩大久保氏			件数	0	0	0	0	1	0
				金額	0	0	0	0	10,000	0
	代官所関係			件数	4	1	0	0	3	2
				金額	8,720	4,319	0	0	7,288	171,000
	山陵奉行戸田氏内			件数	0	0	0	0	0	1
				金額	0	0	0	0	0	41,000
	他(信楽郡中・米札ヵ)			件数	0	0	0	0	3	1
				金額	0	0	0	0	114,700	27,336
	(合計)			件数	20	6	2	3	13	17
				金額	107,730	37,709	41,000	70,000	1,805,582	3,043,774

註1：各取替帳から作成。
　2：居村、隣村ⓐⓑⓒは一年平均を、遠隔、他国、領主貸は実数を表示している。
　3：遠隔(丹南郡を除く)、他国は郡・国ごとの合計のみ表示している。この合計は、貸付のある村数である。
　4：大坂への貸付は摂津に、堺への貸付は和泉に含まれている。
　5：支配欄は、『旧高旧領取調帳』近畿編(近藤出版社、1975年)による。

表10　岡村からの距離と件数、金額の関係の編年推移・総括表

（単位：数、匁）

分類	項目	実数 文化2～天保7（32年間）	実数 天保8～15（8年間）	実数 弘化2～5（4年間）	実数 嘉永2～5（4年間）	実数 嘉永6～安政6（7年間）	実数 安政7～慶応3（8年間）	一年平均 文化2～天保7	一年平均 天保8～15	一年平均 弘化2～5	一年平均 嘉永2～5	一年平均 嘉永6～安政6	一年平均 安政7～慶応3
居村・岡	件数	448	108	84	79	45	84	14	14	21	20	6	11
	金額	250,079	119,829	53,366	24,500	23,777	135,359	7,815	14,979	13,342	6,125	3,397	16,920
	平均	—	—	—	—	—	—	558	1,110	635	310	528	1,611
隣村ⓐ	件数	865	137	88	75	96	130	27	17	22	19	14	16
	金額	990,710	280,149	109,935	83,442	229,807	491,521	30,960	35,019	27,484	20,861	32,830	61,440
	平均	—	—	—	—	—	—	1,145	2,045	1,249	1,113	2,394	3,781
隣村ⓑ	件数	372	59	70	82	116	59	12	7	18	21	17	7
	金額	361,170	62,559	152,277	284,364	369,329	378,458	11,287	7,820	38,069	71,091	52,761	47,307
	平均	—	—	—	—	—	—	971	1,060	2,175	3,468	3,184	6,415
隣村ⓒ	件数	126	13	21	16	41	40	4	2	5	4	6	5
	金額	195,604	60,214	52,003	25,532	88,384	239,436	6,113	7,527	13,001	6,383	12,626	29,930
	平均	—	—	—	—	—	—	1,552	4,632	2,476	1,596	2,156	5,986
近隣（隣村ⓐⓑⓒの合計）	件数	1,363	209	179	173	253	229	43	26	45	43	36	29
	金額	1,547,484	402,922	314,215	393,338	687,520	1,109,415	48,359	50,365	78,554	98,335	98,217	138,677
	平均	—	—	—	—	—	—	1,135	1,928	1,755	2,274	2,717	4,845
遠隔	件数	165	71	40	64	97	37	5	9	10	16	14	5
	金額	391,870	360,940	153,607	162,940	382,455	232,796	12,246	45,118	38,402	40,735	54,636	29,100
	平均	—	—	—	—	—	—	2,375	5,084	3,840	2,546	3,943	6,292
他国	件数	43	12	9	7	21	10	1	2	2	2	3	1
	金額	117,814	115,002	148,385	41,820	117,399	216,200	3,682	14,375	37,096	10,455	16,771	27,025
	平均	—	—	—	—	—	—	2,740	9,584	16,487	5,974	5,590	21,620
領主貸	件数	20	6	2	3	13	17	1	1	1	1	2	2
	金額	107,730	37,709	41,000	70,000	1,805,582	3,043,774	3,367	4,714	10,250	17,500	257,940	380,472
	平均	—	—	—	—	—	—	5,387	6,285	20,500	23,333	—	—
総合計	件数	2,039	406	314	326	429	377	64	51	79	82	61	47
	金額	2,414,977	1,036,402	710,573	692,598	3,016,733	4,737,544	75,468	129,550	177,643	173,150	430,962	592,193

らは次の点が分かる。

①居村岡村へは、嘉永六年期を除けば、年一〇～二〇件程度をコンスタントに貸し付けている。そして、平均金額が三〇〇～六〇〇匁台の期間が四期あり、貸付額の僅少さが、際だっている（表10）。第一節Ⅰの⑵の分析では、岡田家の貸付相手が村内の中上層で、かつ小作人ではない者であることを明らかにした。しかし、それでも他村よりも格段に平均金額が少ないことが注目される。

②隣村ⓐでは、「居村同様」の藤井寺村、地主・小作関係を恒常的にもつ小山村の多さがやはり目立つ（第一節Ⅰの⑴）。その一方で、北宮村はそれほどでもない。また、野中村・野々上村は、藤井寺村・小山村に準ずる規模で貸付がおこなわれている。岡村から同じくらいの距離でも濃淡があることが気になる点である。ただ、全体的には安政七年期を除けば安定的に岡田家と関係を保っているといえる。[27]

③隣村ⓑでは、隣村ⓐに比べて濃淡模様が顕著になる。中でも、南宮村・西川村・小川村・沼村・古室村とは関係が極めて希薄である。ここからは、岡田家の金融を必要とする村と必要としない村がある、という想定が成り立つ。

④この隣村ⓑでは、伊賀村・津堂村・林村・沢田村が、恒常的に関係がある村になる。[28] 注目したいのは、嘉永二年期、同六年期の大井村、林村の激増である。⑵の総合計の検討での隣村ⓑの激増は、これによるものである。特に興味深いのは大井村の事例で、天保八年期までほとんど貸付がなかったのが、弘化二年期以降は激増している。これは、③で指摘した、岡田家の金融を必要としない村から、必要とする村への移行例ではないだろうか。後にその形成過程を分析したい。

⑤隣村ⓒでは、ほとんどの村が、関係が希薄である。次に検討する遠隔地域に近い状況である。

(4)遠隔地域と他国地域の分析

①まず目につくのが、丹南郡の合計が他郡よりも多い点である。その中でも、嘉永六年に信楽代官所支配に移るまで幕領の丹南郡七か村（丹南郡東組）を構成していた多治井村・小平尾村・阿弥村との関係は強い。[29]また、近隣地域の野中村（隣村ⓐ）、野々上村（隣村ⓐ）、伊賀村（隣村ⓑ）もこれと同等以上の貸付を受け続けている。第七章の野本論文で、嘉永五年に組合村から代官所に願い出た結果、代官所から岡田家に貸付をおこない、それを組合村の村々へ貸し付けていることが論じられている。このように直接的な場合だけでなくとも、政治的枠組みである組合村と、経済的関係である金融とは、関係があるといえるだろう。[30]近隣の豪農から岡田家への書状をみると、第一節3の(2)でみた、若江郡東弓削村の松下太郎左衛門が野中村林家に仲介を依頼した事例のように、新しく貸付を受ける場合には、借りたい本人が直接岡田家に依頼するのではなく、面識のある者から取りなしをおこなうのが通例であった。貸付を受けるのは村役人・豪農層が主である。組合村の会合などで面識があることが貸付を受ける際にプラスに働いた、と考えられる。

②全体で六期あるうち、貸付を受けても一期か二期のみ、といった村が大半である。従って、一時的に借りている事例がほとんどといえる。これらの借り手にとって岡田家は数多くある貸付相手のうちの一つであろう。

③他国の村についても、②とほぼ同様の傾向である。

④また、大坂・堺など都市との関係は極めて希薄である。この点については、後の両替商との関係の中で見ていくことにする。

(5)小括

(3)と(4)での検討内容を、まとめておきたい。

まず、居村を越えた岡田家の金融活動は、一定範囲の地域の中で、豪農の経営や村の成り立ちに必要不可欠な要素であった可能性が高い。必要不可欠な要素とは、年に平均して数件（最低二年に一件）程度村役人・豪農層に新規貸付をおこなう恒常的な関係を築いており、後にみる大井村での事例のように、これらの者の不時の入用に応じ、また普段からそれを期待されていることを意味している。その範囲は、隣村ⓐおよび隣村ⓑの範囲（村数にして二〇か村程度）といえよう。以下、この範囲を地域金融圏とよぶことにしたい。「はじめに」で触れた竹安繁治氏の研究とあわせて考えれば、このような地域金融圏がいくつも成り立っていることが、天保期以降の河内国の状況であったといえるだろう。

ただ、地域金融圏の中で、その金融を必要としない村があったことも重要である。そして、岡田家が遠隔地域や他国地域にも貸付をおこなっているように、閉ざされてもいないのである。

2　隣村ⓑの大井村・林村との金融関係

―での分析結果を具体的事例により裏付けるため、大井村・林村（いずれも隣村ⓑ）と岡田家との金融関係を分析していきたい。なお、ここで扱う村々はいずれも伯太藩領[31]である。

(1)大井村と岡田家の金融関係

表11は、天保八年~嘉永七年（一八三七~五四）の、岡田家から大井村の者への新規貸付をまとめたものである。注目すべきは、天保一二年に二貫匁の貸付がある以外は、嘉永元年までほとんど貸付がない点である。それが同年九月、辻喜事市兵衛（後に岡田家が大井村に所持する田地の支配人になる市兵衛）に一貫五〇〇匁貸し付けたのを端緒に増えはじめる。この中で重要なのは、嘉永二年一一月二五日に友七・八十八におこなった四貫匁の貸

担保	額(匁)	期日	利率(年)	利率(2)	備考
	2,000		9.600	月八	
質入	1,500		9.600	月八朱	
	10,000	酉8月	10.800	月九朱	
	4,000		9.600	月八	当初は月九
	15,000		10.200	月八半	
	10,000		10.200	月八半	
質入	780		9.600	月八	
田地質入	6,000		10.800	月九	
	1,266		12.000	月一	
	70,000		—		計70貫目
	500		12.000	月一	
	5,000		9.000	月七半	
家質	1,000		9.600	月八	
田地質入	13,500		9.600	月八	二口の証文
	1,881		9.600	月八	金30両
田地質	1,800		9.600	月八朱	
	975		—		
質入	1,000		9.600	月八朱	
田地質入	1,800		9.600	月八朱	手次市兵衛
家質	150		12.000	月一歩	
	80		—		
	3,500		10.200	月八朱半	
大井蔵米80石引当	5,200	卯5月	10.200	月八朱半	当初は月一歩
田地質入	3,500	卯5月	9.600	月八朱	当初月一歩
質入	2,000	11月	10.800	月九朱	当初月一歩
質入	1,000	卯11月	9.600	月八朱	当初月一歩

付である。取替帳上は両名宛になっているが、「大井村小前肥シ代銀貸附名前控」との横帳が残されており、実際は同村の小前層一四名への貸付であった。(32) 弘化年間には村内田地三町四反余（寅之助田地）が和泉国和泉郡伯太村の幾太郎に流出していることと合わせて考えると、弘化から嘉永期にかけて村内の融通機能が滞っていたと

表11　大井村との金融関係

年号	支	月	日	相手	請人
天保12	丑	12	7	とめ、古市与次兵衛連印	
嘉永元	申	9	27	辻喜事市兵衛	
元	申	9	28	長右衛門、太郎兵衛、甚八、甚左衛門	市兵衛
2	酉	11	25	友七、八十八	市兵衛
2	酉	11	28	長右衛門、太郎兵衛、市兵衛外連印	
2	酉	12	17	長右衛門、太郎兵衛、市兵衛外連印	
3	戌	2	6	長右衛門	市兵衛
4	亥	3	10	辻喜事市兵衛	弥次兵衛
4	亥	9	24	辻喜事市兵衛	
4	亥	12	24	市兵衛取次口	
4	亥	12	27	惣兵衛、林村吉次郎	市兵衛
5	子	9	22	七右衛門	藤井寺政十郎
5	子	11	2	勘右衛門	重兵衛
5	子	12	8	甚八	儀左衛門
5	子	12	24	米屋太右衛門	
6	丑	3	10	庄左衛門	市兵衛
6	丑	8	28	甚八、儀左衛門	
6	丑	10	16	九右衛門	平右衛門
7	寅	3		万右衛門	新八
7	寅	閏7	26	藤兵衛	安兵衛
7	寅	閏7	26	徳兵衛	弥助
7	寅	8	26	和三郎、太平次外連印	
7	寅	11	21	庄屋和三郎外	
7	寅	12	9	与左衛門	文五郎
7	寅	12	23	甚左衛門	喜右衛門
7	寅	12		庄右衛門	孫四郎

註：各取替帳から作成。

考えられる。

以後、庄屋児玉和三郎・同白江太兵次相手の巨額貸付が、時には蔵米を引当におこなわれている。これらから、伯太藩による村役人層への財政的圧迫が、このような状況の背景にあったといえるだろう。[33]

(2) 林村と岡田家の金融関係

林村への岡田家の貸付は、天保年間以前から年一件程度おこなわれていたが、本格化するのは大井村と同じく

額(匁)	期日	利率	利率(2)	備考
882		10.560		
609		10.800	月九	
3,128		9.600	月八	奥へ付かへ
4,000		—		勘定帳へ差出し
644		12.000	月一	
2,500		—		奥へ付かへ
638		—		
642		12.000	月一歩	
420		—		1100目奥に付け出す
3,213		9.600	月八朱	「未3月26日入記事あり」
321		12.000	月一歩	
6,000		—		
639		8.400	月七朱	前の「奥」三口あり
32,000		9.600	月八朱	
1,500	酉3月	10.800	月九朱	
6,370		9.600	月八	金100両
2,250		9.600	月八	
2,000		9.600	月八	
14,400		9.600	月八	13人名前あり
3,500		9.600	月八	当初月一
10,750		9.600	月八	
3,090		9.600	月八	金50両代、利足用捨
1,200		9.600	月八	
3,500	卯4月	9.600	月八朱	
8,238		9.600	月八朱	
70両		—		無出入
2,066		—		奥に付かへ
6,800	卯2月	9.600	月八朱	当初月九朱
1,500		10.800	月九朱	飛鳥、駒ヶ谷他12人連印

表12　林村との金融関係

年号	支	月	日	相手	担保
天保10	亥	3	19	丈助	
11	子	1	12	丈助	
12	丑	12	25	猪三太	
13	寅	7	12	猪三太、平右衛門	
14	卯	4	19	丈助	
14	卯	閏9	21	猪三太	
弘化2	巳	1	12	丈助	
2	巳	6	3	丈助	
2	巳	12	4	丈助	
3	午	6	3	和左衛門、国府吉左衛門	
3	午	12	3	丈助	
3	午	12		和左衛門、国府村吉左衛門	
4	未	9	15	丈助	
嘉永元	申	10	21	和左衛門、国府吉左衛門	
元	申	11	24	清八	林村御米切手20石引当
2	酉	8	9	和左衛門	
2	酉	10	13	弥三右衛門	質入
2	酉	10	13	孫左衛門	質入
2	酉	11	30	和左衛門外13人連印貸	
3	戌	3	12	和左衛門、大井卯平二外連印貸	
3	戌	4	22	和左衛門、吉左衛門	
3	戌	6	24	和左衛門	
3	戌	12	5	徳兵衛	質入
7	寅	8	26	平右衛門、孫左衛門	
7	寅	11	12	新七	林蔵米120石引当
7	寅	11	14	和左衛門、伯太屋敷入銀之内江預け	
7	寅	11	14	和左衛門	林村蔵米30石引当
7	寅	12	11	和左衛門	
7	寅	12	31	和左衛門、大井村太平治	

註：各取替帳から作成。ただし、嘉永４～６年分は省略した。

弘化年間からである。表12も表11と同時期の新規貸付をまとめたものである。弘化三年と嘉永元年の庄屋和左衛門と国府村庄屋吉左衛門への連印貸が注目される。これより少し前の天保一五年八月に古市郡飛鳥村信三郎に六貫四六〇匁、弘化二年にも二件で一三貫匁余の貸付をおこなっている。大井村と同様、伯太藩支配下の村々は、領主財政から村役人層への圧迫を、近隣豪農からの借入によりかろうじて凌いでいる状況にあった。

この点をもう一度大井村に立ち返って考えたい。岡田家の大井村への貸付が本格化するのは嘉永年間からであるが、天保末年から弘化年間にかけても林村、国府村や飛鳥村と同様に領主財政の圧迫下にあったと考えられる。しかし、そのときは伯太村幾太郎など別の豪農から借入を受けていたため、岡田家の取替帳に大井村が本格的に登場するのは嘉永年間以降になったのである。これ以降、大井村にとって岡田家からの貸付は必要不可欠なものになっていった。

3　訴訟関係史料にみる貸付の具体像

ここでは、岡田家と岡村の他の者がおこなう貸付の具体像を深めて検討するため、訴訟関係史料を中心に分析を進めていきたい。

(1)案文留帳と金銭出入訴訟の流れ

岡田家文書には、二種類の証文・訴状案文留帳が残されている。(34) 一つは文政一一年作成の一冊の竪帳で、もう一つは三冊の竪帳である。後者は、前者の内容を発展させたものである。いずれも訴状の提出、返答書の作成要領など、訴訟の進行にそって詳細に案文が記されている。

文政一一年作成のものは、最初に証文案がくる。それは、預け金証文・年賦金証文・質地証文の順である。無担保の貸付が岡田家の貸付の中心をなすことは縷述してきたとおりである。この順序は、岡田家の金融形態の重要度をそのまま表現している。

さて、畿内においては所領が錯綜しており、河内国も同様である。したがって、貸付の出入においても多くが支配違いになってしまうが、金公事の領主裁判権は大坂町奉行所にあった。多額の訴訟費用がかかる、江戸の幕府評定所への出訴とは比較にならないほど、支配が錯綜していることがそれほどネックとはならず、岡田家は訴訟に踏み切ることができた。[35]

訴訟の基本的な手順としては、まず支配領主の添翰を受け、相手方領主への出訴がおこなわれる。ここでの内済が不調であれば、大坂町奉行所へ出訴する。ここでも内済が図られるが、その手続きのため日延べがおこなわれたり、相手方が病気届を出せば相手方村役人を介しての見届け手続きが加わり、かなりの日時がたつのが通例である。最終的には返済しないことを不届きとして入牢がおこなわれ、その期間内になおも内済を図ろうとし、それでも不調の場合は身代限による財産の売り払いによる返済が執行される。また、訴状を提出した時点で、相手が別の者から訴え（先訴）られていた場合、これが決着するまで後の訴状提出者（後訴）は待たなければならなかった。

(2)「村方書附留」にみる金融「市場」の複層性と中核豪農

岡田家に残された「書附留」[36]は、岡田家が訴訟当事者になった場合の訴状や返答書だけではなく、他の村人が当事者になった場合のものも残されている（村方書附留）。これを分析することにより、当時の金融「市場」の構造を明らかにしていきたい。ここでは、天保～幕末のほぼ中間で史料も豊富に残されている嘉永年間（一八四八～一八五四）を分析対象とする。訴状の大半は、願人・相手・訴訟の種類（預け銀出入、小作年貢滞出入など）・金額が記されている。

嘉永年間を通じて訴訟は七二件あり、預け銀出入（年賦出入含む、以下同様）五〇件、小作銀滞出入一一件、商売関係出入（売掛け銀など）六件、質物出入四件、他一件となる。預け銀出入のうち、三件を除き岡村の村人が願人側である。やはり、無担保の預け銀が主要な金融形態となっていることが分かる。

願人は、伊助（不明）、幸兵衛（一二石余）、庄三郎（三二・四石）、兵左衛門（四・九六石）、儀兵衛（四石余）、平助（一七石余）、藤左衛門（二四石余）、藤兵衛（不明）、茂右衛門（九・九石）、専右衛門（一四・七石）、李右衛門（三三石余）、清兵衛（一〇・九石）の一二名である。多くが村内の中上層の者といえよう。(37) 預け銀高（不明なものは利子を含む願い銀高）をまとめたものが表13である。平均六六二匁余、二〇一～五〇〇匁の件数がもっとも多い。表14により相手先を見てみると、村内はなく、隣村ⓐと隣村ⓑで約八〇％を占める。ただ、隣村ⓒと遠隔地域にも九件がある。また、他村からも、隣村ⓒと遠隔地域から三件の訴訟がおこされている。

このように、村内の者がこれほど多く訴訟をおこなっていることから、預け銀による貸付を岡田家が一手に引き受けるのではなく、村内の者も地域金融圏（隣村ⓐと隣村ⓑ）を中心として貸付をおこなっていることが分かる。これらの範囲と分布は、岡田家のそれと似通っている。訴訟に至った事例でこれだけの数なのであるから、実際の貸付件数、金額はもっと大きなものだったはずである。ただ、違いもある。平均貸付金額六六二匁余は、岡田家のこれらの地域への貸付と比べると、隣村ⓐでは半額ほど、隣村ⓑでは五分の一程度と大変少額である。岡村の貸し手の所持高が、岡田家と異なるように、貸付相手も異なっている可能性がある。少なくとも、この時期に岡田家がおこなう一〇貫匁を超えるような巨額貸付がない点が重要であろう。

Ⅰの(5)の小括で、岡田家の貸付の分析から、河内国の地域金融圏の存在を述べ、決してそれらは閉ざされたものではないことを論じてきた。そして、複数の貸付を受けている事例（後述）とあわせて考えれば、当時の金融状況は、特定の豪農からしか金融を受けない、受けられないといったものではなく、一定の「市場」が存在し、潤沢な資金が出回っている借り手有利の状況であった、といえるだろう。しかし、少なくとも貸し手側は、自身の所持する石高に規定された元手に応じて、貸付金額に差がある複層性を帯びつつあるのが天保後期～幕末期の状況であった。この点は、山崎隆三氏の指摘する、畿内における二つの経済制度の議論と関連させて考えられる。(38)岡田家の一〇貫匁以上の貸付は、庄屋や年寄など複数の連印による村借の要素が強い。領主による圧迫が強まる中で、一〇〇石規模の石高を持つ豪農は、地域金融圏の中心として中上層の者とは異なる役割を果たしていたのである。このような者を、各地域金融圏の中核豪農とよぶことにしたい。

表13　「村方書附留」訴訟金額

額(匁)	件数
0～ 100	6
101～ 200	11
201～ 500	14
501～1000	6
1001～2000	8
3000	2

註：A-3-8-3，A-3-9より作成。

表14　「村方書附留」訴訟相手村名

分類	郡名	村名	件数	区分計
隣村ⓐ	丹南	藤井寺	5	
	丹南	野々上	1	
	丹南	北　宮	8	
	丹南	南島泉	3	
	丹北 志紀	小　山	10	27
隣村ⓑ	丹南	埴生野新田	2	
	丹南	伊　賀	1	
	丹南	南　宮	1	
	志紀	大　井	2	
	志紀	沢　田	2	8
隣村ⓒ	志紀	国　府	1	
	志紀	道明寺	1	2
遠隔	丹南	真福寺	1	
	丹北	川　辺	1	
	丹北	向　井	1	
	古市	広　瀬	1	
	古市	蔵之内	2	
	古市	坂　田	1	7

註1：A-3-8-3，A-3-9より作成。
　2：相手先村名不明分を除く。

(3)「書附留」にみる岡田家の訴訟状況

岡田家の訴状をまとめた「書附留」により、(2)と同じく嘉永期を分析していきたい。嘉永年間を通じて訴訟は五七件あり、預け銀出入四六件、小作銀滞出入三件、質物出入七件、他一件である。ここでも、無担保の預け銀出入が主である。

まずは、預け銀高（不明なものは利子を含む願い銀高）をまとめたものが表15である。平均四貫一七九匁で、件数は五〇一匁~二貫匁が中心であるが、五貫一匁~一〇貫匁も九件あり、注目される。(2)で検討した村内の他の者とは、平均額で六倍以上の開きがある。岡田家の貸付と、村内の他の者の貸付額の差は大きい。次に表16で相手先を見ると、地域金融圏（隣村ⓐと隣村ⓑ）が四三%を占め、隣村ⓒ・遠隔地域・他国地域で五七%となる。これも村内の他の者とは異なる。岡田家は、より広域に貸付をおこなっていたのである。

では、表17により、五貫匁以上を貸し付けて訴訟にいたった事例の地域区分を見てみよう。計一三件のうち、隣村ⓐも二件あるが、一〇件は遠隔地域と他国地域である。この両地域の巨額貸付の回収に、岡田家は苦しんでいた、といえるだろう。

次に、訴訟の結果が判明する三三件を分析していきたい。まず、身代限が執行されている事例は一件もない。そして、先訴があって、いったん訴えを取り下げざるを得なかったものが一一件もある。これらの貸付先は、複数の豪農から貸付を受けていたのである。なお、岡田家が先で後訴があるものも一件ある。そして、金額の一部を受け取って、新証文を取り交わして貸付を継続したものが一四件でもっとも多い。何らかの形で訴訟が終了した「済」は九件である。

この「済」の内容を見ていきたい。元銀（預け銀）と利子（滞り銀）を合計した願い銀高が、相手に要求する

表15　「(岡田家)書附留」訴訟金額

額(匁)	件数
0～　100	0
101～　200	1
201～　500	5
501～ 1000	9
1001～ 2000	8
2001～ 3000	4
3001～ 5000	6
5001～10000	9
10001～20000	3
30000	1

註：A-3-8-2，A-3-10より作成。

金額であるが、元銀と利子が全額戻ってきたのは二件、元銀といくらかの利子が戻ってきたのは四件、元銀にも満たなくて「済」としたものが三件である。元銀以上の返済があったもの六件を「勝訴」とすると、全体の三三件に占める割合は約一八％に過ぎない。先訴があったものと、新証文を交わしたもののその後が気になるが、少なくとも訴訟が貸付の回収に即効的な機能を果たしていたわけではない。岡田家が訴訟をおこなう意図は、元銀程度を受け取れればよく、基本的には新証文を交わして返済を促す、というところに

表16　「(岡田家)書附留」訴訟相手村名

分類	郡名	村名	件数	区分計
隣村ⓐ	丹南	藤井寺	4	
	丹南	野々上	1	
	丹北	島　泉	2	
	丹北志紀	小　山	5	12
隣村ⓑ	丹南	埴生野新田	1	
	丹南	伊　賀	2	
	丹北	津　堂	1	
	志紀	沢　田	2	
	古市	軽　墓	1	7
隣村ⓒ	丹南	河原城	1	
	志紀	道明寺	1	
	古市	古　市	2	
	古市	西　浦	2	6
遠隔	丹南	小平尾	1	
	丹南	真福寺	2	
	丹南	北野田	1	
	丹北	田井城	1	
	古市	広　瀬	1	
	石川	東　山	1	
	石川	大ヶ塚	1	
	石川	毛人谷	2	
	石川	富田林	1	
	八上	菩　提	1	
	渋川	正覚寺	1	
	大県	北法善寺	1	14
他国	大坂		1	
	堺		3	
	泉州大鳥郡	福　田	1	5

註：A-3-8-2，A-3-10より作成。

表17　「(岡田家)書附留」訴訟金額5貫匁以上村名

地域区分	郡村名	金額(匁)
隣村ⓒ	古市郡西浦村	6,000
遠隔	石川郡東山村	6,000
遠隔	石川郡毛人谷村	6,000
遠隔	丹北郡田井城村	6,000
遠隔	古市郡広瀬村	6,200
遠隔	丹南郡河原城村	6,500
他国	堺	7,115
他国	泉州大鳥郡福田村	8,000
遠隔	石川郡毛人谷村	10,000
隣村ⓐ	丹北郡島泉村	15,000
遠隔	丹南郡北野田村	15,360
遠隔	八上郡菩提村	18,000
隣村ⓐ	志紀郡小山村	30,000

註：A-3-8-2，A-3-10より作成。

あったのだと考えられる。(39)

また、貸付をおこなった時期から訴訟にいたる期間は平均で六年二か月余になる。三年未満のものは、先訴があったものが多く、ゆくゆく返済が滞る危険を察知しての訴訟だった可能性が高い。また、利子の滞る期間が判明する九件からは、三年一か月〜六年一か月の間利子が滞っており、平均で四年四か月間利子が滞って出訴にいたっている。この点は次の返済状況の検討とあわせて考えたい。

4 返済状況にみる収入構造

ここでは、一年分のデータからではあるが、貸付の返済状況からその収入構造を考えていきたい。表18は安政七年（一八六〇）の新規貸付分の返済状況（領主貸を除く）を一覧表にしたものである。分析のため、次のような指標を設定した。当初利率は返済開始前に書かれている利率、返済利率は実際の返済の際に適用された利率である。計算利子は、当初利率に月数を掛けた額、実現利子は実際に返済された利子額である。実現利率は、実現利子の利率、乖離率は実現利率を当初利率で除したものである。

まず、全く元銀の返済がなされていないものがない点が注目される。二件だけ元銀の約半分しか返済がなされていないものがあるが、全体の元銀に対する返済率は九七・八％にもなる。無担保の金融で相手への「信用」で貸付をおこなっても、ほとんど返済がなされているのである。この点は、土地（質地）とは離れた金融市場の成熟と評価することができるだろう。次に、返済までの月数が一年以下の大変短いものと、数年、さらには一〇年を超える長いものの二種が混在している。ここでは、一年以下を短期、一年を超えるもの（一三か月以上）を長期として区分する。そうすると、短期が二四件、長期が一六件と短期の方が長期より多い。

表18　安政七年新規貸付返済表

元銀(匁)	当初利率(月利)	返済利率①	返済利率②	月数	計算利子(匁)	実現利子(匁)	返済元銀(匁)	元銀返済期間(月)	実現利率(月利)	乖離率	備考
500	0.008			1	4	4	500	1	0.008	1	
5,005	0.0085			1	43	43	5,005	1	0.0085	1	
700	0.007			2	10	10	700	2	0.007	1	
800	0.01			2	16	16	800	2	0.01	1	
3,000	0.008			2	48	48	3,000	2	0.008	1	
2,000	0.008			3	48	48	2,000	3	0.008	1	
2,600	0.01			3	78	78	2,600	3	0.01	1	
2,800	0.01			3	84	84	2,800	3	0.01	1	
6,000	0.008			3	144	144	6,000	3	0.008	1	
300	0.01			4	12	12	300	4	0.01	1	
1,000	0.009			4	36	36	1,000	4	0.009	1	
1,200	0.01			4	48	48	1,200	4	0.01	1	
1,400	0.01	0.009		4	50	50	1,400	5	0.0072	0.72	
5,600	0.01	0.009		4	202	202	5,600	4	0.009	0.9	
5,810	0.01	0.009		4	209	209	5,810	4.5	0.008	0.8	
7,150	0.0075			4	215	215	7,150	4	0.0075	1	
500	0.007			5	18	18	500	5	0.007	1	
1,500	0.01	0.008		5	60	60	1,500	5	0.008	0.8	
2,500	0.01	0.008		5	100	100	2,500	5	0.008	0.8	
150	0.01	0.008		6	7	7	150	6	0.008	0.8	
3,000	0.008			6	144	144	3,000	6	0.008	1	
7,250	0.008	0.008		6.5	377	377	7,250	6.5	0.008	1	
2,000	0.01	0.008		8	128	128	2,000	8	0.008	0.8	570匁後入れ
8,000	0.0075			9	540	540	8,000	9	0.0075	1	
2,000	0.008			13	208	208	2,000	13	0.008	1	
2,000	0.009			13	234	234	2,000	13	0.009	1	
800	0.0075	0.007		18	101	101	800	23	0.0055	0.730	

25,000	0.0085			22	4,675	4,675	25,000	22	0.0085	1	分割戻し
2,800	0.01	0.007		38	745	745	2,800	38	0.007	0.7	
200	0.008	0.008	0.007	40	32	29	200	40	0.0071	0.913	他三口と一緒に計算
720	0.01	0.01		46	331	182	720	46	0.0055	0.55	
2,000	0.008			49	784	784	2,000	49	0.008	1	分割戻し
200	0.008			53	85	75	200	53	0.0071	0.885	
2,000	0.009	0.007		53	742	742	2,000	53	0.007	0.778	
700	0.01	0.008		55	308	308	700	55	0.008	0.8	分割戻し
1,000	0.008	0.007	0.006	63	405	405	1,000	70	0.0058	0.723	
558	0.01	0.008		82	366	366	558	83	0.0079	0.790	
1,000	0.01	0.008	0.007	97	970	727	1,000	97	0.0075	0.749	別口の元利に組み込まれる
18,000	0.008	0.007	0.006	104	11,448	11,448	18,000	104	0.0061	0.764	
210	0.01	0.008		149	313	250	210	149	0.008	0.8	明治6年5月返済
200	—			—	—	0	200	3	—	—	利子なし
355	—			—	—	—	—	—	—	—	野中村林廉へ出す（検討対象外）
500	—			—	—	0	251	25	—	—	一部入銀後記載なし
6,000	0.005	0.005		63	1,890	1,200	2,000	—	—	—	慶応元年出願、別人新証文になるも以後記載なし

註1：取替帳より作成。
2：当初利率は記載のあるもののみ。ない場合は初回の返済利率によった。返済利率①②は、利率の変更が途中でおこなわれた場合の利率。

表19には、月単位の返済利率の分布をまとめた。短期に月一（月一%）が五件あることが目立つ。月八朱（月〇・八%）が短期・長期とも多いが、月七、六朱が長期には見られいくぶん利率は低い。[40] 平均でも、当初利率で〇・八%、実現利率では月一%ほど低くなっている。また、当初利率と返済利率との変更も、短期は八件、長期は一一件と長期の方が多い。岡田家にとっては、長期の方が、低い利率で利子を受け取る相手だったのである。

また、取替帳には返済期限を記しているものもある。安政七年には、一八件の返済期限の記述（一二月の貸付に対して翌三月などとして、数か月単位がほとんどである）があり、そのうち一三件が短期で返済されている。ここでは、貸付の段階で短期貸付であることを岡田家も貸付先もほぼ合意していることがわかる。短期の貸付相手は、米屋弥三右衛門（四件）、大伴屋与兵衛（一件）、国せん屋伊左衛門（二件）、米屋角兵衛（一件）など商号を冠した者が多く、米屋の二名は他村の蔵米を担保にしている。これらは、返済期限が設定され、実際に短期で返済されていることから、商人の営業資金として貸し付けられているのであろう。

表19　安政7年新規貸付分・返済利率分布

利率(月利)	短期	長期
0.01	5	1
0.009	4	1
0.0085	1	1
0.008	11	6
0.0075	2	0
0.007	2	5
0.006		2
合計	24	16
(平均)	0.0085	0.0077

表20　安政7年新規貸付分・短期長期比較表

	元銀(匁)	平均月数	利子収入(匁)	実現利率(月利)
短期	70,765	4.10	2,620	0.0084
長期	59,188	55.94	21,279	0.0072

　次に表20により、短期・長期と新規貸付金額との関係を見てみよう。合計では七〇貫目余と五九貫目余で大きな差はないが、平均貸付期間は、四・一〇か月と約五五か月と大きな差が見られる。この差が、岡田家が得る収入の差につながる。短期が二貫六二〇匁に過ぎないのに対して、長期は二一貫二七九匁（一年では四貫五六六匁）と大きな差がある。そして、貸付をおこなう時期は、多くが一一、一二月に集中する。この年では七三％が一〇月～一二月に貸付が集中している。従って年末にいっせいに貸付をおこなって短期で返済がなされても、その多くは手元で遊んで休眠資金となってしまうのである。

　また、取替帳には「叮嚀《ていねい》」といった表現が散見される。この言葉は、利子の記述の箇所に「叮嚀ニ致候間（月八朱を）月七朱ニ致候」といった文脈で用いられる。貸付の返済過程で、利子の返済を篤実におこなってくれたので、低く変更するという意味である。安定的に利子を支払い、最終的に元金も返済してくれる貸付相手は、岡田家にとっても十分な利益をもたらしてくれる「お得意様」であるとの意識から、おこなわれている慣行であろう。以上から、岡田家にとって理想的な貸付相手とは、毎年（多くは一二月）利子を払い、元金の返済をおこなってくれる巨額で長期な借り手であった、といえるだろう。長期間貸付をおこなって岡田家も十分な利子を収得する、というのが幕末にいたるまで岡田家の金融経営の主要な柱だったのである。

5　預り（借用金）と都市両替商との関係

(1) 預り（借用金）の検討

岡田家の預り（以下、借用金とする）の初出は、文政三年取替帳である。しかし、ここでの相手は野々上村の野中寺と八尾の久御坊で金額も最高五〇〇匁と高くない。いずれも、貸付資金の導入といった性質ではないだろう。次の文政五年取替帳でも、林村猪三郎と菩提寺の沢田村極楽寺が相手に加わるものの、それほど状況は変わらない。のち、天保三年まで縮小を続け、同年で途絶えてしまうが、嘉永二年に復活する。

表21で嘉永二年（一八四九）～幕末の借用金を検討していこう。[41] 相手先から、堺（都市）・代官所（領主）・遠隔地域と他国地域（豪農）の三種に分かれる。まず、堺は渡辺豫七郎と野中村の林家（当時の当主岡田伊左衛門の実家）の取次による「おかの」がいるが、額はそれほど多くない。また、支配領主の信楽代官所福井祐右衛門からは、金額は巨額だが嘉永六、七年に集中してみられるだけである。遠隔地域と他国地域からは、茨田郡諸福村東浅右衛門、若江郡八尾今井村庄右衛門、和泉国土塔村霜野郁太郎（文久三年四月、三〇貫匁）、市次郎（慶応元年五月、六〇貫匁）の四者が主である。これらは、岡田家の近隣地域からは遠く離れており、そこから岡田家は資

表21　嘉永以降預り(借用金)一覧

年号	支	月	日	姓名	国郡	村	額(匁)	利率	備考	為替
嘉永2	酉	8	14	渡辺豫七郎	堺		5,000	月五朱		
5	子	2	9	卯右衛門		藤井寺	2,534	年六朱		
5	子	9	23	麻助太夫		軽墓	6,240	年六朱		
5	子	12	17	麻助太夫		軽墓	1,550			
6	丑	2	9	麻助太夫		軽墓	500		米札にて	
6	丑	5	6	麻助太夫		軽墓	1,274	年六朱		
6	丑	7	6	麻助太夫		軽墓	3,840			
6	丑	12	12	福井祐右衛門			33,175	(年八朱)	500両、120両の利金、信楽代官所。年八朱の利足を加え来る寅ヨリ丑年迄。元金百両え利足相渡可申事	
6	丑	12	晦	麻野内室おせい殿より		林	1,250	月七朱	右は芹生谷村とく家屋敷売払代銀也	
7	寅	1	19	林猪十郎		野中	664	月八朱	10両	66.35
7	寅	1	28	林猪十郎		野中	1,331	月八朱	20両	66.55
7	寅	2	1	福井祐右衛門			66,550	年七朱	1000両、寅11月20日限	
7	寅	4	21	渡辺豫七郎	堺		5,000	月五朱	具半(具足屋半兵衛)手形	
7	寅	7	26	林猪十郎		野中	1,014	月五朱	15両、奥え付かへ	67.60
7	寅	7	26	野中林取次おかの	堺		1,000	月五朱		
7	寅	12		福井祐右衛門			65,000	七朱	子11月返済済、1000両	65.00
安政2	卯	3	22	麻野内室おせい殿より		林	679	月七朱		
2	卯	7	13	野中林取次おかの	堺		3,428	月八朱	当11月限、3427.5匁	68.55
4	巳	6	14	山中粂八			1,000		伯太代官、伯太札にて	

4	巳	9		隠居 幸助			1,420		20両	71.00
4	巳	12	14	山中粂八			500		伯太代官、浅井手形にて	
5	午	1		東浅右衛門		諸福	3,213		45両代	71.40
5	午	3		東浅右衛門		諸福	1,217		17両代	71.59
6	未	7		東浅右衛門		諸福	3,567		50両代	71.34
6	未	9		浅野吉右衛門			1,800		加入	
6	未	11		東浅右衛門		諸福	2,920		40両代	73.00
6	未	12		東浅右衛門		諸福	2,920		40両代	73.00
7	申	1	6	野中林取次預り 堺おかの分	堺		5,835	月五朱	未正月よりの合計	
7	申	3		国せんや伊左衛門		丹北小山	10,000	月六朱		
7	申	4		松寿院		道明寺	2,560			
7	申	4		松寿院		道明寺	1,065		15両	71.50
7	申	6		庄右衛門		今井	17,875	月七朱	250両	71.50
7	申	7		東浅右衛門		諸福	2,172		30両代	71.15
7	申	8		東浅右衛門		諸福	2,850		40両代	71.25
7	申	12		おかの(野中林取次)	堺		1,200	月五朱		

註1：各取替帳より作成。
　2：金建ては全て銀換算をおこなっている。

金の供給を受けている。ただし、東浅右衛門と庄右衛門には岡田家も貸付をおこなっており、資金を融通しあう仲であった。

嘉永七年の新規貸付は二一九貫匁余であったが、このうち一四〇貫匁余は借用金で賄われていたことになる。この年の新規貸付月利は平均〇・七二七％であり、月五朱から年七朱（月〇・六六六％）の利子を支払えば、利ざやはほとんどない。そして、借用金をおこなっている時期とそうでない時期の貸付利率に差異は見られない。借用金の有無は、新規貸付利率には連動していないのである。短期的には利ざやがなくても、長期的視点で見れば岡田家に利子をもたらすことから、借用金によって一時を凌いでも地域の新規貸付の必要性に応えていったものと考えられる。このように、借用金は一時的に岡田家の資金が欠乏したときに重要な役割を果たしていた。金融市場の観点からいえば、岡田家も貸付を受ける相手として市場に参加していたのであり、逆に岡田家の貸付金もこのような各近隣地域での貸付金の原資として機能した可能性がある。

(2)大坂・堺の両替商との預け金の関係

「はじめに」で触れたように、岡田家は大坂・堺の両替商と頻繁に取引をおこなっていた。佐々木氏はこれらの者は「他地域の商人（傍点筆者、次も同じ）」であり、「岡田家の金融は、これらの商人にとっては、その営業活動のなかに、恒常的・構造的な要素」であったとし、岡田家に利子収入が入る〈利子生み金融〉と考えて論じている。(42)しかし、これらの者は両替商であり、岡田家の取替帳をみても利子収入は入っていない。従って、これらの者との関係は岡田家と両替商との関係としてとらえ直される必要がある。

すでにこれらの者との関係は、佐々木氏が分析・詳述しているので、この関係を両替商との当座預金的な決済機関として読み直すことで十分と考えられる。すなわち、岡田家は年間を通じて頻繁に両替商に預け金をおこない、年間を通じて頻繁に引き出している。そして、この関係の中で手形のもつ比重は大変重要であり、これは、この時期（弘化期）この地域において、金融信用関係が確定していたことを意味している。手形の発行元の多くが村々の豪農であった。また、領主貸においても、これらの両替商を通じて決済がおこなわれた（6の(1)参照）。以上により、岡田家が金融活動をおこなううえで、これらの両替商は恒常的・構造的な要素であった、と考えられるのである。

岡田家と大坂の両替商米屋喜兵衛との関係は文政九年からはじまる。これは、岡田家の金融が飛躍的に発展をはじめる時期でもあった。この取引を見ると、佐々木氏が分析した弘化二年と同じ特徴をもった関係をすでに築いている。

(3) 堺両替商具足屋半兵衛・孫兵衛からの借用金

(2)では、大坂・堺の両替商との預け金を通じた関係について論じてきたが、都市に集まった資金が農村に貸付資金として入ってくることはないのだろうか。両替商の別の側面を検討することで、都市と農村の関係について分析を深めていきたい。

〔史料6〕(43)

岡田伊左衛門

具足屋半兵衛様

貴下御頼用

向寒之砌御座候処弥御安泰被成御座奉賀候、然者過日■(ムシ、以下同じ)帳ニ差上ニ而被渡下則七日御受取ニ而廿七日差上候間宜敷御頼奉申上候、且當四月御融通■■候弐百金之内當七月ニ百金御返上残金百両之儀者當季利足丈ヶ御勘定被成下、元金之儀者今暫く其儘ニ被成置被下度候、且幸便ニ而■■ヶ間敷申上兼候得とも、當廿日頃品ニ寄り候ハヽ、弐百金計り一弐ヶ月之處御融通被成下間敷哉、御頼奉申上候、未夕聢与難分り候得共、一昨申年ゟ入銀■■多分出銀而已ニ而既ニ當年も大ニ拂底ニ相成、右日限之頃取組約定出来候与出銀高■■可申哉与心配仕候、貴殿心得迄ニ御頼申上置候、慥成義者追日可申上候、何分宜敷御承引被成下度頼上候、先者右之段御頼方貴書如此御座候、以上

戌（嘉永三年）十二月十一日

内容は、岡田伊左衛門が堺の有力な両替商具足屋半兵衛に対して、四月に借用した二〇〇両のうち半分の一〇〇両は七月に返済したが残りは利子を支払うだけで今しばらく返済を待って欲しい、そして、嘉永元年以来貸付ばかりが多く返済が少ないため手元の金銀が払底してしまった、今月二〇日に貸付の約定がありそうなので二〇〇両ばかり融通をお願いしたい、というものである。

翌一二日の具足屋半兵衛から岡田家宛書状では、「當季利足」について「御約定之通八朱之利足」とあることから、四月には月八朱の利率で二〇〇両の融通を受けていたことがわかる。そして、新規の二〇〇両の貸付は、「時分柄之事故」との理由にて断っている。ここからは、(1)で見てきた預り（借用金）の様子が、岡田家自身の書状でリアルに述べられている。月八朱の利息で借用して貸付をおこなっても、利ざやはほとんど見込めないのに、地域の貸付要望に応えていく姿である。[44]

表22に、このような都市両替商からの借用金をまとめてみた。弘化四年〜慶応元年の間に一二回借用を受けている。利息は、一回のみ月七朱半で他は全て月八朱である。返済も数か月で終了しており、短期的な貸付資金の欠乏時に都市両替商からの借用で凌いでいる、といえよう。この借用は、取替帳の預け金取引（(2)参照）に混在して記載されている。全体の取引額も預け金取引に比べると僅少であり、あくまでも、都市両替商との関係は、(2)で検討してきた当座預金的な決済機能のほうが本質である。注目したいのは、(1)で検討した近隣豪農からの借用金よりも、両替商からの借用金利率の方が高いことである。両替商からの借用金は、岡田家にとって最後の手段であったと考えられる。従って、都市に貯まった資金は農村には入りにくい構造となっている、といえよう。逆に、両替商への預け金には利子がつかないことから、都市へも決済用の当座預金に必要な量しか出て行くこと

表22　両替商からの借用金一覧

年号	支	月日	相手	金額	内容	支払い
弘化4	未	6月14日	具足屋半兵衛	8貫553匁	(証文渡)、利足230.4匁、3か月分月8朱	
弘化4	未	8月16日	具足屋半兵衛	120両	証札銀	12月29日、7貫650匁、利足306匁、5か月分、月8朱
嘉永2	酉	閏4月17日	具足屋半兵衛	100両	証札渡	9月晦日分、利足305.28匁、5か月分
嘉永3	戌	4月21日	具足屋半兵衛	200両	証文一通	7月24日、100両証文銀之内、12月18日、6貫375匁、519.68匁、200金之利足
嘉永6	丑	6月19日	具足屋半兵衛	300両	証文渡	丑12月15日、利足1貫26.48匁(元19貫740匁、6か月半)
安政2	卯	8月付	具足屋半兵衛	30貫匁	証文一通	10月28日、15貫匁、利足675匁(7朱半、3か月)、11月4日、15貫匁
安政4	巳	7月14日	具足屋孫兵衛	20貫匁	証文一通	11月14日、利足720匁(月8朱、4.5か月)
安政4	巳	7月23日	具足屋孫兵衛	18貫匁	証文一通	8月22日、利足144匁(月8朱、1か月)
万延元	申	5月4日分	具足屋孫兵衛	22貫匁	証文一通渡、当11月切、月8朱	申11月朔日、利足1貫56匁(5月ゟ10月迄)
万延元	申	7月13日	具足屋孫兵衛	20貫匁	証文一通渡、当10月切、月8朱	申11月朔日、利足640匁(7月ゟ10月迄)
万延2	酉	8月5日	具足屋孫兵衛	15貫匁	証文一通渡、当11月切、月8朱	酉11月9日、利足360匁(8月ゟ10月迄)
慶応元	丑	7月晦	具足屋孫兵衛	40貫匁	証文ニ而、10月切、月8朱	丑10月19日、利足960匁(8月ゟ10月迄)

註：各取替帳より作成。

はない。畿内においては幕末にいたるまで、金融関係を促進するのに決定的な役割を果たす利率が、農村と都市の関係を強化する方向には働かなかったのである。

ーで検討した表9で、文化二年～天保七年の領主貸はほとんどが天保三年取替帳からはじまるものである。そして、嘉永六年期に渡辺氏・石川氏・土岐氏への貸付が本格的にはじまる。このうち、渡辺氏と土岐氏への領主貸が重要なので、検討をおこなっていきたい。(45)

(1)伯太藩渡辺氏への江戸賄

渡辺氏とは嘉永七年から、岡田家が正月から毎月、三三〇〇両の月賄と、六〇〇両の御番所用の合計三九〇〇両の前貸しを月九朱の利息でおこない、八月以降に畿内の所領から入る年貢収納代金をもって返済を受け、一二月に清算する約定が結ばれている。(46)史料では「江戸賄」と表現されていることから、江戸の伯太藩邸の費用に充てられたものと考えられる。表23は、これを年度ごとにまとめたもので、岡田家に毎年一五貫匁程度の利子収入を安定的にもたらしていることがわかる。

表24は、初年度の嘉永七年（一八五四）の出銀、入銀状況をまとめたものである。岡田家からの出銀は、大坂の有力両替商米屋長兵衛と堺の具足屋半兵衛（先述）からの振出手形でおこなわれた。入銀も、特に八月～一〇月分の銀納は泉州分で札遣いが目立っている。また、一二月の米納分にも手形が多く用いられている。これらは、大坂・堺に送られて両替商への預け金勘定で相殺されている。このように2でみた大井村、林村のように渡辺氏支配下の村々への貸付から得る利子と、領主貸への利子で、岡田家は二重の利子収得の機会があったのである。

(2)沼田藩土岐氏への領主貸と藩札への関わり

沼田藩土岐氏は、藩札（米札）を畿内において発行していたが、岡田家も幕末に関わりを持つことになる。この点を検討していこう。(47)

〔史料7〕(48)

表23　伯太藩渡辺氏への貸付推移

年号	支	月	金額(匁)	収得利子(匁)	利率(年・%)	利率(月)	備考
嘉永7	寅	—	215,225	15,145	10.8	九朱	月毎渡し年貢返済で請取
安政2	卯	—	226,895	14,287	10.8	九朱	同上
安政3	辰	—	245,722	—	10.8	九朱	同上、元利とも貸出額に計上
安政4	巳	—	255,776	16,378	10.2	八朱半	月毎渡し年貢返済で請取
安政5	午	—	238,190	14,310	10.2	八朱半	同上
安政6	未	—	241,786	14,544	10.2	八朱半	同上
安政7	申	—	227,000	15,100	10.2	八朱半	同上
万延2	酉	—	228,015	11,341	10.2	八朱半	同上
文久2	戌	—	335,940	20,344	10.2	八朱半	同上
文久3	亥	—	250,548	13,150	10.2	八朱半	同上
元治元	子	—	294,094	14,352	10.2	八朱半	同上
元治2	丑	—	362,642	16,545	10.2	八朱半	同上
		12	300,000	25,496	9.0	七朱半	翌寅12月期日、8月と11月に返済請取
慶応2	寅	—	—	—	—	—	—
慶応3	卯	3	495,400	32,819	10.2	八朱半	1000両を4口にて渡し、卯12月末までにほぼ返済請取、辰4月晦完済
		4			9.0	七朱半	
		5			9.0	七朱半	
		6			9.0	七朱半	
明治元	辰	2	300,000	46,800	15.6	一分三朱	11月から12月迄3口で返済請取
明治2	巳	1	700両	—	—	—	明治5未年315両返済請取、残額新公債に
		2	700両	—	—	—	
		3	700両	—	—	—	

註：各取替帳より作成。

表24　嘉永7年伯太藩渡辺氏への貸付の詳細

［出銀］

月	日	額(匁)	内容
1	4	13,010	米長(米屋長兵衛)手形
1	18	6,705	具半(具足屋半兵衛)手形
2	8	20,220	具半手形
3	7	13,170	具半手形
3	18	6,585	具半手形
4	7	13,350	具半手形
4	17	6,720	具半手形
5	8	13,740	具半手形
5	18	6,840	具半手形
6	7	13,560	具半手形
6	17	6,760	具半手形、「十四日取付」
7	8	13,580	具半手形
7	18	6,780	具半手形
8	7	13,210	具半手形
9	18	6,865	具半手形、「廿五日取付」
10	8	13,360	具半手形
10	18	6,775	具半手形
11	8	6,840	具半手形
11	18	6,835	具半手形

註：嘉永6年取替帳より作成。

［入銀］

月	日	額(匁)	内容
8	14	7,629	河州郷寄銀、金113両2朱、札140両受取
8	16	8,557	泉州初納、金50両2朱、札5239匁取
8	24	498	河州初納追寄、金7両2分代
9	4	10,279	河州二納、金148両3分2朱、札378匁取
9	6	10,016	泉州二納、金75両2分2朱代、札4979.5匁渡
9	14	515	河州追寄、金7両3分
10	7	18,430	河州三納、金269両1分代、銀283匁渡
10	14	1,482	河州北本村分、金22両預入
10	16	12,700	泉州分同断、金91両2分、札5982.75匁、銀541.25匁
10	20	6,174	庭三口米代、銀手形にて受取
10	30	27,953	銀手形へ
11	12	3,465	国吉へ可渡分手形にて入
11	12	8,238	林村米代
11	14	2,066	林村米代
11	21	4,300	大井村米代
11	27	900	林村和左衛門より
12	1	64,585	米甚出の手形
12	1	15,000	菓子甚手形
12	11	6,800	麻野和左衛門手形にて
12	14	1,647	古室村皆済
12	14	1,025	林村皆済
12	14	3,385	国府村皆済
12	14	1,016	大黒村皆済
12	14	1,010	蔵之内村皆済
12	14	3,970	飛鳥村皆済
12	14	1,540	北木之本村皆済
12	14	5,987	大井村皆済
12	14	347	一津屋村皆済
12	14	5,078	駒ヶ谷村皆済
9	24	13,780	余時出銀
10	1	13,500	金200両取

差入申規定書

一沼田御領分為通用先年
公邊願済之上御摺出ニ相成候米札之儀、通用方不弁利之儀候ニ付御頼談之上、札数百五拾貫目此度其元殿江
御請負被成小印差加御廻方可被成様御示談行届申候、然ル上者不時乱札者不及申萬一不通用之儀等出来候節者、
御屋敷并ニ米札名前ニ不拘御領分村々江引受少茂無滞早速引替其許殿江御迷惑御損難等一切相掛申間敷候、
為後念一札依而如件（以下略）

これは、文久元年（一八六一）一二月に、沼田領一三か村世話役庄屋（太田村・沢田村・寺内村・六郷中野村・八尾木村）の連印で岡田伊左衛門宛に差し出されたものである。内容は、地域において米札の通用が不便なので一五〇貫匁分を岡田家が請け負い（小印を押して信用を付与する）地域において「廻方」（通用）させて欲しい、万一信用が失墜して引き替えた藩札が手元に残った場合は沼田藩領の村々で引き受けるので一切迷惑は掛けない、というものである。

実際には翌文久二年一二月に一〇〇貫匁を岡田家は請け負うことになるが、その際には沼田藩との間で、①沼田藩は米札を引き受けている間七人扶持を岡田家に与える、②岡田家は「米札引受中御益銀」を年四朱の割合で沼田藩に納めることが決められた。残りの五〇貫匁は、近隣の大堀村大堀徳三郎が引き受けている。取替帳の記事では、同月に一〇〇貫匁の「米札類」を受け取った、との記述があることから、これに岡田家は小印を押して地域で通用させたのであろう。(49)

土岐氏には、天保一〇年以来断続的に三〇貫匁程度の貸付をおこなっている。文久元年一二月の七五貫匁の新規貸付とそれまでの未返済分二五貫匁の合計一〇〇貫匁には年八朱の利子が付いていた。史料7でみた藩札の

「御頼談」は、この新規貸付と並行しておこなわれていたのである。岡田家からの領主貸しの利子年八朱と、受け取った米札類の御益銀年四朱は相殺されて、年四朱の利子を岡田家は毎年受け取っている。このような取引は、領主にとっては一〇〇貫匁の融通を受けることと、年八朱の利子を四朱に減らせる利点があった。一方の岡田家にとっては、領主貸によって受け取る利子が減る分、一〇〇貫匁の貸付資金が手元に残ることになる。これを地域において運用すれば、領主貸の分と併せて年一〇％を超える貸付運用ができたものと考えられる。

この米札引請への関わりをもっとも顕著に表すのが、慶応三年八月の動きである。「御米札請主名前帳」（表25）は、二一名の請人により総額二七一一貫匁の米札を、七〇〇貫一七〇匁の出銀により発行しようというものである。比率は、二五・八二七％であるから、元銀に対して約四倍の米札を出銀者は手にして運用することができるのである。岡田家は二五貫八二一匁を月一歩の利率で拠出し、領主は翌年より一〇年賦で返済することになる。これによって岡田家は一〇〇貫匁の貸付資金を手にした。米札引請に関わるのと並行して、岡田家は土岐氏への領主貸も多くおこなっていく（表26）。そして、それは貸付による利子収得を図る当初の姿から、慶応元年一一月から無利息による融通講への貸付が開始されるように、共生的な性格を強めていった。

ここで見てきたような米札の引請を岡田家の側から持ちかけたのか、領主や沼田領一三か村の側から話があったのかを、史料から明らかにすることはできない。しかし、近隣の豪農からの預り金（借用金）や都市両替商からの利子付の借用金を受けながら岡田家の金融活動がおこなわれていたことは、すでにみてきたとおりである。米札引請で支払う利率は、この二つの借用金のいずれよりも低い。従って、米札による貸付資金を得ることは岡田家にとって十分な利点があった、ということはいえよう。このような関係は、地域の貸付要望に応えながら、自らの金融経営の発展を図る岡田家にとって、経営上十分なメリットをもたらしながらも、銀札価値の下落に自

表25　御米札請主名前帳(慶応3年8月)

村名	名前	(米札額・匁)	調達(此割)	(比率)	手当銀(此割)	(比率)
道明寺	山脇勘兵衛	100,000	25,821	0.258	11,107	0.111
八尾木	高田正次郎	200,000	51,641	0.258	22,213	0.111
寺　内	上村吉兵衛	100,000	25,821	0.258	11,107	0.111
寺　内	大村吉兵衛	100,000	25,821	0.258	11,107	0.111
形　部	岡本清左衛門	50,000	12,910	0.258	5,553	0.111
喜　連	浅井助左衛門	100,000	25,821	0.258	11,107	0.111
大　堀	大堀徳三郎	500,000	129,104	0.258	55,533	0.111
大　堀	大堀徳三郎請ニ成ル方	150,000	※38,731	0.258	16,651	0.111
北野田	西井傳兵衛	100,000	25,821	0.258	11,107	0.111
北野田	嶋澤松五郎	50,000	12,910	0.258	※5,553	0.111
北野田	西井良蔵、西井伊兵衛	100,000	25,821	0.258	11,107	0.111
北野田	西井清三郎	50,000	12,910	0.258	5,553	0.111
市　場	木綿屋九左衛門	50,000	12,910	0.258	5,553	0.111
今　井	杉田弥右衛門	63,000	16,267	0.258	6,993	0.111
簗　留	高田清三郎	100,000	25,821	0.258	11,107	0.111
沢　田	高橋角兵衛	140,000	36,152	0.258	15,549	0.111
深　井	外山平七郎	163,000	42,087	0.258	18,094	0.111
太　田	乾権右衛門	40,000	10,328	0.258	4,443	0.111
岡	岡田伊左衛門	100,000	25,821	0.258	11,107	0.111
岡	岡田伊左衛門取次	50,000	12,910	0.258	5,553	0.111
小　山	葭矢佐助	50,000	12,910	0.258	5,553	0.111
古　市	清水次郎兵衛	150,000	38,731	0.258	16,651	0.111
小　山	木綿屋利右衛門	125,000	32,276	0.258	13,882	0.111
—	御札元四人中	80,000	20,642	0.258	8,885	0.111
合計		2,711,000	700,170	0.258	300,067	0.111

註1：55-32-5より作成。
　2：「調達」は実際の出銀額、「手当銀」は米札引替所の手当銀を積み置いたもので出銀はともなわない。
　3：※は誤記を訂正した。「調達」の合計も若干合わない。

表26　幕末期沼田藩土岐氏への貸付状況

年号	支	月	日	相手名	金額（匁）	期日	利率（%）	利率（2）	備考
嘉永6	丑	11	19	三宅武左衛門、秋田弥多兵衛	30,000		8.400	月七	
安政元	寅	12	13	同内三宅武右衛門、秋田弥多兵衛	15,000		7.200	月六	
安政6	未	12	21	同内秋田弥多兵衛、	30,000		8.400	月七	
文久元	酉	12	15	同断秋田弥多兵衛他4人	75,000	戌3月	8.400	月七	米札預りで返済
2	戌	10	29	同断秋田弥多兵衛他4人	20,000		—		利率不明
2	戌	11	13	同断秋田弥多兵衛他4人	10,000		—		利率不明
2	戌	12	16	同断秋田弥多兵衛他4人	25,000		—		利率不明
2	戌	12	16	同断秋田弥多兵衛他4人	20,000		—		利率不明
2	戌	12	26	同内秋田弥多兵衛、西林金助	25,000		7.200	月六	7年利付年賦
元治元	子	12	19	同内秋田弥多兵衛、西林金助	60,000		8.400	月七	丑ゟ5か年済月7朱
慶応元	丑	11	11	同屋敷融通講	10,000		0.000	無利足	
2	寅	12	4	同屋敷融通講	10,000		0.000	無利足	
3	卯	11	20	秋田弥多兵衛、西村金助、佐々木兼之助	25,800		12.000	月一	利付、辰より10年賦
3	卯	12	27	同屋敷融通講	10,000		0.000	無利足	
明治元	辰	12	4	秋田弥多兵衛、西村金助、秋田金米	金400両		14.400	月一二	
元	辰	12	10	同屋敷融通講	10,000		0.000	無利足	
2	巳	12	9	同屋敷融通講	10,000		0.000	無利足	
2	巳	12	24	秋田弥多兵衛、西村金助、秋田金米	金300両		24.000	月二	午ゟ5か年済
3	午	12	12	同屋敷融通講	10,000		0.000	無利足	

註：嘉永6年・安政7年取替帳より作成。

ら寄与してしまう矛盾を孕んだものであったことも重要である。

また、地域金融圏との関係では、表25で名前の出てくる村の周囲に、岡田家が築いていたのと同じような地域金融圏が築かれていたと考えられる。例えば、自ら五〇〇貫匁の米札の請主となった大堀徳三郎の居村大堀村の周辺には、大堀村・小川村・若林村・別所村・西川村など、岡田家から比較的近くにありながら、岡田家からの貸付が少ない村々がある（表9参照）。大堀徳三郎も岡田家と同様、中核豪農であった可能性が高い。そして、5の(1)でみたように、各地域金融圏の中核豪農同士が、貸付資金を融通しあうのと同じように、これらの者同士が連合して貸付資金の増加を図る広大なネットワークが形成されていたのが、幕末期河内の金融状況であった。

おわりに

本章の検討内容を要約すると以下のようになる。岡田家の金融活動は、文政期を画期として急激な発展を遂げ、隣村ⓑまでを範囲とする地域金融圏を形成した。しかし、その範囲内でも他の豪農が貸付をおこない、また他村からも貸付を受けるなど開かれた構造をもっていた。そして、石高一〇〇石以上を持つ豪農（中核豪農）の展開する金融活動と、二〇～五〇石程度の豪農では、その規模、範囲に隔絶した違いがある。本章では実証できていないが、小前層相手の金融も村内では展開されていたと想定でき、三層の構造を有していたのである。(50)

このような背景として、次のような諸点が考えられる。すなわち、村落共同体が他村の者に土地を所持されることに対して抵抗することにより豪農の土地取得活動が制限を受け、全国的にみて生産力の最先進地であるこの地域の豪農の手元には、貨幣（貸付資金）が貯まっていった。他方、不作による経営への打撃や領主の財政的圧迫による御用金や年貢立替などにより困窮した豪農への貸付を通じて、岡田家のような中核豪農は成長を遂げた。その内容は、長期に貸付をおこなって利子収得と元金の返済を求めることを基本的な姿勢としていた。本章では十分に追求できていないが、これは相手の豪農の経営の立ち直りを待つことや、岡田家から貸付を受けた資金を村内の小前層に貸し付けて、村が立ち直るまで返済を待つなどの機能を果たしたと考えられるだろう。これが、岡田家の金融活動の主軸であった。

一方で、商人相手の短期貸付も、新規貸付金額では長期貸付を超えるまでに成長を遂げた。しかし、その収入に占める割合は少なかった。ただ、このような貸付が、地域全体の資金需要を増大させ、金融活動を活発化させた点は重要である。

そして、金融活動による収入は、米価が高騰する幕末の数年（文久三年〜慶応三年）を除き、嘉永期以降は恒常的に手作と小作による収入を上回っていたと考えられる（表27）。安政七年の比較では、手作と小作による徳二七貫匁余に対し、地域に対する安政七年の新規貸付による利子収入が二〇貫匁余（複数年にわたる返済の結果）、渡辺氏への領主貸で一五貫匁余で、金融活動による収入が五六・四％となる。岡田家は、地主から「金融の家」へとシフトしたのである。(51)

このような金融活動は、豪農同士の手形による取引や、領主貸での決済を円滑におこなうための都市両替商との当座預金的な為替取引を構造的に不可欠としていた。しかし、その預け金には利子が付与されず、これら両替商からの借用金も一部にはみられるが、利率の高さから限定的であった。都市と農村の関係は、両替商と恒常的ではありながらも、局部的なものにとどまった。

一方、領主との関係では、江戸賄に進出して多額の利子を得ることがおこなわれた。これは安定的かつ高利であったことから、全体の貸付額の約六割にも達した。領主との関わりはこれにとどまらず、銀札・米札引請により、膨大な貸付資金を手元に保持することも可能になった。慶応三年には、その発展形態である米札への共同出資を遠隔地域の豪農と共同でおこなうまでになった。このような大量の銀札・米札の引請は、地域の銀札流通量に影響を与えたと考えられ、一方で岡田家は地域への貸付資金を得ることができたが、他方で膨大な銀札を地域に流通させる結果となり、銀札の通貨価値自体を下落させる構造的矛盾を孕むことになった。

表27　金融収入、作徳収入比較表

年号	支	金融				手作・小作の徳		岡田家所持高(石)	岡村米相場(匁/石)
		新規貸付額	収入額	(伯太藩)	合計	(匁)	(石換算)		
弘化2	巳	160,711	—	—	—	—	—	200.0	—
3	午	224,659	—	—	—	—	—	—	—
4	未	149,289	—	—	—	—	—	—	—
5	申	180,129	—	—	—	9,980	113.4	—	88.0
嘉永2	酉	181,661	—	—	—	14,416	144.2	—	100.0
3	戌	168,144	—	—	—	8,906	74.2	—	120.0
4	亥	210,175	—	—	—	16,181	202.3	—	80.0
5	子	132,612	—	—	—	12,699	135.1	—	94.0
嘉永6	丑	193,879	48,894	—	48,894	1,714	15.3	—	112.0
7	寅	219,131	—	15,145	—	20,370	254.6	295.6	80.0
安政2	卯	257,950	—	14,287	—	14,248	195.2	—	73.0
3	辰	149,210	—	—	—	11,607	135.0	—	86.0
4	巳	242,160	—	16,378	—	23,438	224.3	—	103.2
5	午	271,295	—	14,310	—	25,888	190.4	274.8	135.2
6	未	259,508	—	14,544	—	26,254	218.8	—	131.0
安政7	申	138,208	20,850	15,100	35,950	27,767	173.5	289.7	160.0
万延2	酉	384,765	—	11,341	—	27,520	205.4	329.4	133.0
文久2	戌	344,896	—	20,344	—	35,351	210.4	—	166.7
3	亥	91,795	—	13,150	—	49,645	269.4	—	184.3
4	子	284,160	—	14,352	—	—	—	318.7	300.6
元治2	丑	281,279	—	42,040	—	101,805	224.3	—	454.0
慶応2	寅	363,231	—	—	—	182,671	152.2	—	1200.0
3	卯	364,780	—	32,819	—	143,071	261.3	—	547.5

註：各取替帳、28-5、Z-22-1・2による。一部佐々木『幕末社会の展開』表55・56を訂正して使用した。

表28　幕末期下作値段米相場（銀建て、金換算）の比較

年号	銀建て米相場（匁）	（指数）	金換算米相場（両）	（指数）	金相場（匁）	（指数）
安政7	160.0	1.0	2.238	1.0	71.50	1.0
万延2	133.0	0.8	1.855	0.8	71.70	1.0
文久2	166.7	1.0	2.348	1.0	71.00	1.0
文久3	184.3	1.2	2.168	1.0	85.00	1.2
文久4	300.6	1.9	3.666	1.6	82.00	1.1
元治2	454.0	2.8	4.779	2.1	95.00	1.3
慶応2	1200.0	7.5	11.765	5.3	102.00	1.4
慶応3	547.5	3.4	4.212	1.9	130.00	1.8

註１：米相場はＺ-22-1・2による。
　２：金相場は佐々木『幕末社会の展開』表40の数値による。

さて、佐々木氏はこのような岡田家の金融活動を、金融は一見きわめて順調であったが（米価の上昇による）実質的な縮小のもとでの順調さであり、決済状況からいえば、個別貸の非円滑さが問題であった、としている(52)。しかし、本章で明らかにしたように、岡田家の金融においては、貸付の円滑さ、回転の速さではなく、長期に貸すことが多大な利子収入をもたらしているのであるから、このような評価は実像に即したものではない。また、実質的な縮小も、当時の銀相場の下落が大きく寄与している。表28で下作値段の下落を金換算で見てみると、その値上がり幅は随分と小さなものになる。幕末の変動による米価の上昇は大きな問題であるが、この銀相場の下落は岡田家などの中核豪農がおこなった銀札の引請が大きな影響を与えているのである。また、いまや命運つきそうになっている領主への貸付（領主貸）を大きな金融対象としなければならない状況を否定的にとらえているが、順調な利子取得と銀札・米札引請による貸付資金を得たことを考えると、岡田家も金融活動を拡大するために、領主権力を不可欠な一環としていた。岡田家の金融活動は、貸付期間が長期で相手豪農や村の立ち直りを気長に待つことと、領主貸と銀札・米札の引請を構造に組み込んでいた点で近世的な性質を体現したものであった、と評価するべきものである。

また、佐々木氏は、豪農の政治主体化が十分ではなかった原因として、兵農分離制と、現実の幕藩制国家が豪

農たちにとって、決定的な桎梏とはなっていなかった点をあげている。後者については、村請制下における年貢納入方式と、領主の商品生産・商品経済への対応を問題としている。

だが、このような問いへの答えは、まずもってその時の豪農がおこなっていた家経営の課題に即して考えるべきであろう。本章で明らかにしてきた岡田家の経営状況からは、次のようにいえるだろう。こと畿内に関する限り、豪農が村外の土地への投資をおこなう際の制約の存在と都市との関係が局部的であることにより、手元に貨幣が膨大に所持され、信用による金融関係が成熟し、経営発展の方向が金融に向かいやすい構造であったことが重要であった。佐々木氏の世直し状況論において、村落共同体の議論への組み込みが弱いことへの批判が、八〇年代以降の研究史において大きな成果をもたらしてきたが、一見、これとは関係がないように見える金融活動においても、もっとも根幹のところでその構造を規定しているのである。この点で、文政後期から幕末の数年間を除く長期間、金融活動からの収入が、作徳・小作料といった土地に関わる収入を上回っている点を重要視したい。金融活動をおこなううえでは、領主貸のみならず、領主裁判権は重要な機能を果たしていたし、貸付の資金を獲得するには銀札・米札の引請も大きな意味をもった。そのため、領主は決定的な桎梏となるどころか、領主権力と共生することが家経営にも重要であったため、豪農の政治主体化は未熟であった、といえるのではないだろうか。

(1) 佐々木潤之介「幕末期河内の豪農」二八四頁(『幕末社会の展開』岩波書店、一九九三年)。
(2) 序章で述べられているように、佐々木氏が見ることができなかった多くの新出史料がある。佐々木氏の論考は弘化二年と安政七年の取替帳の分析によりおこなわれているが、現在は享和～明治まで分析対象とすることができる。
(3) 岡田家と取引のある者には、米屋喜兵衛・米屋長兵衛・銭屋宗兵衛・具足屋半兵衛・具足屋孫兵衛がある。このうち、前三者は大坂の手形取り扱い商人であり（中川すがね『大坂両替商の金融と社会』清文堂、二〇〇三年、付表「近世後期大坂の手形取り扱い商人」）、後二者は堺の油問屋兼有力両替商（『堺市史』第五巻、四二七頁および第六巻、一三三頁、一九二九年）であった。

（4）註（1）佐々木前掲書、二四〇頁。佐々木氏の作成された表四七において、慶応三年の貸付金額を二二六〇貫匁としているが、これから都市両替商との取引（〈米長貸付〉〈具孫貸付〉）を除くと、同年の貸付は小計欄の九九五貫六五三匁とするのが正しい。同じく文久三年を例にとると、一三一六貫五四〇匁が三九二貫三三四匁になるなど、実際の〈利子生み貸付〉の規模に大きな違いがでる。

（5）竹安繁治「地主富農経営の一郡的成立」（『近世畿内農業の構造』第四章第三節、御茶の水書房、一九六九年）。

（6）山崎隆三『地主制成立期の農業構造』（青木書店、一九六一年）。

（7）これに関連して、畿内村落における豪農の金融活動を取りあげた研究に福山昭（『近世農村金融の構造』雄山閣出版、一九七五年）によるものがある。余った資金の預け合いや身代限の事例検討など、同書は重要な内容を含んでいるが、本章ではさらに一歩踏み込んだ構造的な分析によって地域における豪農の金融活動を解明していきたいと考えている。

（8）それ以前は「万覚帳」との名称であるが、内容は享和二年の取替帳と同じである。この分析は、本書第二章の小酒井論文を参照されたい。

（9）ただし、明治三年取替帳は岡、東西南北の地域区分のみおこなわれ、明治一四年取替帳になると、地域区分すらなくなる。このような「後退」は、本書第九章でみるような金融活動の低迷と関連している。

（10）この点は拙稿「豪農金融の展開と地域」（平成一五年度〜一七年度科学研究費補助金　基盤研究（B）（1）研究成果報告書『戦国末〜明治前期畿内村落の総合的研究』、研究代表者渡辺尚志、二〇〇六年、以下「科研報告書」とする）において詳しく述べている。なお、弘化二年取替帳は、地域区分のみがなされ、嘉永六年にいたって天保三年の形態に戻っている。天保一五年におこなわれた当主の交替と貸付の整理によるものと思われる。この貸付整理は興味深い内容であるが、今後の課題としたい。

（11）佐々木氏の分析は年末の貸付残高をまとめたものであり、本章の新規発生件数と金額による分析とは指標が異なっているが、佐々木氏の示した享和二年の貸付残高と同年取替帳を集計し比較したところ、金額がほぼ同一であった。

(12) 地域区分がはじまるのは文化一二年からである。この時の区分は、岡村・藤井寺村・東・西・南・北であり、文化一五年に小山村、文政八年から未申（南西の方角）が加わる。

(13) 本書第三章小田論文参照。本論文は、「科研報告書」所収の同名論文を改訂・増補したものである。

(14) 舟橋明宏「岡村」（『藤井寺市史』第二巻通史編二近世、二〇〇二年）。

(15) 註(13)小田「科研報告書」論文、表4。

(16) 森田周作氏文書「古市村富農・名家書上げ」（『羽曳野市史』第五巻史料編三、一九八三年、四二五頁）。

(17) 林正路家文書「享和元年　被仰渡候御請書差上帳」（『藤井寺市史』第八巻史料編六、一九八九年、一七頁）。

(18) 丹南郡伊賀村今西家文書E—六。羽曳野市史編纂室発行『市史編纂資料目録』七（一九八〇年）の史料番号による。

(19) 一橋大学附属図書館所蔵岡田家文書A—三—四。以下、同文書からの典拠を示す場合は、史料番号（請求記号）のみ表記する。

(20) B—一—七。

(21) A—三—四。

(22) 四二—一九—二六。

(23) 本書第三章小田論文、表2。

(24) 一—三二—一。

(25) 一—三二—一三九。

(26) 一—三二—三六。

(27) 小山村は丹北小山・志紀小山、島泉村は島泉・南島泉と分かれているが、取替帳では判然としない場合が多いので、一村として分析をおこなう。

(28) 第二節Iの(5)を参照。

(29) 丹南郡七か村（丹南郡東組）は、寛政一一年から弘化四年まで岡・野中・野々上・伊賀・多治井・小平尾・阿弥の各村。弘化四年に阿弥村が抜けて、北宮・南宮・河原城・平尾・埴生野新田の各村が加わる。嘉永六年以降は、岡・野中・野々上・伊賀の各村が岡村組となる（本書第七章野本論文、表4）。

(30) 地域における政治的関係と経済的関係を論点とすることの重要性は、渡辺尚志「地域社会の関係構造と段階的特質」（『一橋大学研究年報　社会学研究』三九号、二〇〇一年）による。金融にとどまらず、地主・商業も含めた経済的関係と、同論文で氏が分析した用水組合など、様々な局面での諸関係の分析が今後も重要なのはいうまでもない。

(31) 一万三五〇〇石の譜代小藩渡辺氏。和泉国和泉郡伯太村に陣屋を構える。

(32) 本書第六章天野論文（初出は「科研報告書」）参照。大井村における岡田家の小作地取得とその経営については、同論文を参照いただきたい。

(33) 第二節6の(1)でみるように、伯太藩渡辺氏の領主貸状況をまとめた表24で岡田家への入銀を見ると、嘉永七年一一月一二日、一四日、二一日の林村、大井村米代とあるのは、表11・12の同日の蔵米を担保とした貸付である。伯太藩は、大井村と林村の年貢米を在払いして庄屋に渡すのと引き替えに、庄屋に岡田家から銀を借りさせて江戸賄の先納銀を払わせているのである。また、岡田家の江戸賄がはじまる前年の嘉永六年には、林村の庄屋和左衛門と国府村吉左衛門、北木本村重五郎が連印で、三五貫匁余の巨額を借りている。いずれも伯太藩領であることから、これは村借りであろう。蔵米や米切手を担保とした貸付は、米相場の動向次第では庄屋層に利益をもたらす可能性もあるが、領主の財政の立替による圧迫を受けていたと考えていいだろう。

(34) A―四―二、A―四―一二―一～三。

(35) 例えば、信濃国更級郡今里村で広域に金融活動を展開した更級家の場合、支配違いの金公事訴訟は江戸の幕府評定所に対しておこなっている。この点で畿内近国は金融活動を展開する上で有利な条件にあったと考えられる。なお、更級家の金融活動については別稿を予定している。

(36) 「書附留」は、文政八年以降ほぼ脱漏なく残されているが、時期により精粗がある。なお、当初は家関係も村方関係も全て一冊に記載してあったが、天保期から、①岡田家の出入り関係の訴状類をまとめた「書附留」、②岡村の庄屋としての願書や村人の訴状に対して奥印したものをまとめた「村方書附留」、③丹南郡組合村関係の訴状などをまとめた「郡中郷中書附留」、の三つに区分される。

(37) 石高は弘化五年の宗門人別帳による(F―一―六二―一・二)。

(38) 註(6)山崎前掲書。この中で山崎氏は、畿内にはなお二〇~五〇石程度を所持し雇用労働による手作りを基本的な形態とする富農経営を中心的なものとしながらも、一〇〇石程度を所持し過半を小作に出すものの存在も指摘している。

(39) 明治三年取替帳には、「不勘定」として近世の貸付のうち、返済が滞っているもの(文政五年~文久元年の新規貸付分)をまとめて書き出している。合計四七件、四九貫五六四匁になる。この中に、ここで分析した嘉永年間の岡田家の貸付のものは含まれていないことから、新たに証文を結び直して最終的には返済がおこなわれたものと考えられる。

(40) 元金が一貫匁で月八朱の利率の場合、一か月で八匁(〇・八%)の利子が付く。閏月は多くの場合は除外されているが、訴訟に至った場合の滞り利子の算出や領主貸の場合は付くことが多い。年単位の利子(年六朱)の場合は、元金一貫匁であれば年六〇匁の利子が付く。

(41) ただし、安政七年以降の分析は、註(1)佐々木前掲書、表54(二三八頁)においてなされているので、ここでは嘉永二年~安政七年のデータを掲げるにとどめる。以降の時期については、同表を参照されたい。なお、同表では霜野郁次郎と市次郎は七塔村となっているが土塔村が正しい。

(42) 註(1)佐々木前掲書、二二六頁。両替商については註(3)参照。

(43) 四二―六六―四。翌一二日付返書も同じ。

(44) 佐々木氏は、国府村質主新七と具足屋孫兵衛との関係を岡田家が取り持っていることを、「町方商人の地主化を支える請負人の役割すらも果たしていた」(註1前掲書、一八三頁、註3)としているが、返済が滞った場合に遠隔地域の土地を受け取る危険を岡田家が負っていることを考えると、自らが資金不足であるための岡田家の対処と位置づけるべきではないだろうか。このように、地域の貸付の要望に対して、短期的な利益は見込めなくても、要望に応えることによって長期的にみた場合の利益を得ることが岡田家と地域との関係の基本であったと考えられる。

(45)　渡辺氏については註(31)参照。石川氏は常陸国下館藩（二万石）、土岐氏は上野国沼田藩（三万五〇〇〇石）、秋元氏は上野国館林藩（弘化二年以降、六万石）、大久保氏は相模国小田原藩（一一万三〇〇〇石）、高木氏は河内国丹南藩（一万石）。『藩史大事典』第二巻および第五巻（雄山閣出版）による。

(46)　手書A―二三―四三六。

(47)　岡田家は、沼田藩土岐氏の米札請負以前に、石川氏との間で安政五年に一〇〇貫匁の銀札引請をおこなっている。内容は、ここで検討する沼田藩の場合と同様なことが取替帳の記載から確認できる。ここでは、請負の条件などの史料が残っている沼田藩を検討の対象とした。

(48)　手書A―一三―二四三。

(49)　手書A―一三―二四五・二四九。

(50)　この点については、今後の課題としたい。

(51)　金融収入額がいつから手作・小作の収入を上回っていたのかを明らかにするのは今後の課題とせざるを得ないが、おおよその目途を示しておきたい。弘化五年以降五年間の手作・小作収入は年平均一二貫五〇〇匁程度なのに対して、安政七年は一三八貫匁の新規貸付額で二〇貫匁余の収入を得ている。表1では⑫期（文政一一年～天保二年）から同程度以上の新規貸付額があるので、遅くともこの時期には金融収入額の方が上回っていたと考えておきたい。

(52)　註(1)佐々木前掲書、二八五頁。次の領主貸についての評価も同箇所。

〔附記〕　本稿の作成では、一橋大学附属図書館の関係の方々、文書所蔵者の今西正樹氏、羽曳野市教育委員会歴史文化課高野学氏にお世話になりました。また、二度報告させていただいた河内国研究会では多くの貴重な助言をいただき、羽曳野市と藤井寺市のフィールドワークでは一橋大学大学院社会学研究科「企画実践力強化部門」による助成をいただいた。末筆ながら、みなさまにお礼申し上げます。

第六章　幕末岡田家の大井村小作地支配について

天野　彩

はじめに

本章では、岡田家の大井村小作地をとりあげる。

岡田家の持高は、元治元年（一八六四）に三一八・七三七石、宛口高では慶応元年（一八六五）六五五石余だが、[1]そのなかで大井村小作地は、元治元年に持高九七・四六石（宛口高一八二・二五石）、慶応元年の持高九七・四六石（宛口高一九一・八九石）[2]と、全体の約三割にあたる。この大規模な小作地は、幕末にまとまって形成されたものであるが、その規模からしても幕末岡田家の経営のなかで大きな位置を占めているといえる。大井村の場合は、地理的に比較的隔たっているという事情等から、自らが庄屋を務める居村の岡村や、それに準ずる藤井寺村での地主経営とは違い、「出作」＝他村地主として、小作地や大井村と関わっていくことになる。

ところで、大井村での小作管理に関しては、佐々木潤之介氏が言及している。[3]佐々木氏は、幕末期畿内豪農の典型として岡田家の経営を分析した論考中、「補論」で大井村についてとりあげ、「支配人」が提出したとされる、安政五年から慶応三年（一八五八～一八六七）までの「勘定帳」[4]を分析している。そこでは、①慶応年間にかけて宛口高が増大していったこと、②小作人は宛口高が四～八石の者もおり、比較的大規模な小作をおこなっていたこと、③小作料が高率であることと、それに対応して「免」も高率となっていること、④綿作の展開と地主小作関係の展開は、小作料に関する限り、直接関連はないこと、⑤小作地の管理は「支配人」がおこなっていること、⑥地主からの賑恤関係の経路には、支配人ではなく「小作人物代」がなっていたこと、⑦地主の高利貸的恣意は村役人や小作人物代の存在により、制約されていたであろうことが指摘されている。

本章では、岡田家文書に含まれる、大井村小作地関係の帳簿等を中心に分析する。現在岡田家文書には、佐々木氏が分析した史料に加え、新たに岡田家から寄贈された史料が多数あり、岡田家について新たな分析結果が得られる余地が十分にある。大井村小作地関係の史料も、新たに発見されたものがある。後出の表3にまとめたこれらの帳簿は、弘化三年（一八四六）以降に散見されるようになり、明治期以降も継続して作成されているが、ここでは、弘化三年から明治五年ごろまでのものを扱う。それにより、岡田家全体の経営のなかでも重要な位置を占めると考えられる、大井村小作地の形成過程・経営方法などの、具体的様相を明らかにすることを主な目的とする。その過程で、村外地主である岡田家が、他村地主として大井村とどのように関わっていたのか、ということも明らかとなるであろう。

また大井村については、藩政史料は未発見で[5]、地方庄屋文書も幕末から明治にかけてのものが、わずかに残っているにすぎないという[6]。岡田家文書を分析することにより、伯太藩と支配下の村々との関係の一端や、岡田家と伯太藩との関わりにも言及する。

第一節　大井村と岡田家についての概要

河内国志紀郡大井村は、現在では大阪府藤井寺市に属する(7)（図参照）。大井村は、正保郷帳の写しとみられる河内国一国村高控帳によれば一一六八石余だが、宝永元年（一七〇四）の大和川付け替えにより、二三七石余を川敷地として失い、元文二年（一七三七）の河内国高帳では九三〇石余となっている（表1）。岡田家の小作地は、慶応年間に約一〇〇石弱であったから、大井村全体の約一一％を占めていた。

天保一四年（一八四三）の「河内国志紀郡大井村明細帳」によれば、高持三九軒、無高一三一軒、計一七〇軒、村民七一六人とある。慶応元年（一八六五）の「助郷につき村高等書き上げ(8)」では、若干家数・村民が減り、一四五軒、人別六二五人となっており、かなり規模の大きい村であることがわかる。

もと幕府領であったが、寛文元年（一六六一）大坂定番渡辺吉綱領（のちに伯太藩となる）となった。廃藩置県以降、伯太藩は伯太県となり、さらに堺県へ編入された。

ところで、宝永元年の大和川付け替えにより、大井村は新大和川を隔てて川北・川南に分断された(9)。特に、川南地は上流からの土砂によって河床が高まったことが原因となり、水流の排泄不良が引き起こされた。豪雨時には浸水被害が頻発するようになるが、慶応四年（一八七八）にも水害が発生し、岡田家小作地も川南地を中心に甚大な被害を受けている。

表1　天保14年9月「河内国志紀郡大井村明細帳」

	面　積	石　高
上々田	29町 6 反 4 畝 0歩	503.870
上　田	14　1　5　0	226.400
中　田	8　0　5　0	112.700
下　田	1　0　0　0	11.000
屋　敷	2　8　9　16	43.430
潜き高※		33.095
合　計	55町 7 反 3 畝16歩	930.495

註：『藤井寺市史』第 6 巻史料編 4 中、「大井村　1 村政」

※：無地高

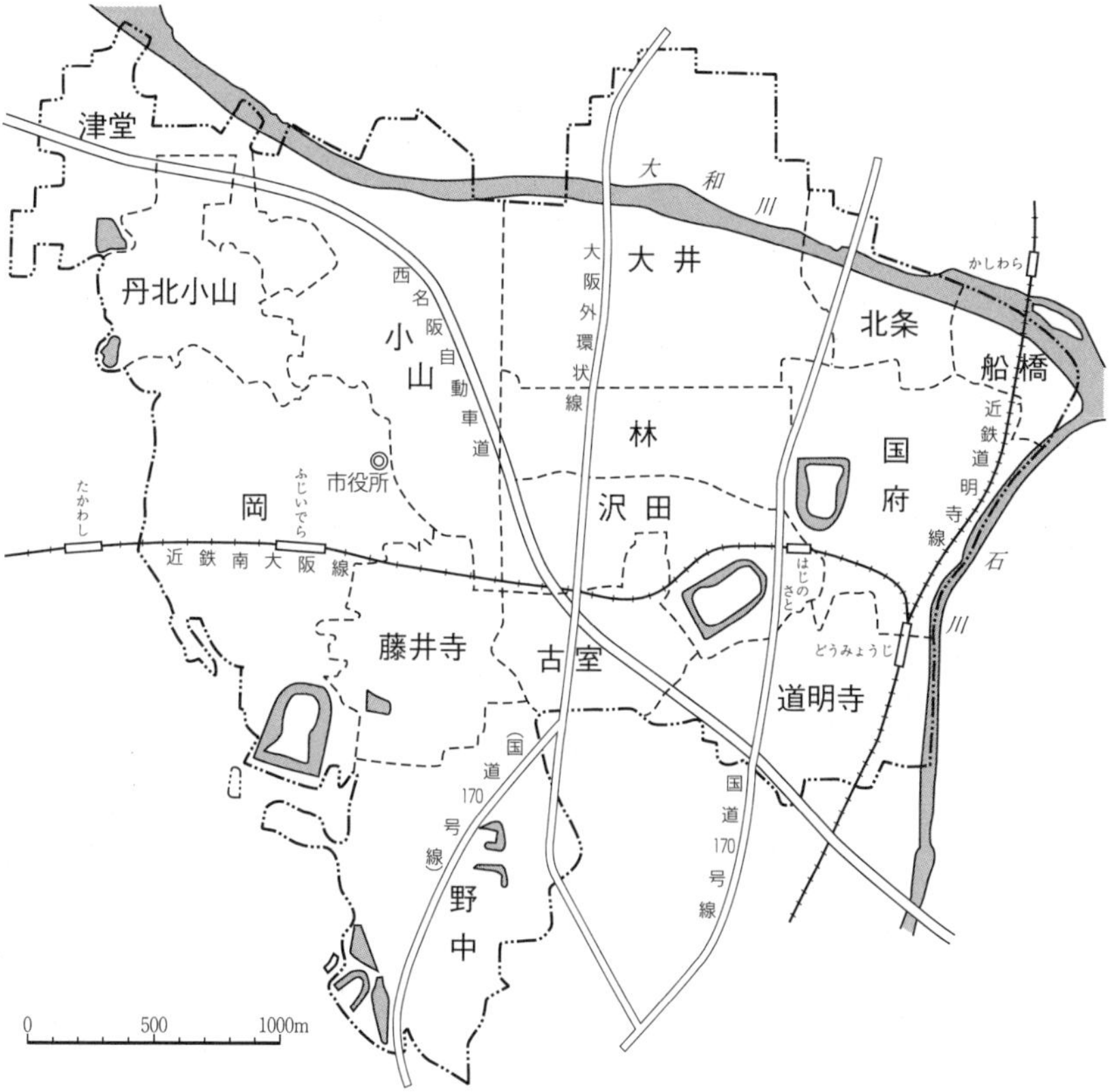

図　藤井寺市大字区分図（『藤井寺市史』各説編、2000年、6頁をもとに作成）

岡田家と大井村・大井村村民との関わりについて、おそくとも延享二年（一七四五）までに貸借関係が成立していることが、「万覚帳」からわかる。以来、断続的に岡田家が貸付をおこなっていることが確認できる。ここでは、十分にとりあげることができないが、嘉永二年（一八四九）に、岡田家が四貫目の肥し代を小前を相手に貸し付けており[10]、伯太役所に宛てた伯太藩の村々の公借銀の返済覚書（年不詳）も存在している[11]。大井村と岡田家の間には、嘉永期以降恒常的に貸借関係が結ばれ、岡田家の小作地形成の前提となったと考えられる。

さらに岡田家は、伯太藩に資金を融通している。具体的には、岡田家は伯太藩の江戸表賄い金を送金しており（嘉永七年が最初で、慶応年間まで継続している）、この働きにより安政二年に五人扶持を得ている[12]。一例として、慶応三年（一八六七）の月賄い金仕送りのさいの、伯太藩支配の村々と、伯太藩渡辺家の家中の両方から差出された証文を以下にあげる。

〔史料1〕手書A—一三一—四四〇（傍線筆者、以下同）

御仕送金証文之事

一金三千両也

右之通り、此度江戸表月賄之内御仕送り下シ金御承知被下、追ゝ受取借用申処実正也、然ル上返済之儀者、収納米代銀ヲ以、追ゝ振込年ゝ十二月限り月七朱半之利足相添、元利共無滞急度返済可申候、為後日証文仍而如件

慶應三卯　　渡邊丹後守内

西野東作㊞

石井新之助㊞

〔史料2〕同前

差入申約定証文之事

一金三千両也

右者領主江戸表江御月賄御下金之内、此度其元殿へ御引請相成候段、銘と承知仕候処実正也、返済之儀者、泉河御収納物為御任ニ相成候ニ付、十二月二十日限無滞其年切速ニ勘定仕立申候、尤右等之儀者領主地方役不残御其役迄御承知之儀ニ付、少シ茂為滞申間敷、万一御勘定行届不申節者、村と引受無滞返済可申候、為後日約定証文依而如件

岡田伊左衛門殿

山中粂治㊞
松浦久太夫㊞
出府ニ付無印　加藤直紀
西川左十郎㊞
野々村倫右衛門㊞
引籠ニ付無印　下村察右衛門
出府ニ付無印　武元二兵衛
長坂九郎右衛門㊞(13)

泉州郷惣代大庭寺村
庄屋
山内長左衛門㊞
同断逆瀬川村庄屋
上野善右衛門㊞
河州郷惣代国府村
庄屋
浅野吉太朗㊞
同断北木本村庄屋
樋口通三郎㊞
同断大井村庄屋
白江太平次㊞

慶應三卯年四月

岡田伊左衛門殿

史料1・2の傍線部にあるように、領主が「江戸表月賄」として借用した金三〇〇〇両の返済を、支配下村々の年貢（代銀）で返済すること、年貢で支払えない場合には村々が弁済することの二点が約束されている。なお、別の年に家中から差出された借用証文には「八月三分一銀始其余収納米代銀を以追振込」[14]とされており、年貢の三分の一をあらかじめ銀納する「三分一銀」や収納米を銀に換えて返済にあてられていた。

このように、大井村と岡田家の間に貸借関係があるのみならず、領主伯太藩と岡田家との間にも貸借関係があった。その返済には年貢があてられ、不足が生じた場合には、村が弁済することを定めており、藩の負債を、村がいわば肩代わりするかたちになっていた。

第二節　大井村小作地の形成について

第一節では、大井村小作地に関する基礎的事項を明らかにしたので、次にその形成過程を分析していきたい（石高の推移は表2に示した）。大井村小作地について、岡田家文書には、高反別・小作人・作徳の納入状況などを記した帳簿がいくつか残されている。それを整理し表3に示した。

このうち最も早いものは、弘化三年（一八四六）の「伯太領大井村寅之祐田地高反別仕分帳(15)」である。これは、一筆ごとに字名、反畝歩、筆番号、「分米」＝石高、宛口高、「下作人」＝耕作者が記されたものである（表紙には嘉永三年二月の日付で、大井村の兼帯庄屋を務めた麻野和左衛門が改めたとある。このときに筆番号、「下作人」などが書き加えられたようである）。

これと類似形式の帳簿は、嘉永三年（一八五〇）、同五年（一八五二）、同七年（一八五四）、明治五年（一八七二）、同八年（一八七五）に作成されている。これらの帳簿の照合により、岡田家の小作地の所持状況が、どのように推移していったのかを知ることが可能になる。その反畝歩の推移をまとめたのが、後出の表4・5である（ただし、高・宛口は表2の数字とは必ずしも一致しない）。

表4に明らかなように、弘化三年のものに記されているまとまった田地群が基礎となって、その多くが後に引き継がれていることがわかる。つまり幕末に岡田家が所持した大井村小作地の起源は、弘化三年の田地であるということができる（これを弘化三年帳簿の表題からとって、「寅之助田地」と呼ぶことにする）。

次に、岡田家が、「寅之助田地」を所持することになった経緯について明らかにしよう。その経緯は、安政二年（一八五五）に大井村の甚八・与市兵衛が、領主である伯太藩へ宛てた歎願書に見ることができる。

〔史料3〕九―一四―一五

乍恐書附ヲ以歎願奉申上候

御領分河州志紀郡大井村
願人
甚　八㊞
同断
与市兵衛㊞
相手同村
仁　兵　衛
同断
源　兵　衛

一弘化年中、同村寅之助田地伯太村幾太郎持ニ相成候節、往古ゟ無之所持高新規高戻しニ相成、地主之者共拾人苦痛仕居候義、達御上聞ニ、厚以御憐愍去ル戌年右幾太郎地御引上ケ拾人之者共へ被為　御下成下、重〻難有一同御請御礼書調印ヲ以奉申上候、其後銘〻田地切分ケ之義も一和仕、御上納七拾貫目ニ拾貫目差添都合八拾貫目ト相立、右相手仁兵衛ト三人引請増銀外七人へ割渡、七人之廉ゟ私共三人へ無申分御田地相任セ候ニ付、仁兵衛ト三人熟談之上右銀御拝借六貫目之外他借仕、年〻利足銀ハ勿論并諸入用其節ニ銘〻割出可

表２　大井村小作地石高・宛口高推移

年	（西暦）	合計		川北		川南		屋敷	
		石高	宛口	石高	宛口	石高	宛口	石高	宛口
弘化３※1	1846	79.84	156.18	34.26	72.60	39.23	72.54	4.28	8.74
嘉永３	1850	74.46	144.31						
５	1852	56.52	127.97	27.97	59.93	26.05	61.29	2.51	6.75
安政元	1854	56.45							
２	1855	60.36							
３	1856	67.28							
４	1857	69.11	163.34						
５	1858	69.11	152.86						
６	1859	80.39	167.49						
万延元	1860	86.56	176.62						
文久元	1861	97.46	190.80						
２	1862	97.46	191.31						
３	1863	97.46	190.38						
元治元	1864	97.46	182.25						
慶應元	1865	97.46	191.89						
２	1866	97.46	195.00						
３	1867	97.46	199.57						
明治元	1868	97.46		24.48	38.16	63.05			
２	1869	97.46		36.60	67.40	60.86			
３	1870			36.59	67.57	60.86			
４	1871		148.88		67.40		79.26		2.22
５※2	1872	63.54	118.79	26.44	52.80	33.44		3.69	
６	1873		124.77		53.02		66.86		5.39
７※3	1874		130.08		53.02		67.11		9.95
８	1875		125.76		53.02		66.91		5.83
９	1876		125.52		53.02		66.71		5.79
10	1877		125.52		53.02		66.71		5.79
11	1878		125.52		53.02		66.71		5.79

※１：弘化３年分は参考値（まだ小作地ではない）
※２：明治５年分の合計は屋敷地を除いた数値
※３：明治７年分の屋敷には流毛分4.933を含む

作成者	宛先	備考	形態	史料番号
		嘉永三年麻野和左衛門改	竪帳	46-4-8-1
御田地　松宮甚八		「此内勘四郎譲り高引」とある	竪帳	46-4-10
			竪帳	46-4-9
			竪帳	46-7-12
岡村　岡田			竪帳	46-7-1
			竪帳	46-7-8
松宮甚八		○	横帳	13-6-1
大井村　永野与市兵衛		○	横帳	13-6-2
松邑仁兵衛		○	横帳	13-6-3
岡田　支配人　市兵衛			横帳	13-9
岡田　支配人　市兵衛		「市兵衛」の印あり。なお目録には「寛政4年」とあるが、安政4年の誤り	横帳	46-4-3
		△	横帳	Z-14-1
		△	横帳	Z-14-2
		△	横帳	Z-14-3
		△	横帳	Z-14-4
		△文久2年と同3年の2冊がこよりで合冊してある	横帳	Z-14-5
支配人　市兵衛 嘉平治		△	横帳	Z-14-6
支配人　市兵衛 嘉平治		△	横帳	Z-14-7
支配人　市兵衛			横帳	29-14
		△	横帳	Z-14-8
		△	横帳	Z-14-9
支配人　市兵衛 嘉平治		△明治元(1868)年分の勘定帳	横帳	Z-14-10
庄屋白江太平次(以下庄屋代2名、年寄4名)	伯太民政御役所	表紙「大井村扣帳之写」	竪帳	46-7-2

表3　「岡田家文書」大井村関係帳簿整理表

整理No.	表　紙	作成年月日		
		西暦	年	月日
1	伯太領 大井村寅之祐田地高反別仕分帳	1846	弘化3年	9月
2	御下田地反畝分米帳	1850	嘉永3年	2月16日
3	伯太領大井村之内 寅之助所持田地高反別仕訳帳	1850	嘉永3年	2月
4	大井村領 高反別宛口帳	1852	嘉永5年	1月
5	大井村領小作引請印形帳	1852	嘉永5年	(3月)
6	大井領田畑取調帳	1854	嘉永7年	5月
7-1	小作年貢帳	1853	嘉永6年	12月
7-3	小作宛口帳	1854	嘉永7年	8月
7-2	小作年貢帳	1854	嘉永7年	閏7月
8	年々御免控帳	1854 ~1866	安政元~ 慶応2年	
9	巳年宛口植附扣	1857	安政4年	
10	(勘定帳) 安政五午年	1858	安政5年	
11	(勘定帳) 安政六未年	1859	安政6年	
12	(勘定帳) 万延元申年	1860	万延元年	
13	(勘定帳) 文久元酉年	1861	文久元年	
14	(勘定帳) 文久弐戌年／文久三亥年	1862 ~1863	文久2~3年	
15	子年勘定帳	1864	元治元年	
16	丑年勘定帳	1865	慶応元年	
17	小作取集帳	1866	慶応2年	
18	寅年勘定帳	1866	慶応2年	
19	卯年勘定帳	1867	慶応3年	
20	御年貢諸勘定帳	1869	明治2年	1月5日
21	川南荒地反別書上下調帳	1869	明治2年	4月

支配人　市兵衛 嘉平治		△	横帳	Z-14-11
支配人　市兵衛 嘉平治	御主人様	△表紙には市兵衛のみ署名捺印	横帳	Z-14-12
岡村譲り主　岡田伊一郎		控	竪帳	46-7-4
右支配人　嘉平治 〃　父　市兵衛	御主人様		竪帳	46-7-6
		△	横帳	Z-14-13
支配人　嘉平治	御主人様		竪帳	46-7-15
		巻末「右之通相違無御座候以上河州丹南郡岡村 岡田伊一郎」	竪帳	46-7-3
大井村支配人　嘉平治	岡田御主人様	△	横帳	Z-14-14
大井村支配人　嘉平治			竪帳	46-7-16
大井村支配人　嘉平治	岡田御主人様	▲	横帳	46-7-13
大井村支配人　嘉平治			竪帳	46-7-17
大井村支配人　嘉平治	岡田御主人様		横帳	46-14-2
大井村支配人　嘉平治			竪帳	46-7-9
岡田伊一郎		□	横帳	Z-9-1
岡田伊一郎		□	横帳	Z-9-2
大井村支配人 岡田嘉平治		▲「明治十年十月廿五日改」	横帳	46-14-1
		▲	横帳	46-14-3-2
		▲	横帳	46-14-4
岡田壽一郎		□	横帳	Z-9-3
岡田壽一郎		□	横帳	Z-9-4
大井村支配人　嘉平治	岡田御主人様		横帳	46-14-10
			竪帳	46-4-7
			横帳	46-4-2
			横帳	46-4-5

22	巳年勘定帳	1869	明治２年	
23	南北宛米諸勘定帳	1870	明治３年	
24	田地譲證文之事	1871	明治４年	３月
25	上(洪水より荒地出来の居屋敷について)	1871	未(明治４年)	９月
26	未歳勘定帳	1871	明治４年	
27	大井村領丁反畝歩 分米扣	1872	明治５年	８月
28	大井村領田地代金書出帳	1872	明治５年	９月
29	申年勘定帳	1872	明治５年	
30	南北下見帳	1873	明治６年	10月21日
31	酉年取集帳	1873	明治６年	
32	南北下見帳	1874	明治７年	10月19日
33	戌年粗税勘定帳	1874 ～1875	明治７～８年	12月
34	毛附帳	1875	明治８年	10月30日
35	大井村領其他出作之分 下作宛米帳	1875	明治８年	10月
36	大井村領其他出作之分 下作宛口帳	1876	明治９年	10月
37	明治九子年	1876	明治９年	
38	明治十年丑年	1887	明治10年	
39	明治十壱年寅年	1878	明治11年	
40	大井村領其他出作之分 下作宛口帳	1879	明治12年	10月
41	大井村領其他出作之分 下作宛口帳	1882	明治15年	10月
42	歳内入用帳	1885	明治18年	５月
(年不詳)	伯太領河州大井村之内 高反別宛口作人調帳	(嘉永７年以前カ)		
(年不詳)	おほゑ			
(年不詳)	酉十二月宛口改帳			

註１：各年作成の「下作宛口帳」は表に含めなかった。
註２：○・△・▲・□印が付いているものは、同系統の帳簿であることを表わす。

仕之処、仁兵衛死後介添弟源兵衛義手元不如意ニ付融通六ヶ敷間、私共扣置呉候様出銀度毎ニ相頼候ニ付、同村之義実意ト差心得相扣置、猶分作之田地ハ先仁兵衛相対通手作仕居別紙帳面之通勘定立会之義も度〻罷在候、第一御拝借上納猶更其節ニ借入先キ近年不作続キ薄徳利勘定ニ難相立段〻銀高ニ相成申候ニ付、源兵衛三人申談村方市兵衛相願手元可成ニ相成迄岡村伊左衛門殿へ所持致被下候様段〻懸合被呉候処、隣村之義ニ付漸承知被致下、昨寅年ゟ伊左衛門殿譲り仕借用方差略ニ及度奉存候ニ付、万事三人相談之割合銀持寄仕候様旧冬ゟ種〻掛合仕候処、之迄数度相頼候扣銀之儀ハ振捨、人道ニ無之事ヲ申答御憐愍之廉亡却仕候哉不実意而已申掛、是迄取替仕割合銀迚今更不承知之趣申張、何共歎ヶ敷当惑仕候ニ付、最早下方ニ而可仕様無御座候、奉恐入候御儀ニ候得共、相手両人御召出シ被為　成下、以前ニ相基キ前約之通損賦割合出銀仕候様仰付被為　成下度、乍恐奉願上候、右之趣御聞済被為　成下候ハヽ、広大之御慈悲難有奉存候

安政弐年

卯十一月

願人

甚　八㊞

〃

与市兵衛㊞

伯太

御役所様

史料3によれば、弘化年中「寅之助田地」は伯太村幾太郎が所持したとある。

「寅之助」および「幾太郎」が何者であるかは判然としないが、安政三年（一八五六）「村用願書写」(16)には次のようにある。

〔史料4〕

……

一庄屋奥印之儀先年寅之助ゟ諸方へ譲り渡し并ニ質物差入之節　横道之始末仕置候ニ付　夫ゝ村中難渋之者共数多御座候　猶亦兼帯庄屋御免之節　村方奥印之儀ハ役人立会之旨被為　仰付　然ル処何か承候ハ、《マヽ》不筋之奥印等も有之其節ハ外役人も相談も無之様ニ承り　左様之始末被致候而ハ亦ゝ村中後難之程如何敷奉存候

此段奉恐入候

……

この史料は、安政三年村方騒動のさいのものである（詳細は後述する）が、百姓惣代らが庄屋の不正を訴える文脈の中で、「寅之助」にも言及している。

史料3の「寅之助田地」は、ここに示されている「諸方へ譲り渡し并ニ質物差入」された田地と考えられる。「譲り渡し并ニ質物差入」のさい、「横道之始末仕置」のため、「村中難渋之者共数多」という状況になったと糾弾されている。これは史料3の「往古ゟ無之所持高新規高戻しニ相成、地主之者共拾人苦痛仕居候」という状況と符合するであろう。

これをふまえて史料3の内容を読み進めると、嘉永三年に「寅之助田地」は、伯太藩により幾太郎から引き上げられ、上納銀七〇貫目（それに一〇貫目を加え、全部で八〇貫目）と引き換えに、「地主之者共」へ下げ渡された。これは、大井村の地主たちから藩への歎願により、実現したようである。

地主は一〇人いたが、田地と八〇貫目は仁兵衛・甚八・与市兵衛の三人に任されることとなった。それに付随して、上納銀のうち拝借となった六貫目と他借の利足銀、さらに村方への諸入用は、三人で分担することに決ま

った。仁兵衛が死んだ後は、介添である弟の源兵衛が手元不如意のため、仁兵衛分の割合銀を、甚八と与市兵衛が負担していた。その割増銀を、亡仁兵衛の跡をついだと思われる仁兵衛と介添の源兵衛が踏み倒そうとしたというのである。そのため、史料3の嘆願書では甚八・与市兵衛が仁兵衛・源兵衛の二名を訴えている。

その契機は、この三人から「寅之助田地」の所持権が移動したことであった。「近年不作続キ薄徳利勘定ニ難相立段ヒ銀高ニ相成」状況で上納と他借の返済が困難となったのであろう、甚八・与市兵衛・源兵衛が相談し、おそらくは質入れの形で、一時岡田伊左衛門に「寅之助田地」の所持権を移すことになった[17]。さらにその後、嘉永七年（一八五四、一一月から安政に改元）には、伊左衛門へ譲渡し、借金の返済に充てられる事態となったので、同年冬以降に割合銀の精算をしようとしたが、源兵衛・仁兵衛は、甚八と与市兵衛が肩代わりしていた割合銀について、不承知であるとしてなかったことにしようとした、というのが訴人の主張である。

ここからわかる事実をまとめると、「寅之助田地」に関する権利が、弘化年中に伯太村幾太郎の手に渡った、つまり村外の人物に渡ることとなった。これはおそらく「寅之助」なる人物から、譲り渡し・質物差入がおこなわれたことにともなう権利の移動であろう。これより、村内の地主一〇人の負担が大きくなったので、嘉永三年に伯太藩の介入により、「寅之助田地」に関する権利を村へ取り戻し、その後は仁兵衛・甚八・与市兵衛の三人の所持とした。しかし伯太藩からの拝借銀や他借銀を完全に返済するにはいたらず、その後一時所持権を預けた段階を経て、嘉永七年には岡村の岡田伊左衛門へ譲り渡されることとなった。

岡田家文書に残された帳簿類からも、この経過を裏付けることができる。前述したように、「寅之助田地」の高反別等が書き付けられた帳簿は、弘化三年、嘉永三年、嘉永五年、嘉永七年、明治五年、明治八年に作成されている。このうち、岡田家が帳簿の作成に関係していることが明らかなのは、嘉永五年「大井村領小作引請印形帳」[18]がはじめである。それ以前の弘化三年・嘉永三年の帳簿には、作成時に岡田家の関与した形跡はなく、田地が岡田家の所持となったさいに引き継がれたものと考えられる。嘉永三年の帳簿の一つには、表紙に伯太藩から下げ渡された田地を意味すると考えられる、「御下田地」[19]と記されており、史料3と符合する。

嘉永五年の「大井村領小作引請印形帳」は「与一兵衛口」「仁兵衛口」「甚八口」それぞれの字、高反別（含宛口）および朱書きによって作人が書き付けられ、さらに末尾には、次のような証文が記載されている。

〔史料5〕四六―七―一

右之通我等共小作仕候処実正也、然ル上者御蔵米精々村方相納メ、残米之儀者御直段ヲ以極月廿日限無滞御年貢勘定ニ及可申、尤我等引受之内ニも分作為致候者も有之候得共、聊未進銀等為仕間敷、万一相滞候ハ、（ママ）、銘ゝ引受速ニ勘定仕立可申候、為後日之請負印形如件

嘉永五年　　　　　大井村小作人
子三月　　　　　　　与一兵衛㊞
同村　同断　　　　　仁兵衛㊞
同村　同断　　　　　甚八㊞

岡村
伊左衛門殿

史料3によると、田地は頭初「（甚八・与市兵衛と仁兵衛介添えの）源兵衛三人申談村方市兵衛相願手元可成ニ

相成迄岡村伊左衛門殿へ所持致被下候様段と懸合」とあるように、三人の地主の申し出により、一時的に岡田家が所持することとなった。これを岡田家は、「隣村之義ニ付漸承知被致下」と、村外地主という立場から了承した。

史料5からその実態をみることができる。嘉永三年以来これらの田地を所持していた、与一兵衛（与市兵衛）・仁兵衛・甚八の三名は、嘉永五年には、実際の耕作者である「分作為致候者」を管理し、未進は自らが引き受けると請け負ったうえで、岡田伊左衛門の「小作人」となっている。つまり、岡田家の小作地となったものの、実際の田地や耕作者に対する支配は、従来の所持者である与市兵衛・仁兵衛・甚八の三名がおこなっており、岡田家の支配は限定されていたといえるであろう。

ついで嘉永七年に、「寅之助田地」は岡田伊左衛門へ譲り渡されたが、この時の史料として、「大井領田地取調帳(20)」と題した竪帳と、与市兵衛・仁兵衛・甚八がそれぞれ作成した横帳(21)が残っている。前者は、「甚八殿分」「与市兵衛殿分」「仁兵衛分」のそれぞれに、一筆ごとの字・反畝歩・分米・宛口さらにその合計が記され、分米高の上には「引合」の印が押されている。一方、後者は三人分がそれぞれ一冊ずつの横帳に記され、裏表紙には「松宮甚八分」「松邑仁兵衛」「永野与市兵衛」と署名があり、彼らが譲渡にあたって、岡田家へ差し出したものと考えられる。なお、この三冊はひもでくくられている。名寄せ形式で字・宛口が記され、前者と同様、一筆ごとに「引合」の印が押されている。この二種類の帳面（あるいは他にも存在したかもしれないが）は、譲り渡しにともなって、岡田家が全田地・小作人および屋敷地を把握するため作成されたものであろう。

これらの事実を総合的に考えると、藩への上納銀と他借銀がかさみ、返済が滞ったことが原因となって、嘉永五年には岡田家が「寅之助田地」に関与するようになった。この段階で、元地主の甚八・与市兵衛・仁兵衛は、岡田家の小作人となっているが、「分作為致候者」の年貢の上納、不足のさいの補完は、彼ら三人が請け負うとある。いまだ三名の土地と耕作者に対する影響力が大きいことを示している。

それに対して、嘉永七年以降は、史料3で「昨寅年ゟ伊左衛門殿譲り仕借用方差略ニ及度奉存候」とあるとおり、借用を埋め合わせるため、「寅之助田地」の所持は岡田家に移った。これ以降の高反別を書き付けた帳簿は、慶応四年（一八六八）の大和川氾濫による水害までは作成されない。土地も元地主三名の持ち分ごとではなく、川南・川北・屋敷地の三種類に分類されるようになる。また、小作地の管理者も、甚八・与市兵衛・仁兵衛から、岡田家支配人「市兵衛」へと変わる。

なお、この支配人「市兵衛」は、史料3で、甚八・与市兵衛・仁兵衛が岡田家に対して一時的な所持を掛け合ったさいに、仲介をした「村方市兵衛」と同一人物であろう。

第三節　岡田家の大井村支配について

1　小作人から支配人への変化

このように岡田家は、嘉永五年におそらくはまず質入れの形で、大井村の「寅之助田地」に関与するようになった。嘉永三年に伯太藩より下げ渡されて以来、土地を所持していた甚八・仁兵衛・与市兵衛は、それにともなって「小作人」となったが、引き続き耕作者の管理をおこなっていたと考えられる。

この時期の「小作人」を介した小作地支配のあり方について、より詳細に裏付けるのが、「下作宛口帳」である。「下作宛口帳」は、岡田家の岡村および他村の自作地・小作地の総体を記した史料であるが、佐々木氏が分析に用いたもののほかにも、新たに整理された岡田家文書中に、新出のものが多数存在する。これにより、佐々木氏の分析期間よりも、かなり長い期間で岡田家地主小作経営の展開を、明らかにすることが可能である。そのうち嘉永四年までの「下作宛口帳」の大井村の項には、「寅之助田地」に関する記載はなく、わずかにそれ以外の田地が数筆記されているのみである。嘉永四年を例にあげると、石高三石一合、宛口高四石四斗、作徳銀一二匁五分の一筆の記載だけがある。

それが、嘉永五年以降、「小作人」の甚八・仁兵衛・与市兵衛三人からの作徳銀の記載がはじまっている。史料5にある「分作為致候者」やその耕作地・宛口高等の記述はない。したがって岡田家は、「小作人」を間に挟んで、間接的な小作地の管理をおこなっていたにすぎなかったと考えられる。

それが変化するのは、嘉永七年（安政元年）の伊左衛門への田地の譲り渡し以降である。

嘉永七年（安政元年）以降慶応年間までは、土地・小作人の引き継ぎに用いられたのであろう前述の「大井領田地取調帳」と、与市兵衛・仁兵衛・甚八が作成した横帳の二種類の帳簿をのぞくと[22]、大井村の小作地に関連するものでは、①「年々御免控帳」（安政元年～慶応二年）、②「巳年宛口植附扣」（安政四年）、③安政五年～文久三年までの年号のみで表題はないが佐々木氏により「勘定帳」に分類されていた横帳、④表題に「勘定帳」とある横帳（元治元年～明治五年）[23]の四種類の帳簿が作成されている。このうち①②④の作成者は「岡田家支配人」である。これらは、岡田家が小作地管理のため、作成した帳簿である。また「下作宛口帳」の記載は、安政元年以降名寄形式に変化し、文久二年まで継続する。

このことから、小作地の管理者が「支配人」市兵衛に替わったことと、岡田家の大井村小作地支配が、実際の耕作者を把握する、より直接的なものへ変化していることがわかる。これらの変化は、岡田家の「寅之助田地」を原型とした大井村小作地に対する所持形態の変化に対応したものである。

2　支配人の性格とその支配の変化

ところで「支配人」である市兵衛・嘉平治について、佐々木氏は次のように述べている。[24]支配人は「村方諸入用を村に支払い、諸経費を精算して、岡田家に報告するとともに、小作米・銀をおさめた」。「川南を市兵衛が、川北を嘉平治が担当し、小作地・小作人を管理していたものであろう。嘉平治は、川北で最大の小作人」である。また、支配人は「小作人支配の要」で、「地主からの賑恤関係の経路」になった「小作人惣代」とは別の人格・別の役割をもつ対照的な存在だと指摘している。

大井村支配人の「市兵衛」と「嘉平治」について、この二人は親子であり、[25]元治元年（一八六四）より前は市兵衛のみ、元治元年〜明治四年（一八七一）は、市兵衛と嘉平治の連名、明治五年以降は嘉平治のみが、大井村小作関係の書類に署名している。したがって、役割分担はあったかもしれないが、佐々木氏のいうように、それぞれが独立して役目を果たしていたわけではない。むしろ、表2を参照すると、両名が支配人であったこの期間は、大井村小作地の石高が一〇〇石近くあった時期であり、管理の都合上、二人支配人を置く体制をとっていたと考えられる。

市兵衛は大井村村民であるが、史料3に「近年不作続キ薄徳利勘定ニ難相立段ヽ銀高ニ相成申候ニ付、源兵衛三人申談村方市兵衛相願手元可成ニ相成迄岡村伊左衛門殿へ所持致被下候様段ヽ懸合」ったと述べられていたように、甚八・与市兵衛・仁兵衛介添え源兵衛が、市兵衛に話を持ちかけたことが、大井村小作地形成のきっかけとなったという経緯がある。嘉永五年「下作宛口帳」[26]の大井村の項にある、借用銀の利子を計算していると思われる張り紙には、「市兵衛甚八外二人　〆立会勘定処也」とある。嘉永二年の村借による肥し代貸付にも関与しているようで、返済の延引を詫びる証文に、市兵衛が取りなしたとの文言も見られる。このように、市兵衛は大井村あるいは大井村村民と岡田家が貸借関係を結ぶさい、その仲立ちになっていた。

以上のことから、市兵衛はもともと、岡田家と大井村が貸借や譲渡等の契約を結ぶとき、その窓口となり事務処理をおこなっていて、嘉平治はその役割を引き継いだと考えられる。その立場上、「寅之助田地」の質入れ・譲りの斡旋をし、さらにその管理（すなわち岡田家小作地の管理）を任されることになったと考えられる。このように「支配人」は、以前の「小作人」三名に比べて、より岡田伊左衛門に近い立場にある人物であるといえる。

さて、前出の①大井村全体の年貢勘定の写と、岡田家所持地の「村勘定」を記した「年々御免控帳」、②「巳年宛口植附扣」、③表紙に安政五年〜文久三年の年号のみが記され「勘定帳」に分類されていた横帳、④表題に「勘定帳」とある横帳の性格について、少々言及しておく。

②は名寄せ形式で字・宛口高・耕作人を記し、田・綿の区別を朱で書き加えたもの。「支配人市兵衛」の印がある。④は①の「村方勘定」の部分を抜き出し、市兵衛から岡田家へと渡されたものである。④が作成されはじめた時期と、ほぼ軌を一にして、文久三年〜明治七年の「下作宛口帳」の大井村の項は、それ以前の名寄せ形式から、「市兵衛ゟ受取」の形でごく簡単な記載となっている。やや詳細な記載が有る場合も、「右者大井村嘉平治ゟ書立候勘定ニ依ル」（明治七年）とあり、支配人が提出した「勘定帳」がもとになっている。

つまり、安政元年以降、「小作人」三名から支配人が小作地を管理する体制にうつったが、その後も大井村小作地支配の在り方は変化をしたと考えられる。文久二年までは、岡田家が小作人一人一人の納入を直接把握していたが、文久三年以降は、むしろ支配人が主体となって小作地・小作人を一括して管理し、作徳を岡田家へ納入する方式に変化した。(27)

文久三年〜元治元年の間にこの変化があったわけであるが、文久元年以降、大井村小作地の高は約一〇〇石となり、以降明治期に入るまで、これを最大として変化しない（表2）。この時期には土地が増加して、固定化したことにより、岡田家が小作地と小作人を直接把握する形から、「支配人」である市兵衛・嘉平治を介した間接管理の性格が強まったのではないかと考えられる。

ただし嘉永五年以降、大局的にみれば、「小作人」から「支配人」へと小作地の管理者が交代し、より岡田家の直接支配の方向性が強まったことには違いないであろう。

第四節　大井村小作地の変遷について

大井村小作地が、「寅之助田地」を引き継いだ形で形成されたのは、これまでに述べたとおりである。弘化三年（一八四六）「伯太領大井村寅之祐所持田地高反別仕分帳」(28)と、嘉永三年（一八五〇）、同五年（一八五二）、同七年（一八五四）を比較したものが表4である（○印は帳簿に記載がある筆）。なお、この表は表2の数字と必ずしも一致せず、その原因が不明であるので、参考までに見ていただきたい。

表4では、「寅之助田地」は弘化三年の段階から、甚八・仁兵衛・与市兵衛ほか地主らに下げ渡された嘉永三年の時点で、石高五・三七七六石、宛口高一一・八七七七石を減らしている。嘉永五年にはさらに石高一七・九四五一石、宛口高一六・三三三三石減となる。この田地整理は、「誓願寺入」分以外は、徳米が少ない土地を中心におこなわれている。その傾向は、特に嘉永三年から五年にかけてみられるが、岡田家の小作地となるにさいして、作徳の少ない田地を切り捨てた、合理化を図ったものと考えられる。なお、嘉永五〜七年にかけての増減はほとんどない。

次に「寅之助田地」が岡田家へ譲り渡された安政元年以降では、文久元年まで、一貫して石高が増加する傾向

表4　大井村「寅之助田地」変遷(弘化3年～嘉永7年)

筆番号	字	等級	反	畝	分	高	宛口	弘化3 (1846)	嘉永3 (1850)	嘉永5 (1852)	嘉永7 (1854)
62ノ内	下中之坪	上　田		6	0	0.9525	1.8500	○	○	○	○
73	上中之坪	上々田		6	24	1.1560	1.7000	○	○	○	○
76	上中之坪北端	上々田		6	25	1.1620	2.0000	○	○	○	○
87	北唐井田	上　田		6	12	1.0240	3.0000	○	○	○	○
91	おど路	上　田		7	0	1.1200	5.7000	○	○	○	○
92	おど路	上　田		4	0	0.6400	4.0000	○	○	○	○
93	おど路	上　田		2	0	0.3200	3.5000	○	○	○	○
94	おどろ羽織	上　田		2	0	0.3200	1.6500	○	○	○	○
96	おどろ羽織	上　田		6	0	0.9600	1.6500	○	○	○	○
106	十七丁	上　田		8	10	1.3340	2.8900	○	○	○	○
128ノ内	南口西之端	上々田		3	0	0.5100	0.7000	○	○	○	○
162	五反田	上　田		5	26	0.9400	1.8000	○	○	○	○
186ノ内	松ヶ本	上々田		3	26	0.6575	1.5500	○	○	○	○
189	松ヶ本	上々田		4	20	0.7930	1.3000	○	○	○	○
197	松ヶ本	上々田		4	21	0.7990	2.2500	○	○	○	○
222	上溝尻	中　田	1	2	18	1.7650	2.8000	○	○	○	○
223	上溝尻北端	中　田		6	20	0.9350	2.8000	○	○	○	○
225	上溝尻堤根	中　田		1	13	0.2040	1.8000	○	○	○	○
259ノ内	堂ノ後			1	2	0.1813	0.2000	○	○		
301ノ内	遍ら田	上々田		6	12	1.0910	2.8000	○	○	○	○
323	瀬ヶ井垣外堤根	上々田		1	24	0.3060	1.6000	○	○	○	○
326	植木屋下堤根	上々田		4	20	0.7940	1.7500	○	○	○	○
327	植木屋下堤根	上々田			6	0.0340	0.8000	○			
328ノ内	植木屋下川端南之方	上々田	1	2	15	2.1250	2.7500	○	○	○	
367	宮ノ後川端	上々田		7	10	1.2470	-----	○	○		
368	宮ノ後川端	上々田		6	12	1.0880	-----	○	○		
370	宮ノ後川端	上々田		3	4	0.5330	-----	○	○		
371	宮ノ後川端	上々田		6	0	1.0200	-----	○	○		
372	宮ノ後川端	上々田		9	12	1.5980	2.0000	○	○	○	○

374	宮ノ後	上々田	1	1	2?	2.0290	2.0500	○			
385ノ内	遍ら田	上々田	1	2	22	2.1365	2.0000	○	○		
413	若子塚	上々田		7	14	1.2750	1.6500	○	○	○	○
423ノ内	竹ノ後	上々田	1	7	0	1.7390	1.8000	○	○		
424ノ内	竹ノ後南方	上　田		6	16	1.1110	1.0000	○	○		
431	行衛田東端	上　田	1	0	10	1.6800	3.1000	○	○	○	○
436ノ内	行衛田東端	上　田	1	0	24	1.7295	1.9000	○	○		
439	行衛田東端	上　田		9	27	1.5840	1.5000	○	○		
440	行衛田東端	上　田		9	27	1.5840	2.7000	○	○	○	○
463	糟尾	上々田		6	4	1.0430	-----	○	○	○	○
464	糟尾	上々田		6	4	1.0430	-----	○	○	○	○
465	糟尾	上々田			10	0.0570	-----	○	○	○	○
481	荒堀	上々田		7	10	1.2470	1.7700	○	○	○	○
483	荒堀	上々田		8	24	1.4960	3.5400	○	○	○	○
487	荒堀	上々田		6	12	1.0880	1.7000	○	○	○	○
488	荒堀	上々田		6	12	1.0880	1.7000	○	○	○	○
513	堀黒(カ)	上　田	1	2	8	2.0860	3.8000	○	※此分誓願寺入		
517ノ内	堀黒	上々田		2	0	0.3400	-----	○	○	○	○
518	堀黒	上々田		6	4	1.0430	-----	○	○	○	○
519	堀黒	上々田	1	2	8	2.0860	-----	○	○	○	○
531	市之坪	上々田		6	4	1.0430	2.2500	○	※此分誓願寺入		
532	市之坪	上々田		7	20	1.3030	2.2500	○	※此分誓願寺入		
554	北内山	上々田		9	6	1.5640	2.5000	○	○	○	○
587	蔵代田	上々田		3	20	0.6230	2.3000	○	※此分誓願寺入		
618	くりう北端	中　田	1	1	20	1.6340	2.6000	○	○	○	○
621	くりう北端	中　田		1	20	0.2300	1.7500	○	○	○	○
651	下流	上々田	1	1	10	1.9270	4.0000	○	○	○	○
652	下流	上々田		6	22	1.1440	3.9000	○	○	○	○
658ノ内	上流樋尻橋屋東ノ方	上々田	1	1	25	2.0090	3.7000	○	○	○	○
658ノ内	上流	上々田		3	21	0.6300	1.9700	○	○	○	○
659	上流	上々田		6	0	1.1790	1.9700	○			
660	上流	上々田		6	28	1.1790	1.9500	○	○	○	○

661	上流	上々田		8	20	1.4730	3.5000	○	○	○	○
662	上流	上々田		6	28	1.1790	2.2500	○	○	○	○
676	式ノ庄	上々田		7	6	1.2250	-----	○		○	○
677	式ノ庄	上々田		7	3	1.2080	-----	○	○	○	○
682	上流堤根角地	上々田			8	0.0460	0.1000	○	○		
686ノ内 -687	西流		1	1	29	2.0350	4.5000	○	○	○	
	宮之後南はし	上々田	1	2	15	2.1250	2.7500				○
	辰巳屋敷			1	18	0.2400	1.2770	○	○		○
	辰巳屋敷				16	0.0800	0.5250	○	○	○	○
	居屋敷三棹之内			4	23	0.7150		○	○	○	○
	居屋敷三棹之内			3	14	0.5200	4.9500	○	○	○	○
	居屋敷三棹之内				9	0.0450		○	○	○	○
	唐人屋敷并借屋敷				29	0.1450	0.1900	○	○		
	借屋敷			6	20	0.8400	1.1000	○	○		
	借屋敷				20	0.1000		○	○		
	明屋敷			2	1	0.3050	1.1000	○	○	○	○
	明屋敷			4	0	0.6000	1.9000	○	○	○	○
	(やしき)			4	26	0.6900	0.7000	○	○		

註1：弘化3年「伯太領大井村寅之助所持田地高反別仕訳帳」(46-4-8-1)／嘉永3年「御下田地反畝分米帳」(46-4-10)／嘉永5年「大井領高反別宛口帳」(46-7-12)／嘉永7年「大井領田畑取調帳」(46-7-8)による。

註2：筆番号は安政5年「南領越領地並写帳」(「大井村3　土地一二　南領越領地並帳写」『藤井寺市史』第6巻史料編4中、1988年)のものと一致する。

註3：反畝歩、石高、宛口高で微変動しているものも、筆番号・字等から同一の土地と数えた。

にある。表5は、筆番号の同じ田地が横に並ぶよう作成した。これを見ると明治二年「川南荒地反別書上下調帳[29]」の段階で、嘉永五～七年に比べ、小作地に多くの川南地が加わっていることがわかる。これは安政二年、安政三年、安政六年、万延元年、文久元年に、惣兵衛、与市兵衛、市兵衛、勘四郎、平七、作兵衛、太右衛門が、岡田家に土地を譲り渡したことによる。このうち太右衛門以外はみな小作人であり、土地はほとんど川南のものであった。一方で、明治二年までは一筆をのぞいて土地を手放しておらず、川南地に限っていえば、所持田地を入れ替えることなく土地を集積したことがわかる。

文久元年～慶応末年には、ほとんど変化はない。しかし、慶応四年の新大和川の洪水により、川南地は甚大な被害を被った。永野与左衛門作成の「御田地控帳[30]」には、その状況について次のようにある。

〔史料6〕

……

一右慶応四戊辰年五月十四日大洪水ニ而……尤当村江水押掛ヶ　就而ハ当村堤ハ川南ニ而切込有之候故居村一円之水中ニ相成　大底（マヽ）村内ニ而ハ八九尺斗りも水嵩　拙宅ニ而ハ六七尺斗りも水嵩ニ而当村領ハ勿論林村領小山村領共不残一手之大海之ごとくニ相成　誠ニ古今稀成大洪水ニ御座候処　又候堤普請不残出来立候上同年七月十八日ニ大風雨大洪水ニ而再切込候故　前同様之居村田面共如大海ニ相成候事　同年八月中旬比迄居村居宅不残九ヶ度ノ水入

一右堤切供（洪）水故当村川南領屋敷田面共不残流失仕候而其上江大底六七尺ゟ壱丈斗りも土砂石流込嵩ミ有之候故　銘ゝ田地川溝等四角詰相分不申候……

史料6が示すように、相次ぐ洪水で、屋敷田畑が流失したことによって、「勘定帳[31]」の記載は、一時川北分の

「明治２年　川南荒地反別書上下調帳」						「明治５年　大井村領丁反畝歩分米扣」						
字 川　南	等級	反	畝	分	高	字 川　南	等級	反	畝	分	高	宛口
北おどろ南はし	上田		7	0	1.1200							
北おどろ南はし	上田		4	0	0.6400							
北おどろ南はし	上田		2	0	0.3200							
おどろ羽織	上田		2	0	0.3200							
羽織北ノはし東ノ方	上田		6	0	0.9600							
北唐井田	上田		6	12	1.0240	北唐井田	上田		6	12	1.0240	3.0000
下中ノ坪	上田		6	0	0.9525	下中之坪	上田		6	0	0.9525	1.8500
上中ノ坪北ノ端	上々田		6	24	1.1560	上中ノ坪	上々田		6	24	1.1560	1.7000
上中ノ坪北ノ端	上々田		6	25	1.1620	上中之坪北端	上々田		6	25	1.1620	2.0000
五反田	上田		5	26	0.9400							
五反田	上田		5	15	0.8380	五反田	上田		5	15	0.8380	0.3650
松ヶ本	上々田		4	21	0.7950	松ヶ本	上々田		4	21	0.7990	2.2500
松ヶ本	上田		4	20	0.7930	松ヶ本	上々田		4	20	0.7930	1.3000
松ヶ本北端西	上田		3	26	0.6575	松ヶ本長	上々田		3	26	0.6575	1.5500
松ヶ本	上田		8	25	1.5020	松ヶ本西東地	上々田		8	25	1.5020	3.0000
松ヶ本	上田	1	0	24	1.7770	松ヶ本長	上々田	1	0	24	1.7774	3.1000
松ヶ本	上田		5	23	0.9300	松ヶ本川畑	上々田		5	23	0.9800	1.8000
松ヶ本	上田		3	26	0.6575	松ヶ本	上々田		3	26	0.6575	1.5500
松ヶ本	上田		3	0	0.3500							
						松ヶ本	上々田		4	20	0.7930	1.3000
垣添	上々田		3	0	0.5100	南口垣添	上田		3	0	0.5100	0.7000
十七丁	上田		8	10	1.3340							
十七丁	上田		5	5	0.9920							
上溝尻中ヨリ北へ	中田	1	2	18	1.7650	溝尻	中田	1	2	18	1.7650	2.8000
上溝尻	中田		6	20	0.9350	溝尻	中田		6	20	0.9350	2.8000
上溝尻	中田		5	15	1.4000	上溝尻	中田		5	15	1.4000	3.0000
上溝尻堤根北方	上田		2	20	0.5550							
堤根西ノ方	中田		1	13	0.2040	溝尻堤根	中田		1	13	0.2040	1.5500
瀬井垣外	上々田		1	24	0.3060							
瀬ヶ井西堤根	上々田		4	20	0.7930							
へら田東ノ方	上々田		6	12	1.0910							
へら田	上々田		2	0	0.1500							
						倍ら田	上田		2	20	0.5550	1.2000
宮之後	上々田		9	12	1.5980							
宮之後	上々田	1	2	15	2.1250							
十六	上々田		7	14	1.2750							
若子塚	上々田		7	20	1.7540							
若子塚	上々田	1	0	12	2.1750							
行衛田	上々田	1	0	15	1.6800							
行衛田	上田		9	27	1.5840							
西半田	上田		5	26	0.9350	西半田	上田		5	26	0.9350	1.8500
						西半田	上田		5	26	0.9400	3.7000
南唐井田	上田	1	1	20	1.6980	南唐井田	上田	1	1	20	1.8670	3.4000
南唐井田	上田		6	20	1.3000	南唐井田	上田		6	20	1.3000	2.3500
北太子作	上々田		7	25	1.2550	北太子作	上田		7	25	1.2550	1.4000
東半田	中田		5	15	1.1200	東半田	中田		8	0	1.1200	1.7500
東半田	中田		4	0	0.5600	東半田	中田		4	0	0.5600	0.9000
東半田	中田	1	4	18	2.4620	東半田	中田	1	4	18	2.4620	3.8000
東半田	中田		8	0	1.1200	東半田	中田		8	0	1.1200	1.7500

表5　大井村小作地変遷(嘉永5年・明治2年・明治5年)

	「嘉永5年　大井村領高反別宛口帳」						
筆番号	字 川　南	等　級	反	畝	分	高	宛口
91	お　ど　路	上　田		7	0	1.1200	5.7000
92	お　ど　路	上　田		4	0	0.6400	4.0000
93	お　ど　路	上　田		2	0	0.3200	3.5000
94	おどろ羽織	上　田		2	0	0.3200	1.6500
96	おどろ羽織	上　田		6	0	0.9600	1.6500
87	北唐井田	上　田		6	12	1.0240	3.0000
62	下中之坪	上　田		6	0	0.9525	1.8500
73	上中之坪	上々田		6	24	1.1560	1.7000
76	上中之坪北端	上々田		6	25	1.1620	2.0000
162	五　反　田	上　田		5	26	0.9400	1.8000
197	松　ヶ　本	上々田		4	21	0.7990	2.2500
189	松　ヶ　本	上々田		4	20	0.7930	1.3000
186	松　ヶ　本	上々田		3	26	0.6575	1.5500
128	南口西之端	上々田		3	0	0.5100	0.7000
106	十　七　町	上　田		8	10	1.3340	2.8900
222	上　溝　尻	中　田	1	2	18	1.7650	2.8000
223	上溝尻北端	中　田		6	20	0.9350	2.8000
225	上溝尻堤根	中　田		1	13	0.2040	1.8000
323	瀬ヶ井堀外堤根	上々田		1	24	0.3060	1.6000
326	植木屋下堤根	上々田		4	20	0.7940	1.7500
328	植木屋下川端南之方	上々田	1	2	15	2.1250	2.7500
301	遍　ら　田	上々田		6	12	1.0910	2.8000
372	宮ノ後川端	上々田		9	12	1.5980	2.0000
413	若　子　塚	上々田		7	14	1.2750	1.6500
431	行衛田東端	上　田	1	0	15	1.6800	3.1000
440	行衛田東端	上　田		9	27	1.5840	2.7000

東半田	中田		6	12	0.8950	東半田	中田		6	12	0.8950	1.4000
論所	上々田		7	7	1.1575	論所	上々田		7	7	1.1575	1.2000
塚田	中田		6	14	0.9155	塚田	中田		6	14	0.9155	1.8000
堂之後	上々田		7	20	1.3300	堂之後	上々田		7	20	1.3300	2.0000
堂之後	上々田		4	6	0.7140	堂之後	上々田		4	6	0.7140	1.4000
竹之後	上々田	1	2	10	1.9740							
船戸久東之端	上田	2	4	0	3.8400							
合計					60.9250	合計 川北		2	1	0	33.4415	
						東荒堀	上々田		7	10	1.2470	1.7700
						東荒堀	上々田		8	24	1.4960	3.5400
						粕尾	上々田		6	4	1.0430	2.5000
						粕尾	上々田		6	4	1.0430	2.5000
						粕尾川端	上々田			10	0.0570	0.0900
						堀黒	上々田		2	0	0.3400	2.2000
						堀黒	上々田		6	4	1.0430	2.2000
						堀黒	上々田	1	2	8	2.0860	2.2000
						内上	上々田		9	6	1.5640	2.5000
						くりう	中田	1	1	20	1.6340	2.6000
						くりう	中田		1	20	0.2300	1.7500
						下流	上々田	1	1	10	1.9270	4.0000
						下流	上々田		6	22	1.1440	3.9000
						上流西はし	上々田	1	1	25	2.0090	3.7000
						上流西はし	上々田		3	21	0.6300	1.9700
						上流西はし	上々田		6	28	1.1790	1.9500
						上流東はし	上々田		8	20	1.4720	3.5000
						上流西はし	上々田		6	28	1.1790	1.9500
						西流	上々田	1	1	29	2.3050	4.5000
						蔵代	上々田	1	3	10	2.2670	2.8500
						合計 屋敷		15	2	3	26.4390	
						辰巳屋敷				16	0.0800	
						中屋敷			4	23	0.7150	
						中屋敷			3	14	0.5400	
						中屋敷				9	0.0450	
						北笹屋敷			4	0	0.6000	
						西屋敷			2	20	0.3600	
						辰巳屋敷			1	18	0.2400	
						辰巳屋敷作兵衛ヨリ入			2	15	0.9450	
									2	3	0.4950	
										28	0.1400	
						合計		2	2	7	3.7060	
						総計		38	5	25	63.5399	

	合　計					26.0450	61.2900
	川　北						
481	字　荒　堀	上々田		7	10	1.2470	1.7700
483	字　荒　堀	上々田		8	24	1.4960	3.5400
487	字　荒　堀	上々田		6	12	1.0880	1.7000
488	字　荒　堀	上々田		6	12	1.0880	1.7000
463	粕　尾	上々田		6	4	1.0430	
464	粕　尾	上々田		6	4	1.0430	5.9000
465	粕　尾	上々田			10	0.0570	
517	堀　黒	上々田		2	0	0.3400	
518	堀　黒	上々田		6	4	1.0430	6.6000
519	堀　黒	上々田	1	2	8	2.0860	
554	北　内　上	上々田		9	6	1.5640	2.5000
618	くりう北端	中　田	1	1	20	1.6340	2.6000
621	くりう北端	中　田		1	20	0.2300	1.7500
651	下　流	上々田	1	1	10	1.9270	4.0000
652	下　流	上々田		6	22	1.1440	3.9000
658	上流樋尻西之端道ヨリ東ノ方	上々田	1	1	25	2.0090	3.7000
658	上　流	上々田		3	21	0.6300	1.9700
660	上　流	上々田		6	28	1.1790	1.9500
661	上　流	上々田		8	20	1.4730	3.5000
662	上　流	上々田		6	28	1.1790	2.2500
676	式　ノ　庄	上々田		7	6	1.2250	6.1000
677	式　ノ　庄	上々田		7	3	1.2080	
686-687	西　流	上々田	1	1	29	2.0350	4.5000
	合　計					27.9680	59.9300
	屋　敷						
				1	14	0.2400	1.2770
					16	0.0800	0.5250
				4	23	0.7150	
				3	14	0.5200	1.9500
					9	0.0450	
				2	1	0.3050	1.1000
				4	0	0.6000	1.9000
	合　計					2.5050	6.7520
	総　計		34	4	11	56.5180	127.972

註：嘉永５年「大井村高反別宛口帳」(46-7-12)／明治２年「川南荒地反別書上下調帳」(46-7-2)／明治５年「大井村領丁反畝歩分米扣」(46-7-15)より作成。

みとなり、川南地は土地の整理を余儀なくされた。明治五年「大井村領丁反畝歩分米扣[32]」と比較すると、川南地は二三筆（石高は二七・八七六石）が減少している。筆自体の記載はなくならないものの、宛口高を減らしている筆もあり、徳米の減少をもたらしている。

一方、川北分は嘉永五年と明治五年を比較すると、四筆（石高四・六〇九石、宛口高では九・五石）減らし、一筆（石高にして一・二二七石、宛口高では一・八五石）を増やしている。「勘定帳」の記録から、川北の土地整理は明治五年に、川南地の田地整理と並行しておこなわれたことがわかる。この再編以降、少なくとも明治一一年ごろまでは、そのまま継続したと思われる。

大井村小作地は、嘉永三年の藩による下げ渡しの段階と、嘉永五年岡田家が関与するようになった段階で、合理的な田地経営を目指し整理された。それ以降、文久元年までは一貫して増加傾向にあるが、それ以降は横ばいで慶応四年まで継続する。確かに宛口高は微増していくが、佐々木氏が述べているように、「慶応年間にかけて増大していった[33]」とは言い難い。むしろ安政元年から文久元年の土地集積にこそ、注目すべきである。

この時期の集積は、川南地に集中しており、川北の田地と比べて、水害を受けやすいなど、収入の安定しない土地であった。その意味で、大井村小作地の拡大は、必ずしも小作経営の安定化にはつながらず、その不安定さが、洪水以降明治五年までの川南地整理による経営規模の縮小につながった。

しかし、より詳細に見ると、表5では、嘉永五年〜明治二年の間に新たに集積された筆については、明治五年も継続して所有されている土地が多い。むしろ整理されたのは、嘉永五年段階から所持している筆である。このことを考慮すると、「寅之助田地」の譲り渡し、および安政元年〜文久元年の土地集積の要因や、それが岡田家の経営にもたらした意味については、慎重に検討されなければならないであろう。

第五節　岡田家の大井村村政への関わりについて――「おわりに」にかえて――

以上、本章では岡田家と大井村小作地、あるいは大井村との関係を検討し、研究の前提となる基礎的事項を明らかにした。

岡田家と大井村・その村民や伯太藩との貸借関係を前提として、嘉永五〜七年にかけて、大井村の相当な面積の土地が、岡田家の小作地となった。嘉永五年段階では、岡田家による一時的な所持を建前に、以前からの地主たちが「小作人」となって、岡田家の小作地支配の管理をおこなっていた。さらに嘉永七年、大井村小作地は岡田家に譲り渡され、管理人も岡田家支配人へと変わった。

これにともなって、岡田家の直接的な支配の性格がより強まった。また、嘉永五年、嘉永七年には、作徳の少ない土地が段階的に整理されていて、より合理的な支配が目指されたことがうかがえる。

支配人の管理下に入った大井村小作地では、文久元年まで、川南地を中心に土地の集積が進み、元治元年以降持ち高は一〇〇石弱で固定する。以降、慶応年間までは土地の増減はなく、この期間になると、安政〜文久年間に比べ、支配人の裁量が大きくなっている。

このように、大井村での地主経営を展開していた岡田家であったが、最後に大井村の村政との関わりについて、若干検討を加えたい。次の史料は、安政三年（一八五六）の村方騒動の願書である。(34)

〔史料7〕

乍恐以書附御歎願御内願奉申上候

御領分河州志紀郡大井村

百姓物代
儀左衛門
甚八
太右衛門
甚左衛門

一近年村中之百姓弥増之困窮ニ付御上様之御用等も相勤兼　毎ゝ格別之御憐愍ヲ以御用捨御救御拝借等迄被為下置難有仕合奉存候(ママ)罷在候　然ル処去ル寅十二月村方小入用掛リ夥敷御座候ニ付村中人気相立　昼夜高持相寄　既ニ　御上様之御苦労ニ可相成場所之処　時節柄恐入私共惣高持中へ段ゝ利解為申聞　其上一札差入人気取抑へ置候而①寅卯両年之勘定ハ立会申分無之　明白勘定ニ御座候処　前年丑年迄不勘定之響ヲ以　岡村伊左衛門沢田村林村夫ゝ出作ゟ今ニ卯之御皆済銀等も相掛ケ不申候ニ付大ニ心配仕　後ゝ如何仕出し候事哉公難之程奉恐入候ニ付　乍恐急ゝ言上左之通奉申上候

……（中略）……

②一去丑年四月河州郷村ゝ御講銀被為　下置候処　大井村分割銀弐貫六拾目御下ケ之処　寅十二月ニ至足掛リ弐ヶ年越ニ相成候へとも村借用之銀主岡村伊左衛門方へ返銀も無之候ニ付　度ゝ仁左衛門方へ催促ニ参リ仕候へとも　一円取敢不申候ニ付　村中人気相立候ニ付　色ゝ等掛ケ合仕候ハ、　御下ケ銀之内壱貫七百目出銀いたし　跡渡し不足之処何角と申相渡し不申　猶又夫迄弐拾ケ月も延引仕　右銀主へハ高持ゟ年ゝ利弁仕有之候ニ付　延月之利足之処仁左衛門ゟ出銀も有之筈之処　御下銀之内チも不足仕候儀ハ如何之心得ニ御座候哉不分明ニ奉存候

……（中略）……

一右ヶ条之通子年分も何角と申候へ共此儀ハ相分不申　③丑年分慥ニ右間違銀仁左衛門方ニ有之候ニハ出作ゟ立替之儀右仕合ニ付　去ル寅年居村高持打寄始末　其後高持出作等荷胆仕候ハ、小入用掛リハ勿論御上納ニも差支ニ相成候様奉察候　猶又彼是申掛ヶ候而ハ御上様ニも恐入　附而ハ諸雑費入用之儀も歎ヶ敷奉存候間何卒〳〵格別之以御憐愍出作居村者共相静り　猶亦其上五ヶ年之間厳敷倹約相立候様乍恐奉御願上候　御聞済被為　成下候ハヽ、広太之御慈悲難有仕合奉存候以上

安政三年

辰正月廿二日

伯太

御役所

史料7は、百姓惣代である儀左衛門・甚八・（武田）太右衛門・甚左衛門の四名が、庄屋の児玉和三郎と年寄仁左衛門を伯太藩に訴え出たものである。訴えは安政三年一月二二日のことだったが、二月六日、役所より取《とり》曖《あつかい》人（真鍋甚兵衛と樋口重五郎の二名。のち浅野吉左衛門・麻野和左衛門も加わる）の申し渡しがあり、調べにおよんだところ、訴えの通り、仁左衛門に年貢米の割り増しと、各種返済銀の着服があったことなどが発覚した。また、前述史料4にみた通り、庄屋児玉和三郎が村役人の立ち会いを経ない「不筋之奥印」を用いていたことも明らかとなった。これをうけて三月六日、仁左衛門は、惣代四人、年寄太平次・与左衛門へ、着服銀の一部（二貫三九目八分五厘のうちの一貫目）を返済し、さらに「下席被仰付」とされた。

この村方騒動に、「出作人」として、あるいは村借用銀主としての岡村伊左衛門が、少なからず関与していた

ことが、史料中の傍線部から明らかになる。まず、傍線部①③では、嘉永六丑年（一八五三）までの村方小入用が不勘定であることが、岡村伊左衛門ほか出作の者にまで影響をおよぼすことを憂慮している。この村方騒動は「村中人気相立」状況がきっかけとなって訴え出られたものとあるが、村財政の問題が、「出作人」（＝入作人）が存在することによって改めて意識され、正常化・公正化が早急に望まれていることがうかがえる。中でも伊左衛門は名指しで記されており、「出作人」の中で最も影響力の強い存在であったと考えられる。

次に、嘉永六年（一八五三）に下された「御講銀」について、返済が滞っているという問題である。下線部②では、岡田伊左衛門から大井村に銀二貫六〇目が貸し出されたが、借用銀の返済を村を代表しておこなうはずの仁左衛門が義務を怠り、返銀されていない。催促してようやく出したのは、元銀の内の一貫七〇〇目で、不足分については払おうとしない。高持たちは年々利弁してきたのであるから、二〇か月延引の利息銀は仁左衛門が払うべきであるとの主張もしている。

なお、同文書中の「下調勘定書写」には、この詳細について次のようにある。

〔史料8〕

一銀弐貫六拾目　　但シ丑年五月御講銀被為下置候
此利五百拾九匁壱分弐厘　但し丑五月ゟ寅十二月迄廿壱ケ月利足
弐口〆弐貫五百七拾九匁壱分弐厘
此内壱〆七百匁　　寅十二月岡田伊左衛門へ元〆
差引残而八百七拾九匁壱分弐厘
此利百三拾七匁壱分弐厘

右ハ卯正月ゟ辰正月迄十三ケ月分利足

差引都合壱貫拾六匁弐分四厘

この村方騒動の例や、嘉永二年の肥し代貸付、あるいは伯太藩の江戸表賄金送付において、伊左衛門は「出作人」であるのみならず、村借・公借の銀主であり、大井村とは経済的に深い関係を保っていた。仁左衛門の不正によって、被害を被っていた者の一人である。

さらに、この願書で名指しで岡田伊左衛門の名が記されているのは、伯太藩と岡田伊左衛門の貸借関係をも、背景としていると考えられる。嘉永三年に、一度は藩の関与で他村から引き上げさせたはずの田地が、再び他村地主岡田家の所持となった。しかもその土地は村高の約一一％を占める、大規模なものであった。これらの事実は、岡田家が村と伯太藩との双方に相当量の金銀を融通しており、その双方に対して、影響力が大きかったことを示していると考えられる。

そこには、岡田家の融通に関わって登場する、「大井村支配人　市兵衛」の存在の大きさも考慮されるべきである。市兵衛は、村方騒動中の「口上之覚」に、「高持惣代」として連印している。本章で明らかとなった、大井村の高持兼岡田家支配人である市兵衛の役割は、融通のさいの仲立ちと、大井村小作地の管理である。しかも小作地の管理については、元治元年以降、岡田家の差配を離れ、支配人に任される割合が大きくなっている。支配人が、村の中でどのような位置にあったかについては未詳であり、そのため岡田家が村政にどの程度関与したかも定かではない。だが少なくとも、岡田家から一定の自立性を保ちながらも、村内においては岡田家の利害を代表するものであったことは確かであろう。

なお本章では、佐々木氏が言及した「小前惣代」と賑恤経路、あるいは地主の高利貸的恣意の制約について、再検討するにいたらなかった。本章の結論としては、岡田家が銀主としてあるいは他村地主として、大井村に及ぼす影響力は大きいであろうということである。検討した幕末期を通じて、岡田家の「高利貸的恣意」[35]があるとすれば、大井村ではそれはどのような形で現れ、影響力の大きさに対して、どのように制約されたのか、あるいは制約しきれなかったのか、具体例をもって実証されなければならないであろう。また、賑恤経路に関しても、「支配人」が岡田家と村とのそれぞれに持った関係性について考慮に入れたうえで、帳簿上の数字を詳細に検討する必要があろう。

(1) 佐々木潤之介「幕末河内の豪農」(『幕末社会の展開』岩波書店、一九九三年)。
(2) 表2参照。
(3) 註(1)佐々木前掲論文。
(4) Z—一四—一 ~ Z—一四—一四。
(5) 『藩史大事典』第五巻(雄山閣出版)の「伯太藩」による。
(6) 『藤井寺市史』第六巻史料編四中、一九八八年。
(7) 以下、大井村については、「大井村」(『大阪府の地名II』平凡社、一九八六年)をもとに記述した。
(8) 「大井村1　村政六　助郷につき村高等書き上げ」(『藤井寺市史』第六巻史料編四中、一九八八年)。
(9) 「藤井寺市の自然環境」(『藤井寺市史』各説編、二〇〇〇年)。
(10) 四二—二二—一六—四「大井村小前肥シ代銀貨附名前控」。なお、返済は滞っている(三—四四「差入申御詫一札」。但し年不詳)。
(11) 九—一四—五。「戌十月十四日」の日付が入っている。なお、岡田家と大井村の金融関係については、本書第五章福澤論文を参照されたい。
(12) 手書A—二三—四三七。

(13) ここにある伯太藩家中のうち、嘉永六年段階で、山中粂八は代官役、安政二年の段階で、下村察右衛門は用人役、長坂九郎右衛門は家老職であることが判明している（手書A―二三―四三六、手書A―二三―四三九）のもの。
(14) 嘉永六年（手書A―二三―四三六）、慶応元年（手書A―二三―四三七）。
(15) 四六―四―八―一。
(16) 「大井村1　村政六　助郷につき村高等書き上げ」（『藤井寺市史』第六巻史料編四中、一九八八年）。
(17) 嘉永四年一二月二四日に岡田家から、市兵衛を取次人として、七〇貫目が貸付けられている。この貸付は、仁兵衛・甚八・与市兵衛三名の質入れとなり「子（嘉永五）年作徳銀（月七朱）五貫八八〇匁」を支払うことで精算された（嘉永二年取替帳による）。なお、嘉永六年取替帳に、市兵衛取次貸付の記載はなくなっている（福澤徹三氏のご教示による）。
(18) 四六―七―一。
(19) 四六―四―一〇。なお、これによれば、一部の田地は「勘四郎」へ譲られたとある。
(20) 四六―七―八。
(21) それぞれ一三―六―一／一三―六―二／一三―六―三（表3の備考欄に〇印のあるもの）。
(22) 前掲註(19)および(20)。
(23) ①一三―九／②四六―四―三／③④Z―一四に一括して整理されている（Z―一四―一～Z―一四―一四。表3中で△印があるもの）。明治六年分は見あたらないが、明治七年～一一年までは同じ性格のものが四六―一四―一～四六―一四―五に存在する。
(24) 註(1)佐々木前掲論文。
(25) 四六―七―六に「大井村支配人　嘉平治／同父　市兵衛」と署名がある。
(26) 二八―四。
(27) 明治六年以降は、嘉平治から岡田家当主へ差し出された、元治元～明治五年「勘定帳」の系統の帳簿（表題は変化する）が存在する。また、明治八年～明治一五年は、「下作宛口帳」には、大井村に関する記載がなく、「大井村領其他出作之分下作宛口帳」が別帳で存在する。明治八年は名寄形式の記載だが、明治九年以降、入米・入金と内訳の簡略な記載になる。
(28) 四六―四―八―一。
(29) 四六―七―二。
(30) 「大井村3　土地一四　御田地控帳」(『藤井寺市史』第六巻史料編四中、一九八八年)。
(31) Z―一四。
(32) 四六―七―一五。
(33) 註(1)佐々木前掲論文。
(34) 「大井村1　村政四　村用願書写」(『藤井寺市史』第六巻史料編四中、一九八八年)。
(35) 註(1)佐々木前掲論文。

第七章　大坂鈴木町代官支配の構造と惣代参会──岡田家の政治的活動──

野本禎司

はじめに

本章では、大坂鈴木町代官の支配機構と惣代層との関係分析を通じて、惣代庄屋の存在形態と機能を検討し、畿内幕領の支配構造を明らかにしたい。

大坂代官に関する研究の不足は以前から指摘されてきたが、[1]その支配所である畿内幕領の研究も、国訴研究や用達・用聞研究で展開されることはあるものの、個別代官単位での支配構造分析の研究はごくわずかといえる。

こうした畿内幕領の研究状況のなかで前田美佐子「摂河泉幕領における郡中惣代制について」は貴重な成果である。[2]これは、安政四年～文久三年（一八五七～六三）の大津代官支配所のうち河内国大県郡・安宿部郡・古市郡・石川郡・錦部郡一九か村を具体例に検討したもので、①摂津・河内・和泉国幕領の年貢徴収が組合村や郡中という単位を利用しておこなわれていたこと、②その中心となって活動する郡中惣代は、支配代官を越えた幕領間（「御八分」＝鈴木町・谷町・信楽・大津・二条・京代官、高槻・岸和田藩預り所）[3]で相互連絡をとっており（「郡中惣代集会」)、③これが国訴の社会的基盤になったことを指摘した。同論文の重要な点として、一〇〇〇か村を越える広域訴願運動である国訴の実現と、郡中惣代制という代官支配行政との関係が具体的に示されたことがあった。(4) とくに、郡中惣代たちが、大坂の郷宿濱屋・亀屋を利用して自主的に開く「郡中惣代集会」は、支配関係の複雑な畿内地域において重要な機能を果たしていたものとして注目される。

しかし、畿内幕領の支配構造を考えるにあたっては、惣代層の郡中内や組合村内での活動など、その内部構造まで明らかになっているとは言い難い。惣代層が日常的におこなう多様な政治的活動を明らかにし、内部構造にまで踏み込むことは、広域訴願運動の実現の土壌を考えるうえでも重要な作業と考える。

そこで本章では、この課題に対して鈴木町代官とその河内国支配所を素材に、次の二点に着目して検討したい。①鈴木町代官と支配所村々との関係性への着目。これまで個別代官とその支配所村々の関係を問うことは、代官およびその支配機構を分析するための史料的問題に加え、代官の頻繁な交代ともあいまって困難な状況にあった。②惣代参会(合議)への着目。これまで畿内地域における惣代参会については、先述のように国訴研究との関係から、大坂の郷宿におけるそれが注目されてきた。しかし、地域の課題を話し合うさいに大坂でおこなう必要はなく、当然ながら地域に別の惣代参会所があったはずである。(5) この実態を明らかにしたい。なお、着目点①との関係から、時期を一九世紀半ば以降、とくに設楽八三郎が大坂鈴木町代官に在任していた嘉永期(一八四八~五三)を中心に検討する。

使用史料は、河内国丹南郡岡村の岡田家文書である。岡田家については、これまで豪農論や村落構造論など社会経済史的観点から豊かな研究蓄積がある。(6) ただ、岡田家は一八世紀末以降、代々庄屋をつとめ、また「惣代庄屋」「郡中惣代」の肩書きをもって登場する。岡田家の政治的活動の性格を明らかにすることは、従来の岡田家に関する研究に対しても新たな視点を加えられるものと考える。岡田家の政治的活動はいかなるものだったのか、本章ではこの点についても言及したい。

第一節　鈴木町代官の支配機構と河内国支配所

1　鈴木町代官設楽八三郎の下僚と支配所村々

設楽八三郎能潜が、鈴木町代官に赴任したのは、天保一五年（一八四四）のことである。[7] 設楽は、家禄一五〇俵で、奥右筆留物方から江戸代官となり、鈴木町代官へと転任した。その後、約九年間、鈴木町代官を勤め、嘉永六年（一八五三）に陸奥国川俣（出張小名浜）に転任となった。[8] なお、嘉永元年～同四年（一八四八～五一）まで堤奉行を兼任した。[9]

設楽が赴任してから離任するまでの鈴木町代官下僚（大坂詰）の構成員を示したのが表1である。代官下僚についていては、代官側の史料不足により、その実態がほとんどわかっていない。[10] 表作成にあたっては、支配所村々が「年始御礼」「八朔御礼」「暑気寒気見舞」のため代官所役宅に出勤するさいの交通費や役人への付届を記録した帳簿を利用した（これらの史料には用達、郷宿への付届も記載されるため、あわせて掲載した）。

表1によれば、鈴木町代官下僚の総人数は各時期を通じて三〇人前後であり、嘉永二年（一八四九）正月を例にすれば、元〆（一名）、手附（一名）、手代（一七名）、用人（一名）、侍（二名）、足軽小遣（二名）、門番（一名）、廻下小使（二名）、手廻り（五人）という階層によって構成されていたことがわかる。さらに、手代については、廻船方（一名）、堤方（二名、うち一名廻船方兼帯）、公事方（一名）、地方（六名）、御役所詰（四名）の職があり、兼職者の存在、地方を勤める人数が多いことが同表からわかる。[11] また、表中の付届額や記載順に着目すると、役所

弘化4年正月		嘉永2年正月		嘉永2年8月	
田川熊治郎	金150疋	田川熊治郎	金200疋	田川熊治郎	金200疋
西田信市郎	金150疋	西田信一郎	金200疋	西田信一郎	金200疋
森田慎平 里村保助 多久官蔵 菊地信治郎 福永右内 森善助 山下五四郎 山内嘉治郎 宮本甫七	金100疋	森田慎平(廻船方、堤方) 里村保助(堤方) 多久官蔵(地方) 菊地権作(地方) 福永右内(地方) 森善助(公事方) 山下作左衛門(地方) 山内嘉一郎(地方) 宮本甫七(地方)	金100疋	森田慎平 里村保助 多久官蔵 菊地権作 福永右内 山下作左衛門 山内嘉一郎 冨久田昌平 大原喜一郎	金150疋
大原喜市郎(御役所詰) 浅井周治郎(御役所詰) 森川田八郎(御役所詰)	金100疋	小原喜一郎(御役所詰) 浅井周治郎(御役所詰) 馬場鎌蔵(御役所詰) 森田鎗三郎(御役所詰) 岡田儀一郎(御雇) 石井益太郎(御雇)	金100疋	浅井周治郎 馬場太八郎 森田宗三郎	金100疋
		西田徳太郎(見習) 山下勝次郎(見習)	金2朱	西田若旦那 山下若旦那 福永若旦那	金2朱
石山辰蔵	銀5匁	市川藤助	金2朱	市川藤助	金2朱
市川 村松辰蔵	銀5匁	村松勝蔵 中村貞蔵		村松勝蔵 中村貞蔵	
亀吉 万吉	銀1両	亀吉 万吉	金100疋	亀吉 万吉	金100疋
久助	銀1両	久助	金100疋	茂八	銀6匁
梶平 政七	銀3匁	梶平 政七	金2朱	梶平 政七	銀6匁
4人	銀13匁	5人	金100疋	5人	金100疋
仁兵衛 平五郎	銀2匁			仁兵衛	銀3匁
御取締大坂屋下代又助 御出入之四ヶ所2人	銀3匁5分 銀3匁	大坂屋手代御役所詰	銀1両	大坂屋手代御役所詰	銀5匁1分
大坂屋定治郎 丹波屋文蔵 濱屋宇蔵 丹波屋嘉助	金50疋 金100疋 金50疋 銀2匁	大坂屋定治郎 亀屋喜一郎 濱屋卯蔵 加茂屋宗兵衛	金100疋 金150疋 金2朱 金2朱	大坂屋定治郎 丹波屋文蔵 濱屋卯蔵 加茂屋利兵衛	金2朱 金50疋 金2朱 金2朱
E-3-27-1		E-3-30-1		E-3-30-7	

表1　大坂鈴木町代官所の人員構成と用達・郷宿

	弘化2年12月		弘化3年6月		弘化3年8月	
元〆	田川熊治郎 中沢良左衛門	金150疋	田川熊治郎	銀3両	田川熊治郎	金150疋
	西田信市郎(加判)	金150疋	西田信市郎(加判) 森田慎平(加判)	銀3両	西田信市郎(手附)	金150疋
手代	森田慎平 里村保助 多久官蔵 菊地庫治郎 福永右内 森善助 山下五四郎 山内嘉治郎 杉本弘平	金100疋	里村保助 多久官蔵 菊地庫治郎 福永右内 森善助 山下五四郎 山内嘉治郎	金50疋	森田慎平 里村保助 多久官蔵 菊地庫治郎 福永右内 森善助 山下五四郎 山内嘉治郎 宮本甫七	金100疋
	宮本甫七(御役所詰) 大原喜市郎(御役所詰) 浅井周治郎(御役所詰)	金50疋	大原喜市郎(御役所詰) 浅井周治郎(御役所詰) 馬場八太郎(御役所詰)	銀1両	大原喜市郎(御役所詰) 浅井周治郎(御役所詰) 森川田八郎(御役所詰)	金100疋
用人侍兼	石山辰蔵	銀5匁1分	石山辰蔵	銀2匁	石山辰蔵	銀5匁
侍	津田庄三郎 村松辰蔵	銀4匁3分	市川藤助 村松勝蔵	銀2匁	市川 村松	銀5匁
足軽小遣	亀吉 万吉	銀4匁3分	亀吉 万吉	銀2匁	亀吉 万吉	銀1両
門番	久助	銀4匁3分	久助	銀2匁	久助	銀1両
下小使	梶平 政七	銀3匁			梶平 政七	銀3匁
水夫小使						
手廻り	4人	銀12匁9分			4人	銀13匁
人足方					仁兵衛 平五郎	銀2匁
			御取締大坂屋下代又助	銀2匁	御取締大坂屋下代又助 御出入之四ヶ所2人	銀3匁5分 銀3匁
用達 郷宿					大坂屋定治郎 丹波屋文蔵 濱屋宇蔵 丹波屋嘉助	金50疋 金100疋 金50疋 銭200文
典拠	E-3-25-1		E-3-26-1		E-3-26-2	

嘉永５年正月		嘉永５年７月		嘉永６年７月	
中沢良左衛門 森田慎平	金200疋	中沢良左衛門 森田慎平	金200疋	中沢良左衛門 森田慎平	金200疋
里村保助 多久礼左衛門	金200疋	里村保助(加判) 多久礼左衛門(加判)	金200疋	里村保助(加判) 多久礼左衛門(加判)	
本城検助 福永右内 山内嘉一郎 菊地権作 森澄段治 大原喜一郎 森田鎗三郎 田川幸作	金150疋	本城検助 福永右内 山内嘉一郎 菊地権作 森澄段治 大原喜一郎 森田鎗三郎 田川幸作	金150疋	本城検助 福永右内 山内嘉一郎 菊地権作 森澄段治 大原喜一郎 森田鎗三郎 田川幸作	金150疋
西田徳太郎 山下勝次郎 福永寅五郎	金100疋	西田徳太郎 山下勝次郎 福永寅五郎	金100疋	西田徳太郎 山下勝次郎 福永寅五郎	金100疋
市川藤助	金100疋	市川藤助	金100疋	市川藤助	金100疋
中村貞蔵 松田	金2朱 金2朱	中村貞蔵 松田徳翁	金2朱 金2朱	中村貞蔵 松田	金50疋
高津亀吉 坪井万吉	銀6匁	亀吉 丈助	銀6匁	高津亀吉 丈助	銀6匁
治助	銀3匁	治助	銀3匁	治助	銀3匁
谷八 民蔵	銀3匁	谷八 平吉	銀3匁	谷八 民蔵	銀3匁
5人	金100疋	5人	金100疋	5人	金100疋
仁兵衛	銀3匁	仁兵衛	銀3匁	仁兵衛	銀3匁
大坂屋下代御役所詰 御出入道頓堀甚七	銀5匁 銀1両	大坂屋下代佐兵衛 御出入道頓堀甚七	銀5匁 銀1両	大坂屋手代御役所詰 御出入道頓堀甚七	銀5匁 銀4匁3分
大坂屋定治郎 丹波屋又助 濱屋卯蔵 加茂屋利兵衛	金50疋 金110疋 金50疋 金50疋	大坂屋定治郎 丹波屋又助 濱屋卯蔵 加茂屋利兵衛	金2朱 金50疋 金50疋 金50疋	大坂屋定治郎 丹波屋又助 濱屋卯蔵 加茂屋利兵衛	金50疋 金50疋 金50疋 金50疋
E-3-33-1		E-3-33-5		E-3-34-3	

	嘉永３年正月		嘉永３年８月		嘉永４年正月	
元〆	田川熊治郎	金200疋	田川熊治郎	金200疋	中沢良左衛門	金200疋
手代	森田慎平 里村保助 多久官蔵 菊地権作 福永右内 山下作左衛門 山内嘉一郎 大原喜一郎	金150疋	森田慎平 里村保助 多久官蔵 菊地権作 福永右内 山内嘉一郎 森澄□治 冨久田昌平 小原喜一郎	金150疋	森田慎平 里村保助 多久官蔵 菊地権作 福永右内 山内嘉一郎 大原喜一郎 森田□治	金150疋
	浅井周次郎 森田鎗三郎 馬場田八郎	金100疋	森田鎗三郎 馬場鎌蔵	金100疋	森田鎗十郎 馬場鎌蔵 田川幸作(見習)	金100疋 金1朱
	西田徳太郎 山下勝次郎 福永寅五郎	金100疋	西田徳太郎 山下勝次郎 福永寅五郎	金2朱	西田徳太郎 山下勝次郎 福永寅五郎	金100疋
用人侍兼	市川藤助	金100疋	市川藤助	金100疋	市川藤助	金100疋
侍	村松勝蔵 中村貞蔵	金2朱	村松勝蔵 中村貞蔵	金2朱	中村貞蔵 松田	金2朱 金2朱
足軽小遣	亀吉 万吉	銀6匁	亀吉 万吉	銀6匁	高津亀吉 坪井万吉	銀6匁
門番	久助		久助	銀3匁	丈助	銀3匁
下小使	梶平 政七	銀3匁	梶平 政七	銀3匁	梶平 政七	銀3匁
水夫小使					谷八 清吉	銀3匁
手廻り	5人	金100疋	5人	金100疋	5人	金100疋
人足方	仁兵衛	銀3匁	仁兵衛	銀3匁	仁兵衛	銀3匁
	大坂屋手代御役所詰 御出入道頓堀甚七	銀5匁 銀4匁3分	大坂屋手代御役所詰 御出入道頓堀甚七	銀5匁 銀4匁3分	大坂屋下代御役所詰 御出入道頓堀甚七	銀5匁 銀1両
用達 郷宿	大坂屋定治郎 丹波屋又助 濱屋卯蔵 加茂屋利兵衛	金2朱 金50疋 金50疋 金50疋	大坂屋定治郎 丹波屋又助 濱屋卯蔵 加茂屋利兵衛	金2朱 金50疋 金50疋 金50疋	大坂屋定治郎 丹波屋又助 濱屋卯蔵 加茂屋利兵衛	金2朱 金50疋 金50疋 金50疋
典拠	E-3-31-1		E-3-31-3		E-3-32-1	

詰の手代とそれ以外の手代とで差別化されており（のち付届額は統一）、手代のなかでも役所詰が低位に考えられていたことが知られる。同様に付届額から、代官下僚の階層差をみるならば、侍層以上を上層、それ以下を下層と分けることができよう。[12] なお、用達大坂屋定次郎下代一名が役所に詰めていた。

次に勤務年数をみてみよう。手代森田慎平、里村保助、多久官蔵（礼左衛門）、菊地庫次郎（権作）、福永右内、山内嘉一郎、大原嘉一郎、足軽小遣亀吉は、設楽在任中九年間継続して勤めている。さらに、手附西田信一郎、手代山下作左衛門、福永右内については、その「若旦那」（西田徳太郎、山下勝次郎、福永寅五郎）も勤務していたことがわかる。手代層は、勤務年数が長く、同一家によって再生産されていたことが知られる。一方で一時的な勤務者も存在する。「御雇」とある岡田儀一郎や石井益太郎は半期のみである。ただし、総じて三〜四年間勤める者が多く、代官下僚の流動化は進んでいなかったといえる。[13]

最後に、陸奥国川俣へ転任したさいの下僚の動向について確認したい。嘉永六年（一八五三）七月における手代層一五名のうち、森澄、大原、西田の三名以外は、すべて設楽に随行している。[14] これに対して、竹垣直道が大坂谷町代官から江戸へ転任するさいに随行したのは数名に過ぎなかった。[15]

さて、代官下僚とともに、その実態が不明瞭であるのが、各代官支配所村々である。[16] 鈴木町代官の支配高は、設楽期ではないが、天保一〇年（一八三九）に摂津・河内・播磨国において七二、六〇八石であった。[17] 嘉永元年（一八四八）一二月二二日、設楽は一〇、〇〇〇石の増地をうけている。よって、嘉永期には八〇、〇〇〇石程度（摂津・河内・和泉国）であったと考えられる。

このうち河内国支配所の総石高は、嘉永五年（一八五二）においては二五、二五九石九斗二升九合である。その内訳は、丹南郡六七一九石九斗一升、丹北郡九三二石六斗七升、古市郡二一一七石九斗二升三合、安宿部郡一

表２　大坂鈴木町代官河内国支配所と入用負担構造

<table>
<tr><th>組合村単位</th><th>郡名</th><th>村名</th><th>石高</th><th colspan="3">入用構造</th></tr>
<tr><td>丹南郡西組</td><td rowspan="2">丹　南　郡</td><td>北　村
岩室村
今熊村
阿弥村
狭山新田</td><td>1197石5斗3升</td><td rowspan="8">六郡</td><td rowspan="5">四郡</td><td rowspan="4">三郡</td></tr>
<tr><td>丹南郡東組</td><td>北宮村
南宮村
伊賀村
河原城村
多治井村
平尾村
小平尾村
野々上村
野中村
岡　村</td><td>5522石3斗8升</td></tr>
<tr><td>丹　北　郡</td><td>丹　北　郡</td><td>太田村
若林村
高見村
田井城村
更池村</td><td>932石6斗7升</td></tr>
<tr><td>古　市　郡</td><td>古　市　郡</td><td>誉田村
壺井村
古市村</td><td>2117石9斗2升3合</td></tr>
<tr><td>安宿部郡</td><td>安宿部郡</td><td>国分村</td><td>1478石2斗9升</td><td></td></tr>
<tr><td rowspan="3">石川・錦部郡</td><td>錦　部　郡</td><td>甲田村
三日市村
西代村</td><td rowspan="3">1万4011石1斗3升3合</td><td rowspan="3" colspan="2"></td></tr>
<tr><td>石　川　郡</td><td>新家村
新堂村
毛人谷村
板持村</td></tr>
<tr><td>当分預り所</td><td>中野村
北大伴村
南大伴村
山城村
春日村
喜志村
太子村
山田村</td></tr>
</table>

		甘南備村 森屋村 芹生谷村 川野辺村 神山村		
		合計	2万5259石9斗2升9合	

註：嘉永３年12月「江戸御廻米仕分ヶ帳」(市史15)より作成。
石高は、嘉永５年６月「子六月河州六郡立合勘定帳」(E-3-33-4)によった。

四七八石二斗九升、石川・錦部郡一四、〇一一石一斗三升三合であった。表2は、嘉永三年（一八五〇）時における河内国支配所の村名をまとめたものである。これによれば、当分預り所として石川郡に一三か村設置されていた。(18)

2　代官による支配行政再編と郡中入用軽減——用達大坂屋定次郎と「最寄惣代」——

前項でみたように、鈴木町代官所では、七〜八〇、〇〇〇石程の支配所を三〇名前後の役人によって支配していた。これまで幕領研究で指摘されてきたように、その支配高に比して代官所の構成員は少なかった。このような代官支配を補完する存在として、用達、郷宿、郡中惣代、惣代庄屋の研究が展開してきたことは周知の通りである。(19)とくに、畿内近国の用達、郷宿については、用聞や御館入与力との関連を含め多くの研究蓄積があり、同地域の特徴を示す研究分野となっている。(20)畿内地域における幕府代官の支配行政の質を問ううえで、用達、郷宿は欠かせない問題であるといえよう。ここでは、代官による支配行政再編という視点から、郡中入用軽減の問題と絡めて、用達と郡中惣代について考えてみたい。

〔史料1〕

差上申御請証文之事

郡中入用減方取締其外共、先前仕来之趣最応御取調之上、左之通被仰渡候

一①御役宅破損修復ハ勿論、畳替・建具・障子張替等都而銀高弐百目以上相掛候節ハ、

最寄惣代共御呼出御達可有之間、早速罷出、諸色入用精々相糺、若大相当之積方ニ候欤、又者修復ヶ所無用之場所有之候ハヽ、聊無遠慮申立、夫々御差図請、且御役宅御出入職方之者格別不相当之取斗候ハヽ、惣代共存寄を以外職方之もの江入札為致落札之上、右何連も御役所江申立、是又御差図請取斗、払方之儀ハ毎月晦日惣代之内右引請之者急度罷出勘定可致事

但し、銀高引請取扱惣代之儀ハ、当村大和田村庄屋次郎左衛門、海老江村庄屋市右衛門、友渕村庄屋平兵衛取扱候由ニ候上、右江猶又木津村庄屋喜右衛門を為見習□、新田組之内南新田勘兵衛儀も加り引請申合取扱候様可致、尤以後差支有之交代之節者其村々御届可申上、且又修復等之節罷出候惣代之儀ハ遠方ニ而自然不便利も出来候、差支も可有之間、当地最寄今市村庄屋三郎右衛門、塚本村庄屋治兵衛、北野村庄屋治郎兵衛相心得、其度御入用高帳面ニ記、御役所押切請可申候、銀高弐百目以下相掛候節ハ御用達定治郎江直々御沙汰有之、入用高取調御役所御差図相伺取斗、尤同人ゟ右三人之内江可及通達筈ニ付、其節者得ト見届、惣代ゟ右廉々是又押切請置、払方前同様相心得、都而修復一条ニ付御入用筋ハ御押切印無之分ハ聊も郡中入用ニ相立間敷事

一② 前条之外郡中入用可成分定治郎方ニ而取扱附立置、郡中割ニいたし、来簡毎月晦日罷出候銀高惣代之もの見届、不相当之儀も有之候ハヽ、申談、逸々承知申様いたし置、六月、十一月両度惣割之節、前条修復入用之分共一同勘定決算之上、口々〆高巨細帳面ニ記、猶又押切ヲ請、壱冊ハ惣代預ヶ置、壱冊ハ御役所へ可差出事

一③ 郡中又者組合限差掛り御用向等有之節ハ、前条最寄惣代之もの御呼出、又ハ其品ニ寄出掛り之者江も被仰談候儀も可有之間、評議ハ無洩落様巨細申通、右ニ付無益ニ日間取、郷宿入用不相掛様厚心を用可取斗事

一④惣代之儀者仕来之通日掛雑用等不相立、飯代、筆紙墨・蠟燭代、飛脚而已郡中割入用ニいたし、猶又村々御用ニ而罷出候上者身分堅固ニ相慎、郷宿おゐて決而酒宴ヶ間敷儀等不致、郡中入用減方之儀、誠実ニ心掛、郷宿江も右之趣得ト申聞、郡中不為之儀無之様心を用、倹約ニ為取賄、尤右者是又郡中之者共心斗右之仕成方不致、郷宿共ヶ成取続方出来候様勘弁をも□江、又ハ一躰之儀郡中取続方ハ不容易事ニ而、兎角惣代共実意ニ無之候而者迚も不行届之儀ニ付、右之通相心得、私意ニ不泥、郡中并村為宜敷差置取斗、右ニ付銘々存寄有之候ハ、無腹蔵可申上事

但、村々ニおゐて寄合等有之節も本文准り候、聊も費之儀不致、諸事村入用相省可申事

一⑤定式入用之外万一臨時入用出来候節者、晦日毎罷出候惣代之ものゟ組限早速申通相談之上取極可申事

一⑥郡中入用定治郎江為立替置利足相掛候ハ、不益之躰ニ付、以来者勘弁いたし、凡積前広取立置、遣払候方可然哉ニ可有之処、右者村役人或ハ新田支配人之内仕来等ニ、既ニ其時々村方取集候手数を厭ひ利足相払立替等相願候者も有之哉ニ相聞候、右者必竟村為とも不相弁等閑之勤方、以後右体之儀決而致間敷事

一⑦御役宅御用之儀、定治郎方重立候下代罷出相勤候得共、修復其外小買物等之儀者定治郎自身相勤、尤聊之事ニ而も惣代ゟ申談、下代決携不申様被仰渡候間、惣代共も右之趣相心得入念万端正路ニ可相勤事

一⑧郡中入用帳其外諸書物之儀ハ毎月晦日罷出候惣代進退いたし取扱、交代之節者跡掛り之者江不洩様可引送事

一⑨御検見其外御廻村之節、前々仕来を以御礼として罷出候得共、右者聊ニ而も飯代其外雑費可相掛高、既先前御支配ニおゐても御沙汰有之儀ニ付、当御支配中も同様相止可申、且村々諸御出役之節ハ兼而厳重被仰渡候通酒菓子等決而不差出、村入用不相掛様可成丈省略いたし、若右を背、出役之者江対し不敬抔与心得違いたし酒菓子相差出馳走ヶ間敷儀いたし候ハ、急度御沙汰可有之間、前書之趣村々堅可相守事

一⑩御役宅内末々ニ至迄金銀諸品決而用立間敷、万一右体之儀有之候ハヽ、差出候当人者勿論、村役人江急度可被及御沙汰間、兼而其旨相心得、村々申合可置事

一⑪郡中入用之儀、近年追々減方ニ被相成、別而去々寅年格別之減も相附候儀ニ付、同年入用高銀拾四貫目を以年中入用之目当ニいたし、右ゟ嵩候年柄者其翌年目当高之内を以相償、同年者成丈ヶ残銀を以被払、年々操越等之儀無之様厚勘弁いたし、且右様之年柄ハ御役所江申上、御差図を請取斗可申事

一⑫上方筋御料私領江惣代ゟ掛合申奮之儀者郡中一体、又ハ組限等ニ拘候儀ニ付、若右様之他有之候ハヽ、先ツ其子細御役所可申立、差図請、取斗可申事

右被仰渡之趣一同承知奉畏候、且右之趣組合限及通達旨是又被仰渡、奉承知候、依之御請印形差上申処、如件

天保十五辰年
　十一月七日

摂泉河州村々郡中惣代

大和田村庄屋　治郎左衛門
海老江村庄屋　市右衛門
塚本村庄屋　治兵衛
□島村庄屋　庄右衛門
山口村庄屋　六郎右衛門
南新田支配人　甚兵衛
泉尾新田支配人　宗四郎
出来嶋新田支配人　久右衛門
友渕村庄屋　平兵衛
赤川村庄屋　小林重助
今市村庄屋　三郎右衛門
箕土津村庄屋　直右衛門
中喜連村庄屋覚兵衛煩代
中池田村庄屋　六兵衛
年寄　義左衛門

木部村庄屋　五郎兵衛　岡村庄屋　伊左衛門
野中村庄屋　猪十郎　河原城村庄屋　七九郎
平尾村庄屋　藤右衛門

前書之通郡中惣代江被仰渡候間、私儀も右之趣相心得修復其外等成丈自身罷出相勤候様可仕旨被仰渡、承知奉畏候、依之御請印形差上申候、以上

御用達
大坂屋定治郎(21)

天保一五年（一八四四）一一月七日、鈴木町代官に赴任したばかりの設楽は、史料冒頭にあるように「郡中入用減方取締」などについて「先前仕来」を再度取り調べたうえで、郡中入用軽減の具体的な方法を一二か条にまとめ、郡中惣代と用達大坂屋定次郎に指示した。史料1は、この取り決めに対する請書である。以下、「郡中入用減方取締」の具体的な内容を、郡中惣代に対する指示と、用達に対する指示とに分けてみていく。

郡中惣代に対しては、まず①③条目から「最寄惣代」制の導入を図ったことがわかる（後述）。次に④条目では、ⓐ郡中入用の費目について惣代の飯代・筆紙墨代・蠟燭代・飛脚賃のみとし、雑費を組み込まないこと、ⓑ「御用」で郷宿に滞在したさいに酒宴などせず、「郡中并村為」に「実意」をもって勤めること、そして、これらの点は村方での寄合のさいも同様であることが指示されている。これについては⑫条目においても「郡中一体」「組限等ニ拘候儀」と釘をさされている。さらに、代官役人との関係では、検見廻村時の「御礼」の禁止（⑨条）、代官下僚に対する金品贈答の禁止（⑩条）が取り決められている。また、郡中入用帳の管理、引き継ぎについても指示がなされている（②⑧条）。

用達大坂屋定次郎に対しては、郡中入用立替費の利足を取らない（⑥条）、代官所役宅御用は下代ではなく、定次郎本人が勤めることを取り決めている（⑦条）。また、⑥条目からは、設楽が支配所村々の負担を軽減させたことがわかる。

なお、⑪条目では、一年間の郡中入用費を、天保一三年（一八四二）の入用銀高一四貫目を目標とするよう、その定額化を図ろうとしていたことが知られる。

以上、「郡中入用減方取締」は、郷宿における郡中惣代の奢侈行為の禁止、用達の役得の廃止を中心として指示されたとまとめられよう。設楽は、これまで代官支配行政運営の中心を担ってきた用達と郡中惣代の関係から生じる冗費に目をつけたのである。ここで注目したいのは、両者の関係を利用して郡中入用軽減を図った「最寄惣代」制である。

鈴木町代官支配における「最寄惣代」とは、傍線部のように代官所役宅の破損修復および畳替、障子張替などのさい機能することを目的とした制度である。具体的には、修復費が銀二〇〇目以上の場合は「最寄惣代」に相談のうえ修復実施を決定し、二〇〇目以下の場合は用達大坂屋定治郎の主導で修復を実施するというものである。

その「最寄惣代」には、用件に応じて次の二タイプの惣代が任命されたことがわかる。修復費用について取り扱う「銀高引請取扱惣代」には、摂津国西成郡大和田村庄屋次郎左衛門、同国同郡海老江村庄屋市右衛門、同国同郡木津村庄屋喜右衛門、同国同郡南新田庄屋甚兵衛、同国東成郡友渕村庄屋平兵衛の五名が、修復工事について取り扱う「修復等之節罷出候惣代」には、摂津国東成郡今市村庄屋三郎右衛門、同国西成郡塚本村庄屋治兵衛、同国同郡北野村庄屋次郎兵衛の三名が任命された。

彼らは、すべて大坂周辺の郡中惣代たちであり、代官所の近くの「惣代」（「最寄惣代」）を呼び出すことで、郡中入用に組み込まれる惣代層の出勤費を減らそうとしたものと考えられる。そのねらいについては、③条目に「郡中又者組合」限りの「御用」を命じるさいには、「最寄惣代」のみならず、「其品ニ寄出掛り之者江も被仰談候儀も可有之間」と、その用件や惣代の出勤状態に応じて「御用」を命じる場合があることからも理解できよう。また、ここから「最寄惣代」には、代官所の「御用」を支配所村々に伝達する「触次」的機能があったことがわかる。

以上、設楽主導により命じられた「最寄惣代」制とは、代官所役宅の破損修復・畳替などの恒常的な問題処理の合理化を図ることで、郡中入用の軽減を目指した制度といえる。

第二節　鈴木町代官支配所における郡中―組合村制の基礎的分析
――河内国丹南郡東組を中心に――

本節では、岡村が所属する組合村（丹南郡東組）を中心に、鈴木町代官支配期の郡中―組合村制の基礎的分析をおこなうことにする。そのうえで訴願運動（それにともなう惣代参会）に着目して、畿内幕領における惣代庄屋について、次節を含めて考察を加えることにしたい。

まず、近世後期以降における岡村の支配変遷をまとめた表3によって、同村が鈴木町代官支配下にあった時期を確認すると、①天保一五年（一八四四）一二月～弘化四年（一八四七）七月、②嘉永二年（一八四九）～嘉永六年（一八五三）の二期ある。支配期間に注目すると、一〇年を越える高槻藩預り所時代、信楽代官所支配時代を除けば、最短で八か月、最長で四年七か月となり、他の幕領同様、頻繁に支配代官が交代していたことがわかる。なお、ここで分析期間とする鈴木町代官支配第二期は四年七か月である。

表３　近世後期における丹南郡岡村の支配変遷

期間		支配	
寛政11年(1799)			
	【41年】	高槻藩御預所(永井日向守)	A
天保11年(1840)５月			
	【４年７か月】	大津代官所(石原清左衛門、都筑金三郎)	B
天保15年(1844)12月			
	【２年７か月】	大坂鈴木町代官所(設楽八三郎)	C
弘化４年(1847)７月			
	【８か月】	大津代官所(都筑金三郎)	D
弘化５年(1848)３月			
	【１年】	大坂谷町代官所(竹垣三右衛門)	E
嘉永２年(1849)３月			
	【４年７か月】	大坂鈴木町代官所(設楽八三郎)	F
嘉永６年(1853)10月			
	【13年９か月】	信楽代官所(多羅尾久右衛門)	G
慶応４年(1868)７月			

次に、表4から岡村が所属する組合村構成村の変遷を確認したい（カッコ内アルファベットは表3に対応）。その構成村に変化がみられるのは、①鈴木町代官（C）から大津代官（D）へ、②鈴木町代官（F）から信楽代官（G）へ交代するときの二度のみである。とくに野中村、野々上村、伊賀村は明治維新を迎えるまで同じ組合村に属し、この三か村に多治井村、小平尾村を加えた隣村五か村が基本構成村となっていた。鈴木町代官支配第二期（F）は、岡村を含め表中の一一か村で組合村を構成し、丹南郡東組と称していた。

鈴木町代官河内国支配所には、丹南郡東組のほか、丹南郡西組、丹北郡、古市郡、安宿部郡、錦部・石川郡の六つの入用負担単位（=組合村、ただし、安宿部郡は国分村のみ）が存在し、この河内国内の六つの組合村を合わせて「郡中」と呼んでいた。すなわち、ここでいう郡中とは、鈴木町代官全支配所を示すのではなく、河内国支配所を示すものである。

E	F	G	村高	庄屋
	丹南郡東組＊1	岡村組＊2		
岡　村	岡　村	岡　村	739石4升6合	岡田伊左衛門
野中村	野中村	野中村	829石7斗4升	林猪十郎
野々上村	野々上村	野々上村	310石2斗5升6合	浅田源吾
伊賀村	伊賀村	伊賀村	487石8斗5升5合	今西藤右衛門
多治井村	多治井村		695石1斗9升	小谷
小平尾村	小平尾村		519石5斗8升4合	脇田
			388石4斗5升2合	松原藤蔵
北宮村	北宮村		348石3斗3升8合	坂本
南宮村	南宮村		301石9斗5升5夕	和田
河原城村	河原城村		582石6斗2升	大谷七九郎
平尾村	平尾村		617石3斗6升7合7夕5才	小野藤右衛門
埴生野新田	埴生野新田		120石4斗3升6合	（未詳）
		5522石3斗3升8合	2376石8斗9升7合	

註：河内国内のその他の組合村。
＊1 丹南郡西組1197石5斗3升／丹北郡1092石4斗3升8合／古市郡2196石1升9合／安宿部郡1473石2斗9升1合／石川郡・錦部郡1401石1斗3升3合
＊2 東弓削組1万6527石2斗1升4合／志紀郡1498石9斗2升1合／河内郡3668石7斗2升6合／八尾組4997石4斗6升／河原城組2325石6斗3升9合5夕

一　地域的入用からみる郡中―組合村制

ここでは、鈴木町代官支配第二期において岡田家に残存する「組合村入用勘定帳」「郡中入用勘定帳」（章末掲載、表5・6、史料名は表中に記載。以下「組合村入用帳」「郡中入用帳」と略）を中心に検討する。「組合村入用帳」は、組割がおこなわれる毎年六月と一二月に、「郡中入用帳」は、郡中割がおこなわれる毎年六月と一一月（前掲史料1②条目参照）に基本的に作成された。岡田家に残存する郡中―組合村に関する地域的入用勘定帳は、前節で使用した「年始御礼」「八朔御礼」「暑気寒気見舞」の各入用勘定帳のほか、「御検見入用勘定帳」「郷中勘定帳」などがある。「郷中勘定帳」については、「組合村入用帳」に「郷帳ニ付出ス」などの記載が見られることから、その関係を明らかにする必要があるが、今後の課題とすることをあらかじめ断っておく。(22)

(1) 組合村入用

「組合村入用帳」は全七冊あり、この記載を立替負

表4　岡村所属の組合村の変遷

A	B	C	D
丹南郡七か村		丹南郡東組	
岡　村	岡　村	岡　村	岡　村
野中村	野中村	野中村	野中村
野々上村	野々上村	野々上村	野々上村
伊賀村	伊賀村	伊賀村	伊賀村
多治井村	多治井村	多治井村	多治井村
小平尾村	小平尾村	小平尾村	小平尾村
阿弥村	阿弥村	阿弥村	
			北宮村
			南宮村
			河原城村
			平尾村
			埴生野新田
		3970石1斗	

出典：岡田家文書「年頭・八朔御礼」「暑中寒中見舞」「組合村入用帳」より作成。村高、庄屋名はF期による。

担者別にまとめたものが表5である。なお、①嘉永二、三年分（一八四九、五〇）は六月分のみ、②嘉永五年（一八五二）六月からは、丹南郡東西両組による入用帳が作成され、これがそれまでの「組合村入用帳」の内容を示している（期間中三冊、表5—3、表5—4—1、表5—5—1）。

まず費目については、次のように大別される。

a惣代庄屋の大坂出勤費（代官所への年頭御礼・八朔御礼・暑中寒気見舞、郷宿濱屋での参会、歎願書提出など。出勤一日定額六匁）

b郷宿関係費（郷宿からの飛脚賃など）

c組合村間連絡費（各村間の飛脚賃・人足賃、六郡、四郡、三郡参会のため綿屋喜兵衛へ出勤費、平尾村庄屋小野宅参会出勤費、その参会諸入用費など。出勤一日定額四匁）

d郡中割の組負担分（六郡、四郡、三郡入用の組負担分）

e代官所役人等への儀礼的贈答費（「内窺」入用、役代り祝儀、餞別、香料、年頭・八朔御礼・暑気寒気御見舞入用、訴願実現・廻村に対する「御礼」費など）

fその他（代官所への御用飛脚賃、紙代、代官所役人廻村入用費など）

次に負担方法について。負担基準は、高割と村割が併用されている。[23] 両者の割合がいかに決められたか知るこ

	嘉永３年12月	嘉永４年６月	嘉永４年12月	嘉永４年６月	嘉永５年12月	嘉永６年６月
	158匁9分6厘	623匁5分1厘	399匁2分6厘 183匁4分1厘	758匁9分6厘 89匁9分9厘	679匁6分2厘 179匁5分	672匁7分2厘 366匁3分2分
	36匁9分1厘	1458匁3分	1119匁1分6厘	14匁 111匁2分5厘	235匁2分7厘	124匁2分7厘 110匁
		8匁	51匁7分	8匁	321匁2分4厘	280匁2分2厘 46匁
		146匁	36匁	45匁	24匁 28匁	28匁 43匁
		126匁	71匁 14匁	14匁	28匁4分 42匁	16匁 4匁
		4匁	28匁	20匁5分6厘	12匁	
		4匁	47匁1分7厘	4匁	147匁3分1厘	

とはできないが、半年分の総支出額を計上し（表中①）、そこから村割分（表中②）が引かれ、その残額（表中③）を高割にして、高一〇〇石当たりの負担額を算出し（表中④）、各村に割り付けるという方法がとられている。なお、高割するさいに端銀がでる場合は、多く割り付けていたようである（表中⑤⑥）。

丹南郡における「組合村入用」の立替負担者（各村庄屋分のみ）を表7にまとめた。これによると、平尾村小野藤右衛門と岡村岡田伊左衛門の二名の負担が大きいことがわかる。とくに岡田家は、嘉永二年～同四年（一八四九～五一）においては全額の六割程度の費用を立て替えていた。

⑵郡中入用

「郡中入用帳」は全九冊あり、この記載を立替負担者別にまとめたものが表6である。このうち、鈴木町代官河内国支配所の「六郡」すべてが分担したものが五冊（嘉永三～六年）、丹南・丹北・古

表7　丹南郡における組合村入用立替負担者

	嘉永２年６月	嘉永３年６月
小野藤右衛門 (平尾村)	145匁5分	348匁1分4厘
岡田伊左衛門 (岡村)	385匁3分5厘	1075匁5分3厘
林猪十郎 (野中村)	24匁	417匁5分6厘
今西藤右衛門 (伊賀村)	41匁 28匁	28匁
浅田源吾 (野々上村)	14匁	64匁
大谷七九郎 (河原城村)	25匁	22匁
脇田 (小平尾村)	43匁	
坂本 (北宮村)	6匁8分	

註：上段は組合村入用、下段は郡中入用を示す。郡中入用は、六郡・四郡・三郡の合計値を示す。郡中入用については参考。

市・安宿部郡の「四郡」が分担したものが二冊、丹南・丹北・古市郡の「三郡」が分担したものが二冊という内訳になる。「四郡」「三郡」の勘定帳は、嘉永五年（一八五二）以降に作成されたものである。

まず費目については、次のように大別される。

a郡中惣代の大坂出勤費（「御六分勘定立合」、郡中割、歎願書提出、郷宿濱屋・亀屋での参会など。出勤一日定額七匁）

b郷宿関係費（飛脚賃など）

c郡中間連絡費（各村間の飛脚賃・人足賃、参会出勤費など。出勤一日定額四匁）

dその他

「郡中入用帳」の費目で特徴的なことは、a郡中惣代の大坂出勤費の項目数が大半を占め、その費目構成がシンプルなことである。この点については、他の幕領でみられるような代官所役宅（陣屋）の普請入用などの費目が、用達の割り付ける段階で一括され、郡中割入用分として組合村に賦課されてしまうためであろう。郡中惣代にとって、用達との間でおこなう郡中割の立ち会い（「御六分勘定立合」）という職務は重責であったと考えられる。

次に負担方法について。負担基準は高割である。まず、半年分の総支出額を計上（表中①）、高一〇〇石当たりの負担額を算出し（表中②）、各郡に割り付けるのが基本である。なお「組合村入用帳」同様に、高割するさいに端銀がでた場合は、多く割り付ける場合が多い（表中③④）。各郡への割付が済むと、立替者の立替負担分が、所属の郡の割付額から差し引かれ、その額をもって、他郡との決算がなされた。この決算は、嘉永六年（一八五三）六月「郡中入用帳（六郡）」に「前々有之不足銀（中略）石川郡不足ニ受取分」とあるように（表6―4―1）、半期ごとに必ず精算されるものではなかった。この方法は「四郡」「三郡」いずれの場合も同様である。

以上、鈴木町代官河内国支配所における地域的入用の負担構造は、「六郡入用」「四郡入用」「三郡入用」と、費目に応じて郡中内においても重層的な構造をもっていたことがわかる（前掲表2参照）。これは、郡中―組合村の間で様々な利害関係が複雑に絡んでいたためと考えられる。この点について、郡中惣代の職務のひとつである訴願書の提出を中心に次項および次節を含め検討する。

2　郡中惣代の職務と訴願運動

河内国支配所の郡中惣代の職務として、①鈴木町代官所などへ訴願書提出のための出勤、②郷宿濱屋卯蔵、亀屋喜一郎への参会出勤、③「御六分勘定」への立ち会いがあげられる。いずれも大坂に出向く必要があり、郡中惣代の職務は大坂での勤務が中心であったといえる。「郡中入用帳」（表6）によれば、この出勤者は、丹南郡平尾村小野藤右衛門、石川郡山田村筒井亀太郎にほぼ固定されていたことがわかる。(24)

次に掲げる史料は、嘉永四年（一八五一）一二月四日、鈴木町代官全支配所の惣代たちが提出した歎願書である。

〔史料2〕

乍恐以書附奉歎願上候

当御支配所
摂河泉州
郡々村々

一 去戌年諸国一体違作之儀者御見聞被遊候通ニ候処、御支配所郡々之儀就中見込違ニ而種々迷惑仕、且者米価高直ニ随ひ格外之御直段付、①無拠三分一・十分一銀納之分前拾ヶ年平均御直段被仰付度段去戌年奉願上候処、当八月ニ至り御沙汰難被及段御下知之旨被仰渡候処、兼而奉申上候種々年柄ニ而可仕様無御座候ニ付人気不成候得共、村役人共ゟ説得仕候上、②前五ヶ年ニ取縮平均御直段之儀奉願上、尤凡積りニ而上納も仕置候旨奉願上候上者、百姓共窮迫仕候儀者御憐察被為成下、乍恐必定御聞済ニ可相成与愚昧之百姓一途ニ相心得候儀者素ゟ、当亥立毛之儀六月土用中ゟ炎暑ニ而生立も宜敷故、先程申上候通色々掛引ヲ以肥手仕合ニ付、稲作出穂之頃迄出来柄相応ニも相見候、綿作とてもヶ成ニ生立候ニ付、御憐愍之御沙汰預り候上満作取入候ハヽ、昨年之埋合ニも可相成与一同相楽し罷在候処、取入之時節ニ至り天気相崩レ雨天続ニ而差障り候哉、御検見之節村々御□被為在候出合之通格別豊熟与難申上候、綿作之儀者別而違作ニ而、場所ニ寄昨年ニ不相変向も御座候得共、夏以来一体豊作之旨申触候故御取箇御引も不相立、其上近年悪年続ニ付干鰯其外肥手代銀并ニ借財銀利足相滞勝ニ相成候処、右満作之風説ニ而一時ニ勘定可仕旨手強く催促受、其外右ニ准し迷惑難渋相重り候、③然ル処、前書五ヶ年平均御願之儀も猶又御沙汰難被及旨御下知之段、小前へ申聞候而者混雑可仕与心配仕候得共、被仰渡之儀ニ付無是悲小前へ申聞候処、是迄相続仕兼餓死離散之者者仕方無御座候得共、ヶ成ニ取続御仁恵之御沙汰相楽罷在候もの者所持之品々迄も悉ク当夏高直之夫食買入、肥之代銀等之仕廻し、身元相応之者も実以手薄ニ相成、其余ハ日用之凌方差支必至難渋仕、其上右御願之儀御取用無御座候而者一ヶ

年之御収納一時之相納候様成行、銀子才覚之手段尽果途方ニ暮罷在候、斯迄一同内実差詰り候儀者難紙上尽候、乍併従来御料所ニ住居仕

奉蒙御国恩候得共、最早住居も難相成姿ニ而追々潰百姓も出来候模様ニ御座候間、甚以恐多御儀ニ候得共、④昨年凡見積を以御上納仕置候残銀之分、来子年ゟ廿五ヶ年賦ニ而御取立被為成下様不顧恐伏而奉願上候、右御聞済被為成下候ハヽ、乍細々百姓相続仕、広太之御仁恵之程一同難有仕合奉存候、以上

嘉永四亥年

十二月四日

右郡々村々

惣代[25]

右の史料から訴願運動の経緯を中心にみていくことにする。嘉永三年（一八五〇）、定式石代納である三分一・一〇分一銀納分を前一〇か年の平均直段で徴収してくれるよう歎願したが、嘉永四年（一八五一）八月に不採用となった（傍線部①）。そこで、おおよその見積りを立て上納したうえで、前五か年の平均直段で改めて徴収してくれるよう願ったが（傍線部②）、これも不採用となった（傍線部③）。ゆえに今回は、先におおよその見積りを立て上納した定式石代納のうち残銀分を二五か年賦で上納したいと歎願したことがわかる（傍線部④）。

以上の経緯を、「郡中入用帳」に記される郡中惣代筒井と小野の出勤状況から再整理したい（表6―1参照）。嘉永四年（一八五一）七月一八日「三分一直段平均願御沙汰ニ不及段御召出勤」とある（A）。このわずか三日後の七月二一日、郡中惣代両名は「三分一直段平均願再願書出勤」している（B）。傍線部①の歎願書不採用は八月とあるので、Bの訴願が不採用となったことを示すと思われる。つまり郡中惣代による歎願書提出は、史料2に示されるより一回多いようである。その約一か月後の八月二六日に「三分一平均五ヶ年願」とあり、傍線部②の歎願書提出日が確定する。そして、これも不採用となり、史料2の歎願書提出となった。ここで注目したい

のは、短期間（二か月）のうちにあの手この手で対応していく惣代層の政治的能力である。

〔史料3〕

乍恐以書附奉願上候

御支配下河州　丹南郡、丹北郡、古市郡、石川、錦部郡村々

一当村々御年貢之儀、十分一、三分一并御口米等者自往古銀納ニ而納来候所、御江戸表御米繰不宜ニ付、近年三分一銀納之内十分一并御口米米納ニ被為仰付、御利解ニよつて承知奉畏罷在候、然ル所、南河内之義者元来用水不足仕、木綿作茂多分仕付候故、年々御上納上米撰立兼、大ニ心配仕、且又大坂湊迄ニハ遠くニ付、多分五里外御用捨被為下置候村々、又者川岸迄も余程ニ相隔り牛馬人夫ニ而津出致し、尤川水渇水之節者籾者船積下ヶ等も類取不申、右躰色々手数相掛り、右ニ付而者納入用も多分相懸り、一内之百姓難渋仕候間、何卒三分一十分一御口米等都而米納之義者御赦免被為成下、古来之通銀納ニ被為仰付成下度、乍恐御願奉申上候、右願之趣別格之御憐愍ヲ以御聞済被成下候ハヽ、村々惣百姓一同全御慈悲之程忘却不仕重々難有奉存候、已上

嘉永五子年
閏二月

右郡々村々惣代

平尾村　藤右衛門
阿弥村　藤　蔵
岡　村　伊左衛門
野中村　猪十郎
高見村　喜右衛門

――[26]

史料3は、三分一・一〇分一・口米等（定式石代）の米納を命じられた鈴木町代官河内国支配所（郡中）の村々が、嘉永五年（一八五二）閏二月、従来通りの銀納を願い出た歎願書である。河内国支配所では、鈴木町代官全支配所（摂津・河内・和泉三国）による訴願運動を展開する一方で、郡中単位による訴願運動を進めていた。歎願書には、元来用水不足であること、綿作地帯であること、大坂の津出し場所まで遠いため「五里外御用捨」を受けている村が多いこと、また河岸までも遠いため牛馬賃銭が嵩むことなどが記され、河内国の地域性を活かした訴願運動を展開した点が注目される。

これら定式石代納をめぐる一連の訴願運動の発端といえる嘉永三年（一八五〇）の歎願書では「御料所ハ御一躰之事」[27]を主張する村々があった。ゆえに、史料2では鈴木町代官全支配所が同一の論理で歎願書を提出する対応をみせたといえる。これに対して、河内国支配所では、全支配所一体の訴願運動を展開している最中に、史料3のように地域性を活かした論理で別の訴願実現を目指さなければならなかったのである。

では、二つの訴願運動の結果はどうなったのか。鈴木町代官全支配所のものからみていこう。

〔史料4〕

差上申御請証文之事

一摂河泉州村々去々戌年之義稀成違作ニ百姓共必至与困窮ニ差迫り取続方難出来、其上同年之儀米価高直ニ随ひ石代直段も格別相懸上納難儀ニ付、同年定式石代之内巳年ゟ酉年迄五ヶ年平均直段を以上納之義、并ニ戌年ゟ立直段与右平均直段与差引間銀之分ハ戌亥弐ヶ年延、当子ゟ酉迄拾ヶ年賦上納被仰付度旨奉願上候ニ付

御伺被成下候処、御伺之通ニハ難被仰付、去ル午ゟ去々戌年迄五ヶ年平均直段
　摂津国　十分一直段銀九十四匁四分四厘四毛
　　三分一直段銀百七匁三分三厘三毛
　河内国　十分一八十八匁四厘三毛
　　三分一九十九匁六厘六分六厘四毛
　和泉国　十分一九十五匁七分九厘八毛
　　三分一百六匁弐厘八毛
右直段を以相納、其余間銀之義、戌亥弐ヶ年延、当子ゟ来ル酉迄拾ヶ年賦上納可仕旨廻達仕、上納残銀之分ハ御触有之次第早々上納可取計被為仰渡、一同難有承知奉畏候、依而御請証文差上候処如件

　嘉永五年
　　子十月七日
　　　　　　　　　　　　　　摂河泉
　　　　　　　　　　　　　　　郡々惣代連印(28)

右の史料によれば、嘉永五年（一八五二）一〇月七日、惣代側と代官側で次のような合意がなされたことがわかる。①定式石代上納直段については、惣代側の希望した期間ではないが、弘化三年〜嘉永三年（一八四六〜五〇）の五か年平均直段とすること、②このように直段決定した定式石代納の残銀分、間銀については、嘉永五年（一八五二）から一〇か年賦で上納することが決められた。いずれも惣代側は提示した条件を譲歩しているが、史料2の歎願内容と比較すると、①定式石代納五か年平均直段による上納、②残銀分の年賦上納というラインを守ったことがわかる。

以上から、鈴木町代官全支配所の訴願運動は、一応の成功をみたといえるであろう。一方、河内国支配所の定

式石代米納化反対運動の結果については、管見の限り知ることができない。だが、次節においてみるように河内国支配所では、同時期に定式石代米納化反対運動とは別の訴願運動を進めていた。

第三節　岡田家の政治的活動——藤井寺綿屋喜兵衛での惣代参会——

前節でみた鈴木町代官全支配所による訴願成功の背景に、大坂の郷宿濱屋卯蔵や亀屋喜一郎の存在があったことは、「郡中入用帳」の支出項目をみれば明らかであろう。郡中惣代たちは同所で頻繁に参会し、情報交換していたのである。この訴願が実現した二週間後、河内国支配所の郡中惣代筒井・小野は、「石代平均年賦相成候ニ付、摂州郡中ニ而勘定平均之儀被申出候ニ付出勤」している（表6—3—1）。訴願実現にとって、大坂郷宿での参会は、他郡中との合意を図るうえで重要な意味をもっていたことが改めて確認される。ここでは、訴願実現に向けて惣代たちが大坂郷宿で参会することを「中央型惣代参会」と呼んでおきたい。(29)

では、河内国支配所の独自の運動は、どこを拠点としておこなわれたのか。「組合村入用帳」において参会場所として頻りに登場するのが「綿喜」である。「綿喜」とは、丹南郡藤井寺村において旅人宿を経営する綿屋喜兵衛のことである。(30)また、郡中惣代である平尾村小野藤右衛門宅も参会場所としてよく利用されていた。

綿屋喜兵衛における惣代参会の実態を示す史料として、「参会入用帳」「参会覚日記帳」などがある（以下、「参会入用帳」）。この帳簿の内容は、惣代参会の実施日と、そのさいの酒食代等が中心であるが、惣代参会案件や参会出席者が記されているときもある。これらの記載をまとめた表8によれば、綿屋喜兵衛での参会出席者の範囲は、丹南郡東組、丹南郡両組、三郡、四郡、そして六郡と、すべて河内国支配所内である。すなわち、綿屋喜兵衛は、河内国支配所の惣代たちの政治的活動の拠点として機能していたのである。

表8　藤井寺村綿屋喜兵衛における惣代参会

年	月日	参会案件		経費	参会者		出典
嘉永2年	9月15日	難波蔵納振替米之分相談用	(三郡)	122匁4分7厘			E-3-31-7
嘉永3年	6月6日	(貯夫食一件) (御廻米一件) (四郡勘定)	四郡	111匁4分5厘	石川郡山田村、喜志村、新堂村平井、丹南郡東組岡田、浅田、小野、今西、林、丹南郡西組阿弥村松原、古市郡古市村森田、丹北郡田井城村今田	12	E-3-31-7 E-10-4
	6月7日	(貯夫食一件) (御廻米一件) (四郡勘定)	四郡	100匁7分2厘	丹南郡東組岡田、浅田、小野、今西、林、河原城村三右衛門 丹南郡西組阿弥村松原、古市郡古市村森田、丹北郡田井城村今田、鍋左		
	6月15日		(三郡)	118匁1分	丹南郡東組11人、丹南郡西組阿弥村松原、古市郡古市村森田、丹北郡田井城村今田	14	
	6月21日	当組勘定	東組	50匁2分			
	7月10日	当組用談掛り	東組	16匁9分			
	8月19日	摂河勧化物願掛り	(三郡)	56匁1分3厘	丹南郡岡田、林、小野、今西、古市郡清水	5	
	8月晦日		(四郡)	101匁3分	丹南郡東組松原、小野、林、岡田、浅田、今西、丹南郡藤井寺村又右衛門、古市郡古市村森田、軽墓村麻氏、西浦村長右衛門、志紀郡古室村九兵衛、沢田村桜井、安宿部郡玉手村治郎兵衛、国分村八右衛門	14	
	10月8日	歎願掛り	(三郡)	160匁5分	丹南北古市村々		
	10月23日	丹南東組掛り	東組	18匁7分			
	11月5日	四郡入用	四郡	167匁1分6厘			
嘉永4年	正月24日			282匁4分4厘			E-3-32-2
	2月5日	座頭一件参会		216匁5分2厘			E-10-6-9
	2月8日	丹南郡両組	両組	143匁2分			
	2月11日	四郡	四郡	736匁3分2厘			
	3月17日	四郡参会	四郡	54匁2分5厘			

	3月18日	四郡参会	四郡	42匁4分3厘			
	3月28日	四郡参会	四郡	160匁7分9厘			
	4月9日	四郡参会	四郡	163匁5分3厘			
	4月15日	六郡参会	六郡	160匁1分8厘	石川郡山田村筒井、丹南郡小野、岡田、林、松原、浅田、今西古市郡古市村森田、丹北郡田井城村今田、石川郡新堂村平田、喜志村谷、安宿部郡国分村乾、	12	
	5月17日			17匁			
	7月4日	(二条御米勘定)		53匁6分9厘			
	7月5日	(二条御米勘定)		190匁9分2厘			
	10月16日	丹南郡両組御廻米参会	両組	89匁2分			
	10月18日	江戸御廻米一件四郡惣代参会	四郡	248匁6分5厘			
	11月晦日	四郡	四郡	122匁4分5厘			
	12月朔日			22匁9分5厘			
	12月2日			20匁5厘			
嘉永5年	2月4日	四郡(不調米一件)	四郡	63匁9分			M-1-2
	4月24日	四郡	四郡	69匁8分			
	4月25日	四郡	四郡	100匁5分5厘			
	7月20日	三郡	三郡	147匁6厘			
	11月6日	丹南郡東組	東組	38匁5分	(岡田、小野、浅田)		
	11月11日	三郡	三郡	120匁1分			
	12月4日	(四郡立合勘定)		92匁6分4厘	(小野、岡田、林、今西、浅田)		
	12月5日			173匁9分6厘			
嘉永6年	4月21日	四郡	四郡	80匁4分5厘			E-3-34-11
	6月25日	四郡	四郡	54匁8分			

ここでは、このように郡中内の惣代庄屋たちが、その地域の旅人宿などを拠点としておこなう政治的活動を、大坂に出勤する「中央型惣代参会」に対して、「地域型惣代参会」と呼ぶことにする。では、綿屋喜兵衛を利用した「地域型惣代参会」運営の中心は誰であるのか。

「参会入用帳」の裏表紙には、中央に「岡田伊左衛門様」とあり、その右下に「綿屋喜兵衛」と書かれている。この帳簿は綿屋喜兵衛が作成し、岡田家へ差し出したものである。つまり、岡田家は綿屋喜兵衛方でおこなう参会諸費用を、参会の度に一括して立て替え、綿屋に納入していた。「組合村入用帳」における岡田家の立替額の多さは、この費用によるところもある。岡田家は、「組合村入用」「参会入用」のなかで「地域型惣代参会」に関わる諸費用の多くを立て替えることで、鈴木町代官河内国支配所の惣代庄屋たちの政治的活動を支えていたのである。

１　夫食金囲拝借運動

さて、前節でみた定式石代米納化反対運動とは別に、河内国支配所だけで展開していたもう一つの訴願運動とは「夫食貯穀御拝借」運動である。(31)「夫食貯穀」については、鈴木町代官支配第一期の弘化三年（一八四六）に「非常為備囲方」を指示されるなどの変更を経ながら、(32)同支配第二期のもとでも継続されていた。嘉永三年（一八五〇）は「大違作ニ付村々小前百姓共難渋飢人数多出来」という状況であり、河内国支配所では、嘉永四年（一八五一）二月一四日～五月一五日の間に三度の夫食貯穀拝借願をおこない、いずれも成功させていた。なお、「組合村入用帳」によれば、一度目は二月一四～一五日、二度目は三月二一～二六日、三度目は四月一～四日であったことがわかる。そこで、五月二〇～二一日に四度目の拝借願をおこなったが、不採用となり、六月一九日に再度拝借願をおこなった（表5―1）。この結果は未詳であるが、翌嘉永五年（一八五二）三月、岡村庄屋岡田伊左衛門は、鈴木町代官役所へ次のような訴願をおこなった。

〔史料5〕

乍恐以書附奉願上候

御下河州丹南郡岡村庄屋　伊左衛門

一私組合村々貯夫食之内金囲被為仰渡候、去々戌年分此度村々ゟ上納可仕候、然ル処、右金子自然外郡へ御貸下ニも可被為成下御義ニ御座候ハヽ、何卒私へ御拝借仕度、同郡之義近年違作ニ而小前難渋折柄之義ニ付、右村々へ融通仕度奉存候間、格別之御憐愍ヲ以金百弐拾七両永九拾壱文五分御貸下ヶ被為成下度乍恐奉願上候、年五朱利足之儀、毎年十二月十日限御上納可仕候、右願之通御聞済被成下候ハヽ、一同難有奉存候、以上

嘉永五年

右

子三月

伊左衛門

鈴木町

御役所(33)

右の史料によれば、丹南郡支配所は、「夫食貯穀」のうち「金囲」を命じられ、嘉永三年（一八五〇）から上納金を供出していた。この上納金は、前節でみた鈴木町代官全支配所の訴願で勝ち取った定式石代納の平均年賦金納入にも充てられていた。(34)また、傍線部のように、「金囲」への上納金が丹南郡以外の鈴木町代官支配下の村々に下げ渡されることもあった。これに対して、岡田家は「小前難渋之折柄」であるから私が拝借し、丹南郡支配所内で融通したいと願い出たことがわかる。

〔史料6〕

乍恐以書附願上候

河州丹南郡村々

右村々貯夫喰之内金囲去々戌年分岡村伊左衛門ゟ御貸下ヶ之儀奉願上候趣承知仕候、同人義ハ身元相応之相暮し、兼而実意之仁ニ付、同人御貸下ヶ被為成下候ハヽ、村々一同大ニ安心仕候間、私共ゟも倶ニ御願奉申上候、何卒同人願之通右之段御聞済被成下候ハヽ、一同難有奉存候、以上

嘉永五年

子三月廿日

右村々惣代

岩室村庄屋　作左衛門

阿弥村庄屋　藤　蔵

野中村庄屋　猪十郎

平尾村庄屋　藤右衛門

鈴木町

御役所(35)

史料6によれば、この歎願書提出は、岡田家単独の行動ではなく、丹南郡支配所の惣代庄屋四人と連携した訴願運動であったことがわかる。惣代庄屋の意見によれば、岡田伊左衛門は「身元相応之相暮し、兼而実意之仁」であるので、岡田家で拝借してくれれば「村々一同大ニ安心」としている。この夫食金囲拝借運動中の「組合村入用帳」には、「岡田ニ而借入銀一件相談」「岡田へ度々引合」などの費目が計上されている（表5―5―2）。岡田家は、丹南郡支配所の庄屋たちと相談を重ね、歎願書を提出していたのである。

〔史料7〕

「(表紙)
御金拝借証文

河州丹南郡岡村

庄屋伊左衛門」

御金拝借証文之事

一金百弐拾七両永九拾壱文五分　但利足年五朱

右者御支配所河州丹南郡貯穀金囲御主法之内、同郡村々凶年并山崩水難其外非常之節為御備私へ御貸下之儀、郡中依願書面之金子拝借被仰付、無相違奉請取候、然ル上者年五朱之利合年々十二月十日限無遅滞上納可仕候、尤不時御入用之節者御沙汰次第何時ニ而茂返納可仕候、為後証拝借証文依而如件

御支配所

河州丹南郡岡村

拝借人　庄屋　伊左衛門

年寄　専右衛門

同　藤左衛門

嘉永五子年三月

設楽八三郎様

御役所

前書之通相違無御座候、依之私共惣代ヲ以奥書印形奉差上候、以上

右郡中惣代

平尾村庄屋　藤右衛門
野中村庄屋　猪十郎
阿弥村庄屋　藤　蔵
岩室村庄屋　作左衛門

右之通西之内紙ニ相認奉差上候写也(36)

右の史料によれば、「河州丹南郡貯穀金囲御主法」のうちから「村々凶年并山崩水難其外非常之節為御備」を名目として、岡田家の拝借金が実現したことがわかる。

以下、この訴願運動が岡田家による歎願書提出という形で成功した要因を考えてみたい。丹南郡村々惣代たちが、岡田家の経済力を頼りにしていたことはいうまでもないであろう。そのうえで、訴願文書内ではあるものの、「身元相応之相暮し、兼而実意之仁」と岡田家を評していたことに注目してみたい。

岡田家は周辺地域で起きた村方出入りの取扱人に度々なっている。管見の限りでは、文政二年（一八一九）五月の丹南郡野々上村と伊賀村の水論一件の取扱を初出として(37)、嘉永二年（一八四九）七月の丹南郡多治井村出入一件(38)、嘉永五年（一八五二）三月の石川郡富田林村出入一件(39)が確認される。岡田家は、周辺地域の調停役としての機能も果たしていたのである。

代官所役人と岡田家の関係にも注意したい。「組合村入用帳」によれば、①嘉永四年（一八五一）の「八朔御礼」（表5―2）と嘉永六年（一八五三）の「寒気見舞」のための出勤費（表5―5―1）、②嘉永二年（一八四九）に用件はわからないが「御内窺之義有之入用」、③今回の訴願実現後の四月二日「夫食御貸下御礼」として元〆中沢良左衛門に金弐分を贈っていたことがわかる（表5―4―1）。岡田家は、「御用」や訴願書提出のため代官所役宅へ出勤する存在（郡中惣代）ではなかったが、代官所役人と深く関係をもった存在であったのである。すなわち、岡田家は、地域に根を下ろしていた一方で、代官所に対しても顔がきく存在であった。だからこそ、丹南郡支配所（組合村）の庄屋たちから訴願実現のため歎願書を提出してくれるよう依頼されたのである。

2　代官設楽八三郎永勤願運動

本章では、個別代官とその支配所村々との関係性に留意しつつ、鈴木町代官支配下における惣代庄屋の存在形態について検討してきた。本章をまとめるにあたり、長文であるが次の史料を掲げたい。

〔史料8〕

（表紙）「鈴木町御代官設楽八三郎様御場所替之風聞有之候ニ付、御支配所一同大坂奉行様へ御歎訴書附写」

　乍恐書附を以奉願上候事

一① 設楽八三郎御代官所摂河泉州三ヶ国郡々村々百姓共存意乍恐左ニ奉願上候者、於御公儀様下方御憐愍者難尽言語、御仁政専ニして御撫育被為行渡、一同挙而難有奉存候、然者当御代官設楽八三郎様御義、去ル弘化元辰年ゟ大坂江被成御越、御在役中御勤方御清直ニ而、御元〆・御手附・御手代中都而御手廻り衆ニ至迄、御代官様御趣意随意被致候故、万端触行届百姓撫育而已厚御心配被為成下、尚又御用締ニ候、村方作物之儀懇ニ御尋被為成候、耕作第一ニ御心添、殊ニ農業出精之百姓、或ハ末々者、孝心奇特者ニハ夫々御褒詞之上為御褒美銭金等被為下置、行跡不宜候者ニハ御教諭被下候ニ付、銘々相慎、自然与風義も立直り、末々百姓共も一同丹精を凝し農業相励み村方治り宜敷候事

一② 御定免村々ニハ耕地作方ニ励み有之、検見村ニ而ハ自然与作方怠ニ茂相成哉之旨被仰聞御尤ニ奉存候、村ニ

ハ追々御定免地与相成候、尤相残候御検見村ニハ全不宜村ニ御座候処、是等之御廻村ニハ兎角御自分様御手軽ニ御勤、無益之雑費相掛不申様厳重被仰付候事
一③御役宅御修復入用向格別御倹約之上、郡中入用ニ仕来候分迄も御自分御入用被成下も口々有之、又ハ御用向ニ付村役人共郷宿雑用其外村方小入用等逸々巨細ニ御吟味有之、村役人共ニおゐても無油断大切ニ被成候、百姓共ニも右躰精々御糺有之儀能存知罷在候ニ付、不当之入用決而取敢不申、自ラ村入用相減候事
一④御国役堤□り并ニ内河御普請所御目論、其外海辺新田所ニ而ハ波除堤、山中ニ而ハ谷々馳出し川除堤用水堰溜池等、右等普請所ニハ無油断御心配被下、普請大破ニ不及様御掛ヶ引被下、自ラ村入用相減一同難有奉存候事
一⑤当御支配所之内海岸附村々、并ニ新田地先新開所可相成御請地御年限奉受罷在候得共、新田開発之儀者相送之儀ニ付、身元相応之者も近年之年柄ニ而者不相好況、身薄之もの共ハ微力ニ難及、御年限も不顧、開発等閑之場所ハ逸々御吟味之上追々開発際立御成就被為成下候御義、然ル処、右請地受負共之内銀操ニ指支又々種々之差障り等者厚御理解、依而何連も恐伏仕御真意ニ随イ夫々開発成就仕候ハ全御厚配故之御義、随而当御代官様御在勤中ニ而開発新田付数十ヶ所余之場所、木草生茂不寄海面ニ而堤囲込耕地と相成、請民之御助ハ莫大之御儀与奉存候、且又御支配所之内ニ而新田御検地御差向相増候ニ付而ハ、郡中御高掛相減候様成行、相残ル村々迄も難有奉存候事
一⑥御支配所村々之内出火之節ハ早速御出馬被成下、大火ニ不及様兼而防方人足御手配被成下、其上類焼ニ逢候而難渋之者ニ者御救銭等被下置候事
一⑦近来違作打続御収納向差支候村々も有之、御代官様種々御心配被成下、中ニハ身元相応之者共御見立被成、

色々御仕法之融通ヲ以御年貢無恙相納、難渋之村方年賦返納可仕様被成下、尤当時御仕法中ニ御座候事
一⑧御取箇筋之儀、前御支配与見競らへ候而者年々御取増ニ相成候得共、正路之御取斗被成下候儀ニ付、小前末々迄も何与可申上様無御座候、縦令並合之御取箇被仰付候共、外ニ諸雑費相掛候ハヽ、中々当時御取箇御請も難成程之儀御座候得共、前文ニ茂奉申上候通郡中入用其外諸雑費不相掛候様、却而御厳重御元〆被成下、ヶ成ニ御上納方も仕候、然ル処、若哉御場所替御最寄替相成候而ハ郡中諸雑費其外小入用已前ニ復シ候ハヽ、此上百姓一同相続難相成、第一御収納向も差支候哉ニ奉存、相歎キ罷在候事
一⑨当御代官様御在役中御勤向御厳重之上質素倹約を第一与被成下、御趣意之程何連も難有奉存候御上様御儀下々ニ而可奉存候様無御座候得共、畢竟見越ニも可被為思召与奉恐入候得共、是迄御代官様方御在勤被及拾ヶ年ニも候得者、御場所替ニも相成候義与兼而及承罷在候、当御代官様ニも最早数年之御支配被請候事故、一同之百姓共申立候ニ者、前書之通近来違作打続、百姓相続方六ヶ敷候ニ付、御収納不指支様種々御心配被成下、御仕法万一御替ニも御座候ハヽ、郡中区々ニも可相成、御仕法も空敷難ヶ敷次第と奉存候、何卒永久御支配被下候様奉願上候、右躰村方勝手之儀奉願上候而ハ、御代官様ニも御迷惑ニ可思召儀ニも御座候ハヽ、責而爰拾ヶ年之処御転役御場所替も無御座御支配奉受候得ハ御仕法之通御取締行届、困窮之百姓共も追々立直り可申与奉存候間、不相替御在役ニ而御支配奉受度段一同奉願上候、右等之始末被為御聞召訳御賢慮之御取計被為成下度、江戸御表江罷出御願奉願上候得共、何分遠国之儀ニ付、乍恐当御役所様ニ奉願上候、何卒右之趣御聞届被為成下候ハヽ、広大之御慈悲村々一同難有奉存候、已上
嘉永六年丑五月廿三日
設楽八三郎御代官所預り所

摂州東成郡、西成郡、住吉郡、豊嶋町
河州丹北郡、丹南郡、石川郡、古市郡
安宿部郡、錦部郡
泉州大鳥郡、南郡
右三ヶ国拾八郡村々惣代
摂州西成郡大和田村　庄屋　治郎左衛門
　　　　西高津村　庄屋　五左衛門
　　　　　南方村　庄屋　庄左衛門
同　東成郡友渕村　庄屋　平　兵　衛
同　豊嶋郡上伴南村　庄屋　勘　兵　衛
河州丹南郡野中村　庄屋　猪　十　郎
泉州大鳥郡湊村　庄屋　弥　兵　衛
摂州西成郡岡田新田　支配人　宅助

御奉行様(40)

右の史料は、嘉永六年（一八五三）五月二三日、設楽代官転任の噂をきさつけた、鈴木町代官全支配所の惣代たちが、本来は江戸に提出すべきであるが「遠国」ゆえに大坂町奉行所に提出した設楽代官永勤を願う歎願書である。これによれば、惣代たちは、設楽代官の支配を次のように評価している。その要点をまとめよう。
①「百姓撫育」の心がけが厚く治安がよい。②定免制を推奨し、その意図を受け入れ定免となった村も多い。

③「御役宅御修復入用」を倹約し、「自ラ村入用」を軽減した。④川除堤・用水堰・溜池などの普請への目配り。⑤新田開発に対する配慮。⑥火災にあった村々への御救。⑦凶作時における年貢未納を防ぐ対策として「身元相応之者」を見立て「色々御仕法之融通」を展開した。⑧年貢は増徴したが「正路之御取斗」であり、郡中入用の軽減で年貢納入に支障はない。⑨質素倹約第一である。

では、設楽の代官支配とは実際いかなるものであったか。岡村を例に検討してみたい。

①で注目されるのは、設楽が赴任した直後の天保一五年（一八四四）一二月および嘉永三年（一八五〇）三月、同四年（一八五一）正月、同六年（一八五三）三月に確認される「申渡請印帳」「被仰渡請印帳」と呼ばれる史料である。[41]嘉永三年の内容を例にとると、一条目に「前々被仰出候御法度之趣弥堅可相守事」とあり、孝子表彰や奢侈禁止などの条目が書き上げられ、最後の一〇条目には「前条之外者都而村高札并ニ五人組帳前書之趣無異失可相守事」とある。各条文ののち「右之通得其意小前末々迄不洩様得与為聞読、且写取村用ニ取扱候会所又ハ庄屋宅へ急度張置候様可致事」とまとめられ、この代官設楽の「申渡」に対して「前書被仰渡之趣逸々御教諭被下一同承知得心仕候、依之村中一同御請印形差出候処、依而如件」として村人の連印がなされる。すなわち、「申渡請印帳」は、代官設楽が教諭すべきことを箇条書きにして村々へ廻し、書き留めさせ、村人に周知徹底させたものである。設楽はほぼ毎年のように村々に対して「教諭書」を作成することで「百姓撫育」を心掛けていたといえよう。次に②について、岡村は弘化四年（一八四七）から定免となっており、設楽支配期においては、嘉永二年（一八四九）に三か年定免、嘉永五年（一八五二）九月に三か年定免と更新したことが知られる。[42]③⑧の郡中入用の軽減については、「最寄惣代」制の導入との関係が指摘できよう（第一節二項参照）。④については、設楽は堤奉行を兼帯していたことを考えれば当然のことといえよう。⑦については、前項で見た岡田家に対する拝

借金が、まさにその内容を示すものである。

すなわち、歎願書の内容は、設楽の実際の代官活動とかけ離れた内容ではないことがわかる。ただ、この事実をもって、設楽がいわゆる「名代官」ゆえに、支配所村々から永勤願の歎願書が提出されたと考えることは躊躇したい。傍線部では、代官設楽の永勤を願うというよりは、七条目で述べていた代官交代によって「御仕法」が破棄されることを心配しており、「御仕法」継続をより重視していたように思える。

この「御仕法」を享受したひとり岡田伊左衛門は、嘉永六年（一八五三）五月二一〜二三日の三日間、大坂に「御永勤願ニ付最初御相談出勤」していることが「郡中入用帳（四郡）」からわかる（表6—4—2）。大坂出勤目的で「郡中入用帳」に岡田家が登場するのは、この一回のみである。岡田家が「中央型惣代参会」に出席し、永勤願運動に対して積極的に関与していたことが知られる。このとき岡田伊左衛門の他に河内国支配所から出坂したのは、丹南郡平尾村小野藤右衛門、同郡野中村林猪十郎、石川郡古市村森田三郎左衛門の三名であった。うち、野中村林猪十郎は、「郡中入用帳（六郡）」に出勤費が計上されており、この歎願書に署名している人物である（表6—4—1）。つまり、河内国支配所では、鈴木町代官全支配所の代表として署名した林猪十郎の他に、「四郡入用」から別途出勤費を用立て、永勤願のための相談に参加していたのである。その中に岡田伊左衛門がいたことは、設楽代官永勤願運動における「御仕法」継続の比重の重さを示していよう。

最後に、鈴木町代官所とその河内国支配所村々との関係を、代官所年中儀礼における贈答から考察してみたい。表9は、「年頭御礼」「八朔御礼」「暑気寒気見舞」における村々からの付届額を各支配期別にまとめたものである。これによれば、①「年頭御礼」は、預り所期および各代官支配期のいずれのときも実施されていたこと、②「八朔御礼」は、各代官支配期のときのみ実施されていたこと、③「暑気寒気見舞」は、鈴木町代官支配のときのみ実施されていたことがわかる。代官直接支配か否か、河内国支配所村々と各代官所役宅までの距離、代官所役人数による付届額の違いなどを考慮する必要はあるが、結果として鈴木町代官所との関係が緊密であったことがわかる。

暑中見舞入用(6月)		八朔御礼入用(8月)		寒中見舞入用(12月)	
		789匁7分	E-3-19-3		
		745匁	E-3-20-5		
		829匁4分6厘	E-3-22-2		
		807匁1分3厘	E-3-23-2		
		342匁7分	E-3-24-2		
				292匁2分4厘	E-3-25-1
161匁　1厘	E-3-26-1	382匁4分	E-3-26-2		
		2貫830匁	E-3-27-6		
		539匁2分6厘	E-3-30-7	250匁	E-3-30-9
		497匁4分	E-3-31-3	259匁8分	E-3-31-8
				232匁3分3厘	E-3-32-8
230匁3分6厘	E-3-33-3	584匁7分8厘	E-3-33-5	258匁4分	E-3-33-9
228匁5分8厘	E-3-34-1	543匁8分7厘	E-3-34-3		
		646匁	E-3-35-3		

表9　支配役所への年頭御礼・八朔御礼・暑中寒中見舞

		年頭御礼入用(正月)	
高槻藩預所	文化2年	262匁6分2厘	E-3-4-1
	6年	270匁2分	E-3-7-1
	文政12年	370匁1分4厘	E-3-12-1
	13年	370匁7分9厘	E-3-13
	天保5年	370匁7分	E-3-14
	7年	421匁2分6厘	E-3-15
	9年	378匁8分	E-3-17-4
	10年	402匁	E-3-18-1
	11年	369匁8分2厘	E-3-19-1
大津代官所	天保12年	788匁6分8厘	E-3-20-4
	13年	775匁8分2厘	E-3-22-1
	14年	729匁4分3厘	E-3-23-1
	15年	—	E-3-24-1
鈴木町代官所	弘化2年		
	3年		
	4年	376匁5分8厘	E-3-27-1
大津代官所	弘化5年	3貫389匁3分5厘	E-3-28-1
鈴木町代官所	嘉永2年	376匁3分3厘	E-3-30-1
	3年	470匁6分7厘	E-3-31-1
	4年	491匁6分8厘	E-3-32-1
	5年	518匁4分9厘	E-3-33-1
	6年		E-10-10-6
信楽代官所	安政元年	864匁	E-3-35-1
	2年	826匁5分	E-3-36-1

ところで、先に見た天保一五年（一八四四）の設楽代官と用達・郡中惣代の取り決めによれば、代官下僚には、金品を送らないよう代官自身が命じていた（史料1）。しかし、それは両者の間で公然とおこなわれていた。また、「郡中入用帳」には「菓子料」「反もの代御進物」（嘉永三年）、「組合村入用帳」には「御役替りニ付恐悦之御祝儀」「山中様、浅井様餞別」（嘉永三年）、「惣代三人ゟ年頭別礼金」（嘉永四年、表5―1）、「中沢様御挨拶」（嘉永五年、表5―3）と代官所役人に対して様々な贈答がなされていたことが知られる。

村々にとって、代官所役人との関係構築になにかしらの意味があったと考えなければならないであろう。訴願実現もそのひとつであったと考えられる。河内国支配所にとって永勤願の歎願書提出は、第一期支配から考えると約一〇年間築いてきた鈴木町代官所役人との関係を維持したかったという側面もあったといえるであろう。

おわりに

本章では、大坂鈴木町代官の支配機構と惣代層との関係を重視して、鈴木町代官設楽の下僚の実態、郡中―組合村の構造と訴願運動の展開、惣代層の政治的活動を明らかにしてきた。その結果を、①代官支配と訴願運動の質、②畿内幕領における「惣代」の性格、③岡田家の政治的活動に着目して、次のようにまとめたい。

①代官支配と訴願運動の質

本章では、鈴木町代官支配下において、嘉永三年～嘉永五年（一八五〇～五二）にかけて同時期に並行して展開した、全支配所―河内国支配所（郡中）―河内国丹南郡支配所（組合村）と、三つの訴願主体による運動を検討した。これらの訴願運動はどれも無関係に展開したのではなく、定式石代納をめぐって同時期に相互に複雑に絡んで展開していた。たとえば、河内国支配所では、全支配所一体（「御料所ハ御一躰」）となって訴願運動（定式石代納の安石代願）を展開する一方、地域の論理を活かした別の訴願運動（定式石代納の米納化反対）の実現を目指していた。惣代層は、訴願主体の範囲を限定されたり、あるいはそれを広域化したりという変更にも柔軟に対応しながら訴願を展開していたのである。しかも、入用構造を「六郡」「四郡」「三郡」と訴願範囲に応じて可変的に構築していたことは、畿内幕領の惣代層の「郡中」に対する意識や行政能力を考えるうえで注目される。

また、訴願実現にあたって代官所役人との関係は無視できないものであった。鈴木町代官所役人と河内国支配所村々との間では、代官所年中儀礼における贈答や役人がおこなう各職務に対する「御礼」金などによって代官所役人との関係が構築されていた。代官支配の実現にとって、こうした「贈答交換」による関係が構造的に組み込まれていたのである。(43) こうした行為に関わる費用は、「郡中入用」「組合村入用」において公然と計上されており、その点で惣代層にとっての政治的活動の一部であったといえる。

②畿内幕領からみる惣代庄屋の類型

代官所支配機構との関係や惣代参会の性格との関係を重視して惣代庄屋の機能を検討した結果、畿内幕領における「惣代」の性格を規定するうえでは、惣代庄屋を少なくとも以下のように分類して考えることが有効であると考える。

惣代庄屋Ⅰ＝「御用」出勤や「中央型惣代参会」（大坂郷宿での惣代参会）に参加する惣代庄屋。いわば従来指摘されてきた、代官支配行政（制度）を支え、「惣代」として訴願文書を提出する惣代庄屋である（郡中惣代）。ただし、出坂する惣代庄屋が固定されていたことに注意する必要がある。

惣代庄屋Ⅱ＝「最寄惣代」。代官支配行政を合理化、郡中入用軽減を目指すさいに設置された惣代庄屋。これまで郡中入用の軽減については、惣代庄屋の主導性、組合村々小前百姓による「惣代機能」の追求として評価されてきたため、(44)「最寄惣代」のように代官支配行政により組み込まれた存在を評価しにくくしていたのではないか。ただし、これが設楽期のみの特徴であったのか、あるいは恒常的に制度化されたものであったのか、さらには大坂の郷宿に常詰めしている「詰合惣代」との関係など、明らかにしなければならない点も多い。(45) なお、「最寄惣代」については、出羽国幕領においても指摘されているので、(46) 今後、鈴木町代官支配下の「最寄惣代」との比較検討をおこないたい。

惣代庄屋Ⅲ＝「地域型惣代参会」運営（とくに経済面）の中心となる惣代庄屋。本章で見てきた岡田伊左衛門のような存在である。ただ、岡田家の場合は、突出した経済力をもつがゆえに、「地域型惣代参会」運営の諸費用を一手に引き受けることができたという側面もある。「地域型惣代参会」の運営形態をさらに具体的に検討し、政治的な主導性についても検討する必要がある。

③豪農岡田家の政治的活動の性格

岡田家の政治的活動の特徴として注目されるのは、より地域に根ざした活動への参加と、他者の政治的活動を財政面から支えるという二点である。前者については、まず綿屋喜兵衛を参会所とした「地域型惣代参会」を経済面から支え、運営の中心として携わっていたことがあげられる。そして、岡田家は夫食金囲拝借の歎願書において丹南郡支配所内で融通したいと主張していた。ただ、この件については、設楽の永勤願運動の相談のため、「中央型惣代参会」に参加していたことも注目される。岡田家と領主権力との関係が希薄だったわけではなく、代官所役人に対して「内窺」や「御礼」金による関係を築いていたからである。しかし、こうした行為は、自身の利害に関わるだけでなく、訴願実現を左右する政治的活動の一部であったと考えられ、その点で岡田家の政治的活動は、最終的に地域の利益を確保するためにおこなわれるものであったと考えられる。

後者について、岡田家は組合村入用、郡中入用の負担、「地域型惣代参会」運営の負担の多くを立て替えていた。また、当該期の当主正保の前代正則の実家ということもあるが、旗本石川家の代官を勤めていた塩野家から七、八〇〇両を「大家」のために用意して欲しいと依頼されている(47)。岡田家の政治的活動の特徴は、自身が直接おこなうのではなく、他者の政治的活動を背後から支える点にあったのではないか。近代において岡田銀行を設立することとの関係で興味深い。ただ、「地域型惣代参会」での岡田家の意見と、その影響力について検討をしたうえで評価する必要があると考える。この点をふまえ、岡田家の政治的活動については、今後も追究していきたい。

(1)　村田路人『近世広域支配の研究』(大阪大学出版会、一九九五年)、藪田貫『近世大坂地域の史的研究』(清文堂出版、二〇〇五年)。また、大坂代官について大坂町奉行と勘定奉行との関係から論じたものに、小倉宗「近世中期大坂代官の幕領支配――大坂町奉行・勘定奉行との関係を中心に――」(『大阪大学商業史博物館紀要』五号、二〇〇四年)がある。

(2)　前田美佐子「摂河泉幕領における郡中惣代制について」(『ヒストリア』一〇七号、一九八五年)。

(3)　「御八分割」は、安政四年(一八五七)に二条代官木村惣左衛門が河内国幕領を支配するようになってから生じた事象であり、それ以前は「御七分割」であった。また、本章が扱う嘉永期(一八四八~五三)においては「御六分勘定」となっている。すなわち、幕政と代官との関係によって摂河泉幕領の郡中惣代制は細かな変更をみるのであり、対象時期に留意した検討が要請されよう。

(4)　なお、この点について、国訴の担い手として村役人を重視する藪田貫『国訴と百姓一揆の研究』(校倉書房、一九九一年)、谷山正道『近世民衆運動の展開』(高科書店、一九九四年)を参照。

(5)　「地域政治史」の分析手法を想起されたい(渡辺尚志編『近世地域社会論』岩田書院、一九九九年)。なお、「地域政治史」の分析手法を用いた具体的研究として、志村洋「幕末期松本藩組会所と大庄屋・『惣代庄屋』」(久留島浩・吉田伸之編『近世の社会的権力――権威とヘゲモニー――』山川出版社、一九九六年)、佐藤大介「幕末期一豪農の政治的立場と地域秩序――羽州村山郡尾花沢村鈴木五郎兵衛家の事例から――」(『日本歴史』六五四号、二〇〇二年)など。また、『近世地域社会論』では、従来の地域社会論に対して権力論を組み込むこと、「領主・民衆関係の質と変化を明瞭に検証できる場としての地域」を強調していることにも注目しておきたい。

(6)　津田秀夫「幕末維新期の農村構造」(同『幕末社会の研究』柏書房、一九七七年)、菅野則子「封建制解体期畿内農村の構造」(同『村と改革』三省堂、一九九二年)、佐々木潤之介「幕末期河内の豪農」(同『幕末社会の展開』岩波書店、一九九三年)、渡辺尚志「近世地域社会の関係構造と段階的特質」(『一橋大学研究年報　社会学研究』三九号、二〇〇一年)、『戦国末~明治前期畿内村落の総合的研究』(平成一五年度~一七年度科学研究費補助金　基盤研究(B)(1)研究成果報告書、研究代表者渡辺尚志、二〇〇六年)。

(7)　大坂には鈴木町と谷町との二代官所が存在する。鈴木町代官は定員二名であったが、一九世紀半ば以降、一名に減員されたため、本章で扱う時期の大坂代官は、谷町代官一名、鈴木町代官一名である。

(8) 安政二年(一八五五)に勘定吟味役に転任、最終役職は先手鉄炮頭であった。

(9) 村上直ほか編『江戸幕府代官史料——県令集覧——』(吉川弘文館、一九七五年)。大坂代官と堤奉行との関係については、註(1)村田前掲書参照。

(10) 藪田貫「大坂代官の世界——竹垣直道日記について——」(註1藪田前掲書)。

(11) 代官下僚の職務の兼務状況、および堤方・廻船方の職務遂行が谷町・鈴木町の共同体制であったことは、註(10)藪田前掲論文参照。

(12) 藪田は、代官側の視点から下僚の基幹部を侍より上位のランクに設定しているが(註10藪田前掲論文)、支配所村々からみても同様のボーダーラインが引けることがわかる。

(13) 旗本家臣(用人)の流動化状況については、宮地正人「幕末期旗本用人の生活とその機能」(『白山史学』二八号、一九九二年)、「幕末旗本用人論——江戸都市論に旗本社会をどう組み込むか——」(同『幕末維新期の社会的政治史研究』岩波書店、一九九九年)。

(14) 註(9)村上ほか前掲書。

(15) 註(10)藪田前掲論文参照。代官転任時の下僚の動向については、西沢淳男「幕末期関東における幕府代官の実相——竹垣直道日記を素材として——」(『地方史研究』二四七号、一九九四年)を参照のこと。代官下僚の実態、その性格については不分明な点が多い。今後の課題としたい。

(16) 久留島浩『近世幕領の行政と組合村』(東京大学出版会、二〇〇二年)を参照。

(17) 註(9)村上ほか前掲書。

(18) この一三か村が、なぜ鈴木町代官の当分預り所となったか、その経緯は未詳であるが、嘉永元年の増地と関係しているのではないかと推測される。

(19) 用達、郷宿については、岩城卓二「『御用』請負人と近世社会」(『国立歴史民俗博物館研究報告』四七号、一九九三年)、同「近世中期の村社会と郷宿・用達・下宿」(藪田貫編『民衆運動史』三、青木書店、二〇〇〇年)、同『近世畿内・近国支配の構造』(柏書房、二〇〇六年)。郡中・組合村については、註(16)久留島前掲書など。

(20)　註(1)村田前掲書、熊谷光子「用達・館入与力・名代――摂河播三ヵ国の所領支配と都市的存在――」(塚田孝編『大阪における都市の発展と構造』山川出版社、二〇〇四年)、註(1)藪田前掲書、註(19)岩城前掲書など。
(21)　天保一五年(一八四四)一一月「差上申御証文之事」(一橋大学附属図書館所蔵岡田家文書E―九―一五―一)。以下、同文書からの典拠を示す場合は史料番号のみ記す。
(22)　なお、岡村における郡中―組合村に関する地域的入用帳簿については、天保一五年(一八四四)頃を境に、「七ヶ村夫代勘定帳」「四分銀取附帳」「六分入用勘定帳」という名称の帳簿類から、本節で扱うような名称の帳簿類へと変化している。この変化についても今後の課題としたい。
(23)　地域的入用における高割・村割の併用のあり方、その負担方式の意味については、藪田貫「近世後期の民衆運動と地域社会・国家」(『日本史研究』三〇七号、一九八八年)、渡辺尚志「文化～天保期の大庄屋と地域社会」(同編『近世地域社会論』岩田書院、一九九九年)。
(24)　筒井亀太郎は、嘉永七年(一八五四)からは、京都代官所支配所の郡中惣代となっている(註2前田前掲論文参照)。
(25)　嘉永四年(一八五一)一二月「乍恐書付奉歎願願上候」(E―九―一八)。
(26)　嘉永元年(一八四八)「郷中書附留」(A―三―八―一)。
(27)　嘉永三年(一八五〇)「乍恐以書付奉願上候」(E―九―一七―一)。『藤井寺市史』第八巻史料編六、二四九～二五三頁(一九八八年)参照。
(28)　嘉永元年(一八四八)「郷中書附留」(A―三―八―一)。
(29)　なお、ここでいう「中央型参会」とは、前田がいう「郡中惣代集会」と同義である。註(2)前田前掲論文。
(30)　綿屋喜兵衛が旅人宿であることの確証はまだ得ていないが、『藤井寺市史』第二巻通史編二(二〇〇二年)に一二軒の旅人宿として「喜兵衛」とあることに現段階ではよっている。
(31)　嘉永四年(一八五一)六月一九日「乍恐書附ヲ以奉申上候」(A―四―八)。以下、本段落の引用は特に断らない限り上記のものによる。
(32)　弘化四年(一八四七)二月「奉差上一札之事」(A―四―七)。

(33)嘉永元年（一八四八）「郷中書附留」（A―三―八―一）。

(34)嘉永五年（一八五二）四月「河州丹南郡貯穀居増御貸附利足戌亥年弐ケ年分下ケ渡請印帳」（A―七―一三）。嘉永六年五月「河州丹南郡貯穀居増御貸附利足子年分下ケ渡請印帳」（A―七―一四）。

(35)嘉永元年（一八四八）「郷中書附留」（A―三―八―一）。

(36)嘉永五年（一八五二）三月「御金拝借証文」（SO―一四―二）。

(37)文政二年（一八一九）五月「一札（野々上村水論一件取扱）」（四七―四八―二―二一）。他の取扱人は、野中村猪十郎。

(38)嘉永二年（一八四九）二月「規定一札之事（多治井村出入一件取扱）」（E―九―一六）。他の取扱人は、小平尾村浅次郎、平尾村藤右衛門。

(39)嘉永五年（一八五二）三月「（富田林村出入一件取扱一括）」（四七―四六）。他の取扱人は平尾村庄屋藤右衛門。

(40)嘉永六年（一八五三）五月「鈴木町御代官設楽八三郎様御場所替之風聞有之候ニ付御支配所一同大坂奉行様へ御歎書付」（A―四―九）。

(41)天保一五年（一八四四）一二月「申渡請印帳」（E―二―一八―一）、天保一五年（一八四四）一二月「申渡請印帳」（E―二―一八―二）、嘉永三年（一八五〇）三月「被仰渡請印帳」（E―二―二一―一）、嘉永六年（一八五三）三月「差上申一札之事」（四七―四七―二二―一一）。嘉永四年（一八五一）については、嘉永元年（一八四八）「郷中書附留」（A―三―八―一）。

(42)『藤井寺市史』第二巻通史編二、四七五〜四七八頁（二〇〇二年）。

(43)岩城卓二「近世領主支配と村役人・郷宿・下級役人」（註5久留島・吉田前掲書）。

(44)註(16)久留島前掲書。

(45)「詰合惣代」の性格については、渡邊忠司「幕末期の取扱人（仲介人）について――幕末期郡中惣代のゆくえ――」（『大阪の歴史』五六号、二〇〇〇年）を参照。

(46)宮崎勝美「天明期羽州村山郡幕領の石代納闘争と惣代名主制」（尾藤正英先生還暦記念会編『日本近世史論叢』下巻、吉川弘文館、一九八四年）、戸森麻衣子「代官所役人集団と幕領組合村惣代――幕末期出羽国村山郡の事例から――」（『学習院史学』四〇号、二〇〇二年）。

(47)　一〇月二八日「書状（金を七、八〇〇両用立ててほしい旨）」（五―三八―二八）。塩野清右衛門については、薮田貫『男と女の近世史』（青木書店、一九九八年）、同「『兵』と『農』の間――地域社会のなかの武士――」（『歴史評論』五九三号、一九九九年）を参照。

表5　組合村入用勘定帳

表5－1　嘉永4亥年7月「戌［亥］七月前組合入用勘定帳」（丹南郡東組11か村）E－10－6－11

氏名	金額	内容	分類
小野藤右衛門	225匁3分	御取締当春御出役河州六郡勘定掛り高割村割、当亥三月廿四日分	d
	143匁5分8厘	去戌寒気御見舞小平尾脇田控へ、丹波屋払方其外共控元利、但し三拾壱匁壱分四厘元利西組ヨリ平尾村へ請取事	b
	12匁	去戌年十二月十九日寒気御見舞出勤、二日分	a
	47匁1分	惣代三人ゟ年頭別礼金三百疋分	e
	16匁6分2厘	去戌十二月丹波屋入用	b
	14匁9分1厘	去九月諸勧化一件ニ付工筆料并紙代共元利	f
	30匁	貯夫喰拝借願弐度目帳面上ヶ并当春御取締御出役様休泊入用勘定三月廿二日、廿六日迄、五日分出勤	a
	24匁	不調米并御囲籾一件出坂四月五日ヨリ八日迄、四日分	a
	18匁	京差配人問屋勘定調銀子渡出坂、三日分、四月十八日ヨリ	a
	18匁	不調米一件出坂、三日分	a
	18匁	郡中割并夫喰御拝借願出坂六日分之内三日分出勤、残三日分三割割へ入	a
	20匁	買納銀掛り両度出勤余内	f
	4匁	今戌御米入用請勘定	c
	6匁	紙代外入用控	f
	4匁	三月十六日、不調米一件参会	c
	8匁	平尾村へ両度用向ニ付出勤、相談両度分入用共	c
	4匁	四月十五日、綿喜ニ而六郡立会参会	c
岡田伊左衛門	32匁3分	戌十二月四日当組合参会入用、綿喜払	c
	97匁5分	当組合中礼代控	c
	41匁1分4厘	戌年頭之節加茂屋払方入落	b
	14匁7分6厘	三口利足外□□へ磯吉持廻し人足賃共	c
	433匁5分9厘	当亥年頭入用并道中茶屋向祝儀共惣控入共	e
	30匁3分8厘	右之利足	e
	353匁9分8厘	女御殿御修復御入用村々上納金、当組十一ヶ村々分	f
	21匁2分4厘	右之利足	f
	5匁7分	去十二月古市備中入用差引残入落	c
	104匁5分	夫喰御改森澄様御廻村入用、鍋佐払	f

	1匁5分	新町安兵衛請備前嶋山権書状持参	b
	5匁5分9厘	前三口利足	b
	2匁	六月廿二日牢番ニ心付当組合	e
	13匁4分6厘	森澄様当四月十六日石川・錦部郡夫喰御見分之時当村御中飯被仰付人足賃	f
	11匁5分	御中飯入用、鍋佐払	f
	83匁6分	酉極月加茂屋入落	b
	16匁7分2厘	右之利足	b
	25匁5分2厘	同人払、戌七月前組合払	b
	3匁3分2厘	右之利足	b
	8匁5分5厘	丹波屋払、戌七月十二月両度分岡村飯代之内入組之分付落候分	b
	4匁	三月十六日、不調米一件参会	c
	147匁4分5厘	当亥暑中御見舞当組合高掛り銀	e
林猪十郎	4匁	三月十六日、不調米一件参会	c
	4匁	四月十五日、綿喜ニ而六郡立会参会	c
今西藤右衛門	12匁	去戌年十二月十九日寒気御見舞出勤、二日分	a
	30匁	貯夫喰拝借願弐度目帳面上ヶ并当春御取締御出役様休泊入用勘定三月廿二日、廿六日迄、五日分出勤	a
	4匁	紙代外入用控	f
	4匁	三月十六日、不調米一件参会	c
	18匁	夫喰拝借願六月十八日、廿日迄郡中割江、三日分	a
	30匁	三月廿二日ゟ小の同道候処、夫喰拝借願御米一件岡伊へ引合共、五日分	a
	24匁	四月朔ゟ四日迄不調米一件、郡中右参会濱卯ニて并ニ夫喰拝借願	a
	12匁	五月廿日ゟ廿一日迄、夫喰拝願、二日分	a
	8匁	平尾村へ両度用向ニ付出勤	c
	4匁	四月十五日、綿喜ニ而六郡立会参会	c
浅田源吾	4匁	三月十六日、不調米一件参会	c
	24匁	四月朔ゟ四日迄不調米一件、郡中右参会濱卯ニて并ニ夫喰拝借願、四日分	a
	4匁	四月十五日、綿喜ニ而六郡立会参会	c
	12匁	二月十四日ゟ十五日不調米夫喰願、六郡参会	a
	18匁	三月一日ゟ四日迄、三日分、夫喰廻村御願ニ罷出	a
	18匁	三月一日ゟ四日迄、三日分、夫喰廻村御願ニ罷出	a

	12匁	三月廿二日ゟ廿三日、二日分不調米代延引願并と ゝ や引合	a
	30匁	四月九日、十三日迄五日分不調米一件、濱卯参会	a
	4匁	右同断ニ付平尾村三宅掛合方引	c
大谷七九郎	4匁	三月十六日、不調米一件参会	c
脇田	4匁	紙代外入用控	f
平尾村	180匁	御取締当春御出役河州六郡勘定掛り高割村割、御取締御出役様御掛り余落	f

〆2貫561匁2分4厘【①】　内 330匁 村割【②】　残而2貫231匁2分4厘【③＝②－①】
高5522石4斗江割・高100石ニ付49匁4分2厘【④】

表5－2　嘉永4亥年12月「当亥組合入用勘定帳」(丹南郡東組11か村) E－10－5

氏名	金額	内容	分類
小野藤右衛門	82匁7分2厘	六月郡中わり入落元利	d
	4匁7分1厘	去十二月加茂屋書出し控へ元利	b
	8匁	二条御米勘定、綿喜へ出勤七月四日、五日、二日分	c
	4匁	七月十日平尾村小の氏ニ而諸勘定	c
	24匁	八朔御礼出勤、四日分、安石代一件共	a
	18匁	貯夫食拝借願一件外用向共出勤、三日分	a
	24匁	郡中わり御米方濱庄や差配人申上中礼□共、四日分	a
	4匁	諸勘定取調ニ付八月廿六日平尾村ニ出勤	c
	130匁1分2厘	当亥六郡わり当組合へ懸り候分六月利足込	d
	16匁	七月十日、八月廿六日両度勘定之時入用	d
	12匁	十一月廿八日ゟ十二月朔日迄、四日之内不調米代銀一件当組合へ懸り、二日分	a
	35匁	年中惣代状夫□人足余内	f
	13匁	七月九日飛脚賃并ニ七月十六日大坂人足賃、狭山池内ニ条納入用不足	c
	23匁5分8厘	加もや参会入用三郡わり当組合分	b
岡田伊左衛門	8匁	二条御米勘定、綿喜へ出勤七月四日、五日、二日分	c
	24匁	八朔御礼出勤、四日分、安石代一件共	a
	439匁4分8厘	八朔御礼入用掛り元利共	e
	90匁	年中惣代状夫□人足余内	f
	193匁9分6厘	綿喜ニて正月十七日、七月四日、五日三度分参会入用元利并状覧共	c

	264匁5分2厘	当亥十二月四郡わり高掛り候分	d
	62匁7分6厘	当亥十二月四郡わり人別割分	d
	36匁4分4厘	六郡追割、但綿喜参会入用当組合分、外郡々ヨリ岡村へ相渡可申事	c
林猪十郎	8匁	二条御米勘定、綿喜へ出勤七月四日、五日、二日分	c
	24匁	八朔御礼出勤、四日分、安石代一件共	a
	4匁7分	難波納御催促ニ付御出役様ゟ飛脚賃	f
	15匁	年中惣代状夫□人足余内	f
今西藤右衛門	8匁	二条御米勘定、綿喜へ出勤七月四日、五日、二日分	c
	4匁	七月十日平尾村小の氏ニ而諸勘定	c
	6匁	八月四日丹南郡御触状留り村ニ付持参出勤、一日分	a
	6匁	右同断、十一月廿六日分	a
	4匁	諸勘定取調ニ付八月廿六日平尾村ニ出勤	c
	8匁	諸勘定ニ付岡村平尾村へ度々出勤余内	c
浅田源吾	8匁	二条御米勘定、綿喜へ出勤七月四日、五日、二日分	c
	18匁	暑中御見舞七月晦日ゟ三日分	a
	5匁	大坂濱屋へ持出し人足賃	b
	12匁	三分一平均直段御沙汰止メ大坂出勤、六日分、七月十八日ゟ	a
	24匁	八朔御礼、三分一御沙汰止メ願大坂、四日分、七月晦日ゟ	a
	4匁	七月十日平尾村小の氏ニ而諸勘定	c
大谷七九郎	24匁	夫食願詰替并拝借帳仕替外不調米一件濱卯参会出勤、四日分	a
	4匁	夫食帳面直し平尾村ニ而取調、一日分	c
脇田	4匁	七月十日平尾村小の氏ニ而諸勘定	c
	35匁1分7厘	当亥正月年頭御礼之節小路舟平払控へ元利共	e
	4匁	不調米一件ニ付村送り廻状人足、壱日分、四月十四日	f
	4匁	御年貢□村々持送り人足賃、壱日分、但去戌年入落	f
伊賀村	2匁	平尾村岡村へ度々状遣り人足余内	f
岡村幸衛	8匁	諸用向ニ付両度平尾村其外村ニて使候余内	f
岡村	50匁	森田様御取締一件御内聞万端入用荷内御中飯共	e
	341匁2分8厘	夫食御見分両度御休泊入用割当組合分	d

〆2貫143匁5厘【①】　　内 330匁 村割11か村分【②】　　残而1貫813匁5厘【③＝②－①】
高5522石3斗8升江割・高100石ニ付32匁8分5厘【④】
此当り1貫814匁1分【⑤】　　1匁5厘割過【⑥＝⑤－③】

表５－３　嘉永５子年６月「当子組合六月勘定帳」（丹南郡両組19か村）Ｅ－10－７

氏名	金額	内容	分類
小野藤右衛門	82匁	三月八日参会入用、甚三郎小野引請	c
	60匁7分	三月廿七日右同断、甚三郎小野引請	c
	5匁9分9厘	富田林一件之節飛脚賃（元利共）	c
	162匁4分4厘	当子暑気御見舞入用割元利	e
	183匁4分	夫食御見分御出役様、尤本二郎、小平二郎供馬人御礼	e
	140匁2分5厘	去亥寒気御見舞入用割丹南郡東組分	e
	30匁4分1厘	右同断西組分	e
	17匁4分4厘	丹文江又助養子被致候ニ付祝儀遣ス	e
	5匁7分8厘	十一月廿日難波御米ニ付、岡村へ飛脚賃元利、濱卯渡	b
	5匁2厘	去亥十二月加茂や書出し半紙其外写物賃共不足、三月十日兼印弟無心ニ付余内共	b
	13匁9分3厘	年始御礼之節惣代元利共	e
	4匁	不調米一件其外用談江平尾小の氏宅へ出勤、但閏二月廿四日分	c
	12匁	当子六月郡中わり出勤、二日分	a
	12匁	暑気御見舞并ニ夫食風違願出勤、二日分	a
	12匁	金囲利足御下借願、其外用向并御免状御下ヶ御須見道筋調、二日分	a
	12匁	用談ニ付度々先方ニ而万端世話ニ行臨時入用余内共	f
岡田伊左衛門	4匁	三月廿七日分、夫食用ニ付平尾村ニて嶋屋ニて参会	c
	4匁	閏二月四日分用談ニ付綿喜ニ而参会、但不調米一件	c
	6匁	夫食利金拝借願	a
林猪十郎	4匁	三月廿七日分、夫食用ニ付平尾村ニて嶋屋ニて参会	c
	4匁	閏二月四日分用談ニ付綿喜ニ而参会、但不調米一件	c
今西藤右衛門	4匁	不調米一件其外用談江平尾小の氏宅へ出勤、但閏二月廿四日分	c
	12匁	暑気御見舞并ニ夫食風違願出勤、二日分	a
	12匁	金囲利足御下借願、其外用向并御免状御下ヶ御須見道筋調、二日分	a
	4匁	閏二月四日分用談ニ付綿喜ニ而参会、但不調米一件	c
	4匁	閏二月五日四郡参会一件、小の氏へ談合有之候ニ付、小の宅へ出勤、但不調米一件	c
	3匁	右同断帳面紙代	f
	6匁	夫食利金拝借願	a

浅田源吾	4匁	不調米一件其外用談江平尾小の氏宅へ出勤、但閏二月廿四日分	c
	4匁	閏二月五日四郡参会一件、小の氏へ談合有之候ニ付、小の宅へ出勤、但不調米一件	c
	6匁	三分一石代銀納願ニ付濱卯へ罷出	a
大谷七九郎	12匁	夫食拝借石数違ニ付御伺用出坂、二日分	a
	8匁5分6厘	右同断用ニ付中沢様御挨拶	e
脇田	4匁	三月廿七日分、夫食用ニ付平尾村ニて嶋屋ニて参会	c
中林	4匁	三月廿七日分、夫食用ニ付平尾村ニて嶋屋ニて参会	c
岡田伊助控	12匁	金囲利足御下借願、其外用向并御免状御下ヶ御須見道筋調、二日分	a
岡村	100目	夫食御見分御泊余内、但当年ハ本城様、小原様御弐方上下四人ニ付一寸記有	e
	5匁	岡村ゟ狭山池内迄人足賃、但人足弐人分	c
狭山池内	40匁	夫食御改御出役様御中飯余内	f
	3匁2分	右人足弐人関茶屋迄賃銀	f
関茶屋村	100目	夫食御見分御出役様御泊ニ付余内上下四人分	e
	3匁2分	同村ゟ堺迄人足賃	f
綿喜	120匁	当勘定入用先入	c

〆1貫249匁6分2厘【①】　　内 285匁 村割19か村分【②】　　残而 964匁6分2厘【③＝②－①】
高6719石9斗1升3合2夕5才江割・高100石ニ付14匁3分7厘【④】
此当り965匁6分5厘【⑤】　　1匁3分割過【⑥＝⑤－③】

表5－4－1　嘉永5子年12月「当子組合十二月勘定帳」(丹南郡両組19か村) E－10－8

氏名	金額	内容	分類
小野藤右衛門	74匁6分7厘	錦部郡・石川郡当子六月勘定六郡不足当組へ可受取之所、綿喜参会入用去十二月石川分新堂村古藤参会入用差次相済有之所、山田村勘定ニ而岡田ゟ又々差引被遣、依之二重相成趣ニ成、右六郡割相懸り不申候事	f
	33匁1分8厘	狭山池内不調米方、尤益銀者惣組合へ入込ニ相成候故大坂屋掛ヶ元り狭山池内へ相渡ス	b
	6匁3分2厘	丹波屋払方之内先渡頼遣候ニ付、金弐両弐分、九月十七日渡、利足之分	b
	114匁9分1厘	河州分六郡割、両組分	d
	338匁3分7厘	当子八朔御礼包銀□控へ(元利)	e
	18匁	当子八朔御礼出勤、三日分	a

	18匁	石代平均年賦義ニ付出坂十月七日九日迄、三日分	a
	4匁	十月十六日、古市村へ参会	c
	4匁	十一月六日、綿喜ニ付参会	c
	6匁	御米差配人之事ニ付出坂外用向有之候ニ付余内	e
	24匁	十一月十五日十八日迄、河州わり其外用向出坂、四日分	a
	5匁4厘	江戸読仲人へ出ス	f
	4匁	十二月二日、古市村備中ニて参会出勤	c
	5匁8分1厘	十一月廿七日、御廻米ニ付飛脚賃元り	f
	4匁	七月廿日、綿喜参会	c
	1匁5厘	八朔御礼之時臨時入用元り	e
	1匁7分6厘	当子御米差札代元銀ハ村毎ニ相懸ヶ候得共利足此所へ入	f
	3匁	狭山池内御米入用掛り大□掛り元り、子七月十一日	f
	3匁	加茂屋ゟとら伊へ使賃銭控へ元り、七日分	b
	4匁	四郡立合勘定参会、子十二月四日分	c
	6匁5分1厘	八月六日大風潰家一件ニ付飛脚賃元り	f
岡田伊左衛門	34匁8分8厘	子四月二日、夫食御貸下御礼、中沢様金弐分元り、両組分	e
	27匁1分2厘	御年頭之節惣代衆中ゟ御礼包銀元り	e
	2匁4分5厘	三月廿四日、夫食金拝借証文認代両組懸り	f
	18匁	右同断ニ付出勤、三日分	a
	5匁5厘	七月、□濱屋へ状ちん元り	b
	4匁3分8厘	九月六日控へ、見取場内見帳ニ付飛脚賃元り	f
	7匁4分4厘	子十月十八日大坂屋掛ヶ、御城内竹縄代わり并ニ同役所御普請入用わり共控へ、元銀ハ村々へ別廉ニ書出し利足此所へ入ル	b
	4匁2分	右同断大坂屋入用金直違共、此利足ハ別へ利足込有之候	b
	4匁	七月十一日、夫食利足割符勘定岡田氏御子息分	f
	4匁	十月十六日、古市村へ参会	c
	4匁	十一月六日、綿喜ニ付参会	c
	115匁7分5厘	綿喜参会入用七月迄払控へ元り	c
	4匁	四郡立合勘定参会、子十二月四日分	c
林猪十郎	142匁3分5厘	当子八朔御礼包銀□控へ元利	e
	18匁	当子八朔御礼出勤、三日分	a
	4匁	十一月六日、綿喜ニ付参会	c
	1匁9厘	御城内入用銀野中村斗リ別段相掛り候ニ付利足ハ此所へ入	d

	11匁8分	八朔御礼之時臨時入用元り	e
	4匁	四郡立合勘定参会、子十二月四日分	c
	140匁	当勘定造用先入	f
今西藤右衛門	4匁	七月十一日、夫食利足割符勘定岡田氏御子息分	f
	6匁	子八朔礼出勤外用向有之候ニ付余内、一日分	a
	4匁	十一月六日、綿喜参会	c
	6分	八朔御礼之時臨時入用元り	e
	4匁	四郡立合勘定参会、子十二月四日分	c
浅田源吾	4匁	十一月六日、綿喜ニ付参会	c
	4匁	夫食風違願ニ付平尾村ニて相談	c
	12匁	郡中割御廻米差配取極濱卯参会出勤、二日分	a
	4匁4分	十月七日分、山権内□□相談参り候節酒代綿喜払	c
	4匁	四郡立合勘定参会、子十二月四日分	c
大谷七九郎	12匁	作方歎願出勤、二日分、七月六日ヨリ七日迄	a
脇田	12匁	作方歎願出勤、二日分、七月六日ヨリ七日迄	a
	135匁3分1厘	去亥夫食改御礼森澄様へ包銀入落ニ相成候ニ付此度入ル	e
丹波屋文蔵	136匁4分1厘	御用向ニ而出坂之節立合諸入用掛り、四郡割、三郡割、弐郡割口々割合当組掛り子十二月勘定日書遣ス	b
	39匁1分6厘	戌年ゟ亥七月迄さし残	b
	76匁3分8厘	当子八朔迄并飛脚賃共、当正月年頭之節勘定先入銀引残り	b
綿喜	133匁7分	当子七月廿日綿喜参会入用、子十二月三郡割、両組分	c
	67匁4分7厘	当子十二月三郡割、両組分	c
	18匁1分4厘	当子十二月四郡割、両組分	c

〆1貫914匁2分【①】　内 380匁 村割【②】　残而1貫535匁2分【③=②-①】
高6719石9斗1升3合2夕5才江割・高100石ニ付22匁8分5厘【④】

表5-4-2　嘉永5子年12月「当子十二月丹南郡東組合勘定帳」(丹南郡東組) E-10-9

氏名	金額	内容	分類
岡田伊左衛門	92匁8分1厘	当子正月年頭之砌、船平元松屋川宇三枚分年玉并薬料共、元利、東組分	e
	372匁8分3厘	年頭御礼わり、丹南東組分	e
脇田	35匁7分6厘	当子正月年頭之砌、船平元松屋川宇三枚分年玉并薬料共、元利、東組分	e
	94匁3分6厘	11月11日、綿喜参会入用、三郡割、丹南郡東組合	c

	38匁5分	11月6日、綿喜参会、丹南郡東組合	c
	1貫481匁8分7厘	当子12月丹南郡両組勘定東組分	d

〆2貫116匁1分3厘【①】　　内 300匁 村割10か村、15匁 埴生野新田分【②】　　残而1貫801匁1分3厘【③=②−①】
高5522石3斗8升3合2夕4才江割・高100石ニ付32匁6分2厘【④】

表5-5-1　嘉永6丑年6月「当丑組合六月勘定帳」E-10-10-1

氏名	金額	内容	分類
小野藤右衛門	12匁	御免定御下ヶ并ニ夫食御見分御出役様御礼、二日分	a
	12匁	六郡割暑中御伺	a
	302匁4分	当丑三月廿四日御取〆り、本城様并御足軽長吏小もの方御礼、但本一日分金弐両、亀一日分金壱両、甚一日分金壱両、小もの弐百疋、り十四匁四分	e
	4匁	三月廿四日関茶屋新田御用先キ御礼出勤	c
	249匁2分1厘	貯夫食御見分御出役様御礼、山一日分壱両弐分、大一日分同断、小もの金三百疋、り七匁弐分六厘	e
	31匁2分	去三月鈴木町近火之節御同所御見舞并寒気御見舞之内控へ	e
	24匁	右火事御見舞其外寒気御見舞、外ニ濱卯参会共出勤、三日分、一日跡て用談有之候ニ付残ル	a
	24匁3分	暑気御見舞別段金百五拾疋紙賃	e
	13匁8分1厘	御役所初午之節稲荷様へ奉納ちよちん代元り	f
岡田伊左衛門	18匁	右火事御見舞其外寒気御見舞、外ニ濱卯参会共出勤、三日分	a
	68匁4分7厘	去子十二月寒気御見舞并出火見舞かもや伝助金之内壱両分元り	e
	37匁8分	去子十二月小の氏控へ并人足賃余内入落ニ相成候ニ付小のヨリ岡田へふり	f
林猪十郎	24匁	御免定御下ヶ并ニ夫食御見分御出役様御礼、二日分	a
	18匁	右火事御見舞其外寒気御見舞、外ニ濱卯参会共出勤、三日分	a
	205匁2分2厘	去子十二月寒気御見舞并出火見舞かもや伝助金弐分代共	e
	18匁	御代官様永勤願最初濱卯参会へ出勤、三日分、四郡勘定入落ニ付此所へ入ル	a
	15匁	年中惣代状遣□人足賃余荷去子十二月ニ入落ニ相成候ニ付此所へ入ル	d
今西藤右衛門	12匁	御免定御下ヶ并ニ夫食御見分御出役様御礼、二日分	a
	12匁	六郡割暑中御伺	a
	4匁	御米入用諸勘定精々仕候得共一向手尻難さかし又々小のニ而再勘定共	c

浅田源吾	12匁	御免定御下ヶ并ニ夫食御見分御出役様御礼、二日分	a
	4匁	三月廿四日関茶屋新田御用先キ御礼出勤	c
当組合	83匁4分1厘	当丑六月六郡割掛り	d
	301匁2分5厘	当丑六月勘定三郡割懸り	d
西組	18匁8厘	当丑六月六郡割掛り	d
	65匁3分3厘	当丑六月勘定三郡割懸り	d
岡村	15匁5分	去子十二月状夫□差引残并此度永勤願ニ付持廻り状□共	c
	80匁	御取〆御出役様御中飯余荷	e
河原城村	150匁	御取〆御出役様御泊り余荷	e
関茶屋村	150匁	夫食御見分御出役様御泊り余荷	e

〆1貫647匁6分【①】　　内 323匁 村割19か村分【②】　　残而1貫324匁6分 高割【③】
高6719石9斗1升3合2夕5才江割・高100石ニ付19匁7分3厘【④】

表5－5－2　嘉永6丑年6月「当丑組合六月勘定帳」(丹南郡東組) E－10－10－2

氏名	金額	内容	分類
小野藤右衛門	18匁	岡田ニ而借入銀上納之節出勤、并ニ小前割付勘定帳面、并証文認、〆三日分	a
	13匁7分8厘	岡田借入銀取引相済上納相片付ニ付臨時入用	f
	5匁	秤座出勤	a
	3匁	岡田ニ而借入銀一件相談、小の宅ニて	c
今西藤右衛門	18匁	岡田ニ而借入銀上納之節出勤、并ニ小前割付勘定帳面、并証文認、〆三日分、堺へ取付并ニ同断立合共	a
	4匁	右同断堺へ取付之節供、一日分	f
	8分	帳面并ニ証文認紙代	f
	4匁	右一件ニ付岡田へ度々引合	c
	3匁	岡田ニ而借入銀一件相談、小の宅ニて	c
浅田源吾	18匁	岡田ニ而借入銀上納之節出勤、并ニ小前割付勘定帳面、并証文認、〆三日分、堺へ取付并ニ同断立合共	a
	18匁	出火御見舞其外寒気御見舞、濱卯参会共、三日分	a
脇田	12匁	岡田ニ而借入銀一件ニ付、丹文ニ而勘定筋	a
	3匁	岡田ニ而借入銀一件相談、小の宅ニて	c
	1貫293匁5分6厘	丹南東西両組割、当組合懸り	d

〆1貫417匁1分4厘【①】　　内 204匁 村割12か村分【②】　　残而1貫213匁1分4厘【③】
高5522石3斗8升3合2夕6才江割・高100石ニ付22匁【④】

表6　郡中入用勘定帳

表6－1　嘉永4亥年11月（六郡）「亥十一月河州六郡立合勘定帳」E－10－6－3

氏名		金額	内容	分類
石川郡山田村	筒井亀太郎	14匁	諸勧化再取締ニ付、亀木参会出勤	a
		14匁	内借用向有之出勤、二日分	a
		28匁	七月廿五日ゟ諸勧化再取締、并外用談有之、六日立合出勤	a
		2匁	六月十六日、亀木ゟ飛脚賃割渡し	b
		14匁	夫食御下願ニ付内願罷出候出勤	a
		14匁	七月九日十日、夫食御下願ニ付内諦御答申上候出勤	a
		14匁	七月十一日ゟ、郡中割銀掛方立合御内用	a
		14匁	七月十八日、三分一直段平均願御沙汰ニ不被及段御召出勤	a
		21匁	七月廿一日ゟ三分一直段平均願再願書出勤	a
		14匁	八月十八日、不調米之内正米濱入用勘定出勤	a
		28匁	八月廿六日、三分一平均五ヶ度願、其外御分掛合共	a
		21匁	八月廿六日、三分一平均五ヶ度願、其外御分掛合共	a
		21匁	十月朔日、京都木村様ゟ御講御願ニ付、濱宇参会出勤	a
		14匁	十一月十日、酒呑所普請出来勘定、外用談とも、但し六分様立会共	a
		14匁	郡中割下調立合出勤	a
		5匁6分	御米御割符出来御召飛脚ちん	b
		14匁	御米御割符出来御召ニ付出勤	a
		5匁7分	七月四日、平尾村へ飛脚ちん利共、加茂屋払	b
		14匁8分	諸入用加茂屋払、内三匁丹波屋へ払	b
丹南郡平尾村	小野藤右衛門	14匁	六月十九日、郡中割出外用談有之、濱卯出勤	a
		28匁	七月廿五日ゟ諸勧化再取締、并外用談有之、六日立合出勤	a
		2匁	六月十六日、亀木ゟ飛脚賃割渡し	b
		14匁	夫食御下願ニ付内願罷出候出勤	a

		14匁	七月十八日、三分一直段平均願御沙汰ニ不被及段御召出勤	a
		21匁	七月廿一日ゟ三分一直段平均願再願書出勤	a
		14匁	八月廿六日、三分一平均五ヶ度願、其外御分掛合共	a
		21匁	十月朔日、京都木村様ゟ御講御願ニ付、濱宇参会出勤	a
		14匁	十一月十日、酒呑所普請出来勘定、外用談とも、但し六分様立会共	a
		14匁	平均願一件、六分立合出勤	a
		16匁5分9厘	八月十九日、御内用有之臨時入用勘定代、元利共	a
		10匁8分2厘	八朔御礼之節、濱卯下部心附、利とも	b
丹南郡野々上村	浅田源吾	14匁	八月十八日、不調米之内正米濱入用勘定出勤	a
丹南郡阿弥村	藤蔵	5匁6分	御米御割符出来御召飛脚ちん	b
		14匁	御米御割符出来御召ニ付出勤	a
		60匁	当勘定雑用先入(濱卯へ)	b

〆585匁1分1厘【①】　高2万5338石2升4合5夕4才江割・高100石ニ付2匁3分6厘【②】
打立585匁3分【③】　差引1分7厘割過【④=③−①】
石川・錦部郡(高1万4011石1斗3升3合)　323匁6分6厘 ／ 内 291匁1分 山田控、60匁 濱卯渡
指引 27匁4分4厘 ／ 28匁4分1厘 摂河郡割 引替銀出ス
丹北郡(高932石6斗6升8合)　21匁5分4厘
丹南東組(高5522石3斗8升3合2夕4才)　127匁5分7厘 ／ 内 201匁4分1厘 平尾控、14匁 野々上控
指引 86匁8分4厘 ／ 24匁4分1厘
丹南西組(高1197石5斗3升)　27匁6分6厘 ／ 内 19匁6分 阿弥控
国分村(高1478石2斗9升1合)　34匁1分5厘
古市郡(高2196石1升9合3夕)　50匁7分3厘 ／ 内 207匁1分1厘 浅田備中へ出勤之節入用払方
差引 155匁3分8厘 ／ 内 74匁1分5厘 喜志組ヨリ入、17匁6分8厘 平尾組ヨリ入、34匁1分5厘国分村ヨリ入、8匁6分 阿弥村ヨリ入、21匁5分4厘 丹北郡ヨリ入 ／ 2匁過

表6-2　嘉永5子年6月(六郡)「子六月河州六郡立合勘定帳」E-3-33-4

氏名		金額	内容	分類
石川郡山田村	筒井亀太郎	21匁	御六分様御立会、出勤、三日分	a
石川郡喜志村	友右衛門	14匁	郡中割下しらへ、出勤、二日分	a
		130匁	去亥十二月六郡勘定へ不足之内控銀元利	d
石川郡太子村	勘兵衛	21匁	増米納減石願、出勤	a
石川郡新堂村	四郎左衛門	35匁	増米納減石願、出勤	a
		9匁	増米納減石願、状夫、新堂村	c

丹南郡平尾村	小野藤右衛門	39匁3分1厘	去十二月河州わり入用、濱屋卯蔵飛脚ちん入差引不足元利	b
		17匁6分8厘	去亥十二月六郡勘定へ不足之内控銀元利	d
		80目	御皆済延納之願ニ付臨時入用	d
		21匁	御廻米ニ條御米弐分打之儀ニ付出坂、十二月廿四日ゟ、三日分	a
		7匁	二條差配人一件、濱卯参会出勤	a
		5匁	増米納減石願、控へ内	d
		50目	当日勘定造用、平尾村入	c
丹南郡岡村	岡田伊左衛門	111匁2分5厘	去亥十二月六郡勘定へ不足之内控銀元利	d
丹南郡阿弥村	藤蔵	7匁	増米納減石願、出勤	a
丹南郡古市村	政次郎	5匁2分	去戌年不調米買納代銀之儀ニ付、古市村備中屋参会入用入落、□かこちん銭共	c
錦部郡三日市村	五兵衛	21匁	増米納減石願、出勤	a
加茂屋利兵衛		30目1分9厘	去十二月ゟ当六月迄、紙代并書付料飛脚ちん書出し〆	b

〆655匁1分5厘【①】　高2万5259石9斗2升9合江割・高100石ニ付2匁5分9厘3毛【②】
丹南郡東組(高5522石3斗8升)　143匁2分　／ 内 357匁6厘 控 ／ 引 212匁8分6厘 過
丹南郡西組(高1197石5斗3升)　31匁5分
丹北郡(高932石6斗7升)　24匁1分8厘
安宿部郡(高1478石2斗9升)　38匁3分3厘
古市郡(高2117石9斗2升3合)　54匁9分2厘 ／ 内 5匁2分 控 ／ 引〆 49匁7分2厘 不
錦部・石川郡(高1万4011石1斗3升3合)　363匁3分1厘 ／ 内 292匁8分9厘 控〆 ／ 差引〆70目4分2厘 不

表6-3-1　嘉永5子年11月(六郡)「子十一月河州六郡入用立合勘定帳」E-3-33-6

氏名		金額	内容	分類
石川郡山田村	筒井亀太郎	28匁	去十二月分御六分参会、当六月入落	a
		21匁	八月十二日ゟ十四日迄、大風願ニ付参会出勤、濱卯へ出	a
		21匁	九月十六日ゟ十八日迄、御廻米平均蔵納六ヶ敷候共色々願立趣意有之、参会出勤	a
		28匁	九月廿六日ゟ廿九日迄、御廻米平均蔵納六ヶ敷候共色々願立趣意有之、参会出勤	a
		14匁	十月九日十日、御廻米平均蔵納六ヶ敷候共色々願立趣意有之、亀喜参会	a
		28匁	十月廿日廿四日迄、石代平均年賦相成候ニ付、摂州郡中ニ而勘定平均之儀被申出右ニ付出勤	a

		28匁	十一月五日ゟ八日迄、御六分勘定立合、并江戸納宿上坂ニ付引合参会	a
石川郡新堂村	四郎左衛門	21匁	十一月十五日ゟ九日迄、江戸御廻米納人取極一件、其外参会	a
丹南郡平尾村	小野藤右衛門	21匁	八月十二日ゟ十四日迄、大風願ニ付参会出勤、濱卯へ出	a
		21匁	九月十六日ゟ十八日迄、御廻米平均蔵納六ヶ敷候共色々願立趣意有之、参会出勤	a
		31匁	十月廿日廿四日迄、石代平均年賦相成候ニ付、摂州郡中ニ而勘定平均之儀被申出右ニ付出勤	a
		21匁	十一月十五日ゟ九日迄、江戸御廻米納人取極一件、其外参会	a
		32匁5分	臨時日用出来入用銀元利	a
丹南郡古市村	政次郎	65匁	石代平均年賦相成候ニ付、古市村まゆ屋ニ而、惣代参会入用	c
安宿部郡国分村	専助	21匁	十月廿日廿四日迄、石代平均年賦相成候ニ付、摂州郡中ニ而勘定平均之儀被申出右ニ付出勤	a
		30目	勘定雑用河州六郡割入用、濱卯払	b

〆432匁2分6厘【①】　高2万5338石2升4合江割・高100石ニ付1匁7分1厘【②】
差引〆3分1厘 不【④】
錦部・石川郡(高1万4011石1斗3升2合)　239匁5分9厘 ／ 内 168匁 山田控、21匁 新堂控 ／ 引〆50目5分9厘 不
丹北郡(高932石6斗6升8合)　15匁9分9厘
丹南郡東組(高5522石3斗8升3合2夕4才)　94匁4分3厘 ／ 内 126匁5分 平尾控 ／ 引残32匁7厘 過
丹南郡西組(高1197石5斗3升)　20匁4分8厘
古市郡(高2117石9斗2升3合)　36匁2分2厘 ／ 内　65匁7分6厘 控 ／ 引〆29匁5分4厘 過
国分村(高1478石2斗9升1合)　25匁2分8厘 ／ 内　21匁 控 ／ 引残4匁8分8厘 不

表6－3－2　嘉永5子年12月(四郡)「子十二月四郡立合勘定帳」E－3－33－8

氏名		金額	内容	分類
丹南郡平尾村	小野藤右衛門	4匁	十一月廿六日、拾ヶ年賦銀一件摂州ゟ申掛候一件、参会、新堂村出勤	c
		21匁	右一件ニ付、廿七日ゟ出坂、三日	a
丹南郡小平尾村		5匁	去亥御廻米仮上乗日雇入落右銀之義ニ付、此所へ出ス	d

〆30匁【①】　高1万1326石9斗9升江割・高100石ニ付2分7厘【②】
古市郡(高2117石9斗2升3合)　此掛り 5匁7分2厘 ／ 15匁9分9厘 丹文入用四郡割、18匁4分 丹文入用三郡割
6匁6分9厘 7月20日綿喜参会入用、8匁5分8厘 11月11日綿喜参会入用、21匁2分6厘 三郡割
〆76匁6分4厘 ／ 8匁 半市郎分人足賃余内 ／ 〆84匁6分4厘

丹北郡（高923石7斗9升2合8夕）　此掛り 2匁5分 ／ 6匁9分7厘 丹文入用四郡割、8匁3分 丹文入用三郡割
6匁6分9厘 7月20日綿喜参会入用、8匁5分8厘 11月11日綿喜参会入用、9匁2分8厘 三郡割
15匁9分5厘 子12月六郡割不足、23匁1分9厘 子6月四郡割、24匁1分8厘 子6月六郡割、2匁8分4厘 右弐口利足
〆180匁2分1厘 ／ 8匁 半市郎分人足賃余内 ／ 〆116匁2分1厘
国分村（高1478石2斗9升1合）　此掛り 3匁9分9厘 ／ 11匁1分6厘 丹文入用四郡割、5匁9分6厘 丹文入用弐郡割
4匁2分8厘 7月20日綿喜参会入用、8匁5分8厘 11月11日綿喜参会入用
〆33匁9分7厘 ／ 5匁 半市郎人足賃余内 ／ 〆38匁9分7厘
丹南郡両組（高6719石9斗1升）　此掛り18匁1分4厘 ／ 50匁7分4厘 丹文四郡割、58匁3分9厘 丹文入用三郡割
27匁8厘 丹文入用弐郡割、133匁7分 7月20日綿喜参会入用、94匁3分6厘 11月11日綿喜参会入用、67匁4分7厘 三郡割
〆449匁8分8厘

表6－3－3　嘉永5子年12月（三郡）「子十二月三郡立合勘定帳」 E－3－33－7

氏名		金額	内容	分類
丹南郡平尾村	小野藤右衛門	14匁	風損旱損願ニ付出坂、二日分、濱卯参会	a
		7匁	御廻米差配人一件ニ付出坂、外用兼用ニ付余内	a
		7匁	去亥寒気見舞、出勤、一日分入落	a
丹南郡伊賀村	今西藤右衛門	14匁	夫食詰替願出勤、二日分、七月廿一日ゟ廿二日迄	a
		14匁	風損願、出勤、三分	a
丹南郡野々上村	浅田源吾	14匁	夫食詰替願出勤、二日分、七月廿一日ゟ廿二日迄	a
		14匁	風損願、出勤、三分	a
		7匁	御廻米差配人一件ニ付出坂、外用兼用ニ付余内	a
		7匁	去亥寒気見舞、出勤、一日分入落	a

〆98匁【①】　高9770石5斗8升2合江割・高100石ニ付1匁4毛【②】
丹北郡　9匁2分8厘
古市郡　23匁2分6厘
丹南郡両組　67匁4分7厘

表6－4－1　嘉永6丑年6月（六郡）「河州六郡立合勘定帳」 E－10－10－4

氏名		金額	内容	分類
石川郡山田村	筒井亀太郎	14匁	二条米差配人ニ付、亀喜出勤	a
		14匁	御六分勘定、出勤	a
石川郡新堂村	四郎左衛門	31匁3分2厘	安石代御礼ニ付、新堂村古藤参会入用	c
		21匁	安石代御礼ニ付参会、濱卯出勤	a
		1匁5厘	安石代御礼ニ付人足賃	c

		68匁5分8厘	上町出火ニ付、濱卯新助殿へ見舞	b
		7匁	御六分勘定、出勤	a
石川郡喜志村	友右衛門	14匁	御六分勘定、出勤	a
丹南郡平尾村	小野藤右衛門	21匁	安石代御礼ニ付参会、濱卯出勤	a
		14匁	新規蔵相談ニ付、濱卯出勤	a
		21匁	御廻米一件、濱卯出勤、但河州ヨリ壱人	a
		34匁2分4厘	御皆済延納願ニ付入用	d
		2匁	江戸表定状賃	d
丹南郡伊賀村	今西藤右衛門	21匁	御代官様御出勤願ニ付出勤	a
丹南郡野中村		14匁	江戸表定状賃	d
		14匁	御永勤願ニ付出勤	a
		14匁	御永勤願ニ付出勤	a
濱屋卯蔵		40匁	勘定造用先入	b

〆380匁6分4厘【①】　高2万5259石9斗2升9合江割・高100石ニ付1匁5分2厘【②】
此打立381匁4分2厘【③】　差引7分8厘打割【④＝③－①】
錦部・石川郡(高1万4011石1斗3升2合)　211匁5分7厘　／　内 129匁4分 新堂村、28匁 山田村、14匁 喜志村
差引 48匁1分7厘 不足　／　前々有之不足銀　41匁1分7厘 石川郡不足ニ受取分
丹北郡(高932石6斗6升8合)　14匁8厘
丹南郡東組(高5522石3斗8升3合4夕)　83匁4分1厘　／　内 92匁6分4厘 平尾村、21匁 伊賀村、42匁 野中村
差引 72匁2分7厘 過
丹南郡之過　7匁 石川郡ヨリ入、14匁8厘 丹北郡ヨリ入、18匁8厘 丹南西ヨリ入、17匁9分7厘 古市郡ヨリ入、22匁3分2厘 国分村ヨリ入
丹南郡西組(高1197石5斗3升)　18匁8厘
古市郡(高2117石9斗2升3合)　31匁9分7厘　／　内 14匁 控
差引 17匁9分7厘 不足
安宿部郡(高1478石2斗9升)　22匁3分2厘

表6－4－2　嘉永6丑年6月(四郡)「丑六月四郡立合勘定帳」E－10－10－3

氏名		金額	内容	分類
丹南郡平尾村	小野藤右衛門	4匁	三月廿七日、御米入用勘定清勘定、小野宅ニ而仕候	c
		21匁	五月廿一日ゟ廿三日迄、御永勤願ニ付、最初相談出勤、三日分	a
		4匁	当勘定出勤	c
		2匁5分	四郡持廻り人足	c
丹南郡伊賀村	今西藤右衛門	4匁	三月廿七日、御米入用勘定清勘定、小野宅ニ而仕候	c

		4匁	当勘定出勤	c
丹南郡野々上村	浅田源吾	4匁	三月廿七日、御米入用勘定清勘定、小野宅ニ而仕候	c
丹南郡岡村	岡田伊左衛門	45匁	当日勘定、綿喜方造用先入	c
		4匁	当勘定出勤	c
		40匁	当丑正月年頭之節、丹文入用之内先入	b
		21匁	五月廿一日ゟ廿三日迄、御永勤願ニ付、最初相談出勤、三日分	a
丹南郡野中村	林猪十郎	4匁	当勘定出勤	c
安宿部郡国分村	八右衛門	4匁	当勘定出勤	c
古市郡古市村	森田	4匁	当勘定出勤	c
		14匁	五月廿一日ゟ廿三日迄、御永勤願ニ付、最初相談出勤、三日分	a
		10匁1分	去々御米勘定、当丑四月廿一日、綿喜参会、先入差引不足	c
		128匁、金2両	去子二条御米大坂備前嶋濱ニ而出関田村御米積入候処、破船ニおよひニ付、山権へも掛ヶ合対談ニおよひ候得共、何分難義多く、余荷之義被願出候故、四郡談し候上、右之通余荷仕候	d

〆317匁6分【①】　高1万1238石9斗2升2合6夕江割・高100石ニ付2匁8分2厘6毛【②】
安宿部郡(高1478石2斗9升)　41匁7分8厘 ／ 内 4匁 八右衛門様勤料引 ／ 〆37匁7分8厘 不足
丹南・丹北・古市郡(高9770石5斗2升1合) 276匁1分2厘　右者当丑三郡勘定入ル

表6－4－3　嘉永6丑年6月(三郡)「丑六月三郡立合勘定帳」E－10－10－3

氏名		金額	内容	分類
丹南郡平尾村	小野藤右衛門	228匁5分8厘	当丑暑中御窺包銀并入用元利	d
		14匁	暑中御伺出勤	a
丹南郡伊賀村	今西藤右衛門	14匁	暑中御伺出勤	a
		276匁1分2厘	四郡割控三郡分持退キ此時へ入ル	c

〆532匁7分【①】　高9770石5斗2升1合江割・高100石ニ付5匁4分5厘5毛【②】
丹南郡東組(高5522石3斗8升3合2夕6才)　301匁2分5厘
丹南郡西組(高1197石5斗3升3合)　65匁3分3厘
古市郡(高2117石9斗2升3合)　115匁5分3厘 ／ 内 18匁 四郡割ノ内森田控引、61匁3分7厘 去子寒気御見舞入用割、2匁 村廻り状夫人割、128匁 誉田村控 ／ 〆 32匁9分 不足 ／ 内 7匁7分 岡田へ入
丹北郡(高932石6斗7升)　50匁8分8厘 ／ 内 2匁 村廻り人足賃、29匁2分1厘 去子寒気御見舞割 ／ 〆 82匁9厘 不足

第八章　丹南郡七か村の年貢米廻送——機構・担い手の変化を中心に——

荒武賢一朗

はじめに

本章では、岡村を含む河州丹南郡七か村の年貢米上納に関する諸問題に焦点を定め、近世後期の畿内幕領村々が課せられた江戸廻米、京都二条・大坂詰米に関わる諸存在と、機構の変遷を明らかにしたい。近世畿内の年貢米廻送に関する研究は、森杉夫の手によるものをはじめ、いくつか重要な成果が生み出されてきた(1)。とくに後期に関してみると、最近では池田治司の詳細な論考があるほか、大阪府下の自治体史などでとりあげられてきたものの、年貢米上納の機構や、それに関わる人々の動向についてまだまだ研究の余地があろうかと思われる(2)。廻送の具体的事実を確認することはもちろん重要であるが、村々から移送される「年貢米の行く末」が近世社会全体に波及することを考えれば、さらなる論点拡大を試みるべきであろう。

右にも触れたように、近世後期における江戸廻米・二条詰米の具体的研究には池田論文の緻密な成果がある。同論文では河内国若江郡御厨村の庄屋であった加藤家の諸史料を駆使し、廻米・詰米の実態と、その仕法や村々の負担などにつき、重要な指摘がなされている。御厨村のあった中河内地域と、本章で素材とする南河内地域という差異はあるものの、引用史料の中心となる岡田家文書[3]には事実関係において重なる点も多いため、すでに精査された事実関係を踏襲しながら、この研究の深化を目的としたい。

いわゆる担い手論に重点を置くが、その論理的展開をおこなううえで、御用請負という問題は見逃せない。その点、岩城卓二による一連の大坂用達論、および御用請負人が常態化する近世後期の政策分析は貴重な示唆を与えてくれる[4]。

当然ながら分析対象となるこの地域性にも配慮しなければならない。この地域は田方棉作の盛んな土地柄であり、年貢米の多くは買納によって支えられている。この買納の問題を含め、畿内における米穀そのものについては本城正徳の仕事[5]が研究水準を高めたといって良い。正面から米穀の諸問題にこだわった本城の視角とはやや異なるが、三都へ米穀が廻送される意味を考えなければならないであろう。

以上の研究動向に依拠しながら、丹南郡七か村（岡・野中・野々上・伊賀・小平尾・阿弥・多治井）が幕府代官所支配から高槻・永井家の預所に移行する寛政年間（一七八九～一八〇一）以降、再び代官所支配に戻る天保年間（一八三〇～四四）までに時期を定め、①丹南郡七か村の諸入用からみた蔵納仕法の変容、②江戸・二条へ廻送することについての村々の動向、③年貢米廻送の機構と諸存在の解明、を主軸としながら検討を進めたい。

第一節　丹南郡七か村諸入用にみる蔵納仕法の変容

この地域の概説に入る前に、幕領組合村の動向というものにも着目したい。幕領組合村については久留島浩をはじめとする研究[6]があり、すでに一定の研究段階にいたっている。本章では組合入用・村入用といった地域財政

表1　丹南郡7か村の村高・支配領主

村名	高(単位：石)	支配の変遷
岡　村	739.046	河内国丹南・高木家領→宝暦8：幕領→安永7：大坂城代役知→寛政2：幕領→寛政11：摂津国高槻・永井家預所→天保11：幕領
野中村	829.740	河内国狭山・北条家領→宝暦9：幕領→安永6：大坂城代役知→寛政3：幕領→寛政11：摂津国高槻・永井家預所→天保11：幕領
野々上村	310.256	河内国狭山・北条家領（野中村より分村）→宝暦9：幕領→安永6：大坂城代役知→寛政3：幕領→寛政11：摂津国高槻・永井家預所→天保11：幕領
伊賀村	487.855	河内国丹南・高木家領→宝暦9：幕領→安永7：大坂城代役知→寛政3：幕領→寛政11：摂津国高槻・永井家預所→天保11：幕領
小平尾村	519.584	河内国丹南・高木家領→宝暦8：幕領→安永6：大坂城代役知→寛政2：幕領→寛政11：摂津国高槻・永井家預所→天保11：幕領
阿弥村	388.000	河内国丹南・高木家領→宝暦8：幕領→安永6：大坂城代役知→寛政2：幕領→寛政11：摂津国高槻・永井家預所→天保11：幕領
多治井村	655.190	河内国狭山・北条家領→宝暦8：幕領→安永6：大坂城代役知→寛政2：幕領→寛政11：摂津国高槻・永井家預所→天保11：幕領

出典：D-2-2「竹垣三右衛門様御支配村々高附帳」（嘉永元年2月）などによる

全般を論じるのではなく、あくまで廻米・詰米に関わる諸存在を明確に位置付けたいため、いささか部分的な紹介にとどめる。ただし、丹南郡七か村の場合、近世後期の一時期において「純粋な幕領組合村」ではなく、大名預所の連合体であったという特徴を持つ。その意味では、個別事例の紹介に過ぎないかもしれないが、組合村研究、畿内研究の一助となる可能性がある。かつて渡辺尚志は、岡田家文書から得た成果をもとに、岡村を含む地域の水利関係から地域社会の関係構造、およびその段階的特質について論じた。(7)渡辺の主眼は、岡村を含む王水樋組合の成立とその展開、また岡村の社会構造と岡田家経営の問題にあった。その分析をふまえて、岡田家の金融・土地所有関係は河内国内のみならず、和泉・大和両国に広がり、水利組合や幕領組合村などの村連合の範囲と一部は重なるものの、多少のズレが生じていることを示唆している。ここではそのうち、年貢米廻送と直接的に関係する幕領組合村の構成や結合の問題を説明しておこう。

寛政年間（一七八九〜一八〇一）以降、丹南郡七か村を構成する幕領組合村は表1の通りである。村高は、野中村を筆頭に、三〇〇〜八〇〇石強の村々で構成されている。各村にかかる支配の変遷は、近世初頭の流動的な支配替えなどを省略しているが、前期は概ね丹南・高木家と、狭山・北条家の所領であった。一様に宝暦八年、九年（一七五八、五九）に幕領へと切り替えられ、その後も短期間ながら大坂城代役知や高槻・永井家預所を経験し、ほとんどが幕領（またはそれに準じた大坂城代役知）へと転じた。幕領となった宝暦期以降、七か村は幕領組合村を形成するにいたり、その中核をなす年貢米上納についても共同でおこなうことになる。

1　年貢米廻送先の傾向

河内国幕領村々における廻米の手順を紹介しておこう。村ごとに集められた年貢米は、それぞれの郷蔵に保管されたのち、江戸・京都・大坂などの御蔵に納入される。周知のように、納入される年貢米は当初の兵粮米的性格から、次第に備荒貯蓄の目的が強くなり、畿内幕領でも寛文・延宝年間（一六六一〜八一）から、大坂・京都・高槻の御蔵へ詰米されるようになった。江戸廻米は享保年間（一七一六〜三六）に入って開始されるが、これは一時的なもので、享和年間までは京都二条を中心に廻送されていく。しかし、文化年間（一八〇四〜一八）以降、再び大坂・江戸への輸送が復活し、三都への年貢米上納が幕末まで続く。(8)

それでは丹南郡七か村ではどのような傾向がみられるだろうか。そのひとつとして岡村の事例をあげてみよう。表2には史料的制約によりやや欠年があるが、寛政三年〜天保一〇年（一七九一〜一八三九）にかけての「年貢

表２　岡村の年貢高と上納米廻送先一覧

（銀納の単位：匁、ほかは単位：石）

年次	年貢高	銀納	米納	大坂詰米	二条詰米	江戸廻米
寛政３	398.454	13870.76	227.172	41.0000	80.0000	105.0081
７	446.357	15290.66	252.935	54.0000	59.0000	138.6125
８	447.032	4321.72	253.318	81.4700	88.0000	73.8970
享和元	439.178	14549.27	248.867	—	—	248.6670
２	434.101	13821.98	245.565	53.1000	188.9680	—
文化２	452.785	12583.07	256.578	—	—	239.3780
４	355.383	12413.73	201.384	185.9215	15.0000	—
５	415.881	14277.42	235.666	—	8.2500	226.9850
10	365.656	10868.46	207.205	—	—	207.0050
11	294.815	9063.68	167.063	2.2500	—	164.6130
12	446.909	13612.83	253.248	—	—	253.0480
13	410.918	13620.35	232.853	—	—	232.6530
14	397.228	11981.37	225.096	60.5000	—	164.3960
文政元	403.507	11355.85	228.654	—	—	228.4540
２	434.536	10064.08	246.237	—	—	246.0370
３	436.342	10646.29	247.263	—	68.0697	177.8599
４	393.503	10500.93	222.730	39.5000	—	183.0300
５	428.182	12508.60	242.637	—	67.5000	163.8150
６	224.921	6824.87	127.455	—	—	127.2550
７	407.029	11901.02	230.650	69.0000	—	161.4500
８	402.892	14952.83	228.360	—	—	228.1600
９	299.925	9440.21	169.957	169.7570	—	—
10	393.002	11530.54	222.701	—	—	222.5010
11	395.866	14623.26	224.324	—	—	224.1240
12	347.692	11830.47	197.026	—	—	196.8260
天保元	402.703	14709.42	228.199	—	50.0000	177.1620
２	393.778	13459.36	223.141	—	43.0000	179.2260
４	378.195	17365.99	214.650	—	56.0000	157.1190
５	300.255	2797.15	273.017	110.0000	—	163.0170
６	369.979	3774.20	332.981	105.0000	—	227.9810
７	249.868	15379.13	141.592	80.5940	60.0000	—
８	388.327	17494.66	220.052	—	—	220.0520
９	311.332	5229.71	280.199	—	—	280.1990
10	337.086	3367.13	303.377	—	—	303.3770

出典：各年「皆済目録」などによる

註１：米納高には大坂・二条・江戸への廻送米のほか、車力賃米などの諸費を含む場合があるが、この表では省略している。

２：二条詰米のうち、寛政３年分には28.5石、享和２年分には101石余りの買納分が含まれている。

３：文化２年分の米納高には御囲籾17石が含まれている。

４：文化２年分には米納高とは別に、堺詰籾18.5石が存在する。

高」、その納入方式として「銀納」「米納」、「米納」の内訳として廻送先（大坂詰米、二条詰米、江戸廻米）をまとめた。ここでは廻送先の配分に注目されたいが、池田論文で指摘されているように、年次ごとにその振り分けはさまざまで一貫した方向性がうかがえない。ただし、ある程度の傾向が示されているように考えられるので、以下いくつかの特徴を記しておきたい。

(1)幕府代官所支配下にあった寛政年間は石高にばらつきがあるものの、三都すべてに廻送がおこなわれている。

(2)高槻・永井家預所となってからの享和年間以降は江戸廻米が優勢（ほぼ毎年おこなわれている）であり、三都に対して同時に廻送されない。

(3)大坂詰米は数年ごとにまとまった石高が廻送されている。天保五〜七年にかけての「大坂への優先移送」は、天保飢饉が本格化する同四年との整合性がみられ、またすでに本城正徳が指摘する大坂市中米穀取引の円滑化に向けた幕府政策（米価騰貴の抑制）との連動を示唆している。

岡村のみのデータで丹南郡七か村、あるいは河内国一帯の米納状況を証明することは不可能であるが、当該期の幕府政策や飢饉・凶作などの事態とも密接であることは想像できよう。さらに先行研究の成果と照合すれば、享和年間以降の江戸廻米優勢の動向が際立っており、幕末期を含めた検討の余地が残されている。これについては本論の目的からやや逸脱してしまうため、幕府市場政策や三都の都市政策などとの連関性も含め、今後の課題としておきたい。

2　丹南郡七か村の二条詰米諸入用――寛政八年（一七九六）の事例――

三都への年貢米廻送高は以上のように明らかであるが、続いてはそれにかかる村方負担の諸入用へ焦点を移し

表3　寛政8年(1796)二条詰米諸入用の内訳

(通番1～7＝単位：匁、通番8～10＝単位：石)

通番	支出項目	入用銀・入用米高
1	差配料（→灰屋佐兵衛）	76.20
2	千木・諸掛替料（→灰屋）	0.76
3	茶場入用（→灰屋）	2.54
4	茶場修復入用（→灰屋）	1.93
5	御上納莚	11.43
6	染取入賃	1.86
7	飯代	29.40
	入用銀小計	124.12
8	余米引取	0.7770
9	詰替込米・切替込米・納廻し込米	0.6990
10	欠引受料（→小笹与三五郎）	1.6764
	入用米小計	3.1524

たい。ここで留意すべきは、表1にあったように、寛政一一年～天保一一年（一七九九～一八四〇）まで七か村は永井家預所になっている点である。つまり、「純粋な幕領組合村」ではなく、具体的には預所の組合であるが、まずは幕領時代に位置する寛政八年分（七か村すべて幕府代官所支配）のうち、二条詰米の事例を紹介しておきたい。

寛政八年の年貢を二条御蔵へ御詰米として納めたことが確認できる史料「去ル辰二條御詰米諸入用帳」[9]は河州丹南郡岡村組（丹南郡七か村）作成のもので、署名には岡村の納百姓・新七、差配人・灰屋佐兵衛[10]、鳥羽問屋・小笹与三五郎の名前があり、宛先は角倉一学様御役所（幕府代官所）とある。納百姓は京都まで米を廻送するさいに付き添う組合村の百姓、差配人は納入まで諸手続き・人足差配をおこなう京都の商人、鳥羽問屋の小笹は、川船によって鳥羽まで持ち込まれた米を搬送する車方商人である。この年の二条詰米は七か村合わせて五〇八石（その他、鳥羽問屋負担の内拵米など若干あり）で、廻送にかかる諸入用を表3にまとめている。これらの諸入用は、高割によって七か村で負担されるが、差配料をはじめ蔵納に関する費用が多くを占める。そのなかに「茶場」に関する入用があるが、これは二条湯呑所とも称され、蔵納のさいに納百姓たちが時間待ちをするための休憩所である。表3とはやや時代がずれると想定されるが、「二条湯呑所普請ニ付二条差配人年賦渡覚」[11]という史料も存在

表4　文化3年(1806)正月、廻米・堺納籾の石数

村名	廻米・堺納籾（単位：石）	掛銀（単位：匁）	籾入用（単位：匁）
岡	239.378	174.75	22.62
野　中	265.737	286.78	26.65
野々上	85.340	123.62	15.17
伊　賀	188.850	159.70	26.83
小平尾	185.987	137.11	26.22
阿　弥	138.816	101.15	(不明)
多治井	223.997	165.75	77.31
計	1088.727	1148.86	194.80

出典：C-3-2「丑御廻米并堺納籾諸勘定帳」（文化3年正月）より作成

し、毎年茶場の入用を村側が負担することや、また普請や修復についても差配人と村々で出資していたようである。

丹南郡七か村から廻送にかかる担い手を整理すると、納百姓・京都差配人・鳥羽問屋といった三者の介在が指摘できよう。本質的には納百姓がすべての諸手続きをおこない、二条御蔵へ納入するわけだが、実際には三者がそれぞれ役割を分担し、蔵納が完了する仕組みになっている。この段階ですでに京都における村々の業務が京都町人に委託されていることに注目しておこう。

3　丹南郡七か村の江戸廻米・堺納籾諸入用——文化二年（一八〇五）の事例——

文化二年の事例（納入は文化三年正月、表4）を紹介したい。このさいには江戸廻米のほかに、堺への納籾も合わせて一冊にまとめている。堺詰籾は岡村の皆済目録にも一七石と明記されているが、当年の米納高には含まれておらず、なぜ堺へ廻送されたのかも不明である。それはさておき、七か村の廻米・納籾合計は一〇八八石余、これに関する諸入用（掛銀・籾入用）も銀一貫目を越えており、年貢米上納に対する村々の負担が増大していることが認められよう。

この諸入用の内訳は表5に示した通りである。表4の掛銀・籾入用と合計額が合わないので差額の取り扱いについては不明なものの、同じ帳面に記載されたもので、諸入用の具体的な使途が明らかになっている。項目に内容分類を付しているが、最初の「納人・上乗」には、この年の納人（納百姓）と上乗（納米を積んだ船に乗る者）

への心付・報酬などがある。太子堂村（河内国渋川郡）は丹南郡七か村と同じく幕領で高槻永井家の預所となっている村で、河内国村々の同家預所の代表として納人を勤めた[12]。また岡村の作左衛門が上乗を引き受けていたことがわかる。「大坂関係」には大坂の差配人であったと考えられる野田屋小兵衛への賃米・雇人足賃などを含めた。「参会・勘定」は少し丁寧な説明が必要である。まず参会入用はおそらく丹南郡七か村庄屋による寄合であ

表5　文化3年(1806)正月、廻米・堺籾米諸入用の内訳

（単位：匁）

通番	項目	入用銀高
	【納人・上乗】	
1	太子堂村藤兵衛納人心付	32.70
2	上乗人岡村作左衛門心付	35.00
3	作左衛門へ上乗料	200.00
4	作左衛門、上乗臨時のため大坂にて2日分余荷	7.80
	小計	275.50
	【大坂関係】	
5	野田屋小兵衛賃米	16.20
6	野田屋小兵衛雇人足賃	17.28
7	御役所への差出用意金	19.62
8	差札代	4.50
9	金替相場違	2.50
	小計	60.10
	【参会・勘定】	
10	参会入用	10.00
11	丹波屋四郎兵衛方臨時入用割	7.80
12	丹波屋四郎兵衛方酒代割	17.10
13	淡路屋惣兵衛方入用割	7.75
14	淡路屋惣兵衛方酒代割	6.70
15	京都へ引合罷越入用割	3.00
16	伊左衛門、勘定造用	30.00
	小計	82.35
	【大坂・堺出勤】	
17	伊左衛門、御米浜出勤(19日分)	133.00
18	源吾、大坂・堺出勤(6日分)	42.00
19	猪十郎、大坂出勤(7日分)	49.00
20	大坂御米につき出勤(多次井村、2日分)	14.00
21	林左衛門、大坂・堺出勤(4日分)	28.00
	小計	266.00
	【飛脚・人足賃】	
22	大坂より飛脚賃(元利とも)	3.34
23	大坂へ人足賃	4.50
24	石代銀差遣わし人足賃	3.00
25	大坂へ石代銀遣わし人足賃(多次井村)	3.50
26	大坂へ石代銀遣わし人足賃(阿弥村)	3.50
27	大坂へ石代銀遣わし人足賃(野中村、3日分)	10.50
28	阿弥村より大坂迄人足賃	8.00
29	郷々持廻し人足賃	2.00

30	太子堂村へ人足賃（2度分）	3.00
31	大坂より金直違・飛脚賃	5.40
	小計	46.74
	【米代銀・利銀】	
32	米代銀借入	100.00
33	利銀	15.00
34	利銀4か月分	12.00
35	利銀	118.04
	小計	245.04
	総計	975.73

出典：C-3-2「丑御廻米并堺納籾諸勘定帳」（文化3年正月）より作成

ったと思われる。続いての丹波屋四郎兵衛は高槻の郷宿であり、永井家預所村々の参会・止宿に利用され、その費用を参加した組合村々で勘定したものであろう。淡路屋惣兵衛も大坂高麗橋東詰にあった郷宿であり、丹波屋と同じく預所村々の参会・止宿、もしくは廻米に関しての書類作成などに利用されたと推察できる。[13] 預所として支配されている村々の結合については不明な点が多いものの、年貢米廻送を通じての共同作業、および村役人層の参会がおこなわれている事実は重要な意味を持ち、一方でそのなかでの郷宿の役割にも留意が必要であろう。また、この帳面を作成した（勘定造用）のは岡田伊左衛門であったようである。明記されていないが、伊左衛門は湊詰庄屋であったと思われ、七か村を代表して大坂などに出勤し、廻送の事務を担っていた。「大坂・堺出勤」では、伊左衛門をはじめ組合村の百姓たちが大坂・堺へ出向いたさいの手当が記されている。伊左衛門の御米浜出勤には地名が載せられていないが、おそらく大坂であったと考えられる。納人・上乗だけでなく、村役人層が年貢上納のためにたびたび大坂・堺へ出勤したことも指摘できよう。「飛脚・人足賃」のうち、飛脚賃については大坂との連絡および金銀の受け渡しに利用されたもの、また人足賃は石代銀を大坂へ運んでいたことを裏付ける。最後の「米代銀・利銀」については詳細が不明であるが、廻米として上納する米穀の買い付け、またその支払いにかかる利銀の可能性が高い。

以上の内容から断片的ではあるが、河内国永井家預所村々における廻米の実態が浮かび上がってくる。また、担い手としては「納百姓・上乗」「湊詰庄屋」「大坂差配人」、さらに高槻・大坂の「郷宿」もなんらかの形で蔵納に関わっていたことが明白である。

4　丹南郡七か村の二条詰米・江戸廻米諸入用――天保二年（一八三一）の事例――

岡田家文書によれば、先にも述べたように天保年間（一八三〇～四四）以降、万延年間（一八六〇）まで、年次ごとに年貢米廻送に関する諸入用帳が作成される。年ごとに廻米される場所が異なるため、その様式は一様ではないが、恒常的に二条・江戸、または大坂への廻米がおこなわれていたことを物語っている。毎年の傾向や時期による特徴など、知るべき内容が多く盛り込まれているが、ひとまず天保二年の二条・江戸蔵納に関しての諸入用を紹介しておきたい。

表6は同年（帳面の作成は天保三年五月三日）の二条詰米に関する諸入用である。先にあげた表3と比較すると、かなり内容が異なっていることがみてとれよう。まず、大坂に差配人が設置され、樋屋がその責を負っている。樋屋はほかの史料で村々から差配料を受け取っている樋屋市五郎のことではないかと類推される(14)。大坂差配人は大坂備前島から淀川を経て、伏見・鳥羽へ米を輸送するさいに一切の差配を任される存在であった。樋屋から詰米を受け取るのは伏見問屋の「ひの喜（日野屋）」、鳥羽問屋の「（大沢）又左衛門」で、彼らには蔵敷賃や船賃、また荷揚げされた米穀を二条御蔵まで輸送する車方への支払い銀も記されている。雁金屋については不明なものの、おそらく京都（もしくは鳥羽か伏見）の納宿的存在で、内拵や納百姓たちの宿所として利用されていたのではないかと考えられる。村々からは納百姓と思われる猪十郎が出勤し、また本役と並んで添人も関わっていることがわかる。

天保二年段階における二条詰米の特徴としては、大坂差配人の設置、および鳥羽・伏見二浜での水揚げなどがあげられる。担い手は「納百姓」、「大坂差配人」、「鳥羽・伏見問屋」、「納宿」となり、分業化が進んでいることが認められる。

表7には表6と同じ帳面にまとめられた江戸廻米の諸入用を掲載した。項目としては郡中割（河内国幕領永井家預所村々）による入用銀負担など、上乗・浜庄屋（湊詰庄屋）や出勤した村役人層への手当や心付が含まれている。「仲衆」は大坂の浜仲仕衆のことかと思われる。大坂差配人などの記載がないが、差配人・廻船などの諸経費については郡中割勘定に含まれている可能性が高い。二条詰米とはやや異なった仕法であると思われる。

ここまで考察してきた諸入用から村々と御蔵の間に存在する職務をまとめておきたい。表3にまとめた二条詰

表6　天保2年(1831)二条詰米諸入用の内訳

（単位：匁）

通番	支出項目	入用銀
	【大坂差配人・樋屋】	
1	樋屋差配料	155.10
2	樋屋瀬取賃割	12.00
3	樋屋飛脚	7.50
	小計	174.60
	【伏見・鳥羽】	
4	伏見ひの喜 水上蔵敷	78.54
5	鳥羽又左衛門 水上蔵敷	66.40
6	鳥羽又左衛門 瀬取余米船ちん	39.30
7	鳥羽・伏見車引割	45.18
8	雁金屋内拵込米	288.90
9	雁金屋酒代・弁当等	43.65
10	雁金屋酒代	2.90
	小計	564.87
	【百姓手当】	
11	猪十郎出勤(33日分)	247.50
12	本役添 臨時入用	14.00
	小計	261.50
	【諸入用】	
13	御刎直違	12.00
14	納入用いろいろ	211.97
15	利銀(大坂飛脚)	5.40
16	勘定入用(岡田預け)	20.00
17	南一片(岡田預け)	8.00
18	下女心付	4.00
	小計	261.37
	総計	1262.34

出典：C-3-16「去卯二条江戸御蔵納諸入用立会勘定帳」(天保3年5月3日)より作成

表7　天保2年(1831)江戸廻米諸入用の内訳

(単位：匁)

通番	支出項目	入用銀
	【郡中割勘定】	
1	郡中割勘定	43.78
2	米方郡中割勘定	21.00
3	米勘定入用定例	30.00
	小計	94.78
	【上乗・浜庄屋など手当】	
4	小平尾村上乗心付	30.00
5	上乗料	15.60
6	浜庄屋(23日分)	161.00
7	浜庄屋取〆り立会(2日分)	14.00
8	野中村又三郎出勤心付	8.00
9	岡村杢兵衛出勤心付	8.00
10	仲衆心付	8.00
11	仲衆酒代	8.00
	小計	252.60
	【諸入用】	
12	菓子料	5.00
13	とらや切手(20枚)	10.00
14	切手ふりかへ	5.00
15	利足	4.55
	小計	24.55
	総計	371.93

出典：C-3-16「去卯二条江戸御蔵納諸入用立会勘定帳」(天保3年5月3日)より作成

米では「京都差配人」と「鳥羽問屋」が、前項表5の事例では「大坂差配人」および直接的ではないものの「郷宿」が、表6・7でみた天保二年の二条詰米・江戸詰米では「大坂差配人」、「鳥羽・伏見問屋」、「納宿」といった人々の介在が認められた。本来的に年貢の上納は「治者」と「被治者」、すなわち領主と領民の直接的関係によっておこなわれるはずだが、三都御蔵にて蔵納がおこなわれるという状況から、このような御用請負人的存在が必要とされた。これは単純に諸手続の煩雑性や、領民側の諸作業が簡略化されるという理由に起因するのではなく、御蔵の所在地（三都）町人の利徳や商権という部分にも関わりが出てくる。三都町人にすれば、年貢米だけを取り扱って生計を立てているわけではなく、あくまで生業の一部にすぎない。しかし、河内農民と三都町人の利害の一致と幕府の意向をもふまえれば、三者にとって好都合な機構がこのような中間的職務を成立させていったのであろう。

第二節　二条詰米に対する村々の対応と担い手

単純に考えて、河内の村々から遠方の御蔵へ年貢米を上納することは費用と、納人・上乗の派遣という両面からみても大きな負担となる。また丹南郡七か村のように田方棉作が盛んな地域では自村で納米を確保することも難しく、買納によってそれらを賄うため、極力諸入用を抑えようとする意向は強かったに違いない。そのなかで、年貢米廻送、および蔵納の仕法に関して村々がどのように対応していたのかを探ってみたい。

河内の幕領村々は、寛政九年（一七九七）五月に次のような、河内九郡の郡々惣代より水戸様（高槻永井家の地方役）御屋鋪宛の願書（「御米御為替米ニ相成候ハ、村為之訳書上帳」）を提出し、大坂・二条・江戸の蔵納に対して、為替米を利用できるよう求めている。

〔史料1〕（岡田家文書市史三、以下請求番号のみ）

　御為替米ニ相成候ハヽ、村為ニ相成候段左之通ニ御座候

一御年貢米大坂御蔵納ニ相成候ハヽ、此入用銀米壱石ニ付水揚内抜諸事人足賃銀凡銀三分五リ、并欠米臨時入用・納庄屋出勤入用共見込銀六分五リ、都合銀壱匁入用相掛申候

一同二條御蔵納ニ相成候ハヽ、此入用銀米壱石ニ付大坂表ニおゐて積所蔵敷・人足浜入用銀五分五リ、其上鳥羽・伏見江積登、問屋蔵敷・人足差配料共米六合六勺、此代銀凡四分三リ、猶又京着内拵江之節、人足差配料共銀壱分五リ、右之外納庄屋出勤入用・臨時入用共見込銀七分、都合銀壱匁九分三リ余相懸申候

一江戸御廻米ニ相成候ハヽ、此入用銀米壱石ニ付大坂積所ニおゐて蔵敷・人足差配料共銀五分九リ、本米壱石ニ付余米弐升、此代凡壱匁三分、余米運賃銀壱分弐リ、船中上乗賃銀弐分、積所浜庄屋出勤入用銀弐分、江

戸御蔵納清帳表入用凡銀四分五リ、其外納名主出府逗留・往返道中入用共凡四分五リ、都合米壱石ニ付銀三匁三分壱リ相掛り申候

右之通年々御蔵納入用差出候処、願通此度御為替米私共村々ゟ御請取被為　成下候ハヽ、右入用銀不及差出ニ、右之外京・江戸御蔵納之米ハ難船・破船之儀難計、此儀格別之入用銀相懸り候段、至而難儀ニ御座候処、御為替米ニ相成候得者、右躰之難儀筋無之安心を以御為替米御上納仕候段、難有仕合ニ奉存候、其上村々ニおゐて御払米ニ相成、石代銀を以御上納仕候様被為仰付被下候ハヽ、別紙願書ニ奉申上候通、全躰出生米無数村々彼是数々村為ニ相成候段、難有仕合ニ奉存候御事

寛政九年巳五月　　　　郡々惣代
　　　　　　　　　　　　連印

水戸様
御屋鋪

この史料から読みとれるのは、各蔵納にかかる諸入用およびその経路、またそれぞれの担い手の存在である。米一石あたりで大坂蔵納は銀一匁、二条は銀一匁九分三厘、江戸にいたっては三匁三分一厘という算出がなされている。これらの負担とともに、二条と江戸については遠方であるため、輸送途中の難船・破船の危険性もあり、余計な出費がかさむとしている。実際、文化一二年（一八一五）に丹南郡七か村を含めた摂津・河内の村々からの二条詰米が淀川筋で難船となり、多大な入用が支払われている。[15]為替米仕法を導入すれば、これらの諸入用や輸送中の事故も回避できるという論理で村々の意向を訴えている。また石代納で上納することができれば「出生米（自村生産米）数無き村々」にも有益であると申し添えた。その後の経過をみると、この為替米仕法は容認されなかったようであるが、同年七月にも高槻御役所宛に同様の願書が提出されており、預所村々の意向が金銭的

かつ人的負担の大きい「現物納入」を避けたい方向で動いていたことが看取できよう。寛政九年段階でこのような村々の主張がおこなわれた背景には、以下のような諸問題がある。

第一に、村々と、各地における納宿・問屋の対立である。とくに京都の納宿との確執は大きな問題となっていた。京都における蔵納については、宝暦年間あたりから京都の納宿が登場し、百姓たちの事務を代行する存在となり、明和年間には株仲間化された。当初は村々も煩雑な諸手続きを自らおこなうことなく、京都の事情に詳しい納宿に委任することは好都合であったと考えられる。しかし、村方と納宿との間で諸入用や余米の取り扱いをめぐって対立が生じ、寛政元年（一七八九）、摂津・河内の幕領村々が京都・大坂の納宿株廃止を歎願する事態となった。幕府側は同年に大坂、翌年に京都の納宿廃止を命じ、村々は京都での「窓口」を自由に選択できるようになる。これ以降、寛政年間の河内村々と京都の担い手との関係については池田治司の研究[16]に詳しいが、主として単年で京都の商人と契約を結び、諸入用などの細部の条件を交渉していく形式が一般的となる。ただし、池田の指摘にあるように、納宿が廃止されて以降も京都側の優位な立場に変化はなかった。

第二に、輸送手段の問題がある。時代はやや下るが、その状況を示すものとして次の史料を参照されたい。これは文政一二年（一八二九）七月付けの「御役所江差上候二條車方一件書附控」に記されたものである。差出および宛先は不明なものの、内容から河内の幕領村々から京都町奉行所（または代官所）に出されたものと考えられる。

〔史料2〕（E―九―六）

乍恐奉願口上書

一二條御蔵詰米車牽之儀、鳥羽・横大路・伏見・嵯峨共車方衰微追々車数減少仕、運送捗取不申候処、於村方御割紙被仰渡次第、米怔相撰俵拵仕立可成丈差急キ、右四浜へ着米為仕候儀ニ而数日宜敷問屋方ニ蔵入仕置候様相成、郡中一統難渋仕候義ニ御座候、別而鳥羽車者積石も余計之処已前与者格別ニ相減、両所共御定牽石数減少仕候上、御所御料御米を始、諸向運送も差支候故、自然与日々之牽不足相嵩、御割紙高牽切り候見通候義無御座、湿気向ひ候得者更ケ痛御蔵納之節多分御刎戻被仰付、其期ニ至候而者最早引替可相納囲米も無之、御刎米者安石代を以相払買納仕候得者、間銀等義相掛、納諸入用等も二重ニ相成、必然之難渋差迫候ニ付、無是悲近来之年々御詰米、村々申合車牽捗取候様車方江余荷銀差遣、駄牛之運送銘々雇牽等茂無油断仕候得共、期月皆済ニ者不相成、漸六、七日頃迄ニ御蔵納仕候得共、右入用追々相増、去ル卯ゟ去子迄拾ヶ年之間、村弁銀之儀者、壱ヶ年ニ平均凡銀六貫目余ツ、相懸、当時之様子ニ而者追々可相増体、此上無際限右躰之出銀仕候而者、百姓共難及自力ニ、殊更皆済延引仕候得者、納百姓逗留も数日ニ相成、飯代諸雑用費等も年毎ニ相嵩、元来困窮勝之村々此姿ニ而者迚も御詰米相続難相成、一同相歎罷在候儀ニ御座候、勿論御蔵納御出役中ゟ茂車牽捗取候様厳敷被仰付被下、於車方も可成丈ケ出精牽立候得共、何分近来売荷物不景気ニ而車持共潰人多相残候者共、漸御役相勤候仕儀ニ而実々困窮仕、売荷運賃之助成薄候得者、被下候車力賃米ニ而者牛飼料・車修復等ニも引足不申由ニ而、休車多く、右之通御詰米運送捗取不申候ゟ郡中一統必至之難渋ニ相成候儀ニ付、御倹約之御時節柄奉恐入候得共、何卒格別之御憐愍を以村弁銀不仕、運送捗取二條御詰米期月通之皆済出来仕候様、御救之御仕法相立候様、村々挙而奉願上候、右者二條御詰米四浜着之向々一同申合、今般夫々御支配御役所江願出候付、連印を以御願奉申上候、何分格別之御勘弁ニ而郡中一同難渋相遁相続仕候様、偏ニ御慈悲之儀奉願上候、以上

史料の内容に入る前に、鳥羽・横大路・伏見・嵯峨（四浜）の車方衰微について説明しておきたい。[17] 四浜は淀

川・桂川舟運の重要拠点として位置し、大坂・丹波・大津などから入ってくる物資の荷揚げにともない、京都市中との往来をおこなう陸上輸送として車方（牛車）がそれぞれ発展していた。とくに年貢米をはじめとする御用に関連する輸送には欠かせない存在として、その役割を担っていた。しかし、享保年間を過ぎ近世後期になると、高瀬舟などの舟運との競争、また陸上輸送においても大八地車の台頭によって、車方の減少が顕著にみられるようになる。寛政二年には、鳥羽（下鳥羽村）の車持から二条詰米運送の車役減免を願い出ているほどである。

さて、この史料では村方からの一方的な主張であるものの、当時の二条蔵納に関する問題点を観察することができる。要点をまとめると、以下の五点に集約できよう。

(1)四浜問屋へ蔵入れしても、車方衰微のため二条へ蔵納ができない。

(2)問屋に米を預けている間に更《ふ》け米となり、蔵納となったときに多くは刎ね戻しを命じられ、その代替分を買納しなければならない。

(3)買納米代銀のほか、蔵敷料・納百姓の滞在費など入用は年々増加する一方で、文政二〜一一年の一〇年間で一か年平均銀六貫目余りも村方で負担することになった。このまま際限なく出銀が増加すれば、二条詰米を継続することが困難である。

(4)近年不景気のため、車方では潰人・休車も多く、車力賃米だけでは牛飼料・車修復費用などを捻出できないという有様である。

(5)以上のようなことで、車方がこのままの状態では詰米運送は順調に機能しないので、村々の負担銀ではなく、役所側で「御救之御仕法」を立案してもらいたい。

天保期に入ってから、車方保護のための大八地車の規制を目指した法令が出されるものの、村方が求めたような「御救之御仕法」は施されなかった。年貢米を京都近郊まで輸送しながらも、その手前で留め置かれるという村方にとってもどかしい状況はその後も続いたとみてよいだろう。

このように領主、領民、その中間に介在する存在の三者のうち、領民にとって明らかな不都合が生じた。しかし、これが是正されないのはなぜか。三者の間ではすでに中間介在者を含めた機構が確立しており、それを改編するのには三者それぞれのリスクがある。村方にとっては、完全に御用請負人が欠落してしまえば、直接納入というさらなる不安要因が浮上する。また中間介在者は諸業がうまくいかないなかで、確実に利潤を得られる年貢米廻送の業務を易々と手放すわけにはいかない。幕府においては社会全体を管理する立場から、御用請負人を外してしまう必然性はない。そういった三者の思惑や意向のなかで、役所による「御救之御仕法」が村方によって提案されたのである。

第三節　江戸廻米に対する村々と担い手——用聞・郷宿層の介在——

岡田家文書には天保五年（一八三四）一二月作成の「江戸御廻米一件諸御用留」[18]という、江戸向け廻米に関しての詳細な内容を綴った史料が残されている。この内容から河内国の永井家預所に関する諸事例を検討したい。天保五年、摂津国・河内国永井家預所村々の江戸廻米は一番組から五番組で構成されて、江戸（品川）へ廻送されている。そのうち丹南郡七か村に命じられた廻米は計一一九五石四斗（俵数二五九〇俵余り、本米・欠米とも）で、送り状には御廻米御用達・広島屋亀助の名前がある。廻米をおこなうのは大坂・伝法屋吉右衛門所有の船で、沖船頭は伝之助という人物であった。上乗は丹南郡野々上村忠兵衛で、同年一二月一五日に大坂安治川口を出帆している。一九日に紀伊国橋杭湊へ入津、風雨のため二二日出帆、翌二三日に志摩国安乗崎へ入津、その

表8　天保5年(1834)江戸廻米に関係する人々

役職	人名
御蔵奉行	小野朝右衛門、篠木勝左衛門、木原半兵衛、竹村九郎右衛門、小川杢左衛門、久保田吉次郎、近藤宗左衛門
御廻米御改役	長谷川太重郎、田口卯兵衛、三輪兵九郎
納方出役	弥兵衛
御米下改役	甚助
納方	庄兵衛、弥三郎、庄吉、平兵衛、万治、幸吉
永井飛驒守御預り所代官(江戸出役)	井口良右衛門、小川昇
廻船方御用達	広島屋平四郎、苫屋久兵衛、佃屋勘左衛門
廻船方差配人	日向屋藤八、伊予屋長右衛門
御廻米御用達	広島屋亀助
納庄屋	河州渋川郡鞍作村五兵衛、河州丹南郡岡村万七郎、摂州豊島郡穂積村藤五郎
上乗	河州丹南郡野々上村忠兵衛ほか

出典：C-3-18-2「江戸御廻米一件諸御用留」より作成

後は相模国浦賀を経て、同月晦日に品川へ入津した。そのほかの廻船も同時期に運航されている。

表8にはこのときの江戸廻米に関わった永井家役人、廻船方御用達など大坂での積米を担当する商人たち、および納庄屋・上乗など村方の担当者を一覧にしてまとめている。この納庄屋三名からは永井家大坂御出役様宛で、今回の廻米にさいしての一札が提出されている[19]。一札は八か条から成るが、冒頭には「近年別而御蔵納御吟味厳重之御儀、精々被仰渡候趣承知奉畏候、然ル上ハ御蔵納方諸事大切ニ相勤可申事」とあり、蔵納の諸手続きが厳しく執りおこなわれていることが示唆されている。そして、江戸着船・水揚げなどのさいには役人・納宿・納庄屋・上乗などの立会のもと、石数などを吟味すること、「無益之入用」は慎み、「御家中様」への金銀米銭・酒肴などの振る舞いは一切おこなわない、といった条文が明記されている。しかし、実際には御蔵方手代、江戸出役の代官井口・小川両名などへ金品を渡している。大坂積米のさいの出役・曽根文助や、樋屋林兵衛・樋屋弥兵衛

（ともに大坂用達）、および郡中惣代一二名には、金品のほか江戸土産の海苔（浅草海苔）を届けている。[20] これらの費用は廻米諸入用に組み込まれ、郡中割勘定にて村々が負担していたと考えられる。もちろん、江戸まで数艘の廻船を仕立て、多くの人間が廻米に関与していることだけでも莫大な経費が必要となるが、このような諸役人および関係者への「気配り」にも相当な出費が想定されよう。

江戸廻米に関してもう一点、その実態を具体的に示す史料を紹介したい。

〔史料3〕（C―三―四九）

江戸御廻米ニ付
郡中談事書
并ニ松本屋出版答書

一①御廻米水揚之節、船手請取方年内御蔵仕舞之時節ニ差向候節ハ、番人入用相厭、水揚差急候様之御儀ニ候得共、郡中持ニ相成候様取計有之度、且船手ニおゐて不束之儀有之候時ハ、納名主ニ成替り掛ケ引有之度事

右答

御廻米水揚之儀ハ番人入用等ニ相抱候儀ニ而者無御座候、都而郡中為ニ相成候様差働掛引可仕候、若納名主方御出府無之已前ニ御米着船御座候共、別而心附程能差働可仕候

一②御米水揚内拵之節、御廻米掛り御役人見差米被成候節、恠劣之有無御仕訳相成候義ハ、近年之事与被存候間、正路之御見差相成候様掛引有之処、尤掛り江寄物持運ひ之儀ハ畢竟納名主使ニ而差働候与申筋ニハ無之間、以来右様之義ニ不抱差働有度事

右答

御蔵御役人見差米之儀、平年ニハ無之候得共、去々戌年出来劣りニ付、右様成行候、乍併此義も可成丈差働、寄物等之儀ハ無之様可取計候

一③仲仕引合ニ付、馴合ヶ間敷義ハ急度相改、内拵之節不都合之舛目出不申様取計有之度、且千木振等ニ至迄不正之儀無之様取締度事

右答

内拵之節、仲仕与馴合ヶ間敷義ハ一切無御座候、都而目安之舛目ニ不抱、水揚之節ゟ俵拵、且ハ水揚廻しニ可見計候、扨又仲仕心附之儀ハ御米千石ゟ千五百石位イ（ママ）ニ而金四両歟、四両弐歩迄、其余ハ差遣し申間敷候、其外千木振下人足ゟ彼是与不申様取計可申候

一④濡・沢手之内、干立御蔵納ニ可相成分も有之処、右様之義更ニ無之、近来者皆切替ニいたし候義、甚以不束之至りニ付、小沢手之分ハ成丈ケ干立、実ニ切替ニ可相成丈ケ取計候様いたし度事

右答

濡・沢手、近年皆切替ニ相成御迷惑之趣御尤ニ候、此義ハ納人方御出府之上、納方会所へ申立、御蔵役所へ御願申上度事

一⑤水揚之節、軽俵仕分も上ハ清俵之内ゟ四斗代之俵可出筈候無之処、存外之乱俵出候義ハ甚以不正之儀ニ付急度相改、軽俵仕訳候上者水揚廻し見合ヲ以及相対度事

右答

水揚之節、軽俵仕訳候得共、万■方見落ニ而廻し候節、軽俵出候共其義ニ不抱相対可致候

一⑥欠米売払方宿々江為相任候ニ付、直段時之相庭ゟ下直ニ仕出し候趣相聞候間、以来正路之取計有之度事

右答

欠米売払方之儀者、兼而御蔵出入之米屋共ヲ（ママ）之内ヲ集メ、銘々直段為立、高直ヲ以納名主方江相談之上、
売払可申事

一⑦御米納方ニ付郡中為ニ心附候廉ニ者心添いたし可差働候処、無其儀、手馴候名主ゟ談し候節者筋克取計有之
候得共、不手馴之向ハ船手仲仕等之仕組ニ泥ミ不正之取計有之趣相聞候間、以来相改、納名主手馴・不手馴
之無差別正路之取計方有之度事

右答

御米納方ニ付、郡中御為ニ相成候廉ニ者不及申、納名主方手馴・不手馴ニ不抱、万端実意之取計可仕候、

一⑧御蔵方江対し納宿共ゟ難申立儀有之候共、郡中ヨリ申立候ハヽ、御取持も有之候節者無腹蔵相通し候様取計
有之度事

右答

此儀者前条同様申儀ニ而承知仕候

一⑨先年御改革後、御蔵幣（ママ）風之節納宿ニおゐて手筈有之筈之処、時之模様ニ泥ミ候者不情候儀ニ付、右規矩ニ見
合引違候次第者事実承り度事

右答

先年御蔵御改革被為有候故相心得候、外宿ニハ如何ニ御座候哉、私ニおゐて引違之筋毛頭不仕候

一⑩此外納宿ニおゐて心附候節、郡中為之義、逸々承り度事

右答

御廻米納方近年六ヶ敷候ニ付、此度郡中取締御改正之上被申聞候、前条ニ急度承知仕候、以来納名主方御心配之節ハ無之様取計、猶数日御滞留ニ不相成様差働可申候、尤郡中へ雑費不相掛、兎角御為ニ相成候廉ニハ無腹蔵申達候、精々差働専一ニ可仕候、以上

郡中からの問い合わせにつき、江戸の納宿・松本屋が案件ごとに回答を寄せている文書である。それぞれの箇条の前半は郡中からの質問、「右答」は松本屋の返答という形式で一〇か条にわたる。「先年御蔵御改革」の後、ということはわかるが、具体的な年代は不明である。この内容には公文書では明らかにならない郡中と納宿の本音が際立っているように思われる。

全文にわたって「郡中為」を第一とし、松本屋からの助言が綴られている。①条目は、廻米水揚げのときに納名主（納庄屋）が着船に間に合わない場合、納宿がその職務の代行をおこなうことを述べ、③条目には仲仕と納宿の癒着を改めるよう郡中が求めたのに対し、松本屋はそのような行為は一切ないとし、仲仕への心付の相場を伝えている。また⑦条目の米納に手馴れた名主が諸手続をおこなう場合には「筋克取計」であるのに対し、不慣れな名主では「船手仲仕等之仕組ニ泥ミ」不正がおこなわれているのではないかという郡中の指摘につき、松本屋は差別なく「実意」をもって接する旨を申し述べている。このような事例から察するところ、郡中の危惧は「現場の状況」と「郡中の不利益」に集約されよう。自らが確認できない、あるいは不慣れな納百姓を立てたばかりに、江戸で勝手な立ち居振る舞いをされるのではないかという心配事につき、納宿へ釘を刺すかのような言い回しに感じる。それについて、松本屋はすべて「郡中為」を前面に押し立て、信頼関係を構築したいという意向を主張している。

そのほか注目すべき点は④条目の濡米・沢手米の取り扱いについて言及している部分であろう。以前はこのよ

うな「刎ね戻し」扱いになるような米は、干し立て（乾燥）のうえで蔵納をしたが、最近はすべて切り替え（新たに買納）になっている点を郡中側が指摘している。これについても松本屋は「御尤」と回答し、郡中側から役所へ願いを出すよう言い添えている。また⑧条目の納宿から御蔵方へ申し立てをしにくい場合は、郡中からその旨を申し述べるという部分も興味深い。

右の史料からは、郡中の圧倒的な優位性を感じることも可能だが、実際にはこれらの「心配事」が現実に起こっていることも想像でき、郡中と納宿の「綱引き」が絶えず繰り返されているとの印象が強い。

江戸廻米についての諸関係をみると、納百姓・上乗、廻船方御用達などの大坂積米に関わる商人、江戸の納宿・仲仕などの手によって廻送がおこなわれ、それらを永井家の諸役人が大坂・江戸において監査するという構図が明らかである。しかし、先ほど出てきた樋屋林兵衛・弥兵衛のような大坂用達はこの廻米に直接関与しないのだろうか。その点が疑問として浮かび上がる。その問いに対するヒントが次の史料である。

〔史料4〕（A―九―一六八）

御廻米差配人大坂屋定治郎より郡中江取置候約定書左之通

一当江戸御廻米大坂湊差配被仰付候ニ付、右差配方約定左之通候

一仮蔵屋敷、差配人より可相渡事

一村々より着米有之候ハヽ、水揚不隙取候様、情々手配いたし可申候、尤水揚之上、壱俵毎ニ貫目改、見差米致不洩様可致事

但、見差米者壱俵ニ五勺差候積、右見差米御出役様御改済之上不数失様取締置、追而御米方勘定之節、差出し可申事

一着米水揚掛廻し蔵入并積立之節、枡出し人足賃・内雇人足賃差配人より相渡可申候、尤内拵等有之候類、仮入等ニ相成候ハ、、右賃銀別段之事

但、仮人足賃銀壱石ニ付〔銀高記載なし〕

内拵賃銀壱石ニ付〔銀高記載なし〕

一内雇人足之内、不埒之節有之候ハ、、早速引替可申事

一御積立之節、油・蠟燭、差配より差出し可申事

一廻船方江掛引者差配人より可致事

一御様俵・布袋・箱者差配人より差出可申事

但、布袋ハ地姓《(ママ)》吟味いたし、随分宜敷布相用イ可申事

一村々より着米水揚之節、内雇人足・雇仲士《(ママ)》之者より其村方納人并湊詰庄屋江酒代等乞、取不申様、急度取締置可申事

一御出役様御滞留中御賄料、御上様より可被下候得共、万一不足ニ相成候ハ、、差配人より足し銀可致事

一差配料者御米壱石ニ付銀六分宛ニ而相勤可申候、然ル上者増銀等決し而申間敷候、万一差配不行届候儀有之候ハ、、何時ニ而も御取放可被成、其節一言之申分無御座候

この史料は年代未詳であるが、おそらく近世後期のものと推定される。表題に「御廻米差配人」として登場する大坂屋定治郎から、郡中へ差し出された約定書であるが、この廻米差配人は廻船方御用達(21)などに廻米が託される前に、大坂で差配する存在だったと思われる（先述の大坂差配人）。つまり、村々から大坂へ年貢米が運ばれたさいに介在し、諸手続をおこなっていた。内容を検討すると、大坂屋は米一石につき銀六分の差配料で請け負い、

大坂で米を保管する「仮蔵屋敷」や、御様俵などの諸入用についても大坂屋が負担し、廻船方との交渉も引き受けるといったように村方にとっては好条件が示されている。

条件の善し悪しはともかく、この大坂屋定治郎とはいったいどのような人物か。大坂屋定治郎は、大坂鈴木町に居を構え、近世中後期に代々幕領鈴木町代官所用達を勤めていた。この用達の諸活動については、岩城卓二によって詳しく論じられている。(22)岩城によれば、用達は郷宿・下宿などを兼ねる御用請負人であり、領主と村々を結ぶ機能を担っていた。例えば、用達触の通達・諸届の代行・文書の作成・勧化への関与・訴訟への関与など多様な諸事務を請け負い、郷宿・下宿の兼職を含めて村々の都市拠点として活動を展開した。これに対し筆者は、用達と郷宿の職務などにつき再検討すべきであると考えているが、(23)ここでは御用請負人の機能のひとつとして、江戸廻米差配人が加わることを含めておきたい。支配機構や訴願などで重要な役割を果たす用達・郷宿層が年貢米廻送に関わることはさして意外でもないが、「米専門」の業者ではない大坂屋定治郎が関わってくることに注目したい。大坂差配人就任の条件として、支配機構の熟知や、村々庄屋層との親密な関係が必須であったという推論も成立する。

江戸廻米に関する担い手は、納宿の存在感が大きいように思われるが、二条詰米との決定的な相違点は遠隔地であるということではないだろうか。二条詰米の状況をみるうえで史料3のようなお互いの「本音」を明らかにする好素材に恵まれていないこともあるが、江戸での様相がつかみにくいという村方の思いも垣間見える。また、松本屋の主張する「郡中為」という返答の主旨と、かなりの部分で入用を負担する大坂差配人の契約内容が、「村方への配慮」のようにも感じられる。

おわりに

年貢米廻送の諸問題を通して、上納を遂行するための機構、およびそれに関わる諸存在について若干の考察を加えてきた。

本章で明らかにしたように、河内国幕領（および預所）村々の年貢米は二条・大坂・江戸の御蔵へ上納されることが恒常的となった段階で、村々と御蔵の間にさまざまな「御用」が発生し、それらを請け負う存在が不可欠であった。京都・大坂・江戸の「引き受け手」がその役割を担い、複雑化しながらも三者の均衡関係を堅持する動向には注目すべきである。以上の諸事例から、いくつか関連する論点・今後の課題を提示しておきたい。

それは、三都御蔵に幕領年貢米が納入される意義と、米穀市場との関連性である。今回考察した寛政期以降の状況を考えると、軍事目的を念頭に置いた兵粮米的性格の年貢から、備荒貯蓄に重点を移した時期にあたり、天明の飢饉を経験した後、三都、とくに江戸に米穀を担保しなければならない状況と、畿内幕領年貢の廻送は無関係ではない。その意味で「領主的」ないし「農民的」といった区分で米穀市場を語るべきではない。年貢米として廻送された「領主米」は、いずれ市中に流通するわけであるから、都市経済への波及があることに留意したい。都市と農村の関係論という自らの課題と相俟って、視野に入れなければならない「宿題」である。

当該期の幕府政策、とくに都市政策の動向を含めた「時代の特質」を考えなければならない。この点はすでに岩城卓二(24)によってその端緒が見出されつつあるが、近世社会にとっての基幹商品である米穀の需給、また価格規制の諸問題と年貢米廻送の真意がどのような関係にあるのか。そして、細部の議論となれば、幕府が構築する政策との照合が必要となろう。また前後の時期との対比を含め、さまざまな視点から今後も年貢米廻送の課題に触れていきたい。

(1) 森杉夫「寛政改革期の納宿廃止」(『大阪府立大学歴史研究』一一号、一九六九年)、渡邊忠司「近世畿内幕領年貢米の江戸廻米制――近世前期廻米制成立期を中心に――」(『大阪の歴史』五五号、二〇〇〇年)。
(2) 池田治司①「河内国貢租米の江戸廻米について」(『大阪商業大学商業史博物館紀要』二号、二〇〇一年)、池田②「河内国幕府直轄領の二条詰米史料」(『大阪商業大学商業史博物館紀要』四号、二〇〇三年)、自治体史では『門真市史』第四巻近世本文編(二〇〇〇年)など。
(3) 本稿で利用しているのは、主に一橋大学附属図書館所蔵岡田家文書である。
(4) 岩城卓二『近世畿内・近国支配の構造』柏書房、二〇〇六年。
(5) 本城正徳『幕藩制社会の展開と米穀市場』大阪大学出版会、一九九四年。
(6) 久留島浩『近世幕領の行政と組合村』東京大学出版会、二〇〇二年。また同書では龍野藩預り所支配の幕領についても考察されている。
(7) 渡辺尚志「地域社会の関係構造と段階的特質」(『歴史評論』五九九号、二〇〇〇年)。
(8) 註(2)池田前掲論文①。
(9) 市史―二。
(10) 註(2)池田前掲論文②で登場する「灰屋作兵衛」と同一人物の可能性がある。
(11) 手書A―四―六九。
(12) 太子堂村については、八尾市立歴史民俗資料館所蔵「河内国渋川郡太子堂村角田家文書」の諸史料と、池田治司「河内国渋川郡の江戸廻米関係資料紹介」(『大阪商業大学商業史博物館紀要』八号、二〇〇七年)に詳しい。
(13) 註(12)前掲角田家文書。
(14) 岡田家文書には、ほかにも「樋屋」の屋号を持つ人物が散見されるため確定的ではない。
(15) 市史―五。

(16) 註(2)池田前掲論文②。
(17) 車方衰微については『史料京都の歴史』一六伏見区、三六七～三六九頁(平凡社、一九九一年)など。大八地車との関係については『史料京都の歴史』三政治・行政、五五五～五五六頁(一九七九年)など。
(18) C―三―一八―二。
(19) 註(18)前掲史料収載、「指上申一札之事」。
(20) 註(18)前掲史料収載、「大坂へ土産物覚」。
(21) 廻船方御用達については、飯田友子「近世大坂における幕府御用達廻船商の記録」(『大阪商業大学商業史博物館紀要』八号、二〇〇七年)。
(22) 註(4)岩城前掲書。
(23) 荒武賢一朗「大坂代官と用達・郷宿」として別稿を用意している。
(24) 註(4)岩城前掲書。寛政改革期の評価など。本章で扱った寛政期の納宿廃止についても別の視角から論じている。

〔付記〕本稿は、平成一九年度日本学術振興会科学研究費補助金(特別研究員奨励費)による成果の一部である。

第九章　近代における岡田家の金融活動
――畿内の無担保貸付への私的所有権確立の影響――

福澤徹三

はじめに

本章は、第五章の分析を受けて、岡田家が明治期において展開した金融活動の分析をおこない、最後に近世と明治期とを比較検討することを目的とする。

第五章における分析では、岡田家が近隣の豪農に貸付をおこなった際には、かなり長期間貸付をおこなうことが、自家の経営の利子取得にとって重要であったことを論じてきた。また、それは貸付を受ける側にとっても、自家の経営や村の成り立ちのために重要であっただろうと考えられることを述べてきた。そして、岡田家の地域金融圏は隣村ⓑ（居村から二つ隣村、二四四頁参照）までの範囲であったことと、近世後期の河内国においては豊富な貸付資金の供給によって借り手有利の市場が形成されていたことを論じた。これらの近世的金融関係と状況が、明治期になってどのように変容するのかを明らかにすることが、第一の課題である。

関連する先行研究としては、負債農民騒擾の分析を中心とした、鶴巻孝雄氏、稲田雅洋氏らの研究があげられ

表1　総合計一覧

項目	安政7～慶応3 1860～67		明治3～13 1880～90	明治14～26 1881～93	明治27～34 1894～1901
	領主貸含	同除	—	—	—
件数	47	45	54	23	34
匁	592,193	211,721	—	—	—
両・円	6,691	2,392	6,447	2,690	17,450
石換算	1,505.7	538.3	1,043.2	431.8	1,715.8
平均相場	393.3匁/石	393.3匁/石	6.18円/石	6.23円/石	10.17円/石

る[1]。これらの研究は、主に関東・東山地域を中心に、近世的な無年季的質地請戻し慣行が近代における私的所有権の確立によって軋轢を生じたとする。画期は明治一七年（一八八四）に置かれる。しかし、河内国は、近世段階ですでに無年季的質地請戻し慣行が弱い地域とされ[2]、また、土地を媒介としない金融が広汎に展開していたことは第五章で明らかにしたとおりである[3]。このような金融の形態に、近代的私的所有権の確立が与えた影響や時期については、先行研究では検討がおこなわれていない。この点を明らかにすることを、第二の課題としたい。

なお、岡田家は明治二七年（一八九四）四月に岡田銀行を開業し、同三四年（一九〇一）六月末日に自主廃業する。本章では、明治三年（一八七〇）からここまでを対象時期とする。

第一節　近世との比較と概観

1　近世との比較

表1は、明治二六年までは取替帳、明治二七年から同三四年までは岡田銀行の貸付帳の件数、金額などの年平均を一覧にしたものである。詳細な検討に入る前に、幕末から明治三四年までの概観と近世との比較をおこないたい。なお、期間の表し方は第五章と同様である（二四五頁参照）。

まず件数であるが、明治一四年期の落ち込みが顕著である。明治二七年期においてもそれほど多くはない。次に、石換算欄を見たい。これは、この期間の平均相場で割り戻した数値である。[4] これによると、明治三年期は安政七年期の三分の二程度になっている。領主貸がなくなった影響は大きかったが、地域における貸付がほぼ倍増したことで、領主貸減少分のダメージを抑えた形となった。しかし、明治一四年期は安政七年期の三分の一以下である。また、明治二七年期は安政七年期を上回る水準になっている。[5]

これらの検討から、地域への貸付に限ってみれば、明治三年期は大きな発展があったことが想定される。しかし、明治一四年期からは振るわない状況が続き、この状況を打開するために明治二七年の岡田銀行開業がおこなわれた。そして、それは貸付金額だけを見ると、それまでの不振を打破する効果が見られた。したがって、岡田銀行の廃業は、貸付部門の理由だけではなく、財務状況や預金との関係も想定する必要があろう。

2　明治期の概観と地域金融圏の解体

表2は明治期の取替帳・貸付帳を、第五章と同じ地域区分によってまとめたものである。ここからは、次のことがいえるだろう。

①明治三年期の地域金融圏（居村、隣村ⓐ、隣村ⓑ）は、安政七年期とほぼ同様の件数を維持している。金額は、居村では石換算で四三・〇二石から一三七・八六石となり、三・二倍になっている。隣村ⓐと隣村ⓑでは、四分の三程度の石換算になる。地域金融圏は、近世とほぼ同様に維持されている。

②明治三年期の金額のうち、六七・〇％は隣村ⓒ、遠隔地域、他国地域によるものである。一件あたりの金額も、地域金融圏の三〜四倍に達している。この期間の好調は、少数の巨額貸付によるものである。

表 2　岡村からの距離と件数、金額の編年推移・総括表

分類	項目	安政 7 ～慶応 3	明治 3 ～ 13	明治 14 ～ 26	明治 27 ～ 34
居村・岡	件数	11	14	4	5
	金額	16,920	852	250	938
	平均	1,611	61	60	180
隣村ⓐ	件数	16	13	6	10
	金額	61,440	721	674	4,650
	平均	3,781	56	104	447
隣村ⓑ	件数	7	7	5	7
	金額	47,307	544	398	1,957
	平均	6,415	82	78	272
隣村ⓒ	件数	5	4	2	4
	金額	29,930	745	291	1,942
	平均	5,986	178	126	485
近隣（隣村ⓐⓑⓒの合計）	件数	29	24	14	22
	金額	138,677	2,010	1,363	8,549
	平均	4,845	85	98	396
遠隔	件数	5	14	4	5
	金額	29,100	3,072	932	2,464
	平均	6,292	215	217	462
他国	件数	1	2	1	2
	金額	27,025	513	145	5,500
	平均	21,620	282	157	3,173
銀行	件数	0	0	0	1
	金額	0	0	0	4,267
	平均	—	—	—	8,000
領主貸	件数	2	0	0	0
	金額	380,472	0	0	0
	平均	—	—	—	—
総合計	件数	47	54	23	34
	金額	592,193	6,447	2,690	17,450

註：安政 7 ～慶応 3 年の金額は匁、明治 3 年以降は両・円。数値は全て一年平均。

表 3　岡村からの距離と件数、金額の編年推移

分類	郡名	村名	項目	安政 7 ～慶応 3	明治 3 ～ 13	明治 14 ～ 26	明治 27 ～ 34
居村	丹南	岡	件数	11	14	4	5
			金額	16,920	852	260	938
隣村ⓐ	丹南	藤井寺	件数	3	5	2	1
			金額	6,128	176	102	108
		野　中	件数	1	0	1	3
			金額	3,600	100	80	2,355
		野々上	件数	2	2	1	0
			金額	2,068	85	36	0
		北　宮	件数	1	1	1	1
			金額	1,724	118	64	393
	丹北	島　泉	件数	3	0	0	1
			金額	22,996	0	14	352
		小　山	件数	7	3	2	4
			金額	24,925	241	378	14,42

		(合計)	件数	16	13	6	10
			金額	61,440	721	674	4,650
隣村ⓑ	丹南	埴生野新田	件数	0	0	0	0
			金額	0	0	17	153
		伊　賀	件数	1	0	0	0
			金額	738	21	18	44
		南　宮	件数	0	1	2	1
			金額	0	40	107	165
		西　川	件数	0	0	0	0
			金額	0	0	0	20
	丹北	一津屋	件数	0	0	0	1
			金額	450	0	0	175
		小　川	件数	0	0	0	0
			金額	0	0	0	0
		津　堂	件数	1	1	0	0
			金額	575	77	0	0
	志紀	太　田	件数	0	0	0	0
			金額	1,188	9	0	0
		沼	件数	0	0	0	0
			金額	313	0	0	0
		大　井	件数	1	3	2	0
			金額	12,705	238	231	7
		林	件数	2	2	0	1
			金額	17,350	130	0	157
		沢　田	件数	1	0	0	0
			金額	11,482	29	4	203
		古　室	件数	1	0	0	1
			金額	1,988	0	0	341
	古市	誉　田	件数	0	0	0	0
			金額	519	0	0	0
		軽　墓	件数	0	0	0	3
			金額	0	0	19	691
		(合計)	件数	7	7	5	7
			金額	47,307	544	398	1,957
隣村ⓒ	丹南(5か村合計)		件数	0	0	0	1
			金額	0	17	4	35
	丹北(6か村合計)		件数	0	0	1	2
			金額	0	327	186	784
	志紀(7か村合計)		件数	3	2	1	1
			金額	10,115	154	101	647
	古市(3か村合計)		件数	2	1	0	0
			金額	19,815	247	0	160
		(合計)	件数	5	4	2	4
			金額	29,930	745	291	1,942
近隣(隣村ⓐⓑⓒの合計)			件数	29	24	14	22
			金額	138,677	2,010	1,363	8,549

註：安政７～慶応３年の金額は匁、明治３年以降は両・円。数値は全て一年平均。

表４　岡村からの距離と件数、金額の編年推移

分類	項目	3	4	5	6	7	8	9	10	11	12	13	(小計)	14	15	16	17	18
居村・岡	件数	23	19	12	22	18	19	18	6	4	7	6	154	3	6	4	2	3
	金額	550	1,263	812	1,665	736	771	1,285	399	527	1,010	350	9,368	150	555	88	51	150
隣村ⓐ	件数	13	12	11	9	14	26	22	9	10	8	8	142	7	5	3	6	8
	金額	690	593	415	367	848	866	809	392	861	1,055	1,030	7,926	544	190	125	295	920
隣村ⓑ	件数	13	12	8	8	4	6	9	4	1	3	5	73	8	10	6	3	10
	金額	912	1,220	543	611	140	390	586	171	230	500	680	5,983	790	647	175	150	642
隣村ⓒ	件数	5	5	3	5	3	4	2	2	4	4	9	46	5	9	2	2	0
	金額	240	155	423	562	40	680	750	60	580	310	4,400	8,200	1,550	696	140	505	0
近隣 (隣村ⓐⓑⓒの合計)	件数	31	29	22	22	21	36	33	15	15	15	22	261	20	24	11	11	18
	金額	1,842	1,968	1,381	1,540	1,028	1,936	2,145	623	1,671	1,865	6,110	22,109	2,884	1,533	440	950	1,562
遠隔	件数	19	6	0	1	14	6	16	20	21	29	25	157	15	7	3	5	9
	金額	3,085	985	0	135	2,540	1,290	2,940	4,355	5,925	6,935	5,607	33,797	2,541	1,385	387	299	856
他国	件数	3	0	1	2	1	2	3	1	5	0	2	20	5	2	0	1	2
	金額	625	0	50	570	20	900	700	30	2,600	0	150	5,645	1,150	40	0	60	280
銀行	件数	0	0	0	0	0	0	0	0	0	0	0	0	0	0	0	0	0
	金額	0	0	0	0	0	0	0	0	0	0	0	0	0	0	0	0	0
総合計	件数	76	54	35	47	54	63	70	42	45	51	55	592	43	39	18	19	32
	金額	6,102	4,216	2,243	3,910	4,324	4,897	7,070	5,407	10,723	9,810	12,217	70,919	6,725	3,513	915	1,360	2,848

（単位：数、円）

分類	項目	19	20	21	22	23	24	25	26	（小計）	27	28	29	30	31	32	33	34	（小計）
居村・岡	件数	5	5	2	0	5	6	3	10	54	3	2	9	6	3	5	10	1	39
	金額	241	226	25	0	622	181	590	371	3,250	456	250	2,487	1,265	406	825	1,193	150	7,032
隣村ⓐ	件数	10	3	6	7	3	6	6	14	84	11	9	19	12	5	14	6	2	78
	金額	408	275	865	1,049	115	200	1,120	2,655	8,761	3,276	2,903	6,979	7,330	4,670	7,714	1,310	695	34,877
隣村ⓑ	件数	2	10	4	5	3	5	0	0	66	11	11	11	7	4	5	5	0	54
	金額	70	948	220	130	370	1,030	0	0	5,172	3,227	2,586	3,221	1,985	543	1,590	1,525	0	14,677
隣村ⓒ	件数	0	2	0	1	2	4	1	2	30	4	12	3	0	3	0	6	2	30
	金額	0	320	0	50	120	245	65	90	3,781	1,195	6,664	560	0	2,485	0	3,430	230	14,564
近隣	件数	12	15	10	13	8	15	7	16	180	26	32	33	19	12	19	17	4	162
（隣村ⓐⓑⓒの合計）	金額	478	1,543	1,085	1,229	605	1,475	1,185	2,745	17,714	7,698	12,153	10,760	9,315	7,698	9,304	6,265	925	64,118
遠隔	件数	5	3	2	0	1	4	2	0	56	4	8	9	3	4	2	5	5	40
	金額	1,170	692	368	0	20	2,060	2,350	0	12,128	2,400	4,380	1,760	3,250	1,887	2,000	1,500	1,300	18,477
他国	件数	0	0	0	0	0	2	0	0	12	1	2	3	1	2	2	1	1	13
	金額	0	0	0	0	0	350	0	0	1,880	1,100	13,000	9,150	2,000	1,500	2,500	2,000	10,000	41,250
銀行	件数	0	0	0	0	0	0	0	0	0	0	0	0	0	0	0	1	3	4
	金額	0	0	0	0	0	0	0	0	0	0	0	0	0	0	0	5,000	27,000	32,000
総合計	件数	22	23	14	13	14	27	12	26	302	34	44	54	29	21	28	34	14	258
	金額	1,889	2,461	1,478	1,229	1,247	4,066	4,125	3,116	34,972	11,654	29,783	24,157	15,830	11,491	14,629	15,958	39,375	162,877

註：名取替帳・貸付帳から作成。

③明治一四年期の地域金融圏は、件数で明治三年期のほぼ半数以下になっており衰退が著しい。また、明治三年期で好調だった隣村ⓒ、遠隔地域、他国地域も落ち込みが激しい。

④明治二七年期では、全体として平均金額の増大が目立つ。地域金融圏にもそれはおよんでおり、これまでの金融との質の違いを想定させる。また、他国地域、銀行相手の少数の巨額貸付が金額の五六％を占める。少数の貸付先に依存するのは、経営としては脆弱なものであったと推測される。

このような地域金融圏の衰退状況を確認するために、表3を作成した。近世段階での地域金融圏は、濃淡はありながらも、隣村ⓐのほとんどと隣村ⓑの半数程度に、平均して最低でも二年に一件以上の貸付をおこなっていることが標準的であった。この基準に照らしてみると、隣村ⓐでは藤井寺・北宮・小山が、隣村ⓑでは南宮のみが当てはまる。隣村ⓐの野中・野々上と、隣村ⓑの大井・林が二期この基準に当てはまる。したがって、明治一四年期以降に地域金融圏はほとんど解体状態となった、といえるだろう。

第二節　明治三〜一四年までの変化（発展期）

1　遠隔地域貸付の発展

第一節の検討から、明治三年期の分析がもっとも重要性があると考えられるので、検討をおこなっていきたい。表4は、本章の対象とする全期間の新規貸付件数と金額を年ごとにまとめたものである。明治三〜一四年までの内容からは、次のことがいえる。

①明治一〇年（一八七七）を画期として、地域金融圏ではこれまでの件数が大きく減少する。金額も、少なくなる年が多い。地域金融圏にとっての画期は、明治一〇年とすることができる。

表5　遠隔地域・郡毎まとめ　（単位：数、円）

郡名	項目	明治8	9	10	11	12	13	14	15	(小計)
丹南	件数	1	3	2	4	3	4	6	3	26
	金額	10	320	70	1,000	300	400	546	240	2,886
丹北	件数	1	8	2	5	5	8	1	1	31
	金額	30	720	85	445	655	945	35	45	2,960
志紀	件数	0	0	0	1	0	0	0	0	1
	金額	0	0	0	200	0	0	0	0	200
古市	件数	1	0	1	2	0	1	0	0	5
	金額	50	0	200	380	0	12	0	0	642
石川	件数	3	4	15	9	19	9	8	3	70
	金額	1,200	1,650	4,000	3,900	5,380	3,650	1,960	1,100	22,840
錦部	件数	0	0	0	0	0	2	0	0	2
	金額	0	0	0	0	0	500	0	0	500
若江	件数	0	0	0	0	1	0	0	0	1
	金額	0	0	0	0	250	0	0	0	250
安宿	件数	0	1	0	0	1	1	0	0	3
	金額	0	250	0	0	350	100	0	0	700
年計	件数	6	16	20	21	29	25	15	7	139
	金額	1,290	2,940	4,355	5,925	6,935	5,607	2,541	1,385	30,978

註：八上、渋川、大県、茨田郡へは貸付がない。

②遠隔地域の金額の大きさが改めて注目される。特に明治一〇年では金額の八一%、明治一二年でも七一%を占める。この遠隔地域の傾向は、明治九～一四年頃までがとりわけ特徴的である。

では、遠隔地域を分析するために表5を検討していこう。遠隔地域には一二郡あるが、このうち目立つのは丹南郡・丹北郡・石川郡である。特に石川郡の二二、八四〇円は、この期間の遠隔地域の合計の七四%を占めている。石川郡は丹南郡よりもかなり南方の地域である。ある特定の地域への貸付がこれほど多額を占めるのは、近世にはなかった特徴である。この点の分析を進めるために、明治三年取替帳の詳細を表6にまとめた。

明治八年（一八七五）三月初出の九平

表６　明治三年取替帳石川郡・錦部郡貸付詳細

明治	月	日	大字など	担保	金額	年利(%)	利息割合	備考(九平関連)
3	閏10	28	新　堂		50	30.000	月二分半	
8	3	24	中・九平ほか2人		200	15.600	月2.60円	
8	4	2	中津原		300	18.000	月4.50円	九平取次(0.90円渡)
8	7	13	中津原	山林書入	700	16.800	月9.80円	取次九平
9	1	18	中	山林書入	800	16.800	月11.20円	証人九平
9	5	17	千　早	山林書入	300	16.800	月一分四朱	九平取次
9	12	27	中津原		100	16.800	月一四	
10	1	4	中・九平		200	16.800	月一四	
10	1	4	中		300	16.800	月一四	証人九平
10	1	26	富田林		100	16.800	月一四	
10	2	2	千　早		200	18.000	月3.00円	
10	2	22	白　木	田地書入	200	16.800	月2.80円	
10	3	26	中・九平	当分貸	150	—		
10	4	30	中・九平	当分貸	200	—		
10	5	8	中	田地書入	700	16.200	月9.45円	証人九平ほか１人
10	6	4	中		100	14.400	月一分二朱	但し九平之手数料は不遣筈
10	10	5	千　早	山林３か所書入	180	15.000	月2.25円	
10	10	5	白　木	田地９反余書入	200	14.400	月2.40円	証人九平
10	11	3	中	山林３か所35反余	500	14.400	月6.00円	九平取次
10	11	3	中	山林書入	500	13.200	月5.50円	
10	11	11	北大友		170	13.200	月一分一朱	九平手数料なし
11	3	3	中		500	12.000	月5.00円	九平に手数料不遣筈
11	3	3	千　早	山林書入	200	13.200	月2.20円	利息0.20円は九平に手数料
11	3	26	中津原		500	13.200	月5.50円	取次九平、一朱(0.50円)手数料遣す
11	5	2	平　石	書入	200	12.000	月2.00円	一朱方九平へ遣す
11	5	8	中・九平ほか1人		600	9.600	月4.80円	
11	6	2	千　早	山林書入	600	12.000	月6.00円	内一朱方九平へ手数料遣す筈
11	6	8	中	田地書入	500	10.800	月4.50円	内0.50円九平へ手数料
11	7		北大友	田地書入	300	12.000	月3.00円	内一朱方九平へ手数料遣す筈

11	9	1	南井備		500	12.000	月5.00円	内0.50円九平へ手数料
12	1	9	中		500	13.200	月5.50円	
12	4	23	水　分		300	13.800	月3.45円	取次九平、内0.30円は手数料
12	5	9	中・九平		300	12.000	月3.00円	
12	5	24	大　友	田地地１町３畝余書入	500	13.200	月5.50円	一朱方九平へ手数料遣す筈
12	6	2	千　早		100	15.000	月1.25円	一朱方九平へ手数料遣す筈
12	7	14	中津原	田地改正反別3反3畝余書入	200	13.200	月2.20円	内0.20円九平へ手数料遣す
12	7	14	千　早	田地宅地１反８畝余書入	150	13.200	月1.65円	内0.15円九平へ手数料
12	7		千　早		300	13.200	月3.30円	
12	8	5	中・九平		300	12.000	月3.00円	
12	8	29	中・九平		200	12.000	月2.00円	
12	9	29	中	貸付証２通抵当にて	700	12.000	月7.00円	
12	11	8	千　早	山林２か所	200	13.200	月2.20円	内0.20円九平へ手数料
12	11	8	千　早	山林３か所	200	13.200	月2.20円	内一朱方九平へ手数料
12	11	17	千　早	山林２か所	400	13.200	月4.40円	内一朱方九平へ手数料
12	11	17	千　早	山林１か所	200	13.200	月2.20円	内一朱方九平へ手数料
12	11	17	千　早		200	14.400	月2.40円	内一朱方九平へ手数料
12	12	18	平　石	田地山林書入	180	13.200	月1.98円	内取次九平へ一朱方送る(ただし計算は0.9)
12	12	19	東　坂	田地山林書入	150	14.400	月1.80円	内0.15円九平へ遣す筈
13	3	4	弘　川		250	13.200	月2.75円	九平手数料なし
13	5	5	平　石	田地３反４畝書入	300	13.800	月3.45円	取次九平、手数料あり
13	5	19	平　石	山林２か所書入	400	13.800	月4.60円	内0.40円九平へ手数料
13	6	3	錦部郡・錦部		300	12.000	月3.00円	証人九平
13	6	4	中・九平		400	12.000	月4.00円	
13	10	1	中	田地書入	900	13.320	月10.00円	証人九平
13	10	19	別　井	田地書入	750	1.250	月9.375円	
13	11	26	千　早		200	14.400	月2.40円	明治９年５月13日元金300円の貼札あり
13	12	5	千　早		100	15.000	月1.25円	証人九平
14	8	11	中		500	—		
14			平　石		300	—		
14			廿　山		200	—		

への貸付がかなり目立つ（九件）。また、備考欄に目を転じると、「取次 九平」といった記載がある。これは、九平から貸付相手を紹介してもらうかわりに、同人に手数料として利子のうち一朱程度を支払う約束となっているものである。石川郡と錦部郡へは、このような形により巨額の貸付をおこなっていた。(6) また、担保として田畑や山林を多く書き入れていることも、近世にはない特徴である。

このような貸付の積極化と関連する動きとして、「私立貯蓄預り金」の設立がある。(7) これは、明治一五年に岡田寿一郎が大阪府知事に開業認可を求めた金融機関の一種である。この内容は、以下の三点にまとめられる。

①五年間を単位として、毎月一定額（最低五〇銭）の積立をおこなった者に利子を付与する（途中脱退者には、付与しない。ただし、一年ごとの脱退は認める）。

②利率は、年五・八〜九・〇％とする（毎年増加する）。

③対象地域は志紀・丹北郡以南の大阪府内とし、徴収代理人を九平（石川郡大字中）と弥平次（丹南郡大字平尾）とする。

そして、これらの規定を盛り込んだ活字の冊子が作成されている。これを広く地域に配布し、「預り金」を募る目的であったと考えられる。徴収代理人の二人は、これまで岡田家の貸付を取次してきた二人であることから、これらを原資に貸付事業を広く展開しようとしていたのであろう。この試みのその後は、一名の通帳が名前のみ記入されて残っているだけで、不明である。翌年の大凶作（後述）や、本格化する松方デフレの影響からほとんど機能せずに潰えてしまった可能性が高い。

では、ここで見てきたような、岡村からかなり遠方への貸付の極端な積極さは、どのような背景により可能となったのであろうか。この点を次に検討していこう。

2　法制度の整備と訴訟事例の検討

明治政府は、明治五年（一八七二）六月に華士族平民身代限規則を発布して、近世の法的枠組みを堅持し、翌年一月には地所質入書入規則を発布した。第五章で見てきたように、近世法にも身代限の規定はあったが、実際の運用は内済を促して再度証文を結び直す事例が大半で、証文の規定どおりに返済を促す機能としては限定的なものであった。問題は、出訴した岡田家がどの程度の貸付金を取り立てることができたかという実効性と、裁判の迅速性である。

いくつかの事例から、この点を検討していきたい。(8)明治四年一〇月の津堂村某相手一五〇円の貸付は、同六年一一月に八〇円と六〇円の証文に分けられたうえで、後者の六〇円分について、同八年九月に出訴がおこなわれた。月一分五朱の利子が二五か月分で二二・五円になり、出訴金額は八二・五円である。返済は同月に講の通帳によっておこなわれており、三円の「戻し」（用捨）があるものの、七九・五円が戻ってきている。(9)この結果は、返済金額の多さと迅速性の双方で、岡田家を十分満足させるものであっただろう。

また、明治九年一二月に明治政府は全国の裁判所で勧解制度を設けた。裁判官が、原告と被告の間に立って民事（特に貸金関係）上の争いを和解させる制度で、明治二三年まで存続した。(10)この制度に則って岡田家は堺区裁判所に明治一〇年三月に訴訟を起こした。相手は岡村の某で、明治六年九月一日に元金一三〇円を貸し付け、利率は月一分二朱、出訴まで一度も利子の返済はなかった。明治一〇年四月まで四四か月分の利子は六八円六四銭で、元利一九八円六四銭が出訴金額になる。この裁判は、同年四月二二日に決着し、一九〇円を岡田家が受け取り、八円六四銭を用捨した。これも、返済金額・迅速性とも満足な結果であったろう。(11)

このように、岡田家が石川郡など遠隔地域に貸付を積極化させるのと同じ時期に、近世と比べて画期的な裁判

返済元金額	元金返済期間	元利計	実現利率	乖離率	備考
20	1	20	0.0125	0.833	50銭用捨
7	2	7	0.0125	1	
49	2	49	0	—	無利足
10	3	10	0.0125	1	
50	3	52	0.013	1	
140	3	140	0	—	無利足
300	3	314	0.015	1	
5	4	5	0.015	1	
20	4	21	0.015	1	
30	4	32	0.015	1	
50	4	53	0.013	1	
50	6	55	0.015	1	
83	6	89	0.013	1	
700	6	754	0.0128	0.915	5円用捨
4	7	4	0.0085	1	
13	8	15	0.015	1	
30	8	33	0.012	1	
150	8	166	0.013	1	
5	9	6	0.0125	1	
10	9	11	0.015	1	
50	10	57	0.014	0.933	50銭まけ
200	10	226	0.013	1	
200	11	229	0.013	1	
7	12	8	0.01	1	
15	12	18	0.015	1	
100	12	115	0.0125	0.893	1.8円用捨
13	13	16	0.015	1	
15	13	18	0.0147	0.983	5銭用捨
90	14	90	0	0	計21.20円用捨
25	15	31	0.015	1	
15.38	17	15	0	0	10年賦を一括返済により9.62円用捨
100	17	122	0.013	1	
13	21	17	0.0138	1	
55	22	72	0.0141	0.939	
20	23	26	0.0140	0.935	二口で1.55円用捨
25	29	31	0.0125	1	元金分割返済
13	30	17	0.0102	0.783	1.10円用捨
13.5	36	18	0.01	1	

表７　明治８年返済状況

月	限	大字	区分	元円	当初利率(月)	返済利率①	返済利率②	月数	計算利子	実現利子
1	限	野々上	隣ⓐ	20	0.015			1	0.3	0.3
8		藤井寺	隣ⓐ	7	0.0125			2	0.2	0.2
8		岡	居村	49	0			2	0.0	0.0
10		藤井寺	隣ⓐ	10	0.0125			3	0.4	0.4
3	限	岡	居村	50	0.013			3	2.0	2.0
7	限	岡	居村	140	0			3	0.0	0.0
4	限	中津原	遠隔	300	0.015			3	13.5	13.5
7		岡	居村	5	0.015			4	0.3	0.3
4		野々上	隣ⓐ	20	0.015			4	1.2	1.2
11	限	岡	居村	30	0.015			4	1.8	1.8
9	限	岡	居村	50	0.013			4	2.6	2.6
5	限	広　瀬	遠隔	50	0.015			6	4.5	4.5
6	限	野々上	隣ⓐ	83	0.013			6	6.5	6.5
7	限	中津原	遠隔	700	0.014			6	58.8	53.8
4		岡	居村	4	0.0085			7	0.2	0.2
4		野々上	隣ⓐ	13	0.015			8	1.6	1.6
10		我　堂	遠隔	30	0.012			8	2.9	2.9
3	限	岡	居村	150	0.013			8	15.6	15.6
7		藤井寺	隣ⓐ	5	0.0125			9	0.6	0.6
11		岡	居村	10	0.015			9	1.4	1.4
4	限	岡	居村	50	0.015			10	7.5	7.0
3		三　宅	遠隔	200	0.013			10	26.0	26.0
3	限	広　瀬	遠隔	200	0.013			11	28.6	28.6
11		藤井寺	隣ⓐ	7	0.01			12	0.8	0.8
4	限	大　井	隣ⓑ	15	0.015			12	2.7	2.7
3	限	伊　賀	隣ⓑ	100	0.014			12	16.8	15.0
12	限	岡	居村	13	0.015			13	2.5	2.5
2	限	野々上	隣ⓐ	15	0.015			13	2.9	2.9
2		岡	居村	100	0.008			14	11.2	0.0
6	限	北　宮	隣ⓐ	25	0.015			15	5.6	5.6
5	限	北　宮	隣ⓐ	25	0.005			17	0.0	0.0
3	限	小　山	隣ⓐ	100	0.013			17	22.1	22.1
2	限	藤井寺	隣ⓐ	13	0.0138			21	3.8	3.8
8	限	野々上	隣ⓐ	55	0.015			22	18.2	17.1
7	限	野々上	隣ⓐ	20	0.015			23	6.9	6.5
8		藤井寺	隣ⓐ	25	0.0125			29	6.4	6.4
5		岡	居村	13	0.013			30	5.1	4.0
11	限	藤井寺	隣ⓐ	14	0.01			36	4.9	4.9

400	46	630	0.0125	0.928	18円用捨
30	64	49	0.0099	0.828	元金分割返済
35	54	42	0.0037	0.463	5年先期限、2.45円用捨
30	63	30	0	0	5年賦
60	64	117	0.0148	0.990	60銭用捨
165	64	309	0.0137	0.912	14円用捨
15.75	72	16	0	—	無利足
5	92	5	0	—	無利足で返済
13.6	97	32	0.0137	0.914	二口で4.632円用捨
45	123	54	0.0016	0.114	提訴期限間近でやむを得ず、とのメモ
					返済記事なし
5					一部不返済か
					返済記事なし
					返済記事なし
					返済記事なし、5年賦の約定
					講金、利子のみ70銭入、明治19年別帳へ

返済元金額	元金返済期間	元利計	実現利率	乖離率	備考
50	1	51	0.011	0.786	
100	2	103	0.013	1	
190	2	194	0.011	1	
100	3	103	0.011	1	
250	3.5	261	0.012	1	
30	4	32	0.015	1	
30	4	32	0.015	1	
120	5.5	127	0.011	1	
50	6	53	0.01	1	
100	7	108	0.012	1	
750	7	810	0.0114	0.914	これで証文戻す
100	7.5	109	0.0125	1	
100	8	110	0.0125	1	
60	9	65	0.01	1	
2,896	9	2,896	0	0	追加していき、明治15年から3500円。田地受取
100	10	110	0.01	1	
200	10	224	0.012	1	
100	11	114	0.0125	1	

3	限	西　浦	隣ⓒ	400	0.0135			46	248.4	230.4
9	限	岡	居村	30	0.012			53	19.1	19.1
9		大　井	隣ⓑ	35	0.008	0.005		54	9.5	7.0
11		津　堂	隣ⓑ	30	0			63	0.0	0.0
12	限	岡	居村	60	0.015			64	57.6	57.0
12	限	野々上	隣ⓐ	165	0.015			64	158.4	144.4
3		岡	居村	16	0			72	0.0	0.0
10	限	藤井寺	隣ⓐ	5	0			92	0.0	0.0
12	限	野々上	隣ⓐ	14	0.015			97	19.8	18.1
6	限	野々上	隣ⓐ	45	0.014			123	77.5	8.8
3		藤井寺	隣ⓐ	3						
4	限	岡	居村	5	0.015			25		
6	限	藤井寺	隣ⓐ	8						
2	限	大　井	隣ⓑ	10						
5		岡	居村	16	0					
4		岡	居村	20	0.002					

註：明治三年取替帳による。分家喜十郎へ譲り渡し分は除く。

表8　明治13年返済状況

月	限	大字	区分	元円	当初利率(月)	返済利率①	返済利率②	月数	計算利子	実現利子
6	限	岡	居村	50	0.014	0.011		1	0.6	0.6
2	限	古　市	隣ⓒ	100	0.013	0.0125		2	2.6	2.6
2	限	藤井寺	隣ⓐ	190	0.011			2	4.2	4.2
3		岡	居村	100	0.011			3	3.3	3.3
2	限	大　井	隣ⓑ	250	0.012			3.5	10.5	10.5
8	限	小　山	隣ⓐ	30	0.015			4	1.8	1.8
12	限	岡	居村	30	0.015			4	1.8	1.8
1	限	岡	居村	120	0.011			5.5	7.3	7.3
8		我　堂	遠隔	50	0.01			6	3.0	3.0
8	限	国　府	隣ⓒ	100	0.012			7	8.4	8.4
10	限	別　井	遠隔	750	0.0125			7	65.6	60.0
9	限	国　分	遠隔	100	0.0125			7.5	9.4	9.4
12	限	千　早	遠隔	100	0.0125			8	10.0	10.0
5		我　堂	遠隔	60	0.01			9	5.4	5.4
10		西大塚	隣ⓒ	3,500	0.016	0.01		9	315.0	0.0
1		我　堂	遠隔	100	0.01			10	10.0	10.0
11		千　早	遠隔	200	0.012			10	24.0	24.0
5	限	菅　生	遠隔	100	0.0125			11	13.8	13.8

100	12	114	0.012	1	
100	12	115	0.0125	1	
200	12	226	0.011	1	
200	12	229	0.012	1	
60	12	66	0.0083	0.926	元利66.48円を66円受取
220	13	249	0.01	1	２年限
50	16	60	0.012	1	
100	16	120	0.0125	1	
250	16	285	0.011	1	元金を途中１回返済、利子は全て受取
100	19	121	0.011	1	
100	19	123	0.012	1	
100	22	128	0.0125	1	出訴ののち
200	23	246	0.01	1	
100	24	134	0.014	1	出訴ののち
12.6	31	17	0.0125	1	出訴ののち(年賦だが「受取相済」)
250	33	341	0.011	1	
30	34	40	0.01	1	
10	206	31	0.0020	0.170	明治30年元金10円のみ、以後記載なし
165	35	223	0.01	1	
10	36	15	0.0139	0.926	40銭用捨
350	41	498	0.013	1	元金を途中３回返済、利子は全て受取
50	42	73	0.011	1	
100	42	116	0.0125	1	元金を途中１回返済、利子は全て受取
300	42	489	0.015	1	
400	43	622	0.013	1	元金を途中１回返済、利子を組み込み、全て受取、公訴の上示談
900	44	1,223	0.011	1	元金を途中１回返済、利子は全て受取、山地田地買請代金として
250	48	284	0.011	1	元金を途中３回返済、利子は全て受取
50	49	82	0.013	1	
0					返済記事なし、利子のみ明治17年まで受取
0					返済記事なし、利子のみ明治17年まで受取
170	77	327	0.012	1	
250					明治18年新帳へ、九平と一手勘定
300					明治18年新帳へ、九平と一手勘定
					新帳付け出しが見当たらず
25					返済記事なし
50					返済記事なし

4	限	大　井	隣ⓑ	100	0.012			12	14.4	14.4
8	限	国　府	隣ⓒ	100	0.0125			12	15.0	15.0
3		平　尾	遠隔	200	0.011			12	26.4	26.4
8	限	廿　山	遠隔	200	0.012			12	28.8	28.8
12	限	南　宮	隣ⓑ	60	0.009			12	6.5	6.0
1		大　井	隣ⓑ	220	0.01			13	28.6	28.6
3		黒　山	遠隔	50	0.012			16	9.6	9.6
11		?		100	0.0125			16	20.0	20.0
9		藤井寺	隣ⓐ	250	0.011			16	34.8	34.8
6	限	藤井寺	隣ⓐ	100	0.011			19	20.9	20.9
11	限	小　山	隣ⓐ	100	0.012			19	22.8	22.8
3	限	藤井寺	隣ⓐ	100	0.0125			22	27.5	27.5
2		我　堂	遠隔	200	0.01			23	46.0	46.0
4	限	碓　井	隣ⓒ	100	0.014			24	33.6	33.6
4		駒ヶ谷	遠隔	13	0.0125			31	4.9	4.9
3	限	西　浦	隣ⓒ	250	0.011			33	90.8	90.8
4		我　堂	遠隔	30	0.01			34	10.2	10.2
2	限	林	隣ⓑ	50	0.012			35	21.0	21.0
3		我　堂	遠隔	165	0.01			35	57.8	57.8
12	限	藤井寺	隣ⓐ	10	0.015			36	5.4	5.0
5	限	加　納	遠隔	350	0.01	0.013		41	186.6	147.9
6	限	国　府	隣ⓒ	50	0.011			42	23.1	23.1
8		国　府	隣ⓒ	100	0.0125			42	16.3	16.3
5	限	平　石	遠隔	300	0.015			42	189.0	189.0
5	限	平　石	遠隔	400	0.015	0.013		43	223.6	222.4
10	限	中	遠隔	900	0.011			44	323.4	323.4
4	限	小　山	隣ⓐ	250	0.0108	0.01	0.011	48	129.6	33.6
3	限	池　尻	遠隔	50	0.013			49	31.9	31.9
10		岡	居村	30	0.012			51	18.4	18.4
2		岡	居村	20	0.012			59	14.2	14.2
8		我　堂	遠隔	170	0.012			77	157.1	157.1
3	限	弘　川	遠隔	250	0.011					
6	限	錦　部	遠隔	300	0.01					
		中	遠隔	400	0.01					
12		堺	他国	50						
12		堺	他国	100						

註：明治三年取替帳による。

結果を岡田家自身が得ていることは極めて重要である。岡田家が明治一〇～一三年にかけて、遠融地域に毎年四〇〇〇～六〇〇〇円を貸し付けている背景には、このような裁判による執行力の変化があったのである。

3　返済状況の変化（明治八年と同一三年の比較）

前項で検討してきたような裁判による執行力の変化は、返済状況にどのような影響を与えたのであろうか。この点を検討するために、変化の起こる前の新規貸付分として明治八年（一八七五）分を検討し、ほぼこのような変化が終わった時期のものとして明治一三年（一八八〇）の新規貸付分を検討したい。

まず明治八年から（表7）。全体の実現利子七五〇円弱のうち、一八九円を短期貸付（一年以内）が占め、五六一円（七五％）を長期貸付（一三か月以上）が占める。このように、長期貸付による収入が多くを占める構造は、近世と変化がない。特にこの年では、西浦村（隣村ⓒ）への四〇〇円の貸付と、野々上村（隣村ⓐ）への一六五円の長期貸付だけで全体の収入の五〇％を占めている。

乖離率[12]を見てみよう。短期貸付ほど一に近い。しかしながら、先述の西浦村と野々上村の事例では、利子を一八円と一四円用捨したうえで返済を受けている。これにより、乖離率は〇・九二八と〇・九一二になっている。数年におよぶ長期貸付の際に、元利を計算通り受け取る形態にはまだなっていないのである。

次に明治一三年を見たい（表8）。全体の実現利子一八七六円余のうち、一六一〇円（八六％）が長期貸付によるものである。すでに検討してきたように、この時期は遠隔地域の貸付が多く、金額も大きい。遠隔地域の貸付は短期・長期ともほぼ均等に存在していることがわかる。遠隔地域の貸付増は、岡田家の利子収入増に結びついているのである。

明治八年と違うのは、長期のものでも乖離率が一のものが多い点である。元金九〇〇円で返済月数四四か月の中村（石川郡）の事例は、三二三円余の利子を受け取りながらも、乖離率は一である。この点は、元金四〇〇円で返済月数四三か月の平石村（石川郡）の事例でも、出訴におよんでいるものの同様である。他にも三件の出訴事例があるが、いずれも乖離率は一である。

以上の検討から、裁判による執行力の変化は、実際の元利回収の場面にもおよんでおり、近世以来の地域の貸付・返済慣行に大きな質的変化をもたらした。明治一〇年代前半に、貸付金の返済は証文に定められた利率にしたがって計算をして支払う、という近代的な原則が確立したのである。

第三節　明治一五～二六年の変化（衰退期・低迷期）

1　全体の傾向

再び表4によって、地域区分による年度ごとの推移を見ていこう。まず、明治一五年（一八八二）に前年からほぼ半減していることが目につく。その後、同一六、一七年と極端に低額な時期が続く。明治一八年に、久しぶりに三〇〇〇円に近づくが、その後、同二三年（一八九〇）まで低迷が続く。明治二四～二六年までは若干持ち直し、二七年の岡田銀行の開業にいたっている。

ここで特徴的なのは、全般的な低迷状況である。近隣地域、遠隔地域、他国地域のどこを見ても、順調な地域はひとつもない。本節ではこの要因を探っていくことにしよう。

表9は、明治三〜三四年までの、岡田家の貸地貸家所得・利子収入と米価の一覧表である。[13]明治一五年から米価が大きく低下している様子をみることができる。[14]貸地貸家所得の金額から、明治九年（一八七六）と同一六年（一八八三）は極端に収入が低い。この点を岡田家の小作帳簿の免合記述から見ると、明治九年は、明治七、八、一〇年に比べて引方が大きい。[15]また、明治一六年は「本年格外大旱魃」とある。なお詳細な検討が必要であるが、

表9　貸地貸家所得・利子収入と米価一覧表　(円)

明治	貸地貸家所得	(指数)	利子収入	(指数)	米価	(指数)
3	1,137	1.00	—	—	6.5	1.00
4	753	0.66	—	—	3.5	0.54
5	747	0.66	—	—	3.2	0.50
6	912	0.80	—	—	4.6	0.71
7	1,619	1.42	—	—	7.0	1.07
8	1,228	1.08	—	—	5.0	0.77
9	492	0.43	—	—	4.3	0.65
10	1,346	1.18	—	—	5.6	0.86
11	2,042	1.80	1,240	1.00	7.7	1.18
12	3,495	3.07	1,175	0.95	10.4	1.60
13	2,660	2.34	1,841	1.48	10.3	1.58
14	2,350	2.07	1,907	1.54	8.4	1.29
15	1,369	1.20	1,755	1.42	6.8	1.05
16	-268	-0.24	784	0.63	5.3	0.81
17	1,437	1.26	683	0.55	6.3	0.97
18	1,253	1.10	566	0.46	5.3	0.81
19	1,126	0.99	106	0.09	4.9	0.75
20	1,112	0.98	173	0.14	4.2	0.65
21	1,089	0.96	467	0.38	4.7	0.72
22	1,914	1.68	229	0.18	7.3	1.12
23	2,761	2.43	436	0.35	6.6	1.01
24	3,774	3.32	327	0.26	7.3	1.12
25	2,857	2.51	323	0.26	6.2	0.95
26	2,819	2.48	572	0.46	7.9	1.22
27	3,425	3.01	—	—	8.4	1.29
28	4,137	3.64	—	—	8.8	1.35
29	3,888	3.42	—	—	10.2	1.57
30	3,562	3.13	—	—	12.7	1.95
31	3,952	3.48	—	—	8.9	1.37
32	4,964	4.37	—	—	11.5	1.78
33	3,850	3.39	—	—	10.7	1.65
34	4,833	4.25	—	—	10.8	1.66

この両年は、凶作でかつ米価も低い年であったことは間違いないであろう。そして、凶作は明治一六年のほうが深刻だったことが明らかである。このような凶作時に、岡田家は貸付においてどのような対応をおこなっているだろうか。表4で明治七年から同一八年までを再びみてみよう。

明治九年は、岡村で一八件、隣村ⓐ、隣村ⓑでも三一件の貸付をおこなっており、明治七年、八年とくらべて遜色はない。これに対して、明治一六年と翌一七年の貸付は全体として極めて少ない。この変化は極めて重要であろう。第五章における検討では、不作時に貸付をおこない、岡田家も長期にわたって利子を取得し、相手からの返済を待つというのが、基本的な貸し手と借り手の関係であったからである。次に、この変化の内容を見るために、デフレが深刻な状況にある明治一八年の新規貸付分の返済状況を見てみよう（表10）。

まず目に付くのは、乖離率が一の事例の少なさである。この年の新規貸付分三二件のうち、乖離率が一なのはわずかに一一件のみである。先ほど検討した明治一三年の返済状況との違いは大きい。これ以外のものでは、「返済記事なし」で元金も利子も受け取れなかったと思われるものが七件、利子の返済がなく元金のみ返済があったものが四件を数える。このように、明治一八年の貸付は救恤的色彩が濃い。ただ、明治一〇年代前半に、すでに貸付金は証文に定められた利子を付けて返済するもの、という貸し手と借り手の関係ができあがっていることから、明治一六年、一七年の貸付の少なさは、岡田家が貸付を受けたい相手に対して、貸付を渋っている状況を表すのではないだろうか。そして、まだ近世的な金融関係の余韻を残している地域状況の中で、ある程度返済が滞ることを覚悟の上で貸付に応じたのが明治一八年の状況と考えることができるだろう。

返済元金額	元金返済期間	元利計	実現利率	乖離率	備考
18					無証文
45					明治19、24年元金のみ(利足用捨)
10	1	10	0.01	1	
250	1	253	0.013	1	
10	3	10	0.015	1	
80	4	85	0.015	1	
60	5	65	0.015	1	地所買代金にて決算
600	5	645	0.015	1	
10	6	11	0.013	1	
30	7	33	0.015	1	
30	9	34	0.0148	0.988	利子５銭まけ
10	10	12	0.015	1	
80	14	80	0	0	利子は返済記事なし(残金を５年賦)
30	23	40	0.0142	0.947	利子10銭用捨、元金１月遅れ
5	25	5	0	—	利子なし、寺
300	33	399	0.01	1	白木領田地買取代金、残金は九平勘定
75	41	85	0.0033	0.260	80円抵当地買請、8.437円用捨、25円5年賦(明治22年)うち５円のみ。以降記載なし。期限あるも１年半
30	90	61	0.014	1	元金を途中２回返済、利子は全て受取
200	109	300	0.0046	0.417	利子のうち139.8円用捨
					返済記事なし
					改めて頼母子講加入
					返済記事なし(田地の上端金として遣わす)
					記載なし
11.7	0	12	—	—	明治20年に６か月年賦。11.7円だけ明治34～36年に入る
					返済記事なし
25					当方所持山林諸掛物と取換
					返済記事なし
100					明治30年入り、利足は用捨
					記載なし(当初から６年賦)
200					明治29年５月、利金50円として年賦証文に。明治31～35年賦で受取
200					同上。期限あるも１年半
					記載なし

表10　明治18年返済状況

月	限	大字	区分	元円	当初利率（月）	返済利率①	返済利率②	月数	計算利子	実現利子
3		(大和)	他国	30	0			0		
5	限	岡	居村	45	0.0125			0	0.0	0.0
3		野　中	隣ⓐ	10	0.01			1	0.1	0.1
3	限	土　師	他国	250	0.013			1	3.3	3.3
9	限	平　尾	遠隔	10	0.015			3	0.5	0.5
12	限	菅　生	遠隔	80	0.015			4	4.8	4.8
12	限	岡	居村	60	0.015			5	4.5	4.5
3		小　山	隣ⓐ	600	0.015			5	45.0	45.0
7	限	南　宮	隣ⓑ	10	0.013			6	0.8	0.8
4	限	木　本	隣ⓒ	30	0.015			7	3.2	3.2
9	限	大　井	隣ⓑ	30	0.015			9	4.1	4.0
9	限	藤井寺	隣ⓐ	10	0.015			10	1.5	1.5
3	限	野々上	隣ⓐ	97	0.015			14	20.3	0.0
3	限	大　井	隣ⓑ	30	0.015			22	9.9	9.8
3		沢　田	隣ⓑ	5	0			25	0.0	0.0
6	限	弘　川	遠隔	300	0.01			33	99.0	99.0
8		野々上	隣ⓐ	75	0.0125			41	38.4	10.0
6	限	南　宮	隣ⓑ	30	0.016	0.012		90	31.4	31.4
7	限	千　早	遠隔	200	0.011			109	239.8	100.0
3	限	北　宮	隣ⓐ	8	0.015					
3	限	小　山	隣ⓐ	10	0.015					
3	限	大　井	隣ⓑ	13	0.015					
9	限	菜茰木新田	遠隔	15	0.01					
3		岡	居村	19	0.015				0.0	0.0
5		南　宮	隣ⓑ	24	0.015					
7	限	千　早	遠隔	25						
4	限	岡	居村	45	0.015					
10	限	大　井	隣ⓑ	100	0.01					
9		菜茰木新田	遠隔	176	0					
10	限	大　井	隣ⓑ	200	0.01					50.0
10		大　井	隣ⓑ	200	0.01					50.0
12	限	平　尾	遠隔	20	0.015					

表11　小口年賦一覧

（単位：数、円）

分類	郡名	大字	項目	8	9	10	11	12	13	14	15	16	17	18	19	20	21	22	23	24	25	26	不明	合計
居村	丹南	岡	件数		1	2	26	13	9	1	4	6	1	1	2	5			12				2	85
			金額		20	47	549	326	95	24	71	12	3	26	40	52			21				13	1,299
隣村ⓐ	丹南	藤井寺	件数	1		1	7	1	11	1	1	1	1			1			5					31
			金額	47		8	82	11	160	5	23	60	10			26			40					472
		野中	件数										1											1
			金額										1											1
		野々上	件数																2					2
			金額																14					14
		北宮	件数				1								1									2
			金額				20								8									28
	丹北	島泉	件数																					0
			金額																					0
		小山	件数							1		1												2
			金額							11		18												29
		（合計）	件数	1	0	1	8	1	11	2	1	2	2	0	1	1	0	0	7	0	0	0	0	38
			金額	47	0	8	102	11	160	16	23	78	11	0	8	26	0	0	54	0	0	0	0	544
隣村ⓑ	丹南	南宮	件数					1					1											2
			金額					30					16											46
	丹北	津堂	件数				1																	1
			金額				0																	0
	志紀	沢田	件数					1																1
			金額					5																5
		（合計）	件数	0	0	0	1	2	0	0	0	0	1	0	0	0	0	0	0	0	0	0	0	4
			金額	0	0	0	0	35	0	0	0	0	16	0	0	0	0	0	0	0	0	0	0	51
隣村ⓒ	丹北	西大塚	件数												2	2		2						6
			金額												42	36		29						107
遠隔	古市	駒ヶ谷	件数								1													1
			金額								108													108
他国		大阪	件数										1		1									2
			金額										10		7									17
不明			件数	1			2	1		1		1			2	2			16	3	2		1	32
			金額	20			9	1		4		14			5	6			84	7	13		2	165
合計			件数	2	1	3	37	17	20	4	6	9	5	1	8	10	0	2	35	3	2	0	3	168
			金額	67	20	55	660	373	255	44	202	104	40	26	102	120	0	29	159	7	13	0	15	2,291

3　小口年賦の役割

明治八年から「当座小貸」「新年賦口」「他村年賦并小口」(以下、一括して小口年賦という) といった小口の貸付が順次開始される。これらは、安政七年取替帳二冊目の余白部分から記載がはじまる。当時使用されていた明治三年取替帳と明治一四年取替帳とともに、岡田家の金融活動の一端を示しているので、検討をおこないたい。

これらの件数と金額を一覧にしたのが、表11である。後半になるほど居村の不明なものが多いが、判明するものは、大半が岡村と藤井寺村の者への貸付である。件数、金額で目立つのは、明治一一年と二三年である。ここでは、この両年の分析をおこなっていこう。

平均金額は、明治一一年で一七・八円、明治二三年で四・五円と僅少さが際だっている。また、岡田家の小作人であるものが非常に多い。明治一一年の岡村で五四%、藤井寺村で五七%、明治二三年では全体で七七%を占めている。明治一一年はとりたてて不作というわけではなく、もっとも凶作であった明治一六年にはそれほど多く貸し付けてはいない。また、後半のピークである明治二三年は凶作状況ではない。この貸付の性格については、いまひとつわからない点が多い。

注目したいのは、返済が全くおこなわれていないか、もしくは返済されても一部だけのものが多いことである。そして、この貸付が多くおこなわれる明治一〇年代前半は、元利ともに証文どおり返済するように、貸借関係のルールが大きく変容する時期であった。このことから、返済が滞る可能性の高い小額貸付は小口年賦で貸付をおこない、利子取得を目的とする比較的高額な貸付と切り離しをおこなった、と考えられるだろう。このような貸付ルールが定着していけば、小口年賦の役割はなくなっていくだろう。実際、明治二六年以降この貸付はなくなった。明治一〇年代前半にできた新しい貸付ルールによる金融関係に一本化されたのである。(16)

4　返済期間の短縮化と貸付規模の縮小

明治一五年以降の件数、金額の減少傾向は明治二〇年代になっても続いている。この点を考えるうえで、重要なのが返済期間の短縮化である。

明治二三年の新規貸付のうち、長期貸付の平均返済期間はわずか二二か月である。明治三、八、一三年を順に追っていくと、四九か月、四四か月、三五か月である。このように、明治一〇年代前半以降、どんどん返済期間が短くなっている理由は、次のように考えられよう。すなわち、借り手にとっては、利子を期間どおりきっちりと計算して支払うルールが浸透していくにつれて、極力短期間で返済していくことが、負債を増やさないために重要となってきた。そして、岡田家も、きっちりと元利を返済してくれる相手にだけ貸付をおこなうようになっていった。結果として、貸付は少なくなり、その中で証文どおりの返済がおこなわれる姿に変化したのである。個別の貸付は厳密に取り立てがおこなえるようになったものの、金融の規模はむしろ小さくなる、という皮肉な状況が生まれたのである。そして、全体として利子収入は減少した（表9）。

第四節　岡田銀行の経営と貸付状況の分析

岡田銀行は、明治二七年四月に開業し、同三四年六月に廃業した。この間、岡田家自体も細々と貸付を続けているが、基本的には岡田銀行に金融機能を一本化しているので、この貸付内容を分析していくことにする。

1　岡田銀行の開業と地域での位置づけ

岡田銀行の開業は、銀行設立ブームの時期にあたる。周辺地域での銀行設立時期を見ていくと、明治二六年に堺銀行が富田林に支店を開く。明治二九年に富田林銀行、更池銀行（八上郡更池村）、同三〇年に河内貯蓄銀行、国分銀行富田林支店が開業する。[17] 岡田銀行の開業は、近隣地域の中で比較的早い方であるが、明治三〇年頃から銀行間の競争に巻き込まれていったと予想される。

岡田銀行は資本金二万円（のち、五万円に増資）を全て岡田家で出資した個人銀行である。資本金額からは、中小銀行といえる。支店はなく、岡田家居宅の街道沿いに店舗を構えていた。[18]

岡田銀行の支出帳簿から、開業にあたって道明寺村の者に広告を二〇〇部刷らせていることがわかる。また、大阪朝日新聞に開業広告を出してもいる。[19] 広告には、各預金の利率と「貸付金は相談に応じる」旨が記されていることから、広く近隣地域、遠隔地域を対象に営業活動をおこなう意図であったと考えられる。

2　経営の概観

表12は、貸借対照表と損益計算書をまとめたものである。不明な期も多いが、岡田銀行の経営について、かなりの状況が明らかになる。ここからは、以下の点がいえるだろう。

①貸付金と預金額から、明治二九年末までは発展期といえるが、その後は伸び悩んでいる。この時期は、周辺に銀行が開業していった時期であり、地域内で先行していた岡田銀行が競争に巻き込まれ苦戦するようになった状況といえるだろう。

②全体を通じて、預金額（特別当座預金と定期預金）の金額に対して、貸付金はその半分程度である。第一一期からは約束手形による収入の確保に乗り出しているが、それほど経営が好転しているわけではない。この預金額と貸付金については、のちに詳しく分析する。

表12　岡田銀行貸借対照表・損益計算書(明治27～33年)　(円)

貸借対照表		第1期末	第4期末	第6期末	第10期末	第11期末	第12期末	第13期末
		27年6月	28年12月	29年12月	31年12月	32年6月	32年12月	33年6月
資産	貸付金	?	26,639	32,699	39,137	19,533	18,928	21,325
	当座預金貸越	?	4,378	9,106	7,547	7,057	6,276	5,653
	約束手形	2,495	8,494	4,436	11,760	51,880	37,535	63,070
	国債証券	?	247	0	230	336	1,880	1,800
	社債券	?	5,643	13,819	10,306	7,630	7,530	7,130
	諸株券	?	33,579	61,067	60,152	44,720	67,981	58,105
	什　器	55	—	127	?	150	150	150
	仮出金	?	7	0	?	220	—	?
	別段貸金	?	—	13,500	?	—	—	?
	金銀有高	?	4,660	8,479	?	12,382	5,255	?
	預ヶ金	0	3,500	0	1,416	—	—	?
	合計	?	87,148	143,232	130,548	143,907	145,534	157,232
負債	当座預金	7,368	25	15	13,396	3,957	2,387	6,197
	特別当座預金	—	34,484	37,649	50,466	53,472	51,971	55,925
	定期預金	3,245	24,106	29,093	17,643	19,618	17,909	19,583
	別段預金	—	6,357	685	?	—	—	?
	資本金	20,000	20,000	50,000	50,000	50,000	50,000	50,000
	借入金	?	—	0	15,090	7,600	13,558	5,000
	積立金	?	520	0	?	4,300	5,300	?
	前期繰越金	?	131	204	?	—	—	?
	当期益金	?	1,524	4,706	3,875	4,961	4,409	4,798
	振出手形	?	—	20,880	?	—	—	?
	合計	?	87,148	143,232	150,471	143,907	145,534	141,503

損益計算書		第1期末	第4期末	第6期末	第10期末	第11期末	第12期末	第13期末
利益	利　息					5,176	1,168	
	割引料					759	1,900	
	株式配当金					2,106	1,354	
	前期繰越金					2,575	2,461	
	公債及社債利息					—	372	
	合計					10,617	7,254	
損失	給料及雑費					448	482	
	支払利息及損金					5,208	2,306	
	公債減価損金					—	57	
	(純益金)					—	—	
	積立金					1,000	500	
	営業主収得					1,500	1,500	
	後期繰込					2,461	2,409	
	合　計					10,617	7,254	

註1：開業は明治27年4月2日、廃業は明治34年6月(営業期間は7年3か月)。
2：第1期、10～13期は岡田家文書の各期営業報告書、第4期は武部論文、第6期は同期末時点の貸借対照表の数字による。

③岡田銀行の全資本を出資している岡田家は地主経営が中心で、企業の設立などはおこなっていない。したがって、銀行の経営が株主・出資者の経営する企業などと融資の面で密接な関係を持つ「機関銀行」として利益をあげる余地はなかった。[20]

④行き場のない預金の運用は、社債や株式投資に向かわざるを得ない。明治二七～三二年頃は企業勃興・株式投資ブームの時期で、鉄道株や紡績株を中心に高配当が見込めた。

⑤自主廃業をおこなった明治三四年は、株式の暴落時期であった。そして、周辺では取付騒ぎが起こっている。明治三四年四月に、岡田銀行は大量の預金引き出しにあい、その後円滑に自主廃業をおこなっている。

⑥第一一期と第一二期の当期利益は、二五〇〇円と二〇〇〇円である。一見経営は順調なようだが、投下した自己資本五万円に対する利益率は五％と四％にしかならない。同時期の定期預金と同程度の利益率は、事業としてそれほど魅力あるものではない。

まとめると、岡田銀行は、集めた預金を地域において貸し付けることで経営が成り立っていたのではない。また、株主（この場合は岡田家）の事業に融資をおこなって、そこからの収益によって成り立っていたのでもない。その経営は、株式投資や社債に依存しており、企業勃興期の景況に大きく左右される収支構造の下に成り立っていたのである。[21]

3　預金の検討

岡田銀行の明治三三年四月の地域別預金状況が表13である。[22] これまでの分析で用いてきた近隣地域（隣村ⓒまでの範囲）までで、口数で八〇％、金額で七三％と大半を占めている。なかでも、隣村ⓑまでの地域金融圏が中心である。

表13　岡田銀行の預金状況　（単位：数、円）

分類	大字	口数	金額	平均
居村	岡	41	4,514	110
隣村ⓐ	（7か村計）	131	17,672	135
隣村ⓑ	（15か村計）	119	18,577	156
隣村ⓒ	（21か村計）	63	11,477	182
近隣（隣村ⓐⓑⓒの合計）		354	52,240	148
その他		87	18,907	217
総合計		441	71,147	161

註：武部論文所載の表を加工して作成。

再び表9でこの時期の地域状況を検討していくと、米価が八円～一二円台と好調なことがわかる。岡田家の土地所有面積に若干の変動はあるものの、貸地貸家所得からは不作の様子も見られない。この時期は、作柄もよく米価も高い、順調な農業経営が営めた時期であろう。平均一五〇円程度の預金は、この時期の豪農（地主）の手元に一定の余剰資金があったことを意味している。これは、預金額が同規模である明治二八年くらい（第四期）までは同様の状況であったと遡って考えておきたい。

第五章では、豪農が複数の貸付金を受けられた事例の多さから、地域において借り手有利・金余りの状況があったと論じてきた。このような地域状況が、明治二〇年代後半にいたるまでに、明治一六年を筆頭とする不作状況や松方デフレの中でどの程度ダメージを蒙ったのかは、詳しい検討が必要であるが、岡田家の不作・不況期（明治一六～一八年）の新規貸付の少なさが多くの豪農にあてはまるとするならば、困窮した豪農の没落を引き起こしながらも、余剰資金を抱えた豪農が多数いる状況は、この時期まで継続していたと考えていいのではないだろうか。近世の特徴が、地域において預金額に比して貸付金が不足するという岡田銀行の経営にも刻印を残している可能性が高いのである。

4　貸付金の概要

再び、表4によって、銀行開業期間の貸付金の概要を把握したい。

①件数は明治二九年まで平均して四四件であり、明治一四年期（低迷期）より多くなっている。しかし、明治三〇年代に入ると、再び三〇件を割っていくようになる。

②全体の平均金額は六三一円であり、明治三年期の一一八円、明治一四年期の一一四円の五倍以上に跳ね上がる。特に、他国地域の数件の貸付が平均を大きく引き上げている。これらは、預金による手元資金の増加効果といえる。銀行開業のプラスの側面である。

③平均金額は、居村岡村で約三倍、近隣地域で約四倍となる。件数の増加と金額の大型化で、銀行開業は一定の効果があった。これは、堺や大阪の銀行への預金と、豪農への株式投資の広がりなどで[23]、豪農間の金融が低迷している状況で、広告により岡田銀行の地域での存在感が増した効果と考えておきたい[24]。

④明治三〇〜三三年の間は、貸付金額が低迷する。これは、他国地域で高額貸付がなかったためである。いくつかの高額貸付に依存する、脆弱な構造である。

全体として、②、③のようなプラス面はあったものの、銀行の開業は明治一〇年代後半から続く低迷期を根本的に打開するまでにはいたっていない、と評価できるだろう。

5　返済過程の分析

ここでは、表14によって、明治二八年の新規貸付分について返済過程の分析をおこなっていき、岡田銀行貸付金の収入構造を検討していく。

①短期貸付と長期貸付の割合はほぼ半数ずつである。長期の貸付が収入の過半を占める構造は、これまでと変化はない。

実現利子	返済元金額	元金返済期間	実現利率	乖離率	備考
0.5	70	1	0.009	1	日歩。軍事公債100円
1.1	100	1	0.009	1	日歩
1.5	140	1	0.0105	1	日歩。菜種24石
1.1	150	1	0.009	1	日歩。大阪鉄道3株
4.3	595	1	0.0081	1	日歩。奈良鉄道10株
18.0	2,000	1	0.009	1	
7.8	500	2	0.0084	1	日歩。大阪鉄道10株
5.4	180	3	0.0105	1	日歩。米24石
7.6	215	3	0.0105	1	日歩。米28.5石
10.3	360	3	0.0105	1	日歩。菜種60石
3.5	120	4	0.0084	1	日歩
7.8	245	4	0.0105	1	日歩。米35石担保
32.4	900	4	0.009	1	
1.0	23	5	0.009	1	日歩。古市は行政村
3.3	75	5	0.009	1	日歩。古市は行政村
3.8	90	5	0.0081	1	日歩
5.0	115	5	0.009	1	日歩。田1町2反余
72.2	2,000	5	0.0084	1	日歩
2.7	50	6	0.009	1	
15.7	290	6	0.009	1	
2.8	50	7	0.008	1	
8.4	120	7	0.01	1	
18.0	250	8	0.009	1	日歩
19.2	200	9	0.0105	1	日歩
124.8	1,300	12	0.008	1	
33.5	278	13	0.009	1	日歩。明治28年12月より利下げ。蚕豆71.5石
47.7	390	13	0.009	1	日歩。明治28年12月より利下げ。蚕豆100石
64.3	600	13	0.0084	1	日歩
26.6	190	14	0.010	1	
32.4	200	18	0.009	1	利子②は日歩。田畑3反余
115.1	799	18	0.008	1	
24.0	120	20	0.01	1	
31.4	150	22	0.0095	1	
37.1	190	23	0.0085	1	田4反1畝余書入
129.5	1,050	23	0.0085	0.895	15.115円用捨。連帯地所2町4反余書入
40.5	150	27	0.01	1	田2反余
65.3	250	29	0.009	1	
75.7	290	29	0.009	1	
182.7	700	29	0.009	1	
107.1	398	30	0.009	1	日歩。地所
196.4	800	37	0.0097	1	途中元金400円返済。田畑1町1反
31.9	90	39	0.009	1	明治31年5月より利上げ。田1反余
2,334.9	5,000	45	0.0104	0.997	田畑7町7反余書入
6,109.8	8,000	76	0.0122	1	4,000円霜野氏(泉州大鳥郡土塔村)加入。 利率は返済利率①～③の間を10回変更。 計算は銀行廃業まで、最終的には明治36年4月返済、 利足43.275円用捨(合計96か月)。田14町2反担保

表14　明治28年返済状況

月	限	大字	区分	元円	当初利率(月)	返済利率①	返済利率②	返済利率③	月数	計算利子
12	限	若　林	隣ⓒ	70	0.009				1	0.5
8	限	岡	居村	100	0.009				1	1.1
6	限	古　市	隣ⓒ	140	0.0105				1	1.5
12	限	若　林	隣ⓒ	150	0.009				1	1.1
11	限	野　中	隣ⓐ	595	0.0081				1	4.3
4	限	国　府	隣ⓒ	2,000	0.009				1	18.0
10	限	大　堀	隣ⓒ	500	0.0084				2	7.8
7	限	若　林	隣ⓒ	180	0.0105				3	5.4
7	限	若　林	隣ⓒ	215	0.0105				3	7.6
6	限	古　市	隣ⓒ	360	0.0105				3	10.3
12	限	野　中	隣ⓐ	120	0.0084				4	3.5
2	限	伊　賀	隣ⓐ	245	0.0105				4	7.8
3	限	北　宮	隣ⓐ	900	0.009				4	32.4
12	限	古　市	隣ⓒ	23	0.009				5	1.0
12	限	古　市	隣ⓒ	75	0.009				5	3.3
11	限	野　中	隣ⓐ	90	0.0081				5	3.8
3	限	一津屋	隣ⓑ	115	0.009				5	5.0
11	限	大　堀	隣ⓒ	2,000	0.0084				5	72.2
7	限	南　宮	隣ⓑ	50	0.009				6	2.7
7	限	軽　墓	隣ⓑ	290	0.009				6	15.7
10	限	道明寺	隣ⓒ	50	0.008				7	2.8
6	限	野	隣ⓒ	120	0.01				7	8.4
8	限	野　中	隣ⓐ	250	0.009				8	18.0
2	限	?	?	200	0.0105				9	19.2
7	限	枯　木	遠隔	1,300	0.008				12	124.8
6	限	北　宮	隣ⓐ	278	0.0105	0.009			13	33.5
6	限	北　宮	隣ⓐ	390	0.0105	0.009			13	47.7
10	限	中	遠隔	600	0.0084				13	64.3
3	限	野　中	隣ⓐ	190	0.01				14	26.6
11	限	?	?	200	0.008	0.006			18	32.4
3	限	向　井	遠隔	799	0.008				18	115.1
12	限	野	遠隔	120	0.01				20	24.0
1	限	岡	居村	150	0.0095				22	31.4
9	限	平　尾	遠隔	190	0.0085				23	37.1
8	限	平　尾	遠隔	1,050	0.0085				23	144.6
4	限	西　川	隣ⓑ	150	0.01				27	40.5
8	限	軽　墓	隣ⓑ	250	0.009				29	65.3
7	限	軽　墓	隣ⓑ	290	0.009				29	75.7
8	限	軽　墓	隣ⓑ	700	0.009				29	182.7
8	限	林	隣ⓑ	398	0.009				30	107.1
5	限	野	遠隔	800	0.009	0.01	0.0125		37	196.4
5	限	北　宮	隣ⓐ	90	0.009	0.01			39	31.9
8	限	下条大津	他国	5,000	0.008	0.011	0.013	0.01	45	2,342.5
3	限	嘉祥寺	他国	8,000	0.008	0.0135	0.0087		76	6,109.8

②動産担保（株式や米・豆などの農業収穫物）で貸付を受けているものが一一件ある。米・豆などの場合は「倉敷料」を取っており、実際に岡田銀行の蔵に運び込んでいる事がわかる。この平均貸付期間は四・一か月、最長で一三か月である。このような貸付を受ける者は、経営が困窮しているのではなく、一時的な資金の借用が理由であろう。岡田銀行開業以前はこのような貸付はほとんどみられず、これは銀行開業のプラス面であった。ただし、収入への寄与は少なかった。

③土地を抵当に入れている貸付は、返済期間が長い。土地を担保にする者は、概ね困窮度が高いといえるだろう。そして、乖離率は二件を除いて全て一（除いたうちの一件も〇・九九七）である。また、長期貸付の平均貸付期間は二七・三か月である。明治二三年の二二か月よりは幾分長くなっているものの、銀行貸付は明治一〇年代前半からの貸付期間短縮化傾向の延長線上にあり、低迷期を打開できてはいない。

④八〇〇〇円と五〇〇〇円の他国への長期貸付が、収入の大半を占める。4の④で指摘した利子収入の脆弱な構造がこれで裏付けられた。

おわりに

本章では、明治三～三四年までの岡田家・岡田銀行の貸付の状況を検討することにより、近世以降の展開を明らかにしてきた。概要をまとめると、次のようになる。明治五、六年に明治政府の出した私的土地所有権の確立政策が、明治八、九年頃には岡田家と地域の豪農との貸付金訴訟にも影響を与えるようになった。それによって、証文どおりに利子を計算し返済するように貸し借りのルールが変化し、そのことは返済期間の短縮に繋がっていった。個別の貸付への取り立ては強化されたが、全体の規模は縮小し、利子収入も減少していく皮肉な状況が生まれた。明治二七年の岡田銀行の開業は、銀行制度独自のプラス効果と、地域において貸付をおこなっていることを広く周知したことから、貸付の増加をもたらした。しかし、それは脆弱なものであり、集めた預金額の半分程度しか貸付はおこなわれなかった。残りは当時好況であった社債や株式投資に回ったが、これらが不況に陥ると岡田銀行も廃業せざるを得なかった。また、五万円の出資金を投下資本とみた場合の利益率も、満足のいくものではなかった。

一九八〇年代以降の負債農民騒擾研究では、おもに関東・東山地域を中心として明治一七年を画期とした豪農と民衆間の軋轢が論じられてきた。本章の分析は、明治政府の私的所有権確立政策がもたらした、別の一面を明らかにしたものといえるだろう。畿内において確立していた豪農間の金融関係には、これらの諸政策は明治八、九年には影響を与えはじめている。そして、画期は明治一〇年代前半におかれる。明治一〇年代後半は、明治一六年の凶作時期にも貸付はそれほど増えず、同一八年に一時的な対応をおこなって不況期を凌いだに過ぎない。そして、明治二〇年代前半には、すぐに明治一〇年代前半と同様の金融関係が展開されていることが、本章の分析を通して明らかになった。

次に、第五章と第九章を通して考えてみたい。近世と明治期の比較をおこなうと、近世のほうが、明治一〇年代後半の停滞期より件数・金額とも上回っていることが注目される。すなわち、岡田家が金融を通じて地域に与える影響力は、近世のほうが大きいのである。これに、領主権力の銀札引請の問題も合わせ考えれば、影響力は近世のほうが明治期よりも、遙かに上回っているといえるだろう。そしてこの要因は、第一には地域の貸付要求に応え、長い目で相手豪農からの返済を待つ、貸し手・借り手双方が満足する金融慣行の成熟にある。第二には、それを支える構造として村落共同体による他村地主が村内の土地を所持することへの抵抗と、領主権力が金公事訴訟において当事者同士の内済を勧め、返済を促すといった微温的な対応をおこなうといった点があげられ、総じてこれらは近世社会の特質にある、といっていいだろう。

これらの状況に変化を与えたのは、明治政府の私的所有権の確立政策である。そして、岡田家自身も、貸付金の返済と利子の支払いを証文どおりに履行することを求めていた。しかし、そのような姿勢は、貸付額の縮小・返済の短期化を進め、大局的には金融活動は低迷していった。個別債権への権利の強化が全体の縮小を進める、という皮肉な関係になるのである。

佐々木潤之介氏は近世の岡田家が展開する金融関係を、「高利貸商人の範疇から一歩すすみでているもの」「岡田家を中核とした新たな経済的関係の展開が展望されている」と評価し、これは近代社会に繋がるものと考えているようである。[25] しかし、第五章、第九章で近世・明治期の双方を分析した結果からは、岡田家の近世の金融は、近世社会の特質に根ざしたからこそ発展したのであって、近代社会への転換の中で縮小していくことが明らかになった。

ところで、豪農の政治主体化の未熟さについて、第五章の「おわりに」で私見を述べた。そして、第九章での明治期の分析をふまえれば、もう一つ別の見方を提示できる。すなわち、近世の方が明治期に比べて「政治」に関わることが金融活動にプラスに働いている、ということである。領主貸のみならず、嘉永六年（一八五三）の丹南郡組合村々への貸付、恒常的な組合村所属の村役人・豪農層への貸付、銀札・米札の引請など、全て「政治」に岡田家が関わることから生まれた「ビジネスチャンス」である。だからこそ、岡田家が一九世紀に経済的に発展すること（その地域との関係の主要なものが金融関係[26]）と、地域における岡田家の政治活動の活発化が並行してみられるのである。第七章の野本論文では、岡田家が一九世紀半ば以降「惣代庄屋」「郡中惣代」の肩書きを持って登場すること、そして、惣代を務めない時期でも「実力者」として地域の利益のために行動していたこと、三か国単位の訴願を目指して挫折した場合でも惣代の根ざす地域の利益を最優先にして訴願実現に向けて行動したことが論じられている。これは、組合村での政治関係こそが、国訴など畿内独自の広域訴願の土台になっている、ということができるだろう。そして、岡田家がおこなっていた金融活動は、このような政治活動の土台を下支えしていたのである。それは岡田家の経営にも、金融を受ける相手にも利点のある関係であった。政治活動と経済活動は補い合っているのである。

これに対して、明治期の岡田家は一時期副戸長を務めるものの、政治との関わりは希薄であり、このような岡田家のあり方は、自家の経営を優先させる地方名望家像を思わせる。[27] そして、金融活動の低迷の打開を岡田銀行の開業という純粋な経済活動のみでおこなおうとしていることが注目される。岡田家は、経済の分野で地域に貢献しようとしたのである。近世と明治期では、政治に関わらなくとも金融活動の発展を追求できる点が大きく異なっていたのである。

（1）　鶴巻孝雄『近代化と伝統的民衆世界』（東京大学出版会、一九九二年）、稲田雅洋『日本近代社会成立期の民衆運動』（筑摩書房、一九九〇年）。
（2）　白川部達夫『日本近世の村と百姓的世界』（校倉書房、一九九四年）。
（3）　畿内における土地売買のあり方については、早く丹羽邦男の仕事がある（『形成期の明治地主制』塙書房、一九六四年）。
（4）　慶応四年（明治元年）八月に銀建て（匁）は廃止、以後両に統一され、明治四年から円（一両は一円）となる。幕末から明治にかけては米価の高下が激しく、貨幣価値による比較よりも、米石換算のほうが基準としては適切であろう。

(5) 岡田家が堺県役所に提出した「明治四年一二月　旧諸藩調達金明細書上帳」では、合計四七〇〇両余が書き上げられ(手書A―二四―四六三・C―一二―六)、のちに旧・新公債証書として認められたのは二四〇八両余(全体の五一・二%、安政七年・明治三年取替帳)であった。伯太藩と沼田藩・芝村藩の調達金は認められ、年賦金の受取と明治一四年と同一九年におこなった証書の売却により元金に近い額(九二・四%)を手にしている。認められなかったものは信楽代官所の御用金一七〇〇両と山稜奉行戸田越前守(高徳藩)の調達金三二六両余が主であった。この区分がどこにあったのかは判然としない。明治三年期の地域に対する貸付の順調さをみると、このような領主貸の後始末はそれほど岡田家の経営の重荷にはなっていないと考えている。ただ、幕末期から明治初年にかけての変動(領主貸・両替商取引の廃止や銀建てから金・円建てへの変更、米相場の乱高下など)の影響については別に検討が必要と思われる。今後の課題としたい。

(6) なお、丹南郡の貸付には、丹南郡平尾村の弥平次を取次とするものが多い。両者は取り扱う金額や自らの所持地を書き入れたりもしていることから豪農と考えられる。註(14)も参照されたい。

(7) 三二―一一。

(8) 明治期には、近世の「書附留」のようにまとまった訴訟帳簿は残されてはいない。以下、取替帳の記事や個別の文書により分析をおこなう。

(9) 明治三年取替帳の記載による。

(10) 丹羽邦男「明治政府勧解制度の経済史上の役割」(『商経論叢』三〇巻一号、一九九四年)。

(11) 九―一四―三、四。返済金額は、明治三年取替帳の記載による。

(12) 第五章第二節の4参照。

(13) 佐々木潤之介「地主経営の概要と論理――岡田家文書研究のはじめに――」(『一橋論叢』八三巻三号、一九八〇年)所収の表を加工して作成。

(14) これまで検討してきた、岡田家が遠隔地域に貸付を本格化させている時期は、米価も高く、貸付を受ける方も土地を担保にした貸付を受けることによって、土地の購入をおこなうなどしていた可能性も高い。取次をおこなっていた九平らの実態の解明とともに、今後の課題としたい。
(15) 各年の下作宛口帳（小作帳簿）の冒頭にその年の小作料の免合が記されている。なお、この時期の免合は、村で定めていることがほとんどである。
(16) 小口年賦は時期の波動も大きく、不作期とも関連しない。貸付相手に小作人が多いことから、小作帳簿との関係がある可能性があるが、今回は分析できなかった。ここでは、取替帳とは別の性質の金融を岡田家自身が意識的におこないはじめたことに注目し、取りあげた。
(17) 佐藤政則「「堺銀行文書」の魅力」（『堺研究』三〇号、二〇〇二年）。
(18) 現当主の岡田績氏から御教示をいただいた。
(19) P─二─一。
(20) 機関銀行については、高橋亀吉・森垣淑『昭和金融恐慌史』（清明会出版部、一九六八年。一九九三年、講談社学術文庫から改訂再版）。
(21) この時期の豪農（地主層）と資本主義の関係は、中村政則『近代日本地主制史研究』（東京大学出版会、一九七九年）。
(22) 武部善人「「更池銀行」の顛末」（『経済研究』一二九号、一九六四年）。
(23) 岡田家の銀行預金は明治一八年から、株式投資は明治二四年からはじまる。
(24) また、預金をしていたものが後に貸付を受けるケースや、貸付を返済したものが預金をおこなうなど岡田銀行を金融取引先として用いているケースも多い。地域に銀行が開業していく明治二〇～三〇年代は、豪農「家」同士の情誼的な関係が介在する可能性のあるものから、銀行という機関を媒介としたものへと大きく変化している様子がうかがえる。岡田銀行開業中や廃業以後の岡田家の貸付は、多くは親戚や小作地支配人へのものである。
(25) 佐々木潤之介「幕末期河内の豪農」二四一頁、二八四頁（『幕末社会の展開』岩波書店、一九九三年）。
(26) 佐々木氏は、豪農と地域の関係について、商品生産への吸着・作徳小作関係・雇用労働の三つの要因をあげたうえで、金融関係が岡田家において特徴的であると結論づけている（註25前掲書、二八三頁）。ここでの理解もそれにしたがっている。

（27） 明治期の戸長辞職問題など政治への関わりを豪農が避けていく問題については、渡辺尚志編著『近代移行期の名望家と地域・国家』（名著出版、二〇〇六年）の理解によった。

〔附記〕 本稿の作成では、一橋大学附属図書館の関係の方々、藤井寺市立図書館の西館長、久保副館長、同市教育委員会文化財保護課の山田幸弘氏、吉岡美和氏、羽曳野市教育委員会歴史文化課高野学氏、岡田績氏にお世話になりました。また、羽曳野市と藤井寺市のフィールドワークでは一橋大学大学院社会学研究科「企画実践力強化部門」による助成をいただきました。末筆ながら、みなさまにお礼申し上げます。

終章

渡辺尚志

I

本書は、近年分析されることが少なくなった豪農経営について正面から取り組み、さらに地域社会へと視野を広げ、それを通じて畿内村落の特質を解明するとともに、従来の研究史に新たな論点を提起しようとしたものである。ここで、本書における分析結果を、私なりの観点からまとめておきたい。

第一章では、近世後期における河内国の地域的特質について、多方面から追究した。河内国は、摂河泉とか畿内先進地帯などとくくられることが多いが、河内一国をとってみても、その内部は一様ではなく、北・中・南河内でそれぞれ異なった特色があった。そのなかで、また各村々が固有の個性をもっていたのである。

本章は、以下の各章の前提となる、対象地域の特質を示すものであるとともに、それ自体豊富な論点を含んでいる。たとえば、南河内農村に無高層が高い割合で存在することについて、それが村の貧窮化を示すとは限らず、むしろ彼らが村内に滞留できるだけの就業機会があることを表すものと捉えられるという指摘は、畿内村落の特質を考える際に重要な視点であろう。

岡田家文書については、これまで一九世紀以降に関する史料が知られていたが、今回一八世紀の史料を含む新出史料が発見されたことにより、研究が大きく進展することになった。第二章は、新出史料を駆使して、一八世紀における岡田家の経営と岡村の村落構造を解明したものである。

そこから、一八世紀においては岡村には三人の庄屋がおり、一九世紀に岡田家が単独で庄屋を務めていたのとは大きく異なっていたこと、岡田家が村内で卓越した経済力を獲得してゆくのと並行して、一九世紀にかけて庄屋が三人→二人→一人と絞られていったこと（ただし、幕末には二人となる）、すなわち経済構造と村政運営体制の変化とが連動していたこと、などが明らかとなった。

岡田家は、一八世紀前半には、肥料・綿などを商う商人としての性格をもっていたが、一八世紀後半には、地主・利貸の側面を強めていった。利貸部門においては、自村・他村の中・上層百姓を対象とした無担保・高額金融と、自村・隣村の中・下層百姓を中心的対象とした有担保・低額金融とが区別されていた。岡田家は、前者において確実な利子取得を図りつつ、後者によって百姓成立を助ける融通機能を発揮し、村・地域秩序の安定に努めていた。同家の庄屋役就任は、後者の機能を村政上明確に位置づけたものといえる。また、前者の機能が後者から明確に分離していた背景には、村を越えた金融市場の成熟とそれを支える金融ネットワークの存在、信用体系の成立があった。これらは、いずれも経済社会化が大きく進展した南河内の地域的特質を示すものといえよう。

このことは、岡田家が、融通機能の発揮を村人に求められるだけの受動的存在ではなく、一定程度それに応えつつも、それとは異なる次元で、独自の経営戦略をもち、経営の発展を追求していたことを示している。

さらにここからは、岡田家については、山崎隆三のいう、ブルジョア的分解か地主制的分解かという議論(1)が必ずしも当てはまらないことがわかる。岡田家は、一定規模の手作経営を継続しており、質地形態での土地集積を積極的に目指していたわけではなかった。その点では、前者に近いようにみえる。しかし、一八世紀段階から、すでに所持地の大半を小作に出していたのであった。このような岡田家の経営は、富農か地主かという二者択一的な性格規定をおこなうことが困難であり、両要素を兼ね備えた豪農経営の一つのあり方を示すものと考えるのが適当ではなかろうか。

第二章を受けて、第三章では、一九世紀前半における岡田家の地主経営を分析している。岡田家にとって、隣村藤井寺村の所持地は、量的に大きいだけでなく、多額の小作料を取得できる大事な収入源であった。隣村にあって、岡田家が直接小作人を管理する小作地は、同家の経営のなかで重要な位置を占めていた。ただし、それは確実に小作料の徴収がおこなわれることが前提である。天保飢饉時には、小作料の未納が問題となり、地主・小作関係の再編が課題として浮上してきた。そうした際には、他村の小作地は、自村のそれよりもさらに小作料徴収が困難となる。それは、村としてまとまって、地主に対峙するからである。南河内においても、地主経営の前にはなお村の壁が存在したのである。

岡田家の小作人をみると、元の所持地の耕作を続ける者も存在するが、それが必ずしも大多数ではない。小作する土地を変えたり、小作を断続的におこなう小作人も多くいるのである。一般に、畿内においては、無年季的質地請戻し慣行が他地域ほどは強くみられないことが白川部達夫によって指摘されているが[2]、それも小作人と小作地の結びつきの弱さの背景となっているのであろう。このことは、一面では、小作人の権利の相対的な弱さを示すものとも考えられるが、地主としては、小作人を頻繁に入れ替えるよりも、有利な条件で安定した小作関係を継続するほうがより得策だったのであり、定免制実施などそのための努力もおこなっていた。「下作宛口帳」

の形式の整備も、そうした努力の表れである。にもかかわらず、天保飢饉の影響などもあって、地主・小作関係はなかなか安定しなかったのである。ただし、地主・小作関係の不安定さは、自然条件のみに由来するのではない。小作人自身が自らのおかれた状況と小作条件とを勘案して、自己経営維持のために少しでも有利な条件を追求していたことにもよるのである。地主・小作関係が、より短期的・契約的側面を強め、全人格的結合という側面を弱めていたのであり、これも南河内の地域的特質を示すものといえよう。ただし、一面で、小作人が従来からの土地との結合関係を維持・強化しようとする動きを軽視すべきではなく、また小作人が村に依拠して経営の維持を図っていたことについては後述する。

他方、第二章でも指摘されていたことだが、より遠方の村に所持する出作地は、その村の百姓を支配人に任じて、彼に小作地の管理と小作料の徴収を委ねざるをえなかった。出作地にも、岡田家の直接管理下にある出作地と、支配人管理のそれとがあり、後者のほうがより岡田家の意向が反映しにくい仕組みになっていた。そのため、岡田家は、積極的に出作地を拡大しようとしていたとはいえない。

その点に関して、後者のタイプの出作地の事例として、大井村のケースを分析したのが第六章であり、そこでは以下の点が明らかにされた。

岡田家の出作地獲得は、百姓間の純粋な経済的行為の結果として生じるだけでなく、岡田家の領主貸や、年貢・御用金の上納に苦しむ村への金融もその契機となっていた。岡田家は、焦げついた貸付を処理するために、一挙に大量の土地を取得したのである。村や領主にとっては、他村の地主による土地所持は好ましからざる事態であったに違いない。岡田家の側も、それを積極的に望んだわけではないであろう。しかし、出作地を獲得した以上は、その村の村政にも関与し、小作地経営を順調に進めようとするのは当然であった。しかし、第二、三章でも指摘されているように、出作地の経営は小作料の滞納などの問題が生じやすかった。その際、村役人や支配人が小作人の側に立って、岡田家の要求に従わない場合も多かったことが、出作地経営の困難さを増大させた。出作地の管理をめぐる地主・村・小作人間のルールが、地域社会において安定的には成立していなかったのである。南河内において、近世後期に高い小作地率と無高・小作層の分厚い存在がありながらも、巨大地主があまり発生しなかった理由の一つはここにあると考えられる。越後のような巨大地主地帯では、地主が出作地の管理を出作先の村や支配人に委ねてあまり口出ししない代わりに、一定の小作料は確実に確保するという体制ができあがっていたのである。それに比して、南河内では、そうした体制は十分整っていなかった。その理由については今後の課題であるが、高小作地率と巨大地主の不在とは南河内の地主制の特質であり、その背景には以上のような事情が想定できるのである。

このように、南河内においても、村落共同体は地主の経営に影響を与える規定要因として無視しえない存在であったが、この点を集中的に掘り下げたのが第四章であり、そこでは以下の諸点が解明された。

第一は、年貢収納システムの特質である。村あるいはその中の株（組）は、そこに属する者の年貢米収納を完全に管理していた。村や株の土地が外部の者の手に渡っても、そこからの年貢米は村や株の蔵に納入されたのである。土地が外部者に所持されたり、外部者が小作人になったりすること自体は村落共同体の一定の弛緩を意味するが、にもかかわらず、年貢米収納を通じて、共同体はその領域内の土地管理機能を維持していたのである。このような共同体機能の存在は従来指摘されてこなかったものである。その背景には、南河内のような先進地帯では、村落共同体は解体が進んで、もはや重要な意味をもたなくなっていたとする理解や、村落共同体を歴史の進歩を阻むもの、早く解体されるべきものとする価値意識が存在したのではなかろうか。しかし、分析視角を変えれば、南河内においても共同体が重要な機能を発揮し、またそれが小前層にとって積極的な意義をもっていたことを見いだすことができる。

第二の意義は、岡田家の地主経営において、小作料がもっぱら米ではなく銀のかたちで取得されることと、その原因・意義を明らかにしたことである。田方棉作の展開と幕府の年貢米納強制により、生産された米の大部分は年貢米に回され、それでも不足する分については他村・他国から買納することもおこなわれた。小作料の未納分もすべて銀に換算されて追納される仕組みであった。また、岡田家は、庄屋として、村人の年貢米の不足分を、自らの小作米の中から補塡することもあった。こうして、岡田家の手元には、米よりも貨幣形態の小作料が蓄積されることになる。小作料の形態が米中心の場合には、その小作米を処理するために、地主が米穀商売を兼営したり、小作米を原料に酒造業を営んだりする事例が広く見られる。しかし、岡田家においては、そうした必要性が少なかった。代わりに、小作料として蓄積された貨幣が、利貸の元本として運用されることになったのである。滞納小作料も債務関係に組み込まれた。こうして、岡田家にとって、利貸が経営の柱となる必然性が生じたのである。その結果、同家の経営は地主と利貸を主体として営まれることになった。

第三の意義は、無高層の存在形態を解明したことである。無高層の多くは、農業から完全に遊離していたわけではなく、小規模の小作経営を営みつつ、多様な諸稼ぎに生活の糧を求めていたのである。そして、小作人としてある限り、村落共同体の規制下にあり、またそこに依拠して生産・生活を維持しようと努めたのであった。よって、無高層イコール脱農層ではないのである。彼らは、農業から離れることはあっても、それはあくまで一時的なものであり、条件次第では農業経営に復帰する意志と可能性をもっている存在なのであった。

第三、四章では一九世紀初頭から半ばにかけての地主経営と村落構造が分析されたが、この時期の金融活動について検討したのが第五章であり、そこでは以下の諸点が明らかにされた。

まず、岡村内での金融については、岡田家の小作人がほとんど同家から金を借りていないことが特徴的である。この事実をどう評価するかは難しい。小作人の場合は、小作料の減免が岡田家からの融資と同様の意味をもったという可能性があるし、庄屋として小前の年貢・諸役を肩代わりしたり、金融とは別個に施金・施米をおこなっていたことも考えられる。

次に、村外への貸付をみると、豪農・村役人相手のものが中心であった。そこには、豪農同士の金融ネットワークが存在したが、借用の内実をみると、自らの経営を維持・拡大するための運転資金を借りる場合と、不作で困窮した百姓たちを代表して村借のかたちで借金する場合とがあった。両者は対照的な性格を有するが、いずれも農民層分解の進展により生じている点では共通していた。岡田家の金融活動は、地域の成り立ちを支える融通的金融と、上昇する豪農層から確実に利子を取得する利殖手段としての金融との複合的性格を有していたのである。

また、他村の土地を質地にとっての金融は、質流れになった場合の地主経営が村の抵抗に遭ってうまくいかない場合が多かった。これは第二章などでも指摘されたことだが、南河内においても、村落共同体が他村地主の進出を一定の限度内に規制していたのである。岡田家側でも債権の回収を第一義に考えており、質地の取得は必ずしも望んでいなかった。

したがって、岡田家の金融活動は、担保としての質地に依存しないかたちで拡大していった。無担保での融資が多かった背景には、豪農同士のネットワークに基づく信用体系が成立していたことと、返済が滞った場合には大坂町奉行所などの領主権力に出訴して身代限による債権回収ができるシステムが存在したことがあったと思われる。遠慮なく訴訟のできる環境が整っていたのである。こうしたあり方は、大坂を中心に貨幣経済が発達した畿内の特質を示しており、一面で近代につながるものであるが、他方で近世的な側面も濃厚に宿していた。すなわち、当事者双方の合意により返済条件が緩和されたり、利子の返済さえしていれば元金を期限に返せなくとも訴えられなかったりしたし、たとえ大坂町奉行所に訴え出られても内済で決着が図られることが多かったのである。こうした借り手の事情に配慮した貸借関係は、近代的なそれとは一線を画していた。

幕末にいたると、他郡・他国相手の貸付は頭打ちになってきた。これは、第四章で指摘されたように、豪農の手元に集まる小作料が主として貨幣形態をとっているため、金融市場に常に貨幣が潤沢に供給されていたからではないかと考えられる。また、前述した貸借慣行の存在も、債権の確実な回収を困難にしていたのではなかろうか。その結果、岡田家の資金は領主貸に投入されていった。こうした貨幣供給過剰の状況は、明治期の岡田銀行の経営にも反映している。

第七章では、第六章までの経済的側面についての分析をふまえて、岡田家の政治的行動について検討している。その際、畿内幕領における支配行政制度や組合村制についての研究蓄積が少ない点に鑑み、基礎的事実の確定にも重点を置いている。そこでは、岡村が丹南郡東組・三郡・四郡・六郡（＝郡中）・摂河泉の鈴木町代官支配下村々といった重層的な組合村体制のなかに組み込まれていたこと、惣代庄屋制が明確な制度として確立していたわけではないこと、郡中惣代は特定の家が継続して務めていたこと、などの諸事実が明らかにされた。

岡田家は、組合村内でも有数の経済的実力者として、組合村惣代たちが参会するときの入用を立て替えたり、小前への融通のために夫食囲金《ふじきかこいきん》の拝借を願ったりと、独自の役割を果たしていた。経済力にふさわしい地域貢献が求められたのである。また、組合村内における争論の調停もおこなっていた。

第八章では、第七章を受けて、丹南郡東組の組合村機能のうち、廻米に焦点を絞って深く追究している。一八世紀後半以降においては、廻米の過程に、領主役人と組合村の村役人以外にも、京都・大坂の差配人、用達・郷宿、鳥羽・伏見の問屋、鳥羽などの車持《くるまもち》、江戸の納宿《おさめやど》など、多様な人々が関わっていた。廻米は、彼らの存在抜きには実現不可能であったが、反面、村々と領主の間に介在する者が増えるほど、彼らの得る中間得分によって村々の経済的負担は増加する傾向にあった。そのため、村々の側では、負担をできる限り軽減しつつ、合理的・効率的な廻米を実現すべく努力を重ねた。

また、村々の負担軽減のためのより抜本的な策としては、為替米による上納や石代納の実施があった。組合村では、その実現を領主に訴願したが、最後まで認められなかった。幕府の廻米政策が組合村の機能や負担のあり方を大きく規定していたのであり、その大枠が変わらない以上、村々としてはその枠内での合理化・効率化を追求していかざるをえなかったのである。

そうしたなかで、岡田家は、時に湊詰庄屋として大坂に出勤したり、廻米関係入用を立て替えたりして、廻米に関しても重要な役割を果たしていた。

第九章では、第五章を受けて、近代における岡田家の金融活動について追究している。

近代に入ると、近世に多かった無担保金融が減り、土地を担保にした貸付が増加するなど、岡田家の金融活動は近世とは異なる様相を見せるようになった。一方で、遠隔地を含む豪農層を対象とした高額貸付と、近隣の一般農民対象の少額貸付との併存という性格は、近世以来変容しつつも継続している。

また、明治一五年（一八八二）には、「私立貯蓄預り金」機関の設立を企図している。これは銀行類似のものかと思われるが、その延長上に明治二七年の岡田銀行開業があった。同銀行は、集めた預金額に比して貸付先が少ないという経営上の難点を抱えていた。近世以来、当地域においては、豪農の金融資産が過剰気味に存在していたが、その状況は明治二〇年代にいたっても基本的に変化していなかったのである。それが銀行経営を困難にし、短時日のうちに廃業せざるをえなくさせた遠因となったといえよう。

以上の分析から、岡村とそれを取り巻く地域社会の特質については、次のようにまとめることができよう。①総じて土地と小百姓との結びつきが相対的に弱いため、地主・小作関係が短期的・契約的関係になっていた。②とはいえ、地主の小作地経営の前には村落共同体の壁が存在し、小作・小前層は共同体に依拠して自らの生活の成り立ちを実現しようとしていた。③村には多数の無高層が存在したが、それは多様な就業機会が存在するが故であった。彼らを対象として、地域米穀市場が広範に展開していた。また、彼らの多くを脱農層とは規定できず、共同体に依拠した小農の一存在形態と理解すべきである。④こうした小農・共同体のあり方が、高小作地率と巨大地主の不在という地域的特質を生み出す背景となった。⑤一八～一九世紀の豪農経営においては、手作地での高度の商品生産と小作地経営の展開とが併存していた。⑥豪農の手元に集まる小作料は貨幣形態が中心となり、その結果、豪農は利貸を経営の一支柱とすることになった。ただし、利貸と土地集積とは、密接に相互関連しつつも、相対的に別個の論理で進められた。⑦大坂をも含む広域的金融ネットワークの存在・信用体系の成立・訴訟制度の整備などが豪農の利貸活動を活発ならしめ、地域金融市場には豊富な豪農資金が供給されることとなった。

II

本書全体から導かれる、岡田家と岡村、そして地域社会のありようについて、あらためて整理しておきたい。

一八世紀を通じて、岡田家の所持地はしだいに固定化し、また購入によって、前所持者の権利を排して、完全な所持地としての性格を強めていった——売買による土地移動の盛行と、無年季的質地請戻し慣行の希薄さとは、すでに指摘されているように、畿内村落の特徴である——。他方、商業活動と小口金融は、しだいにその比重を低下させていった。組から株への移行も含めて、一八世紀における変化は大きかった。

一八世紀に岡田家の土地支配は強化されていったが、その結果、岡田家は村や地域において自由にふるまえるようになったわけではない。株による年貢米納入という新システムにみられるように、岡田家と岡村（あるいは株）とは、相互に規制し合いつつ共存していたのである。その背景には、岡田家が、経営体として最大利益を追求するとともに、一八世紀末に庄屋となることで、年貢米確保など村政全般に対する責任を負うようになったことがあった。さらに、他村の所持地においては、支配人を置いて間接管理をおこなったため、村の規制力はさらに強く、岡田家が出作地を安定的に維持していくには多大の困難がつきまとった。そのため、岡田家は、出作地拡大を必ずしも積極的には志向していなかった。

このように、南河内の村落においても、幕末まで、村落共同体が、村人の生産と生活を守る方向で、固有の機能を果たしていた。しかし、それは近世以前からただ連綿と続いてきたのではなく、一八世紀後半に組から株への変化がみられたように、近世における変容を経ていた。年貢米納入における株と株構成員の強固な関係は、幕府の米納年貢強制と田方棉作の展開との矛盾を緩和するために、いわば領主と村落共同体との共作として成立したものだといえる。

岡田家の地主経営においては、手作地と小作地がたえず入れ替わっていた。小作人の出入りが多く、一度小作をやめてまた復帰した際、以前とは異なる小作地を耕作することも珍しくなかった。手作地と小作地の循環構造が存在したのである。小作人が自己の都合で小作地を岡田家に返還する可能性が常にあり、その場合には、岡田家はその土地を手作地に繰り込むことで、農地として維持していく必要があったのである。地主経営における手作地と小作地の比重の推移を考える際には、従来のように、地主の経営戦略だけから論じるのではなく、小作人の経営戦略をも考慮する必要があるといえよう。手作地は、小作地の変動の影響を吸収する一種の安全弁でもあった。岡田家が、一八世紀後半から幕末まで、一貫して所持地の一割前後の手作地を維持し続けた背景には、こうした事情も存在した。

小作人と小作地の頻繁な変更は、一面で小作人と土地との結びつきの相対的弱さの表れであるが、他面では、村人が小作をおこなうかどうか、おこなうとしていつどれだけおこなうかを主体的に選択できるということでもあった。土地に縛られず、土地から遊離せず、というあり方である。特定の土地との強固な結びつきとは異なるこうしたあり方は、南河内における地主・小作関係の一つの特徴であった。

また、高水準の宛米設定は、小作料の減免・用捨を必然化・恒常化し、それでも未進を発生させた。小作料の減免・用捨が直接の金銭融通の代替物としての役割を果たし、また未進は銀換算されて貸借関係に繰り込まれ、年賦返済などの温情的な対応がとられた。地主・小作関係に貨幣経済が浸透するとともに、そこには融通と恩恵の構造が内在していたのである。棉作地の銀立て小作料が、小作料全体の構造を規定していた点も見落とすことはできない。

岡田家の村外との関係は、けっして一様なものではなかった。土地所持・地主小作関係においては藤井寺村が特別に重要な意味をもち、また金融においても中核的金融圏が存在したのである。

幕府の米納年貢強制によって米の多くが年貢にとられた結果、岡田家の手元には棉作小作料などとしての銀が集積され、それが金融に回された。こうした事情は他の豪農にも共通しており、その結果、地域に一種の資金過剰状況が生まれ、利率の傾向的低下の一原因となった。多くの貸し手と潤沢な資金、これが南河内棉作地帯の金融環境の特質だといえる。ただし、年貢米地払いがなされる私領では事情が異なっていた点には留意する必要がある。

一九世紀を通じて発展した岡田家の金融活動では、無担保・短期の金融が中心で、月切の利息勘定がなされていた。無担保の金融が主となった理由としては、①豪農同士の貸借が中心であったが、豪農間の金融ネットワークが成熟していたため――金融市場の成立、手形決済の盛行など――、無担保でも貸し倒れの危険が少なかったこと、②返済滞りの場合には、すぐに大坂町奉行所に出訴できる環境にあったこと、③質地をとって金融をおこなっても、質地・質流地、とりわけ他村のそれを安定的に維持することが困難だったこと、などがあげられる。

②に関しては、出訴後、法に基づいて厳格な裁許がなされるよりも、内済で処理される傾向が強かった点が注目される。岡田家も、契約内容や法に照らして強く返済を迫るよりも、年賦返済や一部返済免除など、返済条件を一定程度緩和しても、相手の立ち直りを気長に待ったほうが結局は利益になったのであり、そこに地域社会との共生関係が醸成されることになった。岡田家は、場合によっては他から借りてでも地域に融資する、地域社会の金融センターとしての機能を担っていたのである。

③に関わっては、岡田家における、金融関係と地主・小作関係との一定の分離について述べておく必要がある。岡村においては、両者はほとんど重なっておらず、そこには豪農同士の役割分担――小作人層への小口金融は、岡田家より小規模の豪農が担当するといったような――を想定することができよう。村外に目を向けても、同家の金融圏と土地所持圏にはズレがあり、前者のほうがはるかに広範囲に展開していた。その背景には、金を借り

る側の村落共同体の主体的な対応と抵抗が存在したのであり、抵抗は金融と比べて地主・小作関係の面でとりわけ強かった。その結果、一九世紀において、金融と地主経営とが岡田家の経営の二大支柱である点は不変だとしても、しだいに前者の比重が増大していく結果となったのである。岡田家と地域社会との関係は、矛盾なき共生ではなかった。

また、岡田家の金融活動が拡大した原因としては、(i)文政～天保期などの不作・凶作による百姓困窮、(ii)商品・貨幣経済の発展による、豪農の短期的経営資金需要、(iii)領主の御用金・先納金賦課の重圧による村借、などがあげられる。(i)・(ii)は、いずれも豪農層への金融に結果したが、一方で、南河内においても(i)が大きな意味をもっていた点に留意する必要がある。

畿内における金融関係を考える際、大坂・堺などの大都市との関係は無視できない。岡田家の場合、都市商人との関係は恒常的かつ不可欠なものであったが、その中心は大坂・堺の両替商との預金関係であり、そこに金融面での従属関係はほとんど存在しなかった。農村部との金融関係とは、質的な違いがあったのである。一九世紀を通じて、都市商人との関係が大きく発展することはなく、金融関係の中心は農村金融と領主貸であった。

ただし、岡田家と大坂との関係は金融関係のみにとどまらず、代官所役人との関係や廻米をめぐる諸関係——これは京都・江戸とも関わる——など多様であり、これらを含めた総体的な分析が重要である。

また、領主貸の比重の高さは岡田家の経営にとって必ずしも不安定要因とはなっておらず、幕末まで岡田家は領主貸から安定的な利子収入を得るとともに、副産物として米札発行権を獲得するなど、領主との共生関係を深めていった。こうしたあり方が豪農の政治的行動の一規定要因となったのである。

明治初年においても岡田家の金融活動は順調であり、領主制廃止によるマイナスの影響は少なかったが、かえって明治一〇年代半ば以降、不振に陥っていくことになる。その背景には、裁判制度が変化し、契約内容が厳格に履行されるようになったことがあった。そのため、短期的にみれば、貸金の返済は近世より確実なものとなり、遠隔地への多額の貸付も可能になった。しかし、反面、地域社会や豪農の成り立ちに配慮する、近世的・融通的関係は大きく変容し、岡田家の地域への影響力は後退することになった。近世に存在した、地域社会との共生関係が弱体化し、結果的に、明治一〇年代半ば以降、岡田家の金融活動の規模は縮小したのである。ここに、近代の地域における、政治と経済の分離の一層の進展をみることができるし、明治政府の近代化政策が、土地所有、地主・小作関係のみならず、金融関係にも一定の影響を与えていることがわかる。近世段階で金融・市場関係が高度に成熟していた南河内においても、近代化の波は、豪農や村に少なからぬ影響を及ぼしたのである。

さて、以上みた岡田家の経済活動と、同家の政治的活動とはいかなる関係にあったのだろうか。まず、同家の経済的活動領域と政治的なそれ――具体的には組合村の範域――とは、相互に重なりつつもズレていた点を指摘できる。しかし、岡田家は、その経済的実力ゆえに、組合村の庄屋層から頼られ、地域（組合村）の成り立ちのために尽力してもいた。岡田家における経済（経営）と政治とは、相互に別個の側面を有しつつも、他方で密接に関連していたのである。ただし、用水組合という別の地域的結合をとれば、岡田家の経営との関連はずっと希薄になる。(3) 地域には、範囲と性格を異にする組合村が同時に複数存在し、それらと豪農経営との関係にもまた濃淡があったのである。

また、岡田家は、郡中惣代・惣代庄屋として政治的に活躍するというより――そういう側面もあったが――、経済的側面から組合村を支えるというかたちで、地域社会と関わることが多かった。こうしたあり方は、後述する岡村庄屋としての活動と、一面で通底するところがある。岡田家の地域における経済的重要性と政治的なそれとは、有機的に連関しつつも比重を異にしていたのであり、同家は第一義的には地域にとって経済的に重要な存在であった。

III

次に、岡田家の岡村における政治的位置をみるために、岡田家文書中の「書附留」類から、同村における政治的事件について瞥見しておこう。

まず、寛政九年（一七九七）には、新町の百姓杢右衛門ほか二六人が、北株庄屋林左衛門を、小入用・臨時入用の割り方に不正があるとして、角倉一学代官所に訴えている。ちなみに、この年は、岡田家が岡村南株の庄屋になった年でもある。

文化九年（一八一二）一〇月には、新たに定助が北株の庄屋になったが、新町の百姓たちが不帰依を申し立てたため、以後五年間は、南株の庄屋伊左衛門・年寄新七が新町の支配をすることとされた。

次に、天保二年（一八三一）九月には、伊左衛門株（南株）の百姓（惣代与左衛門・茂右衛門・伝右衛門・徳兵衛）が、同株の年寄専右衛門・百姓代ら七人を高槻藩役所に訴え出た。岡村では、年寄・三方（北・南・新町）百姓代らが毎年夫米代銀を高割で徴収しており、庄屋はそこに関与していなかった。ところが、天保元年一二月の勘定の際に過徴収があったことに端を発して、小前百姓たちが過去二〇年分の勘定のやり直しと過徴収分の返還を要求したのである。しかし、この時は村役人側に組織的かつ意図的な不正はなかったようである。また、北株は、南株の小前たちには同調していない。この一件は、支配を同じくする河内国讃良郡八番村庄屋八郎兵衛が扱い（仲裁）に入り、年寄・百姓代がそれまでの「不埒之取計」を改心し、以後は「役義実体」に務めることを約して内済となったという。ただし、これは小前側の言い分であり、別の史料では天保三年六月に高槻藩の裁許が下されたともいう。なお、専右衛門はその後も年寄を勤続している。

さらに、天保五年八月、弥三左衛門株（北株）の百姓たちが、弥三左衛門の王水樋《おうずいひ》用水《ようすい》（岡村が利用している用水）の引き取り方に不当な取り計らいがあるとして、不帰依の旨を高槻藩役所に訴え出た。この一件は、同年九月、高槻藩により弥三左衛門の退役と伊左衛門の北株庄屋兼帯が命じられて決着した。その後、天保一四年には、庄屋伊左衛門が退役し、その子息が伊左衛門を襲名、庄屋を襲役した。

弘化三年（一八四六）、岡村の仁兵衛が、自分の収穫米の品質が不良だったため、隣村（私領）の年貢米地払い分を購入して、庄屋伊左衛門・年寄藤左衛門らの許可も得たうえで上納米（「大坂御膳米」）に充てた。ところが、米量・俵装などに不備があり、村役人もそれを見落としていたため、問題となった。幕府の米納強制が、ここにも影を落としている。

弘化五年三月には、岡村の小前百姓たち（惣代茂八・兵左衛門）が、年寄専右衛門・嘉右衛門（いずれも南株）を幕府の谷町代官所に訴え出ようとした。訴えの内容は以下のとおりである。専右衛門ら二人の年寄は毎年の夫代勘定で不正をはたらいている。天保二年に一度争論になったが、その後も不正行為はなくならなかった。そこで、弘化四年八月に、小前が庄屋伊左衛門に訴え出た。伊左衛門が勘定をとり調べたところ、「不当之勘定取込筋」が多数発見された。そのうち弘化二年までの「取込銀」九四〇匁は、小前たちが専右衛門らから受け取って百姓一同に割り返した。しかし、弘化三年分の勘定にも問題があり、これも伊左衛門が調べることになったが、いまだにその結果は示されていない。専右衛門らが年寄を務めていては村が平和に治まらないので、両人を退役させてほしい、と。これが実際に願い出られたかどうか、またその結果などは残念ながら不明である。

さらに、慶応三年（一八六七）には、前年の凶作で諸物価とりわけ米価が高騰したため、小作人たちが集会をもち小作料減免を要求する村方騒動がおこった。この騒動に参加した八九人の小作人のうち、二石以下層・無高層が大部分を占めていた。この騒動に関わっては、小作料が村によって統一的に決められていたこと、小作人側も「町刎」という村八分的な制裁を背景にもつことで結束を維持していたこと、地主小作関係を律する規定書が村役人に宛てて出されていること、などが注目できる。すなわち、当時の地主小作関係は、地主と小作人との純粋に私的な関係ではなく、村やその中の町といった共同体的枠組みを通して実現されていた。

以上みたところからわかるように、岡村では一九世紀に幾度か村方騒動が起こっているが、それらはいずれも庄屋としての岡田家を対象としたものではなかった。岡村の年貢・夫銀（夫米代銀）等の算用が、北・南両株の年寄・百姓代らによっておこなわれていたため、算用に問題が生じた際、その責任が直接岡田家に及ぶことはなかったのである。岡田家は、株ごとの算用を統括する位置におり、その点では小前層との村政における関係には間接的な側面があった。そして、この点は、同家と地域社会との関係において、政治的側面が主要なものでなかったことと相似的だといえよう。

岡田家の経営と村運営、および地域社会における位置については、以上のようにまとめることができよう。

IV

本書においては上述の諸点を明らかにしたが、それを従来の研究史との関連で整理しておこう。

第一に、農民層分解に関して。これについては、山崎隆三の「二つの分解の型」論(4)と佐々木潤之介の豪農—半プロ分解論(5)を対置させて研究史整理がなされることが多いが、序章でみたように、これまでもそうした整理に収まらない多様な議論がなされてきた。なかでも、早く今井林太郎・八木哲浩が、[6]上層農民においては、手作経営と小作地経営の併存が広くみられることを指摘し、ブルジョア的発展か寄生地主化かという二者択一的な問題の立て方をしていない点は重要である。岡田家でも、一八世紀以来、常に所持地の八、九割程度を小作に出す一方、一定規模の手作地を維持して商品作物栽培をおこなっていた。同家は、経営内の比重からいえば、富農というよりも地主的性格が強いが、その経営は周辺地域における一定の小ブルジョア的発展の基盤のうえに成立していたのであり、地主制的分解の産物ではない。したがって、岡田家のような存在を例外として排除することなく畿内村落論を構築するには、佐々木潤之介の豪農論を批判的に発展させることが有効なのではなかろうか。手作（富農経営）・小作地経営・金融・商業・農産加工業など多様な諸営業のいくつかを兼営する上層農民を広く豪農範疇としておさえたうえで、個々の経営がそのうちのどれに比重を置いているかによって、豪農の中の類型化を図ることが有効であるように思われる。

もっとも、私は、佐々木の豪農論を全面的に支持しているわけではない。これまでの私は、佐々木の豪農の本質規定を議論の前提として認めたうえで、村落共同体との関係如何によって豪農の類型化を試みることで佐々木批判をおこなってきたのであり、[7]現在でもそれは有効だと考えている。しかし、それはあくまで類型化の一つのやり方であり、さらに多様な基準に基づいて類型化をおこない、それらを相互にクロスさせて、立体的で豊かな豪農イメージを作り上げる必要があろう。

第二に、村落下層民の存在形態について。従来の研究においては、史料上の制約もあって、下層民の存在形態についてはあまり解明が進んでいない。ただし、プロレタリアート発生史の視角から一定の研究蓄積はあり、佐々木潤之介の半プロ論、[8]津田秀夫の前期プロ（原生プロ）論、[9]吉田伸之の「日用」層論[10]などの重要な理論的提起も存在する。これらの議論は、いずれも半プロ・前期プロ（原生プロ）・「日用」層などを小農とは区別された一つの階層と捉えているが、その点は再検討する必要がある。ある一時点をとれば、確かに村人の一定部分は全くあるいはほとんど農業経営に従事しておらず、その意味では「脱農層」といってもよい。村によっては、それが全村民の三割かそれ以上に達することもある。

しかし、以下の二点は指摘しておきたい。

一つは、「脱農層」のうちのかなりの部分は、成年労働力の不足などの理由により、農業に従事したくてもできない状況におかれているということである。寡婦と幼い子供のみの世帯などが、このケースに該当する。こうした世帯には、農業に従事できる条件はなく、確かに脱農層と呼ぶにふさわしい。しかし、こうした世帯は村全体からみると限られた一部に過ぎず、村政に与える影響も少ない。また、こうした世帯をもって、近代プロレタリアートにつながるものと評価することもできないのである。これら脱農層を過大評価することなく、逆に無視するのでもなく、適切に位置づけていくことが必要であろう。

もう一つは、それとは異なるタイプの小前層の評価についてである。こちらのタイプは、農業経営が絶対的に不可能だというわけではないが、ある時点では農業に携わっていないというものである。この場合には、小前層が「脱農」化しているのは一時的な仮の姿であり、彼らは条件さえあればすぐに小作を再開するし、意識の面でも常に農業への回帰を志向していたといえる。第四章で考察しているように、小前層は、自家の状況とそれを取り巻く経済的条件とを勘案しつつ、自家にもっとも適したかたちで農業とそれ以外の諸営業とを組み合わせ、自家の有する労働力資源を有効に配分していたのである。こうした「脱農層」を時の流れの中に置いてみれば、それは「小農」との間を絶えず還流している存在であり、広義の小農範疇が一時的にとる状態であるということができる。[11]この層が村内において一定の比重を占めるようになることは重要だが、彼らは流動的な存在であるが故に、「脱農」の側面において、層として結集し固有の要求を提出するにはいたっていなかった（もちろん例外はある）。こうした理解は谷本雅之[12]のそれと同様であるが、本書ではそれを小農の経営戦略という観点に加えて、村落共同体による小農保護機能という視角からも追究しようとしたのである。小農は、共同体に依拠して土地を確保し、農業を継続・発展させようとする志向と、農業とそれ以外の生業との組み合わせ方と相互の比重を柔軟に変化させていく経済（経営）感覚とを合わせもっていたのである。

以上の二点から、私は、佐々木・津田・吉田らの下層民論を高く評価しつつも、全面的には賛同できないのである。

第三に、村落共同体論について。畿内は商品・貨幣経済が高度に発展していたこともあって、近世後期から幕末には村落共同体の解体が大きく進んでいたと評価されてきた。また、小百姓のためには、共同体は早く解体されるべきものとも考えられてきた。しかし、本書の分析からは、幕末の南河内においても、小百姓の生産・生活を維持するために、共同体が一定の積極的役割を果たしていたことが示された。畿内では、無年季的質地請戻し慣行の存在が希薄であり、[13]小作人においても小作地との固定的・永続的な結びつきは強くはなかった。無高層が多いことも畿内村落の特徴である。これらの点から、一見すると、小百姓と土地とのつながりは弱く、村落共同体結合も弱体化しているようにみえる。それは、一面では事実なのだが、他方で、共同体は、構成員の年貢米納入を一元的に管理し、村外地主の小作地経営や金融活動を規制する力を有していた。小作料や奉公人給金は村で基準が決められ、小作人たちは村の枠組みに依拠して小作騒動をたたかった。畿内において巨大地主の成長がみられないのは、共同体の抵抗の強さにもよるのである。次第に生産面での結合を弛緩させ、生活面での結合に比重を移しつつも――すなわち、共同体としては弛緩・変質しつつも――、幕末にいたるまで、村は生産共同体として重要な役割を保ち続けていたといえる。だからこそ、村落共同体の主導権をめぐって、村方騒動がたたかわれたのである。本書は、南河内に固有な共同体の役割を提示しつつ、従来の評価の転換を図ったものである。

第四に、組合村論について。そもそも、畿内幕領の組合村については、これまで基礎的な事実さえ十分明らかにされてこなかった。そうしたなかで、第七章では組合村体制全般にわたって、また第八章では廻米の問題に絞って分析をおこない、第七章では、実際には郡中惣代が特定の者によって継続して務められていたことが示され、第八章では、廻米に用達・郷宿が関与していたことが明らかにされるなど、多くの重要な事実が発見された。

本書は、以上の諸点において、現在の豪農論・畿内村落論・地域社会論に対して、新たな論点を提起しえたものと考える。ただし、岡田家が一八世紀初頭ころにはじまる新興の家であるため、近世初期・前期の村・地域のありようを知りうる史料は残されていない。さらに対象を他の家・村に拡げて、中世・近世移行期の畿内の村社会について検討することが今後の課題として残されている。

(1) 山崎隆三「江戸後期における農村経済の発展と農民層分解」(『岩波講座日本歴史』一二近世四、岩波書店、一九六三年)。
(2) 白川部達夫『日本近世の村と百姓的世界』(校倉書房、一九九四年)。
(3) 拙著『豪農・村落共同体と地域社会』第四章(柏書房、二〇〇七年)。
(4) 註(1)山崎前掲論文。
(5) 佐々木潤之介『幕末社会論』(塙書房、一九六九年)。
(6) 今井林太郎・八木哲浩『封建社会の農村構造』(有斐閣、一九五五年)。
(7) 拙著『近世村落の特質と展開』(校倉書房、一九九八年)。

（8）註（5）佐々木前掲書。
（9）津田秀夫『幕末社会の研究』（柏書房、一九七七年）、同『近世民衆運動の研究』（三省堂、一九七九年）。
（10）吉田伸之「社会的権力論ノート」（久留島浩・吉田伸之編『近世の社会的権力』山川出版社、一九九六年）。
（11）かつて私は、拙稿「地域社会の関係構造と段階的特質」（『一橋大学研究年報　社会学研究』三九号、二〇〇一年、のち加筆修正のうえ註3拙著に収録）において「脱農層」という表現を用いたが、それはあくまである一時点をとった場合に農業に従事していないという意味であり、長い時間幅のなかで一貫して農業に従事していないということではない。そのことは、私が、「岡村の下層民が一路脱農化に向かったわけではない」（拙稿一九七頁）、「小前・貧農層は脱農化の方向性を示しつつ」あったが、「そうした動きは直線的には進行せず、幕末段階においては、村人の多くが程度の差はあれ、農業経営に従事」していた（同二〇七頁）、などと述べていることから明らかである。私の考えは、①ある時点において、一定数の農業に従事していない層が存在すること、②この層は、その内部において不断に構成員を交替させつつも、常に一定の比重をもって存在していたこと、③その数は長期的にみると増加傾向にあるが、それは個々の経営にとって脱農化が不可逆的な趨勢であることを意味しないこと、④この層を包摂しうる条件をもっていたことが、南河内を含む畿内村落の一特質であること、これらのいずれをも重視したいということである。また、第四章で示された以外にも、明治四年「戸籍」では農業に従事していないとされた者のうち、刈田喜市・田中幸（興）市の両名は明治七年の岡田家「下作宛口帳」に記載されている——すなわち、農業経営に復帰している——。なお、以上の点に関しては、拙稿「近世村落史研究を拡げる——畿内村落の分析を通じて」（『白山史学』四三号、二〇〇七年）も参照。
（12）谷本雅之『日本における在来的経済発展と織物業』（名古屋大学出版会、一九九八年）、同「在来的経済発展」とその制度的基盤」（近世史サマーフォーラム二〇〇四実行委員会編『近世史サマーフォーラム二〇〇四の記録』、二〇〇五年）。
（13）註（2）白川部前掲書。

〔補註〕
最後に、いくつかの点について、補足的に述べておきたい。

①　岡村は、河内棉作地帯に属している。棉作と村落社会との関係については、従来はブルジョア的発展論の視角から検討されることが多かった。これに対して、本書では、棉作が村の年貢納入システムや豪農の金融活動にいかなる影響や規定性を与えたかという、従来とは異なる角度からこの問題に接近している。ここでその前提となる、岡村における棉作比率について若干の数値をあげるならば、宝暦一〇年（一七六〇）には、稲が石高比で五三・七％、面積比で五一・七％、棉が石高比四四・八％、面積比四六・二％、雑事作が石高比一・五％、面積比二・〇％、天保一三年（一八四二）には、稲が石高比で五四・一％、面積比で四九・七％、棉が石高比四三・四％、面積比四六・六％、雑事作が石高比二・六％、面積比三・七％、嘉永六年（一八五三）には、面積比で稲六九・六％、棉二八・八％、雑事作一・六％、明治二年には、稲が石高比七五・四％、面積比七一・五％、棉が石高比二二・八％、面積比二五・二％、雑事作が石高比一・八％、面積比三・三％であった。天保末年から嘉永期の間に、棉作率が大きく低下していることがわかる。一九世紀における棉作率の低下については、従来から指摘されてきたところである。また、菜種は、享和元年（一八〇一）に九〇石四斗、天保一一年に一一九石五斗余の土地に作付されていた。

②　本書は、商品・貨幣経済の進展と、百姓の多様な生業への関わりの深化に注目しつつも、それを過大評価せず、村と農業の役割を重視するという立場をとっている。天保期などいくつかの画期をもつ村落構造の変動――土地所有分解の進展、「都市化」の進行、非農業的生業の展開など――がみられるが、それを決定的・根本的な質的変化であるとは評価していないのである。この点に関して、いくつかの事実を付け加えておこう。

(i)嘉永七（＝安政元、一八五四）年八月に、年番百姓代の伊右衛門・又兵衛・九兵衛・茂右衛門が、百姓たちを代表して信楽代官所に次のように訴え出た。北株年寄藤左衛門は「油稼」をしており、近頃は「油方惣代」などと称している。そして、菜種売買に関して、野々上村百姓を相手取り訴訟を起こしたが、この件について野々上村から岡村に抗議が来ている。岡村では、野々上村の余水を岡村の溜池に引き入れて用水に用いてきたが、野々上村との関係が悪化しては用水の利用に支障が生じる。そこで、藤左衛門を罷免してほしい、と。藤左衛門はこれに反発したが、庄屋伊左衛門や年寄たちは百姓代たちの主張を支持している。結局、代官所は藤左衛門を休役とし、安政二年三月には彼の子藤兵衛に跡役を命じた。ここから商品作物生産に関わって成長してきた商人と、農業に経営の基盤を置く村人たちとの対立が生じていたこと、商業活動の発展は村による規制の下にあったこと、が指摘できる。また、藤左衛門の罷免を求めたのは、溜池灌漑への依存度が高い南株の百姓たちが中心だったようである（A―三―九、嘉永三年九月「村方書附留」、A―三―一一、安政二年一月「村方書附留」）。

(ii)遅くとも幕末期には、南株の内部が東西南北の四町に分かれ、各町に年行司が一人ずつ置かれていた。文久二年（一八六二）閏八月には、若者たちが、領主の禁令や村役人の言いつけに背いて「だんじり」を担ぎ出して騒ぐという事件があったが、このとき村役人と若者の間のパイプ役となったのが各町の年行司であった。また、慶応元年（一八六五）からは、年行司に加えて、各町に肝煎が置かれることになった。こうした村政機構上の変化は、岡村における住民構成の多様化と町の実体化に対応したものであった可能性がある。

ただし、明治一五年（一八八二）五月に、当時の戸長岡田伊十郎によって作成された「河内国丹南郡岡村誌」には、戸数二〇四戸、男性人口三八八人、女性人口四三〇人、計八一八人のうち、耕作を営む者一九四戸、木綿売買を業とする者五戸、紡織をなす女性一二〇人と記されているように、明治期においても農業が岡村の基幹産業であった。明治一四年に岡村で小作騒動が起こり、小作側は、小作料を一反について一石だけ納入し、残りは五か年賦で納めたいと主張した。地主側は不満であったが、結局その線で押し切られた。村人たちは、幕末以来、地主・小作関係――広い意味での農業問題――に重大な関心を抱き続けていたのである。

③（岡田）伊左衛門は、安政三年三月に、多病を理由に、「組合惣代」を野中村庄屋猪十郎に譲って退役したい旨、信楽代官所に願って認められている。ここから、(i)組合惣代は、少なくともこの時期には常置の役職で、組合村々の意向をふまえて、代官所が任免するものであること、(ii)伊左衛門がこのときまで惣代を務めていたこと、がわかる。また、伊左衛門は、安政二年六月から丹南郡・石川郡の博奕取締役を務めていたが、これも同時に猪十郎と交代している（A―三―一一、安政二年一月「村方書附留」）。

このほかにも岡田家は、「郡中惣代」などの肩書でしばしば史料に現れる。同家の、地域社会における政治力を軽視すべきではない。ただし、津田秀夫が岡田家文書のなかから初めて「国訴」文言を発見したからといって、同家が国訴において必ずしも中心的な役割を果たしたとはいえない。同家は、あくまで庄屋の一人として、国訴に関わったのだと思われる。同家は、経済的活動に軸足を置きつつ、その経済力に裏づけられて政治的活動をも展開した。両者は、一面で密接に関連しつつも、前者は後者よりもいっそう広範囲にわたって多面的に展開していたのである。

あとがき

本書は、河内国丹南郡岡村（現大阪府藤井寺市）の豪農・地方名望家である岡田家に伝来した文書群を用いた共同研究の成果である。岡村は現在の近鉄南大阪線藤井寺駅周辺にあたり、今では大阪のベッドタウンとしてすっかり宅地化しているが、近世には田畑が広がっていた。

岡田家文書は、過去に津田秀夫氏がその中から「国訴」文言を発見したり、佐々木潤之介氏がその分析を通じて豪農・社会的権力の具体的イメージを成形したりした、「由緒ある」文書群である。このように岡田家文書の学術的価値は早くから注目され、津田・佐々木両氏や菅野則子氏らにより調査・研究が進められてきた。そうした経緯があって、岡田家文書は岡田績氏から一橋大学に寄託され（二〇〇一年に一橋大学に譲渡）、佐々木・菅野両氏らにより整理・目録作成がなされた。

その後、岡田家から新たに大量の未整理文書が発見され、それらは二〇〇一年八月に岡田績氏から一橋大学に寄贈された。そこで、同年一〇月から、一橋大学附属図書館の方々と私のゼミ生を中心とする一橋大学の院生・学生とが共同で、月一回程度のペースで文書整理と目録作成に取り組んできた。文書の量が多かったため目録作成には時間がかかり、二〇〇七年一月にいたってようやく一通り完了した。現在は、附属図書館ホームページにおいて「岡田家文書目録（稿）」として公開されているので、ご利用いただければ幸いである。また、二〇〇六年一一月には、附属図書館企画展示「江戸時代の豪農と地域社会　岡田家文書の世界」を開催した。これらと並行して共同研究も進めたが、新出史料を中心にした分析からは多くの新知見が得られた。それらをひとまずまとめたものが本書である。

丸五年以上におよぶ文書整理と分析の日々を経て、目録作成・企画展示・研究成果刊行という三つの課題を一応果たすことができ、振り返って感慨を禁じ得ない。この間には、たいへんたくさんの方々にお世話になった。多くのことをご教示いただいた岡田績氏、文書整理や企画展示にあたってくださった附属図書館の方々や院生・学生の方々、本書刊行に際していろいろとご配慮いただいた思文閣出版の中江俊治氏、田中峰人氏をはじめ、お世話になったすべての方々に厚くお礼申し上げたい。

なお、本書は独立行政法人日本学術振興会平成一五〜一七年度科学研究費補助金（課題名「戦国末〜明治前期畿内村落の総合的地域研究」）による研究成果の一部である。また、本書刊行にあたっては、平成一九年度科学研究費補助金（研究成果公開促進費）の交付を受けた。記して謝意を表する次第である。

二〇〇八年一月

渡辺尚志

執筆者紹介（収録順）

渡 辺 尚 志（わたなべ　たかし）
1957年生．東京大学大学院人文科学研究科博士課程単位取得退学・博士（文学，東京大学）．一橋大学大学院社会学研究科教授．
『豪農・村落共同体と地域社会』（柏書房，2007年）『惣百姓と近世村落』（岩田書院，2007年）『近世の村落と地域社会』（塙書房，2007年）

常 松 隆 嗣（つねまつ　たかし）
1970年生．関西大学大学院博士課程修了．関西大学・大阪商業大学非常勤講師．
「近世後期における豪農と地域社会」（『ヒストリア』163号，1999年）「篠山藩における国益策の展開」（『ヒストリア』185号，2003年）「園田多祐と国益策」（渡辺尚志編著『近代移行期の名望家と地域・国家』名著出版，2006年）

小酒井大悟（こざかい　だいご）
1977年生．一橋大学大学院社会学研究科博士後期課程在籍．
「松代藩領下の役代と地主・村落」（渡辺尚志編『藩地域の構造と変容』岩田書院，2005年）「近世前期における土豪の年貢算用システム」（『信濃』58巻2号，2006年）「近世前期の大庄屋制支配と土豪」（『新潟史学』55号，2006年）

小 田 真 裕（おだ　まさひろ）
1980年生．一橋大学大学院社会学研究科博士後期課程在籍．
「平田篤胤門人宮負定雄の教諭論」（『関東近世史研究』61号，2007年）

小 松 賢 司（こまつ　けんじ）
1978年生．学習院大学大学院人文科学研究科博士後期課程在籍．
「近世後期関東における『村役人くじ引制』」（『学習院大学人文科学論集』16号，2007年）

福 澤 徹 三（ふくざわ　てつぞう）
1972年生．一橋大学大学院社会学研究科後期博士課程在籍．
「文化・文政期の松代藩と代官所役人の関係」（渡辺尚志編『藩地域の構造と変容』岩田書院，2005年）「農業雑誌の受容と実践」（『一橋論叢』134巻4号，2005年）「吹上随道開通運動と川口昌蔵」（渡辺尚志編著『近代移行期の名望家と地域・国家』名著出版，2006年）

天 野　　彩（あまの　あや）
1979年生．一橋大学大学院社会学研究科修士課程修了．桐朋女子中学校・高等学校教諭．
「地方知識人窪田次郎の活動と地域の社会・文化についての一考察――明六社員阪谷朗廬との関係を中心に――」（渡辺尚志編著『近代移行期の名望家と地域国家』名著出版、2006年）

野 本 禎 司（のもと　ていじ）
1977年生．一橋大学大学院社会学研究科博士後期課程在籍．
「下井草村の村政と今川氏の対応」（大石学監修・東京学芸大学近世史研究会編『高家今川氏の知行所支配～江戸周辺を事例として～』名著出版，2002年）「幕末期の旗本の『役』と知行所支配――一五〇〇石の旗本牧野氏を事例に――」（大石学編『近世国家の権力構造――政治・支配・行政――』岩田書院，2003年）

荒武賢一朗（あらたけ　けんいちろう）
1972年．関西大学大学院文学研究科博士後期課程修了，博士（文学）．日本学術振興会特別研究員．
「近世後期大坂と周辺農村」（『ヒストリア』173号，2001年）「屎尿処理政策からみた社会環境史――都市環境の維持機能――」（『歴史科学』179・180号，2005年）「大坂市場と琉球・松前物」（菊池勇夫・真栄平房昭編『近世地域史フォーラム1列島史の南と北』吉川弘文館，2006年）

畿内《きない》の豪農経営《ごうのうけいえい》と地域社会《ちいきしゃかい》

2008(平成20)年２月25日発行

定価：本体7,800円(税別)

編　者　渡辺尚志

発行者　田中周二

発行所　株式会社　思文閣出版

〒606-8203　京都市左京区田中関田町2-7

電話 075-751-1781(代表)

印刷
製本　株式会社 図書印刷 同朋舎

ISBN978-4-7842-1385-6　C3021